U1075133

国际贸易与经济管理

王宛濮　韩红蕾　杨晓霞　编著

航空工业出版社
北京

内 容 提 要

世界经济一体化的快速发展，使发生在地球任何一地的事件，都可能按照时间的先后差异，不同程度地影响到我们每个人的生活和工作。加入世贸组织以来，我国对外贸易取得了举世瞩目的成就。但自2008年前后国际金融危机全面爆发和接踵而至的欧债危机，使世界经济体系受到严重冲击，全球贸易保护主义随即重新抬头，贸易摩擦愈演愈烈，使我国对外贸易发展面临新的挑战。本书深入分析和把握当前金融危机背景下国际贸易的发展趋势和特点，对于我们科学决策、在更广领域参与国际经济合作与竞争，把握好经济全球化带来的各种机遇具有十分重要的意义。

图书在版编目（CIP）数据

国际贸易与经济管理 / 王宛濮，韩红蕾，杨晓霞编著. — 北京 ：航空工业出版社，2017.12

ISBN 978-7-5165-1372-9

Ⅰ. ①国… Ⅱ. ①王… ②韩… ③杨… Ⅲ. ①国际贸易—研究②经济管理—研究 Ⅳ. ①F74②F2

中国版本图书馆 CIP 数据核字(2017)第 287304 号

国际贸易与经济管理

Guoji Maoyi Yu Jingji Guanli

航空工业出版社出版发行

（北京市朝阳区北苑 2 号院　100012）

发行部电话：010-84936597　010-84936343

廊坊市国彩印刷有限公司印刷　　全国各地新华书店经售

2019 年 1 月第 1 版　　2019 年 1 月第 1 次印刷

开本：710×1000　1/16　　印张：28　　字数：440 千字

印数：1-1000　　定价：98.00 元

前 言

世界经济一体化的快速发展，使发生在地球任何一地的事件，都可能按照时间的先后差异，不同程度地影响到我们每个人的生活和工作。

加入世贸组织以来，我国对外贸易取得了举世瞩目的成就，中国是近年来世界范围对外贸易增长首屈一指的国家，不仅在全球贸易总量中的份额和排名不断攀升，而且对全球贸易增量的贡献也更为显著。

但自 2008 年前后国际金融危机全面爆发和接踵而至的欧债危机，使世界经济体系受到严重冲击，全球贸易保护主义随即重新抬头，贸易摩擦愈演愈烈，加之长期顺差所形成的人民币升值压力及我国作为贸易大国对世界市场价格变动的独特影响，使我国对外贸易发展面临新的挑战。深入分析和把握当前金融危机背景下国际贸易的发展趋势和特点，对于我们科学决策、在更广领域参与国际经济合作与竞争，把握好经济全球化带来的各种机遇具有十分重要的意义。

我国的经济发展方式已经开始从出口导向型和投资拉动型经济发展方式转向投资、消费、出口共同驱动协调发展方式转变，越来越多的国内企业涉足国际市场和国际贸易，涉外交易发展迅速，对我国经济的发展产生了深刻影响，这也为我国对外贸易发展增加了压力。我们必须不断提高产品附加值，促进贸易结构升级，保持对外贸易的相对平衡，才能实现由贸易大国向贸易强国的转变，实现我国对外贸易的可持续发展。

本书共十九章，合计 44 万字。由来自上海商学院商务经济学院的王宛濮担任第一主编，负责第一章至第七章的内容，合计 10 万字以上。由来自广东农工商职业技术学院的韩红蕾担任第二主编，负责第八章至第十二章的内容，合计 10 万字以上。由来自中原工学院信息商务学院的杨晓霞担任第三主编，负责第十三章至第十九章的内容，合计 10 万字以上。由来自重庆人文科技学院的王艳红担任副主编，由来自北京航空航天大学的杨志航担任第一编委，由来自同济大学法学院的沈晖担任第二编委，由来自广东科贸职业学院的谢小曼担任第三编委，都对本书的编写作出了贡献。

在本书的编写过程中，我们参阅了大量国内外教材和论著等文献资料，由于篇幅有限，恕不一一列出，在此对这些文献的作者一并表示诚挚的谢意。同时，由于编者水平和能力所限，书中难免存在错误与遗漏，我们诚恳地希望各位专家、学者和广大读者批评指正，特别是请任课教师和使用本教材的同学们能够提出宝贵意见，以便今后进一步完善。

目录

第一章 国际分工与国际市场

第一节 国际分工的形成与发展

人类社会的经济发展史就是一部社会分工产生、发展的历史。国际分工与资本主义机器大工业的发展有密切联系，机器生产了丰富多彩的制成品，但同时也对原材料、劳动力和土地提出需求。机器在将原材料、劳动力和土地合为一个新产品的同时，又因机器“永不休止”的转动，滋生着对市场扩大的占有欲。市场的扩大本身表现为对原材料、劳动力、土地等生产要素需求的国际延伸，于是机器大生产在地理意义上得以扩展，国民经济的发展也就超越了国家的界限，通过国际贸易而与世界各国的经济发展相联系。同时，这种生产的国际化发展必然使社会分工发生一些新的变化。国内社会分工随着国际贸易的扩展而趋向于外向型的发展格局，并进一步在国际市场上发挥作用，演变为国际分工。

一、国际分工的含义

国际分工是指世界上各国之间的劳动分工，它是社会分工发展到一定阶段，国民经济内部分工超越国家界限发展的结果，是国际贸易和国际市场的基础。

分工是一种社会范畴，最早、最简单的分工形式是按性别和年龄进行的自然分工。随着生产力的发展及社会分工的出现和发展，特别是资本主义工业革命后，国际分工就作为生产力发展的结果出现了。因此，它是生产力发展到一定水平后，一国国内社会分工的延伸，表现为生产的专业化、国际化和全球化。

二、国际分工的类型

按照参加国际分工的国家的自然资源和原材料供应、生产技术水平和工业发展情况的差异来分类，国际分工可划分为三种不同类型。

（一）垂直型国际分工

垂直型国际分工是指经济技术发展水平相差悬殊的国家（如发达国家与发展中国家）之间的国际分工，是部分国家供给初级原料，而另一部分国家供给制成品的分工形态。从历史上看，19 世纪形成的国际分工是一种垂直型的国际分工。当时英国等少数国家是工业国，绝大多数不发达的殖民地、半殖民地成为农业国，工业先进国家按自己的需要强迫落后的农业国进行分工，形成工业国支配农业国、农业国依附工业国的国际分工格局。迄今为止，工业发达国家从发展中国家进口原料而向其出口工业制成品的情况依然存在，垂直型的国际分工仍然是工业发达国家与发展中国家之间的一种重要的分工形式。

（二）水平型国际分工

水平型国际分工是指经济发展水平相同或接近的国家（如发达国家以及一部分新兴工业化国家）之间在工业制成品生产上的国际分工。当代发达国家的相互贸易主要是建立在水平型国际分工的基础上。水平分工可分为产业内与产业间水平分工。前者又称为“差异产品分工”，是指同一产业内不同厂商生产的产品虽有相同或相近的技术程度，但其外观设计、内在质量、规格、品种、商标、牌号或价格有所差异，从而产生国际分工和相互交换，它反映了寡头企业的竞争和消费者偏好的多样化。

随着科学技术和经济的发展，工业部门内部专业化生产程度越来越高，部门内部的分工、产品零部件的分工、各种加工工艺间的分工越来越细。这种部门内水平分工不仅存在于国内，而且广泛地存在于国与国之间。后者则是指不同产业所生产的制成品之间的国际分工和贸易。由于发达资本主义国家的工业发展有先有后，侧重的工业部门有所不同，各国技术水平和发展状况存在差别、因此，各类工业部门生产方面的国际分工日趋重要。各国以其重点工业部门的产品去换取非重点工业部门的产品，工业制成品生产之间的分工不断向纵深发展，由此形成水平型国际分工。

（三）混合型国际分工

混合型国际分工是指“垂直型”和“水平型”相结合的国际分工方式。德国是“混合型”国际分工的典型代表，它与发展中国家形成的是“垂直型”国际分工，从发展中国家进口原料，出口工业品，而与发达国家形成的是“水平型”国际分工，它们之间相互进出口的产品主要是机器设备和零配件。

三、国际分工的形成与发展

历史上曾经出现过三次社会大分工，但只有在国家出现和社会生产力发展到一定水平之后，才形成国际分工。国际分工的发展历程大致经过萌芽、发展、形成和深化四个阶段。

（一）国际分工的萌芽阶段（16～18世纪中叶）

国际分工萌芽于16世纪。15世纪末到16世纪初的“地理大发现”，促进了西欧国家的个体手工业生产向工场手工业生产过渡。当时国际分工形成阶段的产业革命还未到来，世界范围内仍是自然经济占统治地位，这些处于萌芽状态的国际分工、形式仍主要依赖于自然条件的不同而带有明显的地域局限性。

新大陆的发现和新航线的开辟打开了国际市场的范围，为新兴的资产阶级提供了更广阔的活动场所。这时西欧的资本主义开始了它的资本原始积累时期，利用“火与剑”的手段，对亚洲、非洲和美洲进行残酷的掠夺。他们在这些地区开矿山，建立甘蔗、烟草、咖啡等农作物种植园，发展起了以奴隶劳动为总则的种植园制度，为本国生产和提供自己不能生产的农矿产品，当时盛行的“三角贸易”就是宗主国与殖民地之间的一种简单的国际分工形式。

这段时期是西欧各国进行资本原始积累时期，社会生产力和社会分工依然处在较低水平，但是它发展了国际贸易的规模，扩大了世界各国的联系，为资本主义生产方式的最终确立和国际分工的进一步发展打下了基础。

（二）国际分工的形成阶段（18 世纪 60 年代到 19 世纪 60 年代）

第一次产业革命的发生标志着国际分工进入了形成阶段。18 世纪 60 年代到 19 世纪 60 年代，资本主义从工场手工业过渡到大机器工业，第一次产业革命完成。这个时期形成的工业国与农业国亦即宗主国和殖民地之间的国际分工基本上是以英国为中心的。

英国开始的工业革命（第一次产业革命）使资本主义制度最终战胜了封建制度，以蒸汽机和纺织机为代表的工业革命使社会生产力获得了惊人的进步，人类社会也因此向前迈进了一大步。这一时期国际分工的一个主要特点是在世界范围内初步形成了工业国和农业国的分工。英国是全世界伟大工业的中心，是工业太阳，日益增多的生产谷物和棉花的卫星都围着它运转。这种分工状况使原本在第一阶段就已出现的宗主国与殖民地之间的国际分工进一步加深和固定化。随着国际分工的壮大，国际市场上交换的商品从提供给贵族和商人奢侈品向人们广泛需要的小麦、棉花、羊毛、咖啡、木材等大宗商品转变。

（三）国际分工的发展阶段（19 世纪中叶到第二次世界大战）

19 世纪末到 20 世纪初是国际分工体系充分发展时期。19 世纪 70 年代，人类社会发生了以电力为代表的第二次产业革命。各种新的生产手段相继产生，如发电机、电动机、蒸汽涡轮机、内燃机、汤姆士炼钢法等，各种新兴工业部门也随之出现，如电力、电气、石油、机车、汽车等，社会生产力大大地向前推进了一步。

这个时期的国际分工表现出了一些新的特点：第一，新的运输和通信方式把世界更紧密地连为一体，从而促进了国际分工的发展；第二，国际生产的专业化倾向进一步发展；英国由于发明了转炉炼钢技术，在钢铁工业方面领先于别国；美国在电力工业方面具有优势；德国在机械、造船方面成绩突出；日本的纺织工业则较发达；第三，世界各国对国际分工的依赖加深。农业国与工业国已经互相离不开了，农业国只有生产农矿产品的能力，其他所需产品都要依靠从工业国输入，工业国的情况亦是如此，庞大的基础工业和加工工业，既离不开农业国为其提供原材料，又离不开向农业国销售重要的产品。

（四）国际分工的深化阶段（第二次世界大战后）

20 世纪中叶发生了以原子能、计算机、航天工业为主要标志的第三次产业革命。第二次世界大战（简称二战）结束及第三次产业革命兴起，电子、信息、服务、软件、宇航、生物工程、原子能等新型产业高速发展，并渗透到经济生活的各个方面。这一阶段，国际分工从各个方面来看都比以往有了更深入、更广泛的发展。

这一时期的国际分工主要表现在以自然资源为基础的世界范围的工业与农业的分工已经削弱，以现代科学技术为基础的世界范围的工业分工成了国际分工发展的基本趋势。一方面，各国工业部门间的分工开始向部门内部、向企业内部的分工发展。另一方面，经济发达国家与发展中国家的分工格局发生了变化。它们之间旧式的工业国、农业国、矿业国的分工格局在逐渐弱化，而新式的工业分工格局在它们之间不断成长。发达国家不断把一些“夕阳产业”向发展中国家转移，这些被转移出来的产业主要是使用劳动力多，在高工资的发达国家不具竞争力的部门。

这样就在发达国家与发展中国家之间出现了一种新的分工格局，即高精尖工业与一般工业的分工、技术密集型产品与劳动密集型产品的分工。

四、当代国际分工的新特点

（一）新技术的推广应用使传统的国际分工格局进一步削弱

1. 农业中的技术革命使发达国家成了世界农产品的主要出口国

一项统计资料表明，1961～1963 年间，发达国家在世界食用农林牧副产品出口中的份额为 46. 2%，到 1982～1984 年间上升到 62. 7%，变成了世界农产品的主要出口国。以美国 1981 年的统计数字为例，当年美国的棉花出口量占世界棉花出口总量的32%，小麦出口量占世界小麦出口总量的48.1%，而大豆出口量占世界大豆出口总量的比重竟高达86.6%。

2. 新材料技术的发展减少了工业化国家对落后国家自然资源的依赖

例如，用强化陶瓷代替高强度合金钢，用石墨纤维强化塑料代替铅，等等。此外，化纤工业的发展，使纺织行业减少了对棉、毛、丝、麻等天然纤维的依赖。

3. 一些发展中国家从国外引进资本和先进技术，经济迅速崛起，开始大量生产并出口工业制成品和出口一部分高技术产品

例如，20世纪70年代，巴西经济飞速发展，被称为“巴西奇迹”，同时，韩国经济飞速发展，被称为“汉江奇迹”。这期间，新加坡、墨西哥、中国香港、中国台湾、泰国、马来西亚等国家和地区的经济都先后取得了长足的进展。

（二）行业在产业结构上的相互依赖正进一步加深

随着科学技术的进步，世界经济正逐渐联结为一个整体。各个国家的产业结构在国际市场竞争的催化和比较利益的诱导下，正在变成世界产业结构的一个密不可分的组成部分。例如，20世纪80年代的东亚区域内出现了产业形态上的跨国分工与合作：日本主要生产和出口高新技术密集型产品；“四小龙”主要生产和出口普通技术密集型产品；东南亚国家则主要生产和出口劳动密集型产品。这种国际间的产业转移和分工将这些国家的经济紧紧地连为一体。

（三）区域性自由贸易集团内部的产业分工协作日趋紧密

第二次世界大战后，经济一体化程度不同的区域性经济贸易组织或集团风起云涌，多数属于封闭式的一体化组织或集团，即对成员国和非成员国适用不同的政策措施。到目前为止，经济一体化程度最高的区域性经济贸易集团当属欧盟。在众多的经济一体化组织或集团中，成员国之间的贸易壁垒不断地降低，直至消除，但对于非成员国还保留高低不同的贸易壁垒，结果，一体化形成的内部市场促进了成员国之间资本、人员、商品、服务的流动，在某些情形下政府有意识地进行政策引导，更加深化发展了集团成员国之间的分工。

（四）服务业分工发展成为国际分工的一种重要形式

第二次世界大战以前，国际分工主要局限于生产制造类产业部门，20 世纪 80 年代后，国际分工开始从有形商品领域发展到无形商品领域服务。事实上，服务业国际分工的形成是以第二次产业革命和生产制造行业国际分工的发展为物质基础的。二战后，产业革命导致了一系列新兴服务部门的出现，如信息服务、计算机服务等。生产制造部门的急速发展则带动了一些直接为其提供服务的部门，如银行、保险、运输、信息、咨询等行业的发展，而后又将增长辐射到其他衍生服务部门，如教育、文化、娱乐、餐饮服务等部门。生产制造领域国际分工的迅速发展带动着服务行业国际分工的发展，特别是跨国公司的发展加速了服务业国际范围的扩张，形成依据竞争优势实现的服务业国际分工。日前所形成的服务业国际分工中，发达国家仍是国际服务业的主体，在服务业国际分工中居于主导地位。自 1980 年以来，在世界服务贸易总额中，发达国家所占比例一直保持在 70%以上，发展中国家只占 18%～23%。

（五）跨国公司内部分工与外部分工构成国际分工的重要组成部分

内部分工指各构成实体之间的分工，分工可以是水平型，如同种产品在不同国家的复制，或不同区位的子公司间形成零部件分工生产协作；也可能采取垂直型，如规模庞大的石油公司，子公司分处于生产过程的不同阶段。外部分工指公司通过外包合同、长期买卖合同、企业合作而同外部企业建立的分工协作关系。跨国公司的跨国界生产活动在公司内部、外部形成有序的分工体系。跨国公司依照利润最大化原则安排其全球的生产经营活动，内部贸易和外部贸易就是跨国公司内部分工和外部分工的具体体现，由于跨国公司国际化经营的特征，这种内部分工和外部分工客观上就表现为跨国界的国际分工。

第二节 影响当代国际分工的主要因素

影响国际分工产生与发展的因素是多方面的，既有经济方面的条件，包括各国的科学技术水平、生产力的发展水平、国内市场的大小，也有国际政治方面的条件，各国政府、国际经济秩序的情况以及各国的自然条件的差异，包括气候、土地、资源、国土面积、人口、地理条件等。

一、社会生产力发展水平

（一）国际分工是生产力发展的必然结果

一切分工，包括国际分工，都是社会生产力发展的结果。生产力的提高是社会分工形成与发展的前提条件。它突出地表现在科学技术的重要作用上。迄今为止出现的三次产业革命，都深刻地改变了许多生产领域，不断改善工艺技术、劳动过程和生产过程，使社会分工和国际分工随之发生变革。

（二）各国的生产力水平决定了其在国际分工中的地位

在第一次产业革命中，英国是最先完成产业革命的，其生产力得到空前发展，使英国成为“世界工厂”，在国际分工中居于主导地位。在第二次产业革命中，继英国之后，欧美其他资本主义国家也相继完成产业革命，生产力迅速发展，与英国一道成为国际分工的中心与支配力量。第二次世界大战后，原来的殖民地半殖民地国家在政治上取得独立，努力发展民族经济，生产力得到较快的发展。一些新兴的工业化国家经济发展迅速，它们过去在国际分工中的不利地位已在逐步改善。

（三）生产力的发展还导致国际分工日益多样化和细分化

生产力的发展将不同类型的国家都卷入到国际分工体系中，形成了世界性的分工，随着生产力的发展，各国参加国际分工的形式从“垂直型”向“水平型”和“混合型”过渡，出现了多类型、多层次的分工形式，国际分工纵深发展的结果是国际贸易中产品种类的多样化。2009年，中国进出口税的税目总数已经达到7868个，编码全部达到8位。

（四）生产力的发展还决定了国际分工的产品构成

随着生产力的不断提高，国际贸易的产品构成从最初以初级产品为主，发展到战后以工业制成品为主，高精尖产品的比重不断增强，中间产品、技术贸易和劳务贸易更多地出现在国际分工中。

（五）科学技术在国际分工中的作用日益显著

科学技术在生产力的发展中起着决定性的作用，三次产业革命其根本都是科技水平的跨越式发展所带来的。这种科学技术水平革命性的发展，既推动了社会生产力的迅猛增长，又客观上推动和加速了国际分工的产生与发展。

自然条件是影响国际分工产生与发展的重要因素。自然条件主要包括资源、气候、土壤、地理环境、国土面积的大小等，其对于国际分工的产生与发展起着十分重要的影响和作用，在国际分工发展的早期更是如此。例如，马来西亚盛产橡胶，古巴盛产蔗糖，赞比亚盛产钻石，这些都受各种自然条件的制约，而这些条件绝不是任何国家都能具有的。但是，随着生产力的发展，自然条件对国际分工的作用在逐渐减弱。自然条件只提供国际分工的可能性，而不提供现实性，要把可能性变为现实性还需要一定的生产力条件。

二、人口、生产规模和市场情况

人口的多少直接影响劳动力的供给。世界人口在各国分布不平衡，这就决定了各国劳动力多寡不一。劳动力丰富的国家在国际分工中主要从事劳动密集型产品的生产；相反，劳动力稀缺的国家多从事其他要素密集型产品的生产。这样就产生了两类国家的分工。另外，劳动力素质也制约着一个国家从事生产的类型。通常教育发达、劳动力素质高的国家多从事技术密集型产品的生产，相反则从事劳动密集型产品的生产。

生产规模也会影响国际分工。在一些小的国家或者发展中的国家，很难产生大规模的生产，形成规模经济。

在人口和生产规模具备的条件下，国际分工还受制于国际商品市场的规模，而国际交换市场的规模主要取决于投入的商品数量、有支付能力的人口密度和交换的距离。

三、跨国公司和资本国际化

跨国公司和资本国际化对国际分工有推动作用。跨国公司通过对外投资、把生产过程分散到世界各地，跨国公司的全球化战略大大地推动了国际分工。跨国公司在技术水平高及创新机制完善的欧美发达地区开展研发活动，在劳动力成本低及资源丰富的地区进行生产加工及装配，最终再把产品输送到全球各个市场。跨国公司从全球角度优化配置资本、技术、人才、管理和原材料等资源，其产品、资本都已打破了传统的国家疆域界限，不断涌向世界各地。

资本流动的目的就是为了实现自身价值的最大增值，因此，在垄断资本最大限度地追逐垄断超额利润的情况下产生和发展起来的资本主义国际分工也必然具有不平等的性质。自 19 世纪末以来，资本输出就成为资本主义国家重要的经济现象。二战后，跨国公司的迅速发展和国际地位的提高、发展中国家对外资政策的变化都大大加速了资本的国际化进程，对国际分工的深入发展起着重要的作用。第二次世界大战后，国际资本流动以 FDI 为主体、占国际资本流动总量的 70%以上。发达国家既是 FDI 的主要输出国，也是 FDI 的主要东道国，各占 FDI 输出、输入的 70%左右。FDI 进入其他国家主要考虑两个因素，一是市场导向，二是资源导向。资源导向 FDI 的客观效果是加强了发达国家之间、发达国家和发展中国家之间的分工，促进了国家间的贸易发展。

四、国家政策和国际政治经济秩序

上层建筑主要指具有能动作用的政府、军队和各种组织机构，他们既可以促进、也能够阻碍国际分工的发展。各国政府经常借用上层建筑的力量推行各种对外贸易政策，以改善本国在国际分工体系中的地位。历史上，一些经济较发达的国家曾多次发动商业战争，强迫别国接受不平等条约，组成国际性的分工体系。二战后，许多国家加入地区性的经济一体化组织，在经济政策上和国际分工上相互协调，以促进经济的共同稳定发展。为加强自己在国际分工中的地位，各国普遍采用的方法是推行“奖出限入”的外贸政策，利用各种关税壁垒和非关税壁垒政策挡住外来产品，并利用各种出口补贴政策把本国的产品打入国际市场。这些政策都对国际分工的发展产生相当大的影响作用。

第三节 国际分工对国际贸易的影响

国际分工是国际贸易的基础，国际贸易是国际分工的体现，同时也影响着国际分工的发展。国际分工与国际贸易是互为条件、互相促进的两个方面。

一、国际分工是国际贸易的基础

（一）国际分工影响国际贸易的发展速度

从国际贸易发展历史来看，在国际分工发展快的时期，国际贸易发展也快；相反，在国际分工发展缓慢时期，国际贸易也发展较慢或处于停滞状态。因此，国际分工是当代国际贸易发展的主动力。在资本主义自由竞争时期，由于形成了以英国为中心的国际分工体系，英国成为“世界工厂”，其对外贸易出现高涨，在资本主义世界对外贸易中的比重从 1820 年的 13%提高到 1870 年的 22%，而且贸易的增长还超过了生产的增长。据统计，1800～1913 年，世界人均生产每十年增长率为 7. 3%，而世界人均贸易额每十年增长率为 33%，显然大大高于世界生产的发展。相反，在 1913～1938 年间，世界生产发展缓慢，国际分工处于停滞状态，国际贸易量在这个时期年平均增长率只有 0. 7%。第二次世界大战后，国际分工又有了飞速的发展，国际贸易的发展速度也加快了，并快于以前各个时期。

（二）国际分工影响国际贸易的地理分布

国际分工形式影响着国际贸易的地理分布。在国际分工中处于中心地位的国家，也是国际贸易的主要对象，在国际贸易中也居于主导地位。例如英国，从 18 世纪到 19 世纪末，工业革命的提前完成和专业化分工的高度发展，使英国成为世界贸易中心。英国在资本主义世界对外贸易总额中所占比重 1820 年为 13%，1870 年上升到 22%，随着其他国家在国际分工中地位的提高，英国地位在逐步下降，但直到 1925 年它在国际贸易中仍占 15%。从 19 世纪末以来，发达资本主义国家成为国际分工的中心国家，它们在国际贸易中的地位一直居于支配地位。

（三）国际分工影响对外贸易的地理方向

国际分工的形式同样也对各国的对外贸易地理方向有着重要的制约作用。对外贸易地理方向与各国相互分工程度呈正比关系。在以垂直型国际分工为主的时期，国际贸易关系主要发生在宗主国与殖民地落后国家之间。随着经济的发展，国际分工由垂直型向水平型发展，经济发展程度相当的国家和地区之间的贸易关系获得更多的发展，于是发达资本主义国家之间的贸易占据主要地位，而发达资本主义国家与发展中国家间贸易则退居次要地位。

（四）国际分工影响国际贸易的商品结构

随着国际分工的发展，国际贸易的商品结构与各国的进出口商品结构不断发生变化。第二次世界大战后，这种变化表现在以下几个方面：

1. 工业制成品在国际贸易中所占比重超过初级产品所占比重

第二次世界大战前，由于殖民主义宗主国与殖民地落后国家的国际分工以垂直型分工为主，故初级产品在国际贸易中的比重一直高于制成品。从1953年起，工业制成品贸易在国际贸易中所占比重开始超过初级产品贸易在国际贸易中所占比重。

2.发展中国家和地区出口中的工业制成品不断增长

随着发达国家与发展中国家和地区分工形式的变化，发展中国家和地区出口中的工业制成品不断增加，所占比重从1970年的18. 5%提高到1990年的54. 0%。发展中国家和地区出口制成品在世界贸易中所占比重也在增长。

3. 中间性机械产品的比重提高

随着国际分工的深化和跨国公司在国际分工中地位的提高和作用的加强，行业内部、公司内部贸易增加，中间性机械产品在整个机械工业制成品贸易中的比重不断提高，在各主要发达国家制成品贸易中约占70%以上。

4. 服务贸易发展迅速

服务贸易在近年来，特别是在发达国家有了迅速的发展。服务贸易在各发达国家对外贸易中都占很大比重。世界服务贸易额从 1967 年的 700～900 亿美元剧增到 2008 年的 72008 亿美元。

（五）国际分工影响国际贸易利益

国际分工可以扩大整个国际社会劳动的范围，发展社会劳动的种类；可以使贸易参加国扬长避短，发挥优势，有利于世界资源的合理配置；可以节约全世界的劳动时间，从而提高国际社会的生产力。但是，由于国际分工的产生与发展是在资本主义生产方式内进行的，它代表了生产力发展的进步过程，同时也体现了资主义社会的生产关系，因此，国际分工也成为旧的不平等的国际经济贸易秩序的重要组成部分。

资本主义发达国家凭借自己在市场上的独占地位、在国际贸易中高价卖出，低价买进，进行不平等交换；通过对外贸易转嫁经济危机，把国际贸易中的利益大部分、有时甚至是全部占为己有，使落后国家的贸易条件不断恶化，大大影响了这些国家的经济发展。

第二次世界大战后，随着发展中国家在政治上取得独立、民族工业的不断发展、在国际政治经济舞台上的不断斗争，发展中国家在国际分工中的地位有所改善，贸易利益随之增多，但是还未发生根本性、实质性的变化。

（六）国际分工影响各国对外贸易的依存度

国际分工的发展使各国对外贸易依存度即对外贸易系数不断提高。随着国际分工的发展、尤其是第二次世界大战后国际分工的深入发展，各国经济国际化的趋势不断加强，各同的外贸依存度不断提高。从 1950～1990 年，整个世界外贸依存度已从 8. 5%提高到 16. 2%，到 2000 年已达到 20%以上。

随着我国在国际分工中地位的变化和国际市场局势的变化，我国的对外贸易依存度也在变化：据海关总署分析，在净出口的增加拉动国民经济增长的同时，我国外贸依存度进一步回落。近 10 年来，我国外贸依存度在经历了入世初期的快速增加后，从 2006 年的 67%开始回落，到 2012 年在 2011 年基础上再度回落 31 个百分点，回到 50%以下，为 47%；其中出口依存度为 24. 9%，进口依存度为 22. 1%，都有所回落。但是随着世界经济的发展，我国对外贸易迅速增长，我国的对外贸易依赖度较同期世界平均水平增长较快，而且已经明显超过世界平均水平。

二、国际贸易是国际分工实现的条件

（一）国际贸易推动国际分工的发展

在现代科学技术的推动下，生产力得到了快速发展，国际分工更加细化，各国之间的分工向纵深发展，使国际社会经济形成一个多元的有机整体。这个有机体越是向前发展，它的各个部分、各种经济之间的联系就越是扩展、越是复杂。国际贸易作为国际经济有机体的联结系统，也就更加成为这个有机体不可分割的部分，它的纽带功能也就日益加强。随着世界经济的发展，商品交换作为国际社会经济有机体的经络系统和循环系统，既在推动自己存在的基础——国际分工的深化过程中，不断强化自身的功能，同时又推动着立足市场、互相依存的国际社会经济多元体系向更高阶段发展。

（二）国际贸易影响国际分工功能的实现

国际分工是国际经济生活的一种基本形式，是社会一切具体经济活动的基础结构。分工是生产的范畴，是各国生产者之间通过市场而形成的一种相互劳动关系，在国际分工的作用下，各国能解放劳动的局限性，扩大活动范围，缩短达到一定目标所需要的劳动时间，形成单个国家不能发挥出来的巨大力量，从而能促进社会生产力的发展。通过国际分工能够提高各国劳动者的综合技能；提高全社会的效率；可以节约资源、降低劳动成本；使各种生产要素配置合理。上述的功能是通过国际商品交换实现的，但其实现的程度与合理性又受到国际贸易机能的制约。在平等互利的贸易基础上，上述国际分工的功能会得到充分、合理的实现；反之，在不平等、控制和垄断的贸易环境下，上述国际分工的利益不会充分、圆满地实现；从而影响到一国经济结构的形式。

（三）国际贸易的规模影响国际分工的发展

分工、交换、市场这三个概念是密不可分的。分工引起交换，交换需要市场。生产越发展，分工越细密，交换就越频繁，市场也就日益扩大。可以说，没有分工就没有商品交换，也就不需要有市场，所以，社会分工是商品经济的基础，市场是商品经济中社会分工的表现。社会分工的发展决定着交换的深度、广度和方式，也决定着市场的规模和内容；反之，交换的种类、数量以及市场的规模也会影响生产和分工的发展。国际贸易以国际分工为基础，当今国际商品交换的规模影响国际分工的规模，而国际商品交换发展的速度影响国际分工扩大的程度。

（四）国际贸易促进参与国际分工主权国家的分工利益

国际贸易作为分工跨越国界发展的必然产物，极大地促进了人类社会和世界经济的发展，给参加国际贸易的国家带来极大的利益或好处，经济学家罗伯逊甚至提出了国际贸易是“经济增长的发动机”。国际贸易利益可以弥补产品不足，提高福利水平；有利于资源的有效配制，提高社会的产出水平；促进国内产业的规模经济发展和效率提高；有利于引进先进的设备、技术和管理经验。

（五）国际贸易影响国际分工的发展方向

在国际分工下，各国的商品生产是为国际交换而进行的生产。因此，各国生产的商品在使用价值上是否符合消费者的需要、它们的价值能否得到国际社会的承认，成为各国生产者时刻关心的重要问题。也就是说，商品的生产是否需求对路、价格信息通过国际商品交换传递是否及时准确是十分重要的，其所形成的国际贸易将影响着国际分工的发展方向。伴随知识经济的不断深入，作为经济发展的一部分，国际分工正发生和将发生的变化是巨大的。知识经济时代国际分工的变化是由四个因素引起的：生产要素、市场状况、产业结构和企业组织。这些因素将在新世纪的国际分工中发挥更重要的作用。

第四节 国际市场的产生与发展

一、国际市场的含义

国际市场是由国际分工联系起来的各个国家和地区之间以商品流通和劳务交换为主要内容的商品交换活动的总和，是国内市场的延伸。它包括世界商品市场、世界服务市场、世界金融市场。

国际市场是在各国国内市场的基础上形成的。但是，国际市场并不是各国国内市场的简单相加，两者之间既有不可分割的联系，又有十分明显的差别。国际市场这一概念可以从其内涵与外延两个方面来理解。国际市场的内涵，是指国际商品经济关系的总和，包括商品交换背后的生产者之间的关系。国际市场的外延，是指它的地理范围，其地理范围要比一国的市场范围大，前者包括世界各国之间的商品交换，后者只包括一国疆域之内的商品交换。在国际市场的内涵和外延两方面中，其内涵决定国际市场的经济本质。

二、国际市场形成与发展的历程

国际市场是国内市场在范围上的延伸，是伴随着社会生产力水平的提高与国际分工的形成发展起来的。

（一）萌芽阶段（16 世纪初至 18 世纪 60 年代）

国际贸易虽然在公元前就已经出现，但在相当长的历史时期内，由于社会生产力水平低下，商品经济落后，交通不发达，由此并不存在世界性的市场，15 世纪末至 16 世纪初的地理大发现对西欧经济的发展产生了巨大的影响，为国际市场的形成准备了条件。地理大发现之前，世界上只存在若干区域性的市场。地理大发现之后，区域性市场逐渐扩大为国际市场。新的国际市场不仅包括欧洲原有的区域性市场，而且包括亚洲、美洲、大洋洲和非洲的许多国家和地区。这一阶段，国际市场中处于支配地位的是前资本主义的商业资本。

（二）迅速发展阶段（18 世纪 60 年代至 19 世纪 70 年代）

18 世纪中叶以后，英国和欧洲其他国家先后进行了产业革命，建立起机器大工业。在机器大工业的推动下，国际贸易发生了根本性的变化，促进了国际市场的迅速发展。这一阶段，国际市场的范围不断扩大，中欧、东欧、中东以及印度洋沿岸的广大地区都成为国际市场的组成部分，南太平洋和远东的澳大利亚、日本和中国等也开始进入国际市场。同时，国际商品流通的基础已不再是小商品生产者的工场手工业品，而是发达资本主义国家（主要是英国）的工业制成品与经济落后国家的食品、原料的交换。国际市场上主要的经济联系是工业国家和农业国家之间，而各工业发达国家之间的贸易联系也大大加强。这一时期国际市场的主要特点是产业资本取代商业资本而占据了统治地位。

（三）形成阶段（19 世纪 70 年代至第二次世界大战前）

19 世纪 70 年代，发生了第二次产业革命。这次产业革命，一方面促进了社会生产力的极大提高，使工农业生产迅速增长和交通运输业发生了革命性的变革，大大改变了欧洲的经济面貌，也改变了世界经济的面貌。尤其是交通运输业的革命，成为 19 世纪末世界经济、国际市场发展的主要推动力；另一方面，第二次产业革命也推动了资本主义生产关系由自由竞争向垄断阶段的过渡，资本输出急剧扩大并具有特别重要的意义。资本输出使生产的社会化和国际化逐步实现，并与商品输出相结合，从而加强和扩大了世界各国间的商品流通。这一阶段，国际贸易把越来越密的经济网铺到了整个地球的各个角落，世界各国从经济上互相联结起来了。该时期在世界历史上第一次形成了统一的国际市场，其主要特点是垄断资本在国际市场占据了统治地位。

三、第二次世界大战后国际市场发展的新特点

（一）国际市场规模空前扩大

由于第二次世界大战后一系列殖民地国家独立，他们开始以独立主权国家的身份进入国际市场，国际市场的参与者增加。世界贸易组织（WTO）及其前身GATT致力于推动国际贸易自由化，包括一些区域性贸易自由化的达成（欧盟，北美自由贸易区），国际区域市场不断扩大。国际贸易不断增长的同时也推动了国际金融市场的发展。同时各国卷入国际市场的深度也在增加，表现为各国对外贸易额占其国民生产总值的比重，即外贸依存度有提高的趋势；国际贸易的方式呈现多样化，国际经济和总形势呈现多样化。

（二）区域经济一体化和跨国公司给国际市场以巨大影响

世界各国经济联系日益加强，部分国家已经组成地区性经济集团，在一定区域内追求更紧密的国际经济联系，出现了许多跨国家的区域性市场。这些地区性经济集团，对内实行较高的自由贸易，对外实行统一的贸易政策。总体上，第二次世界大战后的区域经济一体化没有使国际市场变小，而是国际贸易自由化程度不断提高，推动了区域经济一体化和国际市场的发展。

第二次世界大战后跨国公司的兴起与发展也给国际市场带来了巨大影响。跨国公司利用雄厚的资本和技术研发上的优势，通过对外直接投资，绕过贸易壁垒，进入国际市场。跨国公司在全球布局其价值链的生产活动，对国际市场带来了深刻的影响。

（三）经济一体化与全球化趋势

随着跨国公司的兴起、自由贸易不断的发展，国际贸易、互联网使全球各个市场紧密地联系在一起，大大加强了各国之间的经济紧密程度，国际市场出现经济一体化及全球化趋势。

第五节 国际市场价格

一、国际市场价格含义

国际市场价格是指在一定条件下在国际市场上形成的价格，也就是某种商品在世界市场上实际买卖时所依据的价格。商品的国际市场价格通常由生产成本、流通费用、税金和利润构成。但是，在商品的国际市场价格中，流通费用、商业利润和税金所占的比重往往较大。

二、影响国际市场价格变动的因素

（一）供求关系

商品国际市场价格围绕着国际生产价格上下波动。商品国际市场价格由国际市场上商品的供求关系决定。世界市场上某商品供过于求，则该商品的国际价格将下降；供不应求，则价格上涨。

（二）竞争态势

竞争的影响包括卖主之间的竞争和买主之间的竞争以及买主和卖主之间的竞争。买主之间的竞争表现为买主纷纷报高价购买某种稀缺商品，如近年来各国对中东和中亚国家部分油田股份的抢购：买主和卖主之间的竞争对国际市场价格的影响较大，如欧佩克石油输出国组织与西方国家在石油价格上的竞争。

（三）垄断力量

国际垄断组织所形成的垄断价格有两种形式：垄断高价、垄断低价。在国际市场上，国际垄断组织为了追求最大限度的利润，往往凭借它们所具有的经济力量，通过相互协议或联合，采取瓜分销售市场、规定统一价格、限制商品产量、销售量、购买量和采购时间等措施直接或间接地控制某一部门或几个部门的产品的国际价格。对于劳务技术的提供、价格和市场，它们也采用种种办法进行操纵和控制。

（四）经济周期

世界经济发展有一定的经济周期，国际市场价格也会随经济周期被动。在危机阶段，生产下降、商品滞销使大部分商品的国际市场价格下降。危机后，经过一段时期的萧条，经济逐渐复苏，以至高涨，生产逐渐上升，需求逐渐增加，价格便逐渐上涨，直至另一经济危机发生，价格便又下跌。

（五）汇率波动

汇率波动是由一国货币供给和需求的变动引起的。汇率的波动有时也受政府的汇率政策直接影响或控制。当汇率发生变化，一国货币出现了升值或者贬值，便立即会对该国的进出口商品价格带来影响。如果一国货币升值，该国的出口商品价格会上升，进口商品价格会下降；如果货币贬值，该国的出口商品价格会下降，进口商品价格会上升。

（六）各国政府政策

政府的政策对世界市场价格的影响是很大的，其直接或间接地导致世界市场价格发生波动，如支持价格政策、出口补贴政策、进出口管制政策、税收政策、战略物资收购政策及倾销政策等。

（七）自然灾害、政局动乱及投机等因素

如海湾战争期间，科威特的石油生产完全被摧毁，其他产油国的石油生产也受到了不同程度的影响。这不仅使世界市场上石油的供给处于紧张状况，而且使石油及其相关产品的价格也产生了极大的波动。

此外还有一些因素也在影响着商品的世界市场价格，比如商品包装的好坏在一定程度上影响着商品的价格；商品销售中成交数量的多少、广告宣传的效果、名牌效应以及服务质量等因素也都会影响商品的世界市场价格。

三、国际市场价格的种类

（一）世界“自由市场”价格

世界“自由市场”价格是指在国际间不受私人垄断或国家垄断力量干扰的条件下，由独立经营的买者和卖者之间进行交易的价格。主要包括以下几种类型：

1. 交易所价格

交易所价格是指商品交易所交易商品时所形成的价格。交易所价格分期货价格和现货价格两种。期货价格是商品在期货交易中的成交价格。期货交易是预买、预卖、预期交割的交易形式。现货价格是指商品在现货交易中的成交价格。

2. 拍卖价格

拍卖是国际市场上出售商品的一种方式。拍卖价格是指通过拍卖方式出售商品的价格，它是通过公开竞争形成的实际成交价格，并且是现货成交价格，因此它能反映某些商品市场行情的变化和水平。目前，国际上较著名的拍卖市场主要有：伦敦的茶叶市场、悉尼的羊毛市场等。

3. 开标价格

开标价格是指通过招标、投标形式而成交的价格。招标是国际贸易中一种主要的贸易方式。招标人为了购买货物或是工程发包，预先招来一批供货人或承包人进行投标，然后与递价及各方面条件对招标人员有利的投标人达成交易。采用招标方式购买货物，由于参加投标的人较多，竞争性较强，成交价格一般都比较低。

（二）世界“封闭市场”价格

世界“封闭市场”价格是买卖双方在一定的特殊关系下形成的价格。商品在国际间的供求关系对它一般不会产生实质性的影响。其主要包括以下几种类型：

1. 调拨价格

调拨价格又称转移价格，是指跨国公司内部购买商品和劳务时规定的价格。这种价格不是按照生产成本和正常的营业利润来制定的，而是根据跨国公司的全球性经营“战略部署”和子公司所在国的具体情况，人为地加以制定的，以达到调节利润、减轻全球总税负、扶植子公司、规避风险、调拨资金以及获取跨国公司在国际市场上的竞争优势的目的。

2. 垄断价格

垄断价格是指国际垄断组织利用其经济力量和市场控制力量决定的价格。在世界市场上，垄断价格有两种：一种是卖方垄断价格（垄断高价）；一种是买方垄断价格（垄断低价）。

3. 区域性经济贸易集团价格

区域性经济贸易集团价格是指区域性经济贸易集团内部形成的区域性经济贸易集团内部价格，如欧盟共同农业政策中的农产品价格。其主要内容包括：

（1）欧盟内部农产品实行自由贸易；

（2）对许多农产品逐步实行统一价格来支持农业生产者的收入；

(3)通过规定最低的进口价格来保证农产品价格的稳定及为内部生产提供一定的优惠幅度；

（4）征收进口差价税，以保证最低价格的实施；

（5）以最低价格对农产品进行支持性采购；

（6）在农产品过剩条件下，向消费者和出口商提供补贴以促进国内消货和出口。

4. 国际商品协定下的协定价格

国际商品协定下的协议价格是指在国际商品协定中规定的价格。国际商品协定是指某些商品的出口国和进口国之间，为稳定价格和保证贸易发展而缔结的政府间的多边贸易协定。在国际商品协定中，通常采用最低价格和最高价格等办法来稳定商品价格。当有关商品降到最低价格以下时，就减少出口，或用缓冲基金收购商品，当有关商品价格上升到最高价格时，则扩大出口或抛售缓冲库存。

国际商品协定下的协定价格能否保证，依赖于国际市场行情的变化、商品协定是否被执行以及参加协定的国家是否协调一致等因素。

第二章 跨国公司与国际贸易

第一节 跨国公司概述

一、跨国公司的定义

跨国公司（Transnattional Corporations）是一种在多个国家进行直接投资，并设立分支机构或子公司，从事全球性生产、销售或其他经营活动的国际企业组织。

对跨国公司进行科学规范的概念界定一直是西方学者有关跨国公司研究的重要内容。长期以来。学术界对跨国公司的理解存在分歧，主要是由于对跨国公司定义的标准不同，大体上可以概括为以下三种标准：

（一）结构标准

结构标准，是指以企业从事生产经营活动跨越的地理区域和企业资产所有权作为划分跨国经营的标准与尺度。从企业所有权来看，一般认为，一个企业只有拥有国外企业的股份所有权才能构成跨国公司，对于拥有国外企业所有权的标准，目前普遍使用的权威性标准是国际货币基金组织提出的，跨国公司控制境外企业所有权的合理标准不得低于25%。

（二）经营业绩标准

经营业绩标准，是指企业在海外的资产、利润、销售额、产值和雇员人数等必须在整个企业业务达到一定百分比以上才能称为“跨国公司”。如同所有权标准，西方学者普通认可 25%的海外业务份额，对于其中常用的销售额指标，一种观点认为商业额超过 1 亿美元的才能称之为跨国公司，另一种观点是联合国贸发会议 1993 年的一份文件认为，年销售额在 10 亿美元以上的才能称作跨国公司。

（三）行为特征标准

行为特征标准，是指跨国公司应实行全球化经营战略，公司最高决策从公司整体利益出发，以全球范围内利润最大化为目标，而不是局限于某地区市场的盈亏得失。

综上所述，跨国公司作为一种复杂的经济形态，由于对其界定标准不同，跨国公司的定义也多种多样。为了进一步澄清跨国公司的基本内涵，联合国跨国公司中心在 1983 年的研究报告中明确指出跨国公司应包括三个基本要素：第一，包括设在两个或两个以上国家的实体，不管这些实体的法律形式和领域如何；第二，在一个决策体系内经营，能通过一个或几个决策中心采取一致对策和共同战略；第三，各个实体通过股权或其他方式联系起来，其中一个或多个实体有可能对别的实体施加重大影响，特别是向其他实体分享知识资源和分担责任。20 世纪 80 年代后，国际社会对于联合同提出的跨国公司定义的三大要素已基本达成共识。

二、跨国公司的形成与发展

跨国公司的历史可以至少追溯到 19 世纪 60 年代，当时西欧和美国的一些大企业开始在海外设立生产性分支机构，从事制造业跨国经营活动，已初具跨国公司的雏形。第二次世界大战后，特别是 20 世纪 50 年代后，随着西方发达国家垄断资本的大规模对外扩张和生产的进一步国际化，对外直接投资迅猛增加，跨国公司得到了迅速发展。

（一）跨国公司的形成

跨国公司是垄断资本主义发展的产物。19 世纪 60 年代，资本主义从自由竞争逐渐向垄断阶段过渡，“过剩资本”的大量形成直接成为资本国际流动的动力和源泉，西方国家的一些大企业开始向海外投资，资本输出成为这一阶段的重要特征。

垄断组织通过资本输出把资本主义生产方式扩大到殖民地与半殖民地国家，使得传统的垂直分工体系进一步深化。与此同时，资本输出实现了世界范围的生产国际化和社会化，加强了世界各国的相互依赖及各国对国际分工的依赖。这时的资本输出主要是英、法、德、美等资本主义强国向海外进行以证券投资为主的间接对外投资，至于对外直接投资，其数额和比重都很小，并且主要是投资到殖民地和附属国的资源开发项目（如采煤、采油、开矿）以及农业种植园等，只有极少数企业在海外从事制造业生产性投资。从制造业来看，直接投资的流向主要是比较发达的国家和地区。例如，1914 年英国制造业对外直接投资中近 90%是投向发达国家，其中对美国的投资占 70%还多。从投资主体来看，制造业投资以美国为主体，但美国当时还是接受外国投资的主要债务国，其全部对外投资的比重排在英、法、德之后。

（二）两次世界大战期间跨国公司的发展

两次世界大战期间，发达国家的对外直接投资停滞不前，数额增加极为有限，而美国对外直接投资的数额和比重却有相当程度的增加。1914 年，全世界对外直接投资额为 143 亿美元，到 1938 年增加到 263. 5 亿美元。其中，美国由 65 亿美元增至 105 亿美元，仍为世界第一，但其比重已经由原来的 45. 5%下降到 39. 6%。由此可见，在此期间，美国对外直接投资增加较快。1927 年，在 172 亿美元的对外直接投资总额中，美国占 75 亿美元，仅次于英国而居世界第二位。美国的 187 家制造业大公司在海外的分支机构由 1913 年的 116 家增至 1919 年的 180 家，1929 年为 467 家，1939 年则达到 715 家。美国大举向英国势力范围扩张。1922 年，在加拿大的外国投资中，美国资本已超过英国；在拉丁美洲，美国资本所占比重也已接近英国。同时，美国资本还趁机打入德国，控制那里的汽车、石油、有色金属等部门。通用汽车公司和福特汽车公司向欧洲及其他地区的扩张尤为迅速。与此同时，各大石油跨国公司也大力扩展在世界各地的生产和销售网络。

两次世界大战期间，大部分向外扩张的跨国公司基本上都是技术先进的新兴工业、或者是大规模生产消费产品的行业。

第一次世界大战后，跨国公司的海外分支机构数量虽有增长，但对外直接投资的总额到 1930 年才赶上战前水平。

（三）第二次世界大战后跨国公司的发展

第二次世界大战以后，尤其是 20 世纪 50 年代以来，全球范围内直接投资迅猛增长，跨国公司得到空前发展。这一时期跨国公司的发展可以分为三个阶段：战后初期至 20 世纪 60 年代末为第一阶段，美国跨国公司占绝对优势地位；自 70 年代初开始至 80 年代末为第二阶段，国际直接投资格局逐步由美国占绝对优势向多极化方向发展；自 90 年代初期至今为第三阶段，跨国公司在全球经济一体化时代获得长足发展。

1. 第一阶段：战后初期至 20 世纪 60 年代末

这一阶段的显著特征是跨国公司对外直接投资，二战后初期经济恢复，战后得到迅速发展，美国跨国公司在其中居主导地位。

第二次世界大战使西欧国家经济受到重创，对外直接投资锐减。而美国在二战期间利用各种有利条件加速进行对外直接投资，二战结束时已成为世界最大对外直接投资国。战后初期，美国垄断资本利用其他国家被战争削弱的机会，凭借在战争期间大大膨胀起来的政治、经济和军事实力攫取了世界经济霸主地位。从战后初期到 20 世纪 60 年代末、美国通过实施“马歇尔计划”，参与欧洲和国际经济重建，这为美国跨国公司大规模对外直接投资创造了极好的条件。在战后 20 余年间，美国的对外直接投资迅速增长，跨国公司也获得空前发展。1945 年，主要资本主义国家对外直接投资总额为 200 亿美元，其中美国占 42%，到 1967 年，对外直接投资总额达 1050 亿美元，其中美国占 50. 5%。据统计，1956 年世界最大的 200 家跨国公司中，美国有 144 家，占 70%以上。

2. 第二阶段：自 70 年代初开始至 80 年代末

该阶段国际直接投资规模继续扩大，西欧和日本的经济实力增强，跨国公司迅速崛起，美国跨国公司的地位相对受到削弱，国际直接投资格局逐步由美国占绝对优势向多极化方向发展。

西欧和日本经济在二战后得到迅速恢复与发展，在50年代初工业生产就几乎接近战前水平，它们的对外直接投资也很快发展起来，跨国公司迅速增加。70年代，西欧和日本的跨国公司积极对外扩张，在全球范围内与美国公司展开了激烈的竞争，对外直接投资年增长率均为20%左右，远远高于同期美国11.1%的年均增长率。西欧跨国公司同英国公司相比，不仅数量增加，而且规模扩大，经济实力和竞争能力迅速增强，在资本、技术、管理和研发方面的差距日趋缩小，日本跨国公司的力量也在不断加强。因此，尽管美国公司在70年代对外直接投资增长较前期迅速，仍处于领先地位，但其相对优势已大大下降。另一方面，从70年代开始，随着石油大幅度涨价和某些原材料价格上涨，发展中国家经济实力大大加强，在经济发展的同时，一些发展中国家开始对外直接投资，从事跨国经营。80年代后，亚洲四小龙以及巴西、墨西哥等新兴工业化国家和地区涌现了一批有相当规模与实力的跨国公司，使国际直接投资呈现出多元化、多极化的新格局。当然，与发达国家相比，发展中国家对外直接投资的资金规模与地域分布还相当有限。

3. 第三阶段：20世纪90年代以来跨国公司的发展动态

随着跨国公司的迅猛发展及经济全球化向纵深推进，世界经济市场化、网络化和自由化趋势已成为不可逆转的潮流。发达国家的资金、技术、管理经验与发展中国家的资源、廉价劳动力和广阔的市场不断地通过跨国公司的有效运作与经济全球化的进程而最大程度地聚合在一起。20世纪90年代以来，跨国公司的发展呈现出一些新的动态。

（1）大型跨国公司在国际直接投资中继续占主导地位

FDI（对外直接投资）的年流出总量（从母国流向东道国的外国分支机构或子公司的金融流量值，包括实物资产价值）及与其相应的FDI流入量近几年来呈稳定增长趋势。目前，跨国公司境外部分的资产已超过14.6万亿美元，其销量总额已破11.4万亿美元大关。

世界大型跨国公司主要来自发达国家，1996年发达国家跨国公司对外直接投资达2.950万亿美元，占世界对外直接投资总额的85%。2001年，最大10个母国的FDI流出量占世界流出总量的4/5。世界100家大型跨国公司中，95%以上位于美国、欧洲、日本，这些公司的境外资产占100家大型跨国公司境外资产的90%以上。

（2）跨国公司的战略联盟趋势

一般而言，大型跨国公司在参与国际市场竞争时，其产品往往具有技术和资金密集的特性、这就使得高新技术产品的研制更多地依赖跨国公司的技术、资金及人才方面拥有的垄断优势。但是随着科技的发展和竞争的加剧，新产品、新技术的研制费用、难度、风险也相应增加，而且产品标准化趋势不断加强，新产品的生命周期不断缩短，纵然是实力雄厚的跨国公司也难以独立承担技术创新所需的巨额资金和巨大风险。因此，20世纪80年代以来，世界主要跨国公司为了保持和扩大发展空间，纷纷组建不同形式的战略联盟、通过这些形式既可以巩固企业原有的资源，而且也能够在共享外部资源的情况下，相互交换企业经营所需的其他资源。跨国公司缔结战略联盟是一种新的国际竞争形式，它改变了国际市场的竞争格局。

（3）企业兼并收购已成为跨国公司直接投资的重要手段

20世纪90年代以来，全球每年约有16000多家企业被兼并，其中80%以上进入跨国公司行列。鉴于发达国家的基础设施比较完备，法律法规比较健全，投资环境也比较稳定，因此发达国家之间的相互投资大都通过跨国企业兼并与收购的方式进行，跨国企业兼并与收购已成为发达国家间国际直接投资的主要形式。1987年全球并购数量1174件，并购交易额为973.1亿美元；2001年全球并购数量增加到8098件，交易额达到7304.4亿美元；2007年全球并购数量达到创纪录的10145件，交易额达到1.64万亿美元。20年来，全球并购数量扩大了8.6倍，交易额扩大了16.8倍。据联合国贸易与发展会议统计，2008年全球的外国直接投资达到了1.7万亿美元，而跨国并购已经成为导致全球FDI迅速增长的主导因素。而与此同时，跨国公司并购企业的规模也变得越来越大。

（4）跨国公司担当了技术创新的发动机

一方面，跨国公司投入大量的研究和开发费用以确保自己始终处于技术领先地位，在当今激烈的国际竞争中，知识技术成为跨国公司成功的重要法宝。跨国公司纷纷采用优先发展技术的战略，注入巨额资金从事新工艺、新产品的开发，并以此来获得国际垄断优势和提高国际竞争力，使技术创新成为跨国公司发展的决定性因素。另一方面，跨国公司在不断发展新技术的同时，还不断向外转移次先进技术，从而几乎垄断了全部的技术贸易。正因为具备技术创新的能力，跨国公司才有能力进行技术扩散，成为国际产业迁移的主要载体，而这种技术和产业的扩散又为跨国公司的创新留出了空间，推动创新的不断发展。20 世纪 90 年代以来，随着技术创新速度的加快，全球知识信息革命的发展，产品更新换代过程加快，跨国公司在国际技术创新中的作用越来越重要。在将来一段时间内，大部分技术创新将由跨国公司来完成，并在适当的时候将其转移出去。

（5）亚洲发展中国家跨国公司不断崛起，并逐渐成为区域内投资的主要力量，与发达国家相比，发展中国家跨国公司数量少、力量弱，但发展速度却不断加快。

据统计，1996 年发展中国家对外直接投资达 510 亿美元，较 1995 年增加了 40 亿美元，约为世界对外直接投资的 15%，其中以亚洲发展中国家和地区的跨国公司表现最佳。据联合国贸发会议公布的《2008 年世界投资报告》指出，2008 年中国的外贸流入达到了 1080 亿美元，印度外贸流入量则猛增至 420 亿美元。这两个最大的新兴经济体的强劲表现，促成了对亚洲乃至整个世界外国直接投资流动格局的重新调整；两国已占南亚、东亚、东南亚区域外资流入量的一半，占全球外资流入量的 1/10。另外，中国和印度的对外直接投资也有大幅度增长，作为全球重要投资来源地的地位也不断增强。中国对外投资增长了 111%，达到了 559 亿美元，在全世界排名第 12 位，在所有发展中转型经济体中排名第 2 位，对外投资与吸收外资的比例已升为 1:2。

三、跨国公司的经营特征

与其他企业相比，跨国公司有其独特的经营特征。

（一）全球战略目标

在国际分工不断深化的条件下，跨国公司凭借其雄厚的资金、技术、组织与管理等方面的力量，通过对外直接投资和在海外设立子公司与分支机构，形成研究、生产与销售一体化的国际网络，并在母公司控制下从事跨国经营活动。跨国公司总部根据自己的全球战略目标，在全球范围内进行合理的分工，组织生产和销售，而遍及全球的各个子公司与分支机构都围绕着全球战略目标从事生产和经营。跨国公司的重大经营决策都以实现全球战略目标为出发点，着眼于全球利益的最大化。

（二）全球一体化经营

为实现全球战略目标，跨国公司实行全球一体化经营，对全球范围内各子公司与分支机构的生产安排、投资活动、资金调遣以及人事管理等重大活动拥有绝对的控制权，按照全球利益最大化的原则进行统一安排。跨国公司强有力的管理体制和控制手段是实现全球一体化经营必需的组织保证，当代通信技术的巨大进步和现代化的交通运输则为跨国公司的全球一体化经营提供了必要的物质基础。跨国公司采取集中与分散相结合的管理方式和全球战略，在国际范围内从事生产经营活动。

（三）灵活多样的经营策略

在实行全球一体化经营的同时，跨国公司也会根据国际政治经济形势、东道国的具体情况及其对跨国公司的政策法规、自身的实力以及在竞争中的地位，采取灵活多样的经营策略安排，以更好地满足东道国当地的实际情况，获得良好的经营效益，也有利于与东道国政府建立融洽的关系。在组织机构上，跨国公司往往会相应地改变原来的集权管理，而将原先集中在总部的权力适当下放给下属各子公司与分支机构，实行分权管理。

（四）强大的技术创新能力

在科学技术迅猛发展的今天，技术进步已成为垄断资本获取高额利润、争夺市场、增强自身在国内及国际市场竞争力的重要途径。大型跨国公司是当代技术创新与技术进步的主导力量，其实力主要体现在它们拥有雄厚的技术优势和强大的开发能力上。跨国公司要在国际分工和国际竞争中保持领先，就必须不断地投入巨额资金，加强技术研究与开发，保持自己的技术优势。

技术领先地位带来的丰厚市场回报又激励着跨国公司不断进行技术创新，推动技术进步。

（五）具有较大的经营风险

跨国公司与国内企业最大的区别在于面临着更为错综复杂的国际经营环境，复杂的经营环境在为跨国公司创造出更多的发展机会和空间的同时，也使它面临较大的经营风险。除了正常的商业风险外，跨国公司还面临着国际经营所特有的政治风险和财务风险等，前者指国际经济往来活动中由于政治国素而造成经济损失的风险，包括东道国对外国资产没收、征用和国有化的风险，以及东道国革命、政变等风险；后者指东道国由于汇率变化和通货膨胀而带来的经济损失等。

（六）跨国公司的内部贸易比重大

企业的内部贸易是与经过市场交易的外部贸易相对而言的，它是指在跨国公司内部展开的贸易，即母公司与国外子公司之间以及子公司与子公司之间的贸易关系。随着跨国公司的迅速发展和规模的不断扩大，内部贸易在国际贸易中所占的比重越来越大，目前国际贸易的 1/3 是在跨国公司内部进行的，而且内部贸易涉及了商品、劳务和技术的各个领域。跨国公司实行内部贸易既是内部分工的需要，也是追求利润最大化的表现。

第二节 传统的跨国公司理论

第二次世界大战后，随着跨国公司的迅速发展，对外直接投资已经成为世界经济的重要推动力量，而传统的基于证券投资的国际资本流动理论却无法解释跨国公司的对外直接投资行为。在此背景下，西方学者纷纷开始研究跨国公司与对外直接投资，形成了许多不同的理论流派，从不同的角度对对外直接投资的动因、国际市场进入方式与跨国经营的区位选择进行研究，既相互区别，又互为补充，从而形成了一个相对独立的丰富的理论体系。下面将对其中一些主要的、具有代表性的理论予以介绍和评述。

一、垄断优势理论

垄断优势理论，又称特定优势理论，被认为是西方跨国公司理论的基础和主流，是由美国学者斯蒂芬·海默在其 1960 年撰写的博士论文《本国公司的国际性经营：一种对外直接投资的研究》中首先提出来的。海默的导师查尔斯·金德尔伯格在后来的著述中对海默的理论进行了阐述和补充，使之成为系统、独立地研究跨国公司与对外直接投资最早和最有影响力的理论，又被称为海金传统。

（一）基本观点

该理论的核心内容是“市场不完全”与“垄断优势”。传统的国际资本流动理论认为，企业面对的海外市场是完全竞争的，即市场参与者所面对的市场条件均等，且无任何因素阻碍正常的市场运作。海默认为，对市场的这种描述是不正确的，“完全竞争”只是一种理论研究上的假定，现实中并不常见，普遍存在的是不完全竞争市场，即受企业实力、垄断产品差异等因素影响所形成的有阻碍和干预的市场。

市场不完全体现在以下四个方面：第一，商品市场不完全，即商品的特异化、商标、特殊的市场技能以及价格联盟等；第二，要素市场不完全，表现为获得资本的不同难易程度以及技术水平差异等；第三，规模经济引起的市场不完全，即企业由于大幅度增加产量而获得规模收益递增；第四，政府干预形成的市场不完全，如关税、税收、利率与汇率等政策。海默认为，市场不完全是企业对外直接投资的基础，因为在完全竞争的市场条件下，企业不具备支配市场的力量，它们生产同样的产品同样地获得生产要素，因此对外直接投资不会给企业带来任何特别利益，而在市场不完全条件下，企业则有可能在国内获得垄断优势，并通过对外直接投资在国外生产并加以利用。

在此基础上，海默认为当企业处在不完全竞争市场中时，对外直接投资的动因是为了充分利用自己具备的“独占性生产要素”即垄断优势，这种垄断优势足以抵消跨国竞争和国外经贸所面对的种种不利而使企业处于有利地位。企业凭借其拥有的垄断优势排斥东道国企业的竞争，维持垄断高价，导致不完全竞争和寡占的市场格局，这是企业进行对外直接投资的主要原因。

（二）垄断优势的类型

人们确信，跨国公司在不完全竞争的市场上拥有一种或几种垄断优势。在海默、金德尔伯格等人的研究基础上，后来的约翰逊、卡夫斯以及曼斯菲尔德等人进行了充分的论述，并提出了以下几种垄断优势，其中海默特别强调了技术与知识的核心优势作用。

1. 来自产品市场不完全的垄断优势

这类优势主要来自跨国公司拥有产品特异化能力、品牌、商标、销售技术或其他市场特殊技能以及包括价格联盟在内的各种操纵价格的条件。

2. 来自要素市场不完全的垄断优势

这里的要素主要是指知识资产，如专利、专有技术，获得资金的便利条件、管理技能等。如果要素为技术，则优势可来自专利、技术诀窍等知识产权。技术的专有既可以使跨国公司的产品与众不同，又可限制竞争者进入市场，还可对企业产品进一步更新。由此，跨国公司可获得对产品价格及销售量的一定控制能力，从而巩固公司的垄断地位。如果要素是资本，则跨国公司可凭借其拥有的较高金融信用等级而在资本市场上以较低成本、较多、较快地筹集到资金。尤其在那些需要巨额资金投入的行业或部门，跨国公司一般由于拥有较好的信誉和偿债能力而在资金来源方面拥有一定的优势。其他要素还包括管理技能、信息及自然资源等。

3. 来自规模经济的垄断优势

跨国公司利用国际专业化生产可以避免本国和东道国对公司经营规模的限制，扩大市场占有份额；同时可利用各国生产要素的价格差异来合理配置生产经营的区位，降低成本，增加效益。大公司为谋求规模经济而投入的巨额初始资本对欲加入市场与之竞争的新企业来说无疑是一道难以逾越的门槛，且伴随着很大的风险。此外，跨国公司还常通过水平的或垂直的或二者兼而有之的一体化经营来保持对某些原材料来源及销售渠道的垄断，以提高自身的经营优势，获取垄断利润。

4. 来自政府干预的垄断优势

政府（包括东道国和母国两方面）在市场准入、关税、利率、税率、外汇及进出口管理等方面都可对跨国公司的直接投资产生有力的影响。跨国公司从政府提供的有关政策优惠、补贴、税收减免及贷款优先等若干措施中可以得到某种垄断优势。而当政府设立的贸易壁垒出现时，跨国公司则以直接投资的方式绕过该壁垒，维持并扩大其市场份额。

从上述四个方面可以看出，正是市场存在的种种不完全性才构成了跨国公司拥有垄断优势的社会经济基础。海默认为跨国公司拥有的垄断优势是它们对外直接投资的决定因素。金彼尔伯格也持类似的看法，他认为跨国公司拥有的垄断优势是解释在东道国的某些生产为什么不由当地企业而是由外国企业进行的关键。

（三）对垄断优势理论的评价

垄断优势理论突破了传统国际资本流动理论的束缚，指出对外直接投资是以不完全竞争为前提的，是一种企业寡头垄断和市场集中相联系的现象。西方学者普遍认为，垄断优势理论奠定了当代跨国公司与对外直接投资理论研究的基础，并对以后的各种理论产生了深远的影响。

但该理论也有一定的局限性，一是在解释为什么拥有技术优势的企业一定要对外投资；二是不能解释跨国公司在直接投资中的地理布局和区位选择问题；三是无法解释发展中国家的对外直接投资，特别是发展中国家向经济发达国家的直接投资。这些缺陷导致一些经济学家从另外的角度探讨国际直接投资问题。

二、内部化理论

内部化是指把市场建立在企业内部的过程，即以内部市场取代原来固定的外部市场，企业内部的转移价格起着润滑内部市场的作用，使之与固定的外部市场同样有效地发挥作用。当企业的内部市场跨越了国界，就形成了跨国公司。

1976 年，英国学者巴克利和卡森在《跨国公司的未来》一书中运用交易成本理论和垄断优势理论，正式提出了内部化理论，后来加拿大学者拉格曼在 1981 年出版的《跨国公司的内幕》和 1982 年的《跨国公司新理论》中对其作了进一步的发展。

（一）基本观点

1. 关注中间产品的不完全性

内部化理论从外部市场不完全与企业内部资源配置的关系来说明对外直接投资的动因。该理论的出发点是市场不完全，认为市场不完全不仅在最终产品市场上存在，在中间产品市场上也同样存在，这里的中间产品除了通常意义上的原材料和零部件外，更重要的是指专有技术、专利、管理及销售技术等“知识中间产品”。这些与知识有关的中间产品由于市场不完全，存在定价困难，从而使交易成本增加，当交易成本过高时，企业就倾向于通过对外直接投资开辟内部市场，将原本通过外部市场进行的交易转化为内部所属企业间的交易以降低交易成本。

2. 强调跨国经营中的交易成本

内部化理论认为，内于市场失灵以及某些产品的特殊性或垄断因素的存在，导致企业参加市场交易的成本上升。较高的交易成本或市场失灵为企业进行内部化提供了动力。巴克利和卡森则认为，内部化必须支付代价，即内部化成本。但只要FDI的内部化收益超过了国际外部市场的交易成本和FDI的内部化成本，则企业就拥有了可从事跨国经营的内部化优势。

关于影响企业交易成本的因素，巴克利和卡森提出了四个主要因素：

（1）行业因素，主要包括中间产品的特性、外部市场结构、企业的规模经济特征以及行业特点等；

（2）区位因素，是指有关区域内社会文化差异、综合投资环境以及自然地理特征等；

（3）国别因素，是指有关国家的政治体制、法律架构与财政经济状况等；

（4）企业因素，是指企业的竞争优势与劣势、组织结构、管理水平、生产和销售技术以及企业文化等。

他们认为，在这四类因素中，行业因素最为重要的市场不完全最为关键。

3. 内部化收益

内部化可以为跨国公司带来多方面的收益，包括：通过内部市场，可以把内部资源转移的交易成本最小化；可以把相互依赖的经营活动置于统一的控制之下，从而协调其不同阶段的长期供需关系；消除买卖双方的不确定性，消除市场的不利影响；通过前后投资或兼并，充分利用中间产品市场的势力，形成垄断优势；通过对有形产品和无形产品转移价格，规避政府的干预，转移资金，逃避税负等。

根据内部化理论，企业通过对外直接投资形成内部市场，在全球范围内组织生产与协调分工，以避免外部市场不完全对其经营产生的影响。同时，在“知识产品”的研发与获得越来越昂贵、知识产权保护越来越困难的情况下，企业内部交易可以有效地防止技术迅速扩散，保护企业的知识财富。而且，在不确定性不断增加的市场环境下，内部交易使企业能够根据自己的需要进行内部资金、产品和生产要素的调拨，从而保证效益最优化。

（二）对内部化理论的评价

内部化理论是两方学者研究跨国公司理论的一个重要转折点。垄断优势理论和产品生命周期理论从寡占市场结构来研究发达国家跨国公司海外扩张的动机和决定因素，而内部化理论则转向了研究各国企业之间的产品交换形式、企业国际分工与生产的组织形式，它分析了跨国公司的性质与起源，能够解释大部分国际直接投资的动机和跨国公司的许多经营现象，因此被视为跨国公司长期性的一般理论。

内部化理论的不足之处是该理论过分注重企业经营决策的内部因素，却忽略了对影响企业运作的各种外部因素的分析，对跨国公司的国际分工和生产缺乏总体认识，对对外直接投资的区位选择等宏观因素也缺乏把握。

三、国际生产折衷理论

邓宁在 1977 年撰写的《经济活动的贸易区位与多国企业：一种折衷理论的探索》中提出了国际生产折衷理论。邓宁认为，过去的各种对外直接投资理论都只是从某个角度进行片面的解释，未能综合、全面地分析，因此需要用一种折中理论将有关理论综合起来解释企业对外直接投资的动机。

（一）基本观点

折衷理论认为、企业从事国际直接投资是由该企业自身拥有的所有权特定优势、内部化优势和区位优势三大因素综合作用的结果，这就是跨国公司直接投资的所谓 OIL（Ownership-Internalization-Location）模式。

1. 所有权特定优势（Ownership-Internalization-Location）

所有权特定优势又称垄断优势，是指企业所独有的优势。所有权特定优势具体包括：（1）资产性所有权优势，指在有形资产与无形资产上的优势，前者指对生产设备、厂房、资金、能源及原材料等的垄断优势，后者指在专利、专有技术、商标与商誉、技术开发创新能力、管理以及营销技术等方面的优势；（2）交易性所有权优势，指企业在全球范围内跨国经营、合理调配各种资源、规避各种风险，从而全面降低企业的交易成本所获得的优势。

邓宁认为，企业开展对外直接投资必然具备上述所有权特定优势，但具有这些优势并不一定会导致企业进行对外直接投资。企业仅仅具有所有权特定优势时，国内生产出口自售或许也是企业实现其优势的可行途径。

2. 内部化优势

内部化优势是指拥有所有权特定优势的企业，为了避免外部市场不完全对企业利益的影响而将企业优势保持在企业内部的能力。内部交易比非股权交易更节省交易成本，尤其是对于那些价值难以确定的技术和知识产品，而且内部化将交易活动的所有环节都纳入企业统一管理，使企业的生产销售和资源配置趋于稳定，企业的所有权特定优势得以充分发挥。

但邓宁同样认为，同时只有所有权特定优势和内部化优势的企业也不一定选择进行对外直接投资，因为它也可以在国内扩大生产规模再行出口。

3. 区位优势

区位优势是指某一国外市场相对于企业母国市场在市场环境方面对企业生产经营的有利程度，也就是东道国在投资环境因素上具有的优势条件，具体包括：当地的外资政策、经济发展水平、市场规模、基础设施、资源禀赋、劳动力及其成本等。如果某一国外市场相对于企业跨国市场在市场环境方面特别有利于企业的生产经营，那么这一市场就会对企业的跨国经营产生非常大的吸引力。

（二）企业如何选择国际经济活动的方式

“折衷理论”认为，所有权优势、区位优势和内部化优势的组合不仅能说明国际企业或跨国公司是否具有直接投资的优势，而且还可以帮助企业选择国际营销的途径和建立优势的方式。

（三）对国际生产折衷理论的评价

国际生产折衷理论是迄今最完备的、被人们广为接受的综合型国际生产模式，被称为国际直接投资领域里的“通论”。它不只限于讨论跨国公司国际生产的决定因素，而且力图解释跨国公司的整个国际经济活动，创建了“一个关于国际贸易、对外直接投资和国际协议安排”三者统一的理论体系。特别是区位优势因素的加入有助于解释外国对美国的直接投资。战后以来，越来越多的国际直接投资投向美国。如今，美国已经成为世界上第一大国际直接投资接受国，其拥有的区位优势是吸引外资的重要原因。但是折衷理论也无法解释部分国家在尚未同时具备三种优势的情况下对外直接投资的现象，没有涉及社会经济关系和战后国际政治经济环境的重大变化等因素的影响。

四、比较优势投资理论

20 世纪 70 年代中后期，日本一桥大学教授小岛清提出比较优势投资理论，又称为边际产业扩张理论，这是一种利用国际分工的比较优势原理，分析和解释日本型对外直接投资的理论模型，称为“小岛清模式”。

小岛清认为，国际直接投资不能仅仅依靠从微观经济因素出发的跨国公司垄断优势，还要考虑从宏观经济因素出发的国际分工原则。美国的对外直接投资主要集中在制造、对从事对外直接投资的企业是美国具有比较优势的产业部门，这些部门大量对外投资导致美国出口减少，贸易逆差增加，是一种“逆贸易导向”的投资。相反，日本的对外直接投资，除了资源开发型之外，制造业的投资一般为在日本已经丧失了比较优势的部门，这些投资在成本较低的东道国仍然具有比较优势，日本则集中发展比较优势更大的产业。日本的对外直接投资由于符合比较成本与比较利润率相对应的原则，直接投资的结果是扩大了双方比较成本的差距，因此，日本的对外直接投资与贸易是互补的，属于“顺贸易导向型”的投资。

归纳起来，比较优势理论的核心内容是：第一，对外直接投资应该从本国已处于或即将处于比较劣势的产业即边际产业开始，并依次进行；第二，企业和东道国的技术差异越小越好，这样有利于当地比较优势产业的建立，两国可以在对外直接投资及其引致的贸易是互补的，并能更大程度地受益。

小岛清从宏观经济的角度将贸易区分为顺贸易导向型（或贸易创造型）和逆贸易导向型（或贸易替代型），与前人的直接投资理论有较大的不同、对英、美学者产生了很大的影响。该理论解释了 20 世纪 60、70 年代日本对外直接投资的特点，这一时期以资源导向型、劳动力成本导向型和市场导向型直接投资占主导，也说明了在亚洲出现的以日本——“四小龙”——东盟——中国——越南等为顺序的直接投资与产业结构调整，即所谓的“雁行模式”。

比较优势理论的局限性主要表现在：一是只能解释经济发达国家与发展中国家之间的以垂直分工为基础的投资，难以解释经济发达国家之间的以水平分工为基础的投资，从历史上看，日本在 20 世纪 70 年代后期对发达国家的直接投资日益增加，且以进口替代型投资为主；二是该理论以投资为主体而不是以跨国公司为主体，实际上假定了所有跨国公司都有相同的动机并且也是投资国的动机，难以解释复杂的国际环境下的对外直接投资行为；三是低估了发展中国家接受高新技术的能力，对发展中国家不具有指导意义。按照该理论，发展中国家只能接受发达国家的边际产业，永远追赶不上发达国家。

第三节 跨国公司理论的新进展

近年来，随着跨国公司对全球政治经济的影响日益扩大，国际直接投资问题已经成为国际经济学领域研究的重点之一。除了对原有传统理论进行扩展，也有很多学者从不同角度诠释跨国公司的对外直接投资行为。

一、对主流理论的补充和完善

（一）对内部化理论的补充

Scott Liu 对内部化理论进行了间接的验证和补充。他认为，在不完全市场条件下，跨国公司内部化的决策本身就是向市场提供信息，一是因为跨国公司对外直接投资导致新的知识进入市场，影响其在外部市场的经营；二是跨国公司在进行直接投资决策时，含有对未来收益状况的预期。

（二）对国际生产折衷理论的丰富

1980 年，邓宁提出了直接投资发展阶段论。

邓宁通过对 67 个国家的研究，根据人均国民生产总值（GNP）水平将一国的直接投资发展分为四个阶段，不同阶段的国际直接投资流入流出水平各不相同，从而将国际生产折衷理论进行动态化发展。

第一阶段是人均 GNP 低于 400 美元。处于该阶段的国家，几乎没有直接投资流出，略有直接投资流入。因为处于该阶段的国家总体投资环境较差，没有区位优势，无法吸引外资；也因缺少所有权优势和内部化优势，无力对外投资。

第二阶段是人均 GNP 在 400 至 1500 美元之间。处于该阶段的发展中国家，直接投资流入增加，但流出量少，净流入额较大。处于该阶段的国家投资环境有很大改善，但所有权优势增长仍有限，少量的直接投资流出主要集中在邻近国家。

第三阶段为人均 GNP 在 2000 至 4000 美元之间，这类国家为中等或中上等收入国家，处于该阶段的国家，虽然直接投资净流量为负值，但流出速度已经超过流入速度。处在这一阶段的国家企业的所有权优势和内部化能力大大增强，成为真正的对外投资者。此外，对外投资增加还因为国内竞争加剧，区位优势下降。

第四阶段是人均 GNP 在 4000 美元以上。处于该阶段的国家都是发达国家，直接投资流出速度大于流入速度，净流量为正值。处在这一阶段的国家的企业拥有很强的所有权优势和内部化能力，善于发现和利用外国的区位优势，处在这一阶段的国家的区位优势大大减弱、但仍可吸引大量的直接投资。

邓宁的投资发展阶段论，从企业竞争力和国家区位优势的变化出发，从微、宏观两个角度进一步发展了折中理论。

二、投资诱发要素组合理论

近年来，西方学者提出了投资诱发要素组合理论以克服以往国际直接投资理论的片面性和局限性。该理论认为，任何形式的对外直接投资都是投资直接诱发要素和间接诱发要素组合作用的结果。

直接诱发要素是直接投资产生的主要因素，包括劳动力、资本、技术、管理及信息等，它既可以存在于投资国也可存在于被投资国，如果投资国拥有这方面的优势，投资者可以通过直接投资加以充分利用；如果被投资国拥有这方面的优势，投资者可以通过直接投资加以掌握，如发展中国家或次发达国家在发达国家投资设立研发机构或并购企业来提高本企业的研发水平、技术水平和管理能力等。

间接诱发要素包括投资国鼓励性的投资政策与法规，与东道国的协议或合作，东道国优良的投资环境，以及经济一体化、区域化、集团化的发展，科技进步，国际金融市场上的利率与汇率波动等。汇率和直接投资相互关系理论可以在一定程度上解释 80～90 年代以来外国对美国直接投资在短期内剧烈波动的现象。

三、跨国公司全球战略理论

20 世纪 80 年代以来，有关跨国公司全球发展战略动机的直接投资理论应运而生。所谓跨国公司全球战略，是指围绕全球长期目标、在世界范围内统一协调公司的内外部资源，安排投资、生产、销售、服务和技术开发等活动，使有限的资源得到更有效的利用，基于全球战略的投资与基于国别竞争战略的投资最大的区别就是前者追求全球范围内的最大限度的收益，而不是一时地的盈亏。

跨国公司全球战略理论从企业微观角度出发分析其投资和生产活动，强调其全球性、整体性和协间性，使对跨国公司投资行为的分析不再囿于在东道国利益的最大化，使对跨国公司投资行为的分析更加贴近实际，并可在一定程度上解释研发全球化以及跨国公司并购和战略联盟等行为。

四、跨国公司企业资源观理论

与传统经济学对企业的分析主要着眼于产品市场分析不同，企业资源观主要从资源而不是从产品的角度来分析企业的资源定价、资源与业绩、战略选择及竞争优势。

（一）企业资源观理论

企业资源观理论认为，企业之间的竞争实际上是资源的竞争。不同的资源对企业竞争优势的发掘和持续所产生的作用各不相同。巴尼将资源分为三大类：物质资源、人力资源和组织资源。能够成为企业持续竞争优势之源的资源必须同时具有四个特点：价值性、稀缺性、不完全模仿性和不可替代性。

（二）全球持续竞争优势理论

在企业资源观的基础上，费海提出了跨国公司全球持续竞争优势理论。费海认为，资源是跨国公司进行国际竞争的核心，资源不仅包括企业资源，还包括国别资源。国别资源可以分为两大类：第一，基本国别资源，包括天赋的资源如地理位置、气候、自然资源等，这些都是固定的，还有随时间改变的资源，如劳动力成本、资本、汇率、税赋水平；第二，高级国别资源，包括那些需要长期持续投资产生的自然资源，或者高级生产要素如国家的教育体系、技术与组织能力、通讯和基础设施以及劳动生产率水平。

费海认为，在跨国经营中，高级国别资源比基本国别资源更为重要，高级国别资源内嵌于经济的、文化的和制度的环境中，跨国扩散缓慢。它们不是天赋的或固定的，但却是长期持续投资的结果，不能即时调整。如同能力一样，高级国别资源也具有相对高度因果不确定的特点，它们是一国制度和经济环境的产物，不容易跨国扩散。所以，战略性的国际直接投资决策除了利用市场机遇外，还应受获取高级国别资源和开发企业资源的驱动。

五、德国公司 FDI 的“寻求”战略论

近年来，技术进步的加快、日益激烈的公司之间的竞争、新市场的开放和公司特定资产流动性的增强，导致了跨国公司国际生产动机的变化。跨国公司对外直接投资不仅是利用现有的特定优势的手段，而且是扩展公司特定优势的工具。大量的研究证明，公司的特定优势不仅来源于专有资产的占有，而且还来源于获取或者有效地协调东道国其他公司所拥有的互补资产的能力。

（一）创造性资产

创造性资产是邓宁 1993 年在《跨国企业和全球经济》一书中提出的一个概念。邓宁将资产分为两种类型：自然资产和创造性资产，后者也称为战略性资产。自然资产是自然界产业的结果，包括自然资源和未经培训的劳动力。创造性资产是在自然资源基础上，经过后天努力而创造出来的基于知识的资产，是企业竞争优势的来源。

创造性资产可以是像金融资产存量、通讯设施和销售网络等物质资产那样的有形资产，也可以是无形资产。无形资产有很多，但它们有一个共同的特征：知识。无形资产除了包括信息存量、商标、商誉和智能外，还包括技能、态度（如对财富创造者和商业文化的态度）、才能（技术、创新、管理

和学习才能）、能力（如富有效率地组织提供收益的资产）、关系（如个人之间的相互关系或与政府的联系等）。这些资产体现在个人和公司之中，并且有时由于公司和经营活动的聚集而得到加强。

（二）跨国公司 FDI 的“寻求”战略论

跨国公司国际生产的动机已经发生了巨大变化。折衷范式扩展和重新组合的一个重要方面就是要关注对外直接投资获取竞争优势的问题。邓宁认为，在过去的十多年时间里，对外直接投资已经由传统意义上利用公司已经存在的所有权优势，转变为跨边界经济活动。这种跨边界的经济活动不仅能够获得公司在多个国家经营所形成的技术市场协同效应，而且更重要的是可以利用和获取国外竞争者、供应商、顾客、国家教育和创新体系所提供的创造性资产。

在追求提高竞争力的过程中，跨国公司对获取创造性资产，即主要的创造财富的资产和公司竞争力，给予重点关注。跨国公司可以将 FDI 作为获取创造性资产和提高公司竞争力的主要手段。邓宁在 1998 年发表的《区位和跨国企业：一个被忽视的因素》一文中指出，在过去的 10 年中，跨国公司对外直接投资动机的最显著变化就是创造性资产寻求 FDI 的快速增长，这对 FDI 较少地强调利用既有的所有权特定优势，更加关注通过并购新的资产或与外国公司建立合作伙伴关系来扩展自身优势，在某种程度上与早期的自然资源寻求 FDI 有相似之处，但它们在区位选择上却有很大的不同，因为可以利用的创造性资产，如技术知识、学习经验、管理专长和组织能力主要集中在先进的工业国家或较大的发展中国家。

第四节 跨国公司对国际贸易的影响

跨国公司的发展对国际贸易既有积极作用，也有消极影响。总体来看，跨国公司的发展对国际贸易的开展及结构变化起了重要作用，具体表现在以下几个方面。

一、促进国际贸易规模不断扩大

一些大型跨国公司根据企业面临的国际合作与竞争，进行大规模地国际化生产，生产能力不断提高，为开展国际贸易奠定了雄厚的物质基础；实行跨国跨地区的全球性经营，开展多领域的对外贸易，促进国际贸易规模的扩大。数据显示，目前跨国公司的总产值占资本主义国家总产值的 1/3，跨国公司及其子公司对外直接投资总额为 2 万亿美元，控制了国际贸易的 50%以上。跨国公司的销售额（剔除内部贸易额）相当于世界出口总额的 70%。跨国公司本身的发展、销售额的不断增长势必促进国际贸易总额的增长。还应看到，相当数量的跨国公司在国外不断新建扩建子公司，兼并和收购国外企业，并向国外子公司提供必需的生产设备、原材料和半成品，大大带动了国内产品和技术的出口。跨国公司与子公司、子公司与子公司之间的生产专业化和协作化程度较高，形成了诸生产要素的内部买卖，不仅加强了国际经济技术的合作与交流，而且使跨国公司内部的贸易数额不断增加，从而促进世界贸易规模的不断扩大。

二、对国际贸易结构产生重要影响

（一）影响国际贸易商品结构的变化

跨国公司对外直接投资主要集中在制造业部门，尤其在资本、技术密集型产业，这就直接影响国际贸易商品结构的变化，反映在世界货物构成上的重大变化就是制成品贸易所占比重不断上升，初级产品所占比重不断下降。跨国公司内部专业化协作的发展使制成品贸易、中间产品贸易的比重不断上升，目前中间产品贸易所占比重已经超过最终产品贸易，成为促进贸易发展的重要力量。

（二）国际服务贸易增长速度加快

近年来，国际贸易的另一个明显特点就是服务贸易的增长速度高于货物贸易的增长速度。据世界贸易组织统计，服务贸易出口规模从 1970 年的 1087 亿美元，增长到 2010 年的 36639 亿美元。自 1980 年以来，除少数年份外，国际服务贸易的增长速度要高于国际货物贸易的增长速度，这与跨国公司加大对服务部门的直接投资分不开。

（三）促进了国际技术贸易的迅速发展

跨国公司是国际技术贸易中最活跃、最有影响的力量，它控制了世界工艺研制的 80%、生产技术的 90%，国际技术贸易的 75%。国际技术贸易额从 1965 年的 30 亿美元上升到 1975 年的 110 亿美元，再上升到 1985 年的 500 亿美元，20 年时间增长了 16 倍，这在很大程度上得益于跨国公司技术转让的发展。发达国家的资本和技术输出大多靠跨国公司实现，通过在国外建立子公司和合营公司，使其在发达国家之间和发达国家向发展中国家的技术输出中起主导作用。以技术贸易最大顺差的美国为例，在技术贸易的专利和专有技术使用费收入中，跨国公司占 80%以上。

（四）对国际贸易地区结构产生重要影响

首先，跨国公司促进了发达国家国际贸易的繁荣。一方面，跨国公司的对外直接投资在国外获得了巨额利润的汇回，扩大了国内资本积累的规模，促进了本国经济的发展，进而带动了本国贸易的繁荣；另一方面，跨国公司海外投资的 3/4 集中于发达国家和地区，其设立的海外子公司有 2/3 位于此。跨国公司通过内部贸易和外部贸易（与其他外部公司进行的贸易）促进了发达国家之间的贸易，带动了这些国家对外贸易的发展。

其次，跨国公司对发展中国家的贸易也有积极的推动作用。现在，跨国公司的投资已经成为当前发展中国家获取外部资金的最大来源，发展中国家和地区吸收了跨国公司海外直接投资总额的1/4和海外子公司数的1/3。

三、推动了世界经济一体化进程

跨国公司促进了全球市场的一体化。跨国公司从事国际化生产时，需要在考虑原材料、劳动、资金、技术等生产要素供求及交通运输成本的基础上，将各类生产配置于全球最佳区位。这样，跨国公司在世界范围内从事生产、贸易和融资活动，不仅推动了全球生产一体化，而且也促进了全球商品市场、资本市场与其他各种要素市场的一体化发展。

四、促进了国际贸易自由化的发展

跨国公司的对外直接投资促进了各国的市场开放。各个国家为了吸引外来投资，促进本国经济发展，对国际投资的限制会越来越少。同时，随着世界多边贸易体制的完善和国际贸易自由化进程的加快，跨国公司为了绕过贸易壁垒而进行对外直接投资的情况在减少。跨国公司进行对外直接投资，把生产基地转移到海外，海外公司的产品返销本国，同样也促进了本国市场的开放。伴随着跨国公司全球范围内的投资、生产和销售，越来越多的国家和地区不断扩大市场的开放程度，促进了全球贸易的自由化发展。

第三章 国际贸易政策

第一节 对外贸易政策概述

一、对外贸易政策的含义、构成及特征

（一）对外贸易政策的含义

对外贸易政策是指一国为了某种目的而制定的对进出口贸易活动进行管理的原则、方针和措施的总称。对外贸易政策所包含的因素主要有：

1. 政策主体。即政策的制定者和实施者，一般来说，各国政府是对外贸易政策的制定者和实施者。

2. 政策客体。即对外贸易政策规范、指导、调整的对象，主要是从事国际贸易活动的企业、机构和个人。

3. 政策目标。即制定贸易政策所要达到的目的，是确定政策内容的依据。

4. 政策内容。即贸易政策所涵盖的方面。

5. 政策手段。即为实现政策目标所采取的对外贸易管理措施。

（二）对外贸易政策的构成

对外贸易政策一般由对外贸易总政策、商品进出口和服务政策以及国别或地区对外贸易政策构成。

1. 对外贸易的总政策。即着眼于整个国民经济的发展，以一个较长的时期为时间范围所实行的政策，包括制定外贸发展的目标和措施等。

2. 商品进出口政策。即根据对外贸易总政策和经济结构、国内市场状况而分别制定政策，如有意识地扶植某些出口部门，或暂时限制某些种类商品

的输入等。一国的商品进出口政策通常与该国的产业发展政策有关。

3. 有关国别贸易政策。即根据有关的经济格局以及政治社会关系等，对不同的国家或地区制定不同的政策。

通常，上述三方面是交织在一起的，即贸易发展的目标要通过外贸商品和贸易对象的选择来实现。不过一国总是根据国内和国际形势的变化，可能会重视外贸政策的某一个方面。

（三）对外贸易政策的主要特征

尽管各国的社会制度有所不同，经济发展水平也存在差异，但对外贸易政策都是国内经济政策的延伸，都具有如下特征：

1. 服从于国家整体经济发展的需要

对外贸易政策是国家整体经济政策的组成部分，它服从于国家整体经济发展的需要。在外贸政策目标、外贸政策手段方面，它要与国家整体经济政策目标（经济增长、经济稳定、经济效率和经济进步）和经济政策手段相协调。

2. 对外贸易政策与贸易理论紧密相连

贸易理论作为上层建筑的一部分，产生于一定的经济实践基础之上，它试图说明国际贸易是如何产生的，贸易的流向如何，贸易双方国家从贸易中获得什么利益。当一国崇尚某一贸易理论时，这一理论就会对国家选择什么样的外贸政策产生影响。

3. 对外贸易政策与外交政策紧密相连

外贸政策与外交政策是相互促进、相互服务的，但从总体上说，主要是外交政策服务于外贸政策，外交为外贸打通道路、建立联系。

4. 对外贸易政策具有层次性的特点

对外贸易总政策是最高层次的外贸政策，它是国家根据本国国民经济的总体情况、本国在世界舞台上所处的经济和政治地位、本国的经济发展战略和本国产品在世界市场上的竞争能力以及本国的资源、产业结构等情况而制定的在较长时期内实行的对外贸易政策。

5. 外贸政策具有很强的实践性

外贸政策的制定和执行要根据世界贸易活动的大环境，要针对本国经济发展的实践不断地对外贸政策进行选择和修订。

二、对外贸易政策的基本类型

从对外贸易政策的产生与发展来看，对外贸易政策的基本类型有自由贸易政策和保护贸易政策。

（一）自由贸易政策

自由贸易政策的主要内容是国家取消对进出口贸易和服务贸易等的限制和障碍，取消对本国进出口商品和服务贸易等的各种特权和优待，商品自由进出口，服务贸易自由经营，在国内外市场上自由竞争。

（二）保护贸易政策

保护贸易政策的主要内容是国家广泛地利用各种限制进出口的措施来控制经营领域与范围，保护本国产品和服务在本国市场上免受外国商品和服务的竞争，并对本国出口商品和服务贸易给予优待和补贴。

三、对外贸易政策的制定和执行

（一）制定对外贸易政策的制约因素

从实践上看，一国制定外贸政策要受到以下几个因素制约。

1. 经济力量的强弱

一般来说，经济比较发达、国际竞争力较强的国家总体上倾向于自由贸易政策，主张在世界范围内进行自由竞争与合作；反之则倾向于保护贸易政策，限制对外贸易。一国国际竞争力相对地位的变化也会影响贸易政策的选择。

2. 经济发展战略的选择

基本上，采取外向型经济发展战略的国家，会制定比较开放和自由的贸易政策，贸易对一国的经济发展越重要，该国就越会主张在世界范围内进行竞争和合作。

3. 利益集团的影响

贸易政策的实施会让本国不同的利益集团产生不一样的影响，如自由贸易政策有利于出口集团、进出口贸易商和消费者，但会给进口竞争集团带来损失。从这一点可以看出，外贸政策就是不同利益集团之间斗争的结果，往往某一集团占有优势，外贸政策的制定过程就会倾向于该集团的需要。

4. 国际环境和一国的外交政策

外贸政策和外交政策的关系是非常密切的，两者既互相影响，也相互促进，甚至一些国家把外贸政策作为达到外交目的一种手段。

总之，一国选择什么样的外贸政策受很多因素影响，但是世界发展的总体趋势决定了各国选择外贸政策的共性。总体来看，既要积极参与国际贸易分工，又要把获取贸易分工利益的成本降到最低，可以说这是各国制定外贸政策的基点。

（二）对外贸易政策的执行

各国对外贸易政策的制定与修改是由国家立法机构进行的、而立法机构在制定和修改有关外贸法令前，一般都要广泛地征求各经济集团的意见，如发达资本主义国家一般要征询大垄断集团的意见。最高立法机关所颁布的各项对外贸易政策，既要包括一国在较长时期内对外贸易政策的总方针和基本原则，又要规定某些重要措施以及给予行政机构的特定权限。对外贸易政策的具体实施过程则由行政机构负责，政府部门根据有关法令制定具体的实施细则，主要有以下几种方式。

1. 通过海关对进出口贸易进行监督管理。海关是国家行政机关，是设置在对外开放口岸的进出口监督管理机关，负责对进出国境的物品和运输工具进行监督管理，稽查征收关税和代征其他税费，查禁走私等。

2. 国家广泛设立各种行政机构，负责促进出口和管理进口。

3. 以政府名义参与各种和国际贸易有关的国际机构与组织，促进国际贸易方面的协调工作。

第二节 国际贸易政策的历史演变

国际贸易政策是不断发展变化的。不同时期，各国会采取不同的贸易政策，在同一发展时期，各国由于情况不同，也会实行不同的贸易政策，不同的贸易政策又有不同的理论基础。

一、资本主义生产方式准备时期的重商主义贸易政策

16 世纪至 18 世纪是资本主义生产方式的准备时期。重商主义国际贸易政策是资本主义资本原始积累时期欧洲各国普遍实行的政策，最早出现于意大利，后来在西班牙、葡萄牙和荷兰实行。英国、法国、德国和俄国也先后实行，是当时欧洲各国旨在实现国家富强的一系列经济政策的一个重要组成部分。

早期和晚期的重商主义都强调对外贸易顺差的重要性，都主张实行保护贸易政策，通过奖出限入，实现贸易顺差，达到金银流入、增加财富的目的。重商主义的贸易政策有以下几点。

（一）进口管制政策

1. 对非生产性产品限制进口，尤其是禁止奢侈品的进口。
2. 对生产用的原材料鼓励进口，对竞争性产品限制进口。
3. 对于竞争力强的进口商品征收一定的保护关税，以抵消它们的竞争力。
4. 对于本国出口的商品，减除或免除出口关税，并给予各种补贴。
5. 当国内生产的商品出口后，将征收的国内税退还给出口商。

（二）管制短缺物资出口

禁止重要原料的出口，但许可自由进口原料，加工后再出口。

（三）独占殖民地贸易与航运

设立独占殖民地贸易公司（如英、法、荷等国成立的东印度公司），在殖民地经营独占性的贸易与海运，使殖民地成为本国制成品的市场和原料供给地。

1651 年英国通过了重要的航海法案，该法案规定，一切输往英国的货物必须用英国船只或原出口国船只装运，对亚洲、非洲及北美的贸易必须由英国或殖民地的船只载运。

重商主义的政策和措施促进了英国等国资本的原始积累，推动了资本主义生产方式的建立。

二、资本主义自由竞争时期的自由贸易政策

自由贸易政策产生于 18 世纪初的英国，是 18 世纪新生资产阶级“自由放任”思想对外经济关系的延伸。19 世纪 20 年代，英国完成了工厂手工业向机器大工业的过渡，工业生产迅猛发展，成为世界的工业制造中心和商品贸易中心。1820 年英国的工业生产在全球工业生产中所占比例为 50%，在这种情况下，原来实行的保护贸易政策越来越难以适应经济和贸易发展的需要，为此英国新兴的资产阶级强烈要求废除重商主义时期的贸易保护措施，推行自由竞争和自由贸易政策。自由贸易政策成为对外贸易政策的主流。

英国推行自由贸易政策的重要措施有以下几点。

（一）取消外贸经营特权

1831 年和 1834 年，英国先后废止了国际贸易的垄断权，将贸易经营权范围扩大到一般涉外公司。

（二）降低关税税率，缩减纳税商品项目

在重商主义时期，英国有关关税的法令多达千件以上。英国政府从 1825 年开始简化税法，实行新的税率制度，关税税率大大降低，进口纳税的商品项目也大大减少，从 1841 年的 1163 种减少到 1882 年的 20 种。

（三）废除《航海法》和《谷物法》

《航海法》是英国为限制外国航运业竞争和垄断殖民地航运事业而制定的政策，从1824年起逐步废除，至1854年，英国的沿海贸易和殖民地全部向其他国家开放。《谷物法》是英国政府于1815年颁布的旨在限制或禁止谷物进口的法律。从1838年开始，英国国内掀起了声势浩大的反谷物法运动，1846年，议会通过了废除谷物法的议案，并于1849年生效，英国因此取得了19世纪自由贸易的伟大胜利。

（四）改变对殖民地的贸易政策

在18世纪，英国在殖民地的航运享有特权，殖民地的货物输入英国则享受特惠关税待遇。大机器工业建成后，英国对殖民地逐步采取自由放任态度，它们不仅可以对任何国家输出或输入商品，而且可以与外国签订贸易协定，建立直接的贸易关系。

（五）与外国签订体现自由贸易精神的贸易条约

比如1860年英国与法国签订了“科伯登”条约。该条约规定，英国对法国葡萄酒和烧酒的进口予以减税待遇，并承诺不禁止煤炭的出口，法国则保证对从英国进口的一些制成品征收不超过商品价格30%的关税。

在英国的推动下，各国纷纷降低关税，荷兰、比利时开始执行自由贸易政策。美国、德国等国家虽然没有推行自由贸易政策，但也不同程度地降低了保护关税，从而使自由贸易政策成为19世纪中后期占主导地位的政策。

三、资本主义自由竞争时期美国和德国的保护贸易政策

与英国不同，在19世纪资本主义自由竞争时期，美国和德国先后实行了保护贸易政策。其根本原因在于这些国家工业发展水平不高，经济实力和商品竞争能力都无法与先行发展的资本主义国家英、法抗衡，需要采取强有力的政策措施（主要是保护关税措施）以保护本国的幼稚工业，避免遭受英、法的商品竞争，因而逐步实行了一系列鼓励出口、限制进口的措施。这时的

保护贸易政策就是国家广泛利用各种限制进口的措施，保护国内市场免受外国产品的竞争，并对本国商品给予优待和补贴，以鼓励出口。

四、资本主义垄断前期的超保护贸易政策

从19世纪70年代到第二次世界大战前，垄断的加强使资本输出占统治地位，资本主义进入垄断时期。这一时期，各国普遍完成了产业革命，工业得到迅速发展，世界市场的竞争开始变得激烈，特别是1929～1933年的资本主义经济大危机，使市场矛盾进一步尖锐化，主要资本主义国家为垄断国内市场和争夺国外市场，纷纷采取了干预对外贸易、不同程度地提高关税、实行外汇限制、鼓励出口的超保护贸易政策。

五、二战后世界贸易自由化时期

20世纪50年代至70年代中期，主要资本主义国家掀起了一股贸易自由化的浪潮。随着生产国际化和资本国际化的发展，出现了世界范围内的贸易自由化趋势。国家之间通过双边和多边的贸易条约与协定，采取削减关税壁垒、抑制非关税壁垒等措施，促进世界贸易的发展。如关贸总协定缔约方通过多边贸易谈判，大幅度降低了进口关税率，经济集团内部逐渐取消了关税，发达国家对发展中国家实行普遍优惠政策等。

值得注意的是，战后出现的贸易自由化倾向和资本主义自由竞争时期由英国等少数国家倡导的自由贸易不同。资本主义自由竞争时期的自由贸易反映了英国工业资产阶级资本自由主张的需要，代表了资本主义上升阶段工业资产阶级的利益和要求。战后的贸易自由化倾向是在国家垄断资本主义日益加强的条件下发展起来的，反映了垄断资本的利益，是世界经济和生产力发展的内在要求。它在一定程度上和保护贸易政策相结合，是一种有选择的贸易自由化。在具体实行中，这种自由化政策形成了这样的趋势：工业制成品的贸易自由化程度超过了农产品；机器设备类制成品的贸易自由化超过了工业消费品；区域性经济集团内部的贸易自由化超过其外部；发达国家之间的

自由化程度超过发展中国家。因此，这种贸易自由化倾向发展并不平衡，甚至是不稳定的，当本国经济利益受到威胁时，保护贸易倾向必然重新抬头。

六、新贸易保护主义的崛起

新贸易保护主义是相对于自由竞争时期的贸易保护主义而言的。它形成于 20 世纪 70 年代中期，期间，资本主义国家经历了两次经济危机，经济出现衰退陷入滞胀的困境，就业压力增大，市场问题日趋严重。因此，以国内市场为主的产业垄断资产阶级和劳工团体纷纷要求政府采取保护贸易措施。此外，20 世纪 70 年代后，主要的发达资本主义国家的经济实力发生了显著变化。日本和德国在国际竞争中的实力日益增强，美国的实力相对削弱，在这种情况下，美国一方面迫使拥有巨额贸易顺差的国家开放市场；另一方面则加强对进口的限制。因此，美国成为新贸易保护主义的重要策源地。美国率先采取贸易保护主义措施，引起贸易政策的连锁反应，各国纷纷效尤，致使新贸易保护主义得以蔓延和扩张。

新贸易保护主义与传统的贸易保护主义相比，限制进口的措施从关税壁垒转向非关税壁垒。随着关税减让谈判的继续进行，关税壁垒的作用越来越有限，发达国家更多地用非关税措施来保护市场，其中包括进口配额制、“自动”出口限额制、有秩序的销售安排、进口许可证制度、技术标准，等等。同时，以世界贸易组织的免责条款为依据，滥用反补贴、反倾销这些所谓维持“公平”贸易的武器来削弱其他国家的竞争优势。

七、贸易自由化的进一步发展

20 世纪 80 年代初，世界主要发达国家的经济出现严重衰退，面对这一现实，各国贸易保护主义纷纷抬头，世界贸易发展一度呈现萎缩状态。各国经济理论界和实业界普遍担心，如果贸易保护主义不加以遏制，很有可能导致 20 世纪 30 年代世界性的经济大危机重演。正是在这种背景下，美国、欧共体和日本等国共同发起了“乌拉圭回合”谈判，希望建立起一个开放的、持久的和富有活力的多边自由贸易体。

（一）以管理贸易政策为主导

20 世纪 70 年代以来，在新贸易保护主义的基础上产生了管理贸易政策，即“有组织的自由贸易”。其主要目的在于既争取本国对外贸易的有效发展，又在一定程度上兼顾他国利益，达成双方或多方均能接受的折中方案，以限制贸易战及其破坏程度，共同担负起维护国际经贸关系相对稳定和发展的责任。20 世纪 90 年代以后，西方发达国家的经济逐渐走出低谷，在美国的示范和推动下，管理贸易政策逐渐成为西方发达国家的对外贸易政策。这些国家对内制定各种对外经济贸易法规和条例，加强对本国进出口贸易的有序管理；对外通过协商，签订各种对外经济贸易协定，以协调和发展缔约国之间的经济贸易关系。

（二）强调公平贸易

20 世纪 90 年代以来，随着世界经济形势的好转和经济全球化的加速，贸易自由化在已有基础上进一步向纵深发展，成为各国对外贸易政策的主流。当今的贸易自由化意味着降低政府对外贸的控制和干预，表现为以价格机制的调节，扩大服务市场的准入，取消对外投资的限制等。世界贸易组织取代关贸总协定成为多边贸易体制的组织和法律基础，为全球的贸易自由化奠定了良好的基础。以世界贸易组织为基础的多边贸易体制作用加大，地区经贸集团主动推行贸易自由化，发展中国家和地区以及转型国家也主动推行贸易自由化措施。

第三节 国际贸易政策的选择

贸易政策的本质是国家利益的产物。任何一国国际贸易政策的制定都是以本国利益为基点。从总体来说，一个国家选择哪一种对外贸易政策，要结合该国的经济发展水平和其在国际经济中所处的地位，不仅考虑这种贸易政策导致资源配置效率的高低，还要兼顾国家利益。不同的国家在同一历史时期实行的贸易政策会不同，一个国家在不同的发展时期实行的贸易政策也不会相同。一般来说，居优势地位的国家提倡自由贸易政策，其他国家及其部门则愿意实行贸易保护政策。

一、自由贸易政策和保护贸易政策的利弊

国际贸易理论分为自由贸易和保护贸易两大理论学派，相应地，从国际贸易产生和发展的历史考察，对外贸易政策可归纳为自由贸易政策和保护贸易政策两大类型。

所谓自由贸易政策是指国家放宽或是取消对进出口贸易的限制，对本国进口商品不给予特权或优惠，使商品能自由进口和出口，在国内外市场上自由竞争。保护贸易政策是指国家采取各种限制进口的措施，以保护本国商品在本国市场上免受国外商品竞争，并对本国出口商品给予优惠和补贴，以鼓励商品出口，即奖出限入。自“羊毛—葡萄酒”式的经典国际贸易模型问世以来，自由贸易论者大多认为，所有参与贸易的国家都可以从不受约束的商品交换和国际分工中获益。在他们看来，既然自由贸易有利于在世界范围内实现资源的合理配置和国家经济利益的最大化，那么自由贸易政策应当是世界各国的最佳选择。这种看法在绝对利益理论、比较利益理论、要素禀赋理论以及产业内贸易理论等自由贸易理论中均得到一定程度的体现。

然而，自由贸易政策与现实之间存在一定矛盾。无论从时间还是从空间的角度看，自由贸易政策都只是某些国家在一定时期的特殊现象，并且伴随

着宽松程度不等的保护贸易政策。英国在实行一个半世纪的自由贸易政策之后，于20世纪30年代转而实行保护贸易政策，而美国、德国则基本依靠保护贸易政策发展成为世界经济强国。即使在自由贸易规则日趋统一的今天，贸易自由化进程仍然面临保护主义的严峻挑战。特别是随着全球性金融危机的蔓延及扩展，以美国、欧盟、日本为首的发达国家贸易保护主义开始抬头，其他国家也不同程度地采取相应的贸易保护措施。而且，目前的贸易保护手段更加灵活多样和富有隐蔽性，在传统的关税等保护手段削弱的同时，诸如滥用反倾销的贸易救济措施以及制定歧视性的技术贸易壁垒等保护手段日益流行。其实，不管是自由贸易还是贸易保护，它们代表的是不同国家统治阶级或同一国家统治阶级内部集团的利益，实际上都隐藏着不同集团利益之间的斗争。自由贸易政策和贸易保护政策各有利弊。

（一）实施自由贸易政策的利弊

自由贸易是指在国际贸易活动中奉行市场开放准则，通过消除贸易歧视和限制，实现商品、资金、劳务、技术、信息等生产要素在国际间的自由流动，以获取最大化经济利益为目的的贸易方式。换言之，各国在商品、资金、劳务、技术、信息等要素方面均具有一定程度的比较优势，通过自由贸易就可以把自身的要素优势转化为现实的经济利益。当然，这需要具备两个前提条件：一是进行自由贸易的国家必须是独立自主的，能够把握住自己的经济命脉；二是这个国家必须具有一定的要素优势。否则，自由贸易的结果必定是以卵击石或血本无归。

1. 实施自由贸易政策获得的利益

（1）实行自由贸易在理论上可使得贸易双方从贸易中获得利益，从而促进各国乃至整个世界福利水平的提高。自由贸易能够使各国以相对较低的价格获得自身所稀缺的商品或服务，使得本国可以从贸易创造中获得利益。而一旦采取贸易保护措施，贸易创造所引起的利益增加须抵消因贸易转移后引起的利益减少，从而使福利的增加量减少。

（2）能够使资源在世界范围内得到有效配置，促进本国经济发展。自由贸易政策的实行使得资本、劳动、技术等要素在国际间实现了自由流动和优化配置，对于贸易各国吸引外资、吸收先进技术和管理经验、提高劳动生产率和经济运行效率有着重要作用。

2. 实施自由贸易政策的弊端

（1）经济发展水平较低的国家由于贸易条件恶化，并不能从自由贸易中获得应有的利益，即自由贸易所产生的利益在不同经济发展水平国家之间的分配是不均衡的。以墨西哥为例，在加入北美自由贸易区后，墨西哥农牧业遭受了沉重的打击，而且随着农产品关税的进一步解除，这一状况还将继续恶化。自 1994 年以来，享受高额补贴的美国农产品大量涌入墨西哥市场，使墨西哥农牧业所占 GDP 的比重已由 6. 34%降至 5. 5%。

（2）本国民族工业可能受到冲击，国家经济安全难以保证，幼稚产业和中小企业, 在国际竞争中陷入困境，就业水平受到冲击，国内就业压力加大。

（二）实施贸易保护政策的利弊

贸易保护就是指一国运用各种关税壁垒和非关税壁垒，保护国内市场，以防止外国商品无序竞争的政策,其关键在于一国采取何种措施来限制进口，保护本国市场免受外国商品的冲击，并对本国出口商品予以优待和补贴以鼓励出口。也就是说，贸易保护政策就是在对外贸易过程中保护本国利益不受损害的政策，也是商品生产成本处于劣势国家免受优势国家侵害的政策。

1. 实施贸易保护政策获得的利益

（1）能够有效地保护国家利益和国家经济安全。贸易保护措施在特定的经济发展阶段和特定的国际经济环境下，能对一国的国家利益和经济安全产生有效保护。

（2）根据李斯特的幼稚产业保护理论，贸易保护主义能够有效地保护一国的幼稚产业，进一步缓解该国的就业压力，改善就业状况。

2.贸易保护政策的弊端

（1）与自由贸易相反，贸易保护主义不利于资源在世界范围内的优化配置，不利于一国经济运行效率的提高，会降低世界的福利。

（2）贸易保护主义的盛行将使贸易壁垒林立，各国大打贸易战，从而造成国际贸易环境和贸易秩序的恶化。

（3）失去了参与国际分工、获取比较利益、充分利用国际生产力的机会，使落后国家经济的内向程度加深，经济结构与国外先进国家的差距拉大。

二、兼顾国家利益的自由贸易政策的发展

世界贸易组织作为倡导和促成战后贸易自由化的产物，对于建立相对自由的贸易体系作出了重要贡献。同时、作为倡导和促成战后贸易自由化的产物，WTO也不能脱离国家利益原则的制约。

（一）兼顾国家利益的自由贸易政策是国际贸易政策发展的总趋势

国家是国际贸易活动的主体，具有独立的利益需求。国家利益是自由贸易得以发生、运转的深厚基础，任何一国对外贸易政策的选择都是以本国利益为基础的。正确理解不同国家对外贸易政策的选择必须坚持国家利益至上的原则。贸易自由化进程的加速发展并不意味着国家主体及其利益的客观存在是无足轻重的。在自由贸易逐渐走向国际化的当今时代，国家利益仍高于一切，自由贸易程度越高，国家利益的重要性越突出。世界贸易组织也正视了国际利益的差别，承认并接受贸易保护对于任何国家都是必要的观点，从维护世界政治经济稳定发展的长远利益出发，认为只有认可了国家利益的至高无上，才能保证世界贸易组织规则在重重矛盾中得以运行。

（二）一国制定对外贸易政策，应动态平衡自由贸易和国家利益之间的冲突，实现国家间的合作利益

自由贸易的加速发展意味着一国经济利益与外部经济形势的联系更加密切。当前，国际投资迅速增长，自由贸易逐渐成为国际交往中最活跃的环节，金融走向国际化。在一个经济上相互依赖的时代，一国的经济发展越来越离不开世界经济（世界市场、国际金融、国际贸易、国际经济协调等），世界经济形势对一国经济利益的认证提出了新的要求。在某种程度上，国际贸易环境对国家利益的制约作用更加明显，这就需要每个主权国家主动放弃一些本国的经济利益乃至让渡部分经济主权。另外，自由贸易的国际化凸显了国家间“合作利益”的重要性。自由贸易的迅猛发展，促使国家在议事日程和

规则的制定方面要考虑普遍利益的重要性，每一国家在优先注重自身利益的基础之上，也要注意自身在国际社会中的良好形象。与自由贸易的快速发展相联系，人口、粮食、能源、水资源、生态环境等一些全球性经济问题日益突出。这些问题是世界范围内普遍存在的、影响世界经济可持续发展的问题，迫切需要世界各国的共同努力。总之，世界各国应及时地认识到国际贸易环境的变化对自身利益的影响，以一种动态而又平衡的国家利益来指导国际贸易战略的制定和推行。

第四节 发展中国家的贸易政策

第二次世界大战前，大多数发展中国家是帝国主义的殖民地、半殖民地国家或者是附属国，没有独立自主的对外贸易政策。第二次世界大战后，这些国家政治上取得独立，开始致力于工业化和民族经济的发展。它们推行的贸易政策各不相同。

一、进口替代战略下的贸易政策

第二次世界大战后，初级产品对制成品贸易的比例下降，发展中国家国际支出与年俱增。为改变单一经济、发展民族工业，利用国内的工业制成品来代替同类进口产品的进口替代政策应运而生。第二次世界大战后，拉丁美洲一些国家率先实施了进口替代政策，随后亚洲一些国家纷纷效仿，20 世纪 60 年代，进口替代成为发展中国家占主导地位的贸易政策形式。

（一）进口替代政策的含义

进口替代政策是指一国采取各种措施，限制某些外国工业品进口，促进国内有关工业品的生产，逐渐在国内市场上以本国产品替代进口产品，为本国工业发展创造有利条件，实现工业化是以实现经济上的独立自主为目的，减少或完全消除某些商品的进口，国内市场需求完全由本国生产者供应的政策，又称为进口替代工业化政策，是内向型经济发展战略的产物。

狭义的进口替代政策局限于采取贸易措施以本国生产的产品替代一种特定产品的进口。但从广义方面看，进口替代政策其目的是通过减少或禁止某些产品的进口，引起所希望的国内经济结构的变化，或者创造向国内非传统领域进行投资的推动力，使资源有机会进入这个新的工业部门，导致生产活动的产生和扩大，从而使得总体经济结构得到改善。

（二）进口替代战略下的贸易政策措施

为使国内替代产业得以发展，进口替代战略必须有配套的贸易措施限制外围工业品进口，以使国内受进口竞争的工业在少竞争、无竞争的条件下发育成长，并增强其在国内市场的竞争力。实施进口替代战略有以下贸易政策措施：

第一，关税保护。即对最终消费品的进口征收高关税，对生产最终消费品所需的资本品和中间产品征收低关税或免征关税。

第二，进口配额。即限制各类商品的进口数，以减少非必需品的进口，并保证国家扶植的工业企业能够得到进口的资本品和中间产品，降低它们的生产成本。

第三，使本国货币升值，以降低进口商品的成本，减轻外汇不足的压力。其中关税和配额是进口替代战略中最重要的保护措施。

第四，同时辅助的内部保护措施有在资本、劳动力、技术、价格、收益等方面给予进口替代工业各种优惠。

（三）进口替代政策的优点

一个国家推行这一政策首先要正确选定作为替代对象的工业品种类，即决定哪些工业作为进口替代工业。一般是选择那些国内市场虽有需求却经不起外国竞争的工业，然后通过保护措施使这些国内进口竞争工业变为进口替代工业，以加快工业化进程。

进口替代战略的优点主要体现在以下几个方面。

1. 进口替代政策将有助于刺激国内需求

进口替代发展政策的一个特点，在于它是借助某种程度的国家干预和保护，利用本国资源从事在国内具有较大需求的工业制成品的生产。一旦实施该政策，意味着大规模的国内生产和投资行为的开始，这将对国内的投资需求产生极大的刺激作用，如果实现了成功的替代，就意味着将实现由过去对国外市场同类产品的大量需求向对国内市场大规模需求的转变，这对于开拓国内市场并刺激国内消费需求是非常重要的。

2. 进口替代政策将为本国发展战略产业和实现工业化创造必备条件

进口替代政策既可以在不断地学习和借鉴过程中为本国培育大量技术和管理方面的人才，逐渐促进国内工业的多样化和现代化，实现某些产品的自给自足，又能在摆脱对同类产品过度进口的同时，减少外汇支出，积累国内建设资金，进一步发展国内的战略产业，并转向出口创汇。

3. 进口替代政策将有助于提高一国的对外贸易水平

通过进口替代政策的实施，将有利于国内市场的开拓，降低对外部经济的依赖性，为参与全球化竞争的企业提供稳固的国内保障，并且随着国内企业的成长，有助于提高其产品的国际竞争力，改善一国对外贸易的结构和条件，提高一国的对外开放水平。

（四）进口替代政策存在的问题

进口替代政策对一些发展中国家的进口替代工业部门的发展起到一定作用，但也存在诸多问题，如高成本进口替代产业导致国际收支进一步恶化；非进口替代工业部门及农业部门得不到正常发展，带动国民经济发展的宗旨难以实现：进口替代工业的后续发展难以维持等，这些都迫使发展中国家调整其对外贸易政策。

进口替代政策必然是以牺牲国内消费者为代价，而且由于其降低了该国与世界市场的联系程度，造成国内市场相对狭小，生产成本高，经济效益低，产品质量差，竞争能力不够。

因此，实行进口替代政策的发展中国家，虽然在一定程度上促进了国内轻工业的发展，工业增长速度有所加快，但这只是短期现象。这就迫使它们不得不进行调整，甚至加以放弃，转而实行出口替代工业化政策。但是这一战略对刺激民族工业的发展作用是有限的，因为它并不能完全消除对外贸易的依赖性，它依然在很大程度上依赖进口，而只是改变了进口商品的结构，从成品进口改为进口国内不具备的原料、技术专利、机器设备、中间产品与资本等。当发展中国家用高关税保护民族工业时，发达国家也用各种措施破坏或打破关税保护，抵制发展中国家的进口替代。一些学者在研究中认为，进口替代战略的核心问题是它违背了比较利益原则。

二、出口导向战略下的贸易政策

随着进口替代政策缺陷的显露，一些发展中国家尤其是新兴工业化国家开始重视扩大制成品出口的必要性，因此，自 20 世纪 60 年代起，许多发展中国家开始转向鼓励加工工业产品出口，并实施出口导向政策。东亚和东南亚一些国家率先实施出口导向政策，在它们的示范影响下，其他国家相继效仿。

（一）出口导向政策的含义

出口导向政策也称出口替代政策，是指国家采取种种措施促进面向出口的工业部门的发展，以非传统的出口产品来代替传统的初级产品的出口，扩大对外贸易，使出口产品多样化，以推动工业和整个经济的发展。

出口导向政策的核心思想是使本国的工业生产面向世界市场，并以制成品的出口代替初级产品的出口。该政策是根据国际比较利益的原则，通过扩大具有比较利益的产品的出口，以改善本国资源的配置，从中获得贸易利益和推动本国经济的发展。

这种模式将本国产品置于国际竞争的环境中，其优点是比较显著的。采取这种政策发展的国家，大都取得了实绩优良的高速经济增长，这一事实成功地推翻了传统的工业发展只能通过进口替代来实施的观点。

（二）出口导向战略下的贸易政策措施

出口导向战略下的贸易政策措施有出口补贴，这种补贴既可以针对出口产品，也可以针对出口产品的生产；出口退税、出口信贷；出口工业投入品实行的优惠价格供给等措施。

出口导向政策下的平均关税水平较低，这使得进口所需投入品的成本较低，同时自然淘汰低效率的进口替代工业，低估本国币值，从而使以外币衡量的本国出口产品价格下降，进而推动出口。

（三）出口导向政策的利弊

1. 出口导向政策的优势

在一个资金、技术缺乏，市场狭小和大部分人从事农业的不发达经济中，导向型战略的优势为：

（1）出口导向政策有利于合理配置资源。因推行一定程度的贸易自由化，本国生产要素能够迅速转移到经济效益较高的产业，生产并出口本国具有比较优势的产品，以缓解本国的外汇压力。

（2）出口导向政策有利于提高产品的国际竞争力。因为出口导向产业面向国际市场，因而可以实现规模经济效益，从而提高竞争力。

（3）可以通过对外贸易，互通有无，使本国居民享受到更多的经济福利，提高生活水平，等等。

（4）出口导向政策有利于改善国际收支。

（5）出口导向政策有利于提高就业水平。出口导向产业往往集中于劳动密集型产业，能够吸收更多的劳动力，就业结构日趋合理，劳动力素质也会不断提高。

2. 出口导向政策存在的弊端

（1）出口导向型发展模式对于大国和小国的作用是不同的。一般而言，小国因地域狭小，人口总量不大，市场容量较小，如采取出口导向型经济发展模式，积极扩大外贸出口，就可以使其产品生产达到规模经济的要求，取得较大的规模经济效益。

（2）会增加本国经济的对外依赖性，从而丧失经济发展的主动权，更易受到外部市场的摆布，这对本国经济的长远发展是非常不利的。发展中国家对外开放的水平受制于其国内的经济发展水平，这决定了即使一个经济落后的国家实行了全面的对外开放，其水平和层次也不会很高，这必然会降低其在开放中所能获取的比较利益。

（3）其作用受到市场发展的制约。亚洲一些国家所奉行的出口导向型是以国外市场的需求，且主要是发达国家的市场需求为重点的。在 20 世纪 70 年代，正值西方产业结构调整的高潮，西方产业结构的高级化使得一些传统产业逐步退出市场，这时实施出口导向型战略，特别是传统产业打入发达国家市场，正好适应了其市场上传统产品不足、需要填补的要求。进入 20 世纪 90 年代以后，实施出口导向型战略的国家增多，并加入传统产品的生产行列，这时，所有实施该战略的国家不仅要面临发达国家高生产效率对手的竞争，还要面临发展中国家之间的竞争，这就使出口增长下降成为必然。

三、中国的对外贸易政策

我国对外贸易政策的制定与中国经济和改革实践密切相关，中国一直根据自身的需要自主地选择贸易政策。由于我国经济历经计划经济、商品经济、社会主义市场经济几个阶段，对外贸易的政策主张和战略安排也有很大不同。

（一）国家统制下的封闭保护贸易政策（新中国建立初期～1978 年）

1949 年 9 月，《中国人民政治协商会议共同纲领》中规定，我国实行对外贸易统制，并采用贸易保护政策。可以说，封闭型经济和统制经济是这一时期保护性贸易政策的主要历史背景。

为了抵御新中国建立初期美国等资本主义国家对我国的封锁和禁运政策，防止国际市场对本国经济的冲击，保护民族幼稚工业，以及避免国际收支逆差和对外举债，除中苏关系恶化前，保持与经互会国家一定的外贸关系外，我国基本上采取了关起门来搞建设的做法，当时的对外贸易被定位为国内经济的补充，对外贸易总量相对较小，1978 年我国进出口贸易总值只有 206.4 亿美元。这一阶段我国在经济发展战略上实行了与保护贸易相对应的坚定内向型的进口替代政策，即通过限制某些重要工业制成品的进口来扶持和保护本国相关工业部门的发展，从而达到利用国内生产的工业品替代进口产品，减少本国对国外市场的依赖，促进民族工业的发展。这是一种主要面向国内市场、以发展国内工业、增强自力更生能力为目标的自我封闭战略。

（二）国家统制下开放型贸易保护政策（1978年～20世纪90年代初）

改革开放初期到20世纪90年代初，我国在沿袭了中国建立后进口替代发展战略的同时，提出了出口导向的发展战略，主要采取的是“奖出阻入”政策。实施促进国内工业发展的贸易保护政策措施主要是关税、进出口许可证、外汇管制、商品分类经营，以及国营贸易等较为严格的传统贸易措施。

伴随着我国外贸体制实践中的外贸承保经营责任制、下放部分外贸经营权、开展工贸结合、取消财政补贴等改革进程，采取了放宽外汇管制、实行出口退税政策等一系列配套措施，为外贸企业自主经营创造了外部环境，为对外贸易的市场化改革奠定了基础。随着经济的开放、外资的进入，国家制定了一系列吸引外资的政策和法规。1988年，沿海地区外向型经济发展战略的实施，使我国经贸发展战略模式由进口替代战略，开始转向进口替代与出口替代相结合的发展模式。

（三）贸易自由化倾向的过渡型贸易政策（20世纪90年代初～2001年）

从20世纪90年代到我国入世前，这一阶段是我国对外贸易全面深化改革、经济体制向社会主义市场经济体制转变的时期。该时期我国经济提出了“外向型”发展和“国际大循环”战略，为此国家外经贸部提出“大经贸战略”和“科技兴贸战略”。

该时期对进口管制进行了较大的改革，在进口方面，1992年开始按照HS编码协调制度对225个税目进行进口税率下调，减少和取消配额和进口限制等非关税壁垒，实行单一的、有管理的浮动汇率制度等；在出口方面继续实行出口退税制度，成立中国进出口银行专门扶持企业的对外出口，大力发展加工贸易等。1994年外汇并轨制为外贸企业实行统一的结汇制、减少进出口数量限制、鼓励企业所有制的多元化、加强出口退税制等，理顺了连接国内市场价格体系与国际市场价格体系的通道，有效地促进了我国对外贸易的迅速增长。到了2001年我国对外贸易总额达到5097.68亿美元，大约是改革开放初期1987年（206.4亿美元）的24.6倍，是1992年（1655.3亿美元）的三倍，确立了我国在国际分工中劳动密集型产品的比较优势以及我国的进出口商品结构，为我国成为国际贸易大国奠定了基础。

（四）有管理的贸易自由化政策（入世后～2007年）

加入世界贸易组织以后，我国面临加入世界贸易组织后如何推进外贸体制的市场化改革和内外贸一体化的变化。为适应新的国际经济环境以及我国在世界经济中地位的变化，形成经济的可持续发展，增强经济安全成为新时期中国外贸战略理念的核心。对外贸易政策目标，以创造有利于经济均衡发展的产业结构、实现产业的持续升级、推动中国经济在适度内外均衡基础之上高速发展和对外贸易由静态比较优势向动态比较优势转移为重点。尤其是WTO非歧视原则下的国民待遇、公平竞争与贸易、贸易政策的透明度等，在相当程度上制约着我国贸易政策的基本取向。

为履行入世承诺，2005年底，中国关税总水平由1992年的42.7%降到10.1%，并于2005年1月1日取消了400多个税号的非关税措施，基本取消了非关税壁垒。此阶段，我国采取了相对较低的保护与温和的出口鼓励政策相结合的措施，即运用关税、反倾销、反补贴、反垄断、保障、政府采购等措施对国内具有竞争优势的产业实行动态的、以扩张出口为目标的保护；运用低估汇率、调整出口退税和补贴鼓励企业参与国际竞争的出口鼓励措施。入世后我国的对外贸易地位急剧上升，2004年进出口总额突破1万亿美元大关，达到11547.4亿美元，成为仅次于美国和德国的第三大贸易国，2012年，全国进出口总额达38667.6亿美元，是入世时（2001年）的7.55倍，是改革开放时（1987年）的181.14倍。

（五）后危机时代小国对外贸易政策取向

2008年金融危机发生后，全球经济普遍下滑。在国内经济不振以及失业加剧的压力下，以美国、欧盟为代表的国家纷纷开始回归保护性贸易政策，增加了出口促进措施，而对进口则严加控制。而中国在危机后的对外贸易表现却十分突出，2009年，我国出口规模上升至第一位，并在2010、2011年连续两年保持全球第一的位置。中国对外贸易地位不断加强，但中国与其他国家的贸易摩擦在这几年也迅速增加，2011年，中国成为遭遇贸易反倾销和反补贴诉讼最多的国家。与此同时，中国不断激增的外汇储备也对我国人民币汇率带来了巨大升值压力、出口贸易结构不合理所导致的国内资源价格扭曲、资源耗费巨大等问题也随着外贸出口量的增加而不断恶化。在这种背景下，中国对外贸易政策已经到了进一步优化的地步。

2011 年，中国的对外贸易政策悄然发生了一定的变化。我国政府已经不再回避有关全球经济增长再平衡的敏感话题，政府官员在多个场合表示，中国不再追求过大的贸易顺差，实现贸易平衡将是中国外贸政策的基本取向，因为外贸要健康和可持续发展，就必须保持贸易的基本平衡。

为了改善全球发展不平衡的现状，中国正在制定相关政策，计划用三到五年时间将贸易顺差占国内生产总值（GDP）的比例从 2009 年的 5.8%降至 4%。

因此，未来中国对外贸易政策的发展将逐渐从鼓励出口、追求贸易顺差转变为以实现贸易平衡为基本取向，不断调整不平衡的贸易方式和贸易结构，促进国内经济平衡稳定发展。

第四章 进口保护政策：关税

第一节 关税概述

前几章中，我们分析了国际贸易产生的原因及贸易利得，以及一个存在贸易的世界经济的功能，回答了“一国为什么会从事国际贸易”的问题。我们看到，自由贸易条件给参与贸易各方都会带来贸易收益，使各国国民福利水平提高。实际上，从古至今，所有的国家都会给国际贸易的自由流动增设一些附加条件，设置贸易壁垒。贸易壁垒从国家福利的角度被合理地固定下来，而且，越是经济发展困难时期，贸易壁垒越被重视。从国际贸易历史发展过程看，使用最主要、最普遍的贸易壁垒就是关税。在现代社会，随着关税水平的下降，各国政府更多选择了非关税贸易壁垒，关税壁垒的重要性相对下降。然而，理解关税政策的作用及影响仍是理解其他贸易政策的重要基础。

一、关税的概念

关税就是一国海关在商品进、出关境时，对进、出口商课征的一种税收，由各国海关负责征收。

英国是最早实行统一的国境关税制的国家，英国资产阶级革命在取得胜利后，便建立了这种国境关税制。法国、比利时、荷兰受英国的影响，也设立了统一的国境关税。随后被世界各国普遍采用，实行至今。

由于征收关税可以提高进出口商品的价格，削弱其市场竞争力，客观上对进出口商品数量起到一种限制作用，所以，关税又被称为关税壁垒。关税是最悠久的国际贸易政策工具，尽管二战以来，世界各国的关税水平都已大幅降低，但同其他贸易政策工具相比较，关税仍然是最普遍的一种对外贸易政策工具。

二、关税的特点

与其他税种相比较，关税的特点主要有以下几点。

（一）关税是间接税

就是进出口商先代消费者将关税交给国家将关税转嫁到商品价格中，最后承担的仍然是消费者。

现在我国的税收管理主要有两种，一种是直接税，主要是指企业所得税和个人所得税；另一种是间接税，是除直接税之外的税收。我国实行的价内税，即为间接税。

（二）关税具有强制性和无偿性

不管愿意不愿意，关税必须交给国家；同时它是预定的，每年年初海关会通报当年的关税税率，因此它也是透明的。关税还是一个国家执行经济政策的手段，如果我国想让某种产品进入国内，关税一定很低，反之关税就比较高，关税反映了一国的经济发展水平。

（三）关税具有涉外统一性，执行统一的对外经济政策

关税是一个国家的重要税种。国家征收关税不单是为了满足政府财政上的需要，更重要的是利用关税来贯彻执行统一的对外经济政策，实现国家的政治经济目的。在我国现阶段，关税被用来争取实现平等互利的对外贸易，保护并促进国内工农业生产发展，为社会主义市场经济服务。

三、关税的作用

（一）增加财政收入

关税是国家税收的一种，组织财政收入是关税的基本职能之一。在早期，关税收入曾占一些国家财政收入的很大比例，例如，1805 年美国联邦政府的财政收入 90%～95%是来自关税，1900 年仍占 41%。在当今大多数国家特别是发达国家，关税占财政收入的比重已经大大下降，如美国在 1995 年关税收入占财政收入比重的为 2%。但在少数国家关税仍然是财政收入的重要来源。

（二）保护本国产业和扩大就业

关税的一个重要职能是抵御外来竞争和保护国内产业。由于征收关税减少了进口，把需求从外国商品转移到国内商品，从而刺激国内生产和就业。特别是一些工业，在其发展早期作为幼稚工业需要通过关税或政府干预予以暂时或短期的保护，使之免受国外发展成熟的工业对手的竞争。当这些工业成长起来并能承受外来竞争时，对它们的保护方可移去。此外，如果市场是完整的，各种信号可以得到及时的反应，资源配置可以得到迅速调整。但在现实当中，这种市场的不完全性意味着调整需要一个较长时期，而征收关税将增加进口成本，阻碍进口的激增，从而使本国产业有充裕的时间进行调整。

（三）改善贸易条件并增加贸易利益

关税在增加贸易利益方面有两种情形。

一是不完全竞争条件下的国际贸易，关税（以及补贴和产业政策）可以减少进口需求而增加对国内产品的需求，随着因规模经济而出现的国内生产的增长，平均成本将下降，从而进口替代品的国内市场价格随之降低。这与传统贸易理论的阐释是不同的，如进口国能够转移关税，则外国供给的成本上升从而进入该进口国变得更为困难。也就是说，关税征收有助于本国垄断，如果存在规模收益递增的利益，就可以降低国内价格，增加消费者剩余，同时又为国家带来关税收入。对生产者来说，这又是一个与补贴效应类似的“利润转移”过程，关税阻止从外国进口，可以使得利润从外国企业转移到与之竞争的本国企业，本国企业也因出口量大而达到递增规模收益的效果。

二是经济“外部性”，关税为一些具有“溢出效果”的产业如高技术和知识密集型产业提供保护之时，事实上也同时为那些与被保护产业共享知识资源的其他产业提供了一种连带的保护。

（四）调整经济关系

关税具有纠正国内扭曲的作用。

关税是调节收入分配的工具之一，这一作用通过影响消费水平和消费结构表现出来，由于高关税具有提高商品价格的效果，从而可以限制消费水平，在一个较长时期，国内价格可能因进口竞争行业受到鼓励而下降，但在国内生产还不能迅速补缺的短期内，国内价格可能因进口关税而上涨，消费者因此增加的支出转化为财政收入和本国企业收入，有助于积累率和投资率的提高。在消费结构方面，通常对不同种类商品指定不同的关税税率进行调节，如对奢侈品征收高关税，而对必须进口的商品征较低的关税。这种措施实际上是把部分国民收入通过进口产品关税负担的形式进行再分配，相当于把进口奢侈品消费者的收入部分转移到低收入者手中。

第二节 关税的主要种类

由于征收进口税的目的和作用不同、关税种类繁多，按不同的标准可以从不同的角度进行分类。

一、按照征收的对象或商品流向分类

按照征收的对象或商品流向，关税可分为进口税、出口税和过境税三种。

（一）进口税

进口税是指进口商品进入一国关境时，由该国海关对本国进口商所征收的一种关税。当一个国家建有自由港、自由贸易区或海关保税仓库时，则在外国货物从自由港、自由贸易区或保税仓库进入进口国的国内市场销售时予以办理相关手续，征收进口关税。进口税又称正常关税或进口征税。

由于世界各国所征收的关税大多采用这种税，所以国际上通常称关税，国际关税协定或国际关税谈判所指的关税，一般均指进口税。

征收进口税，可以增加进口货物成本，削弱其在进口国市场上的竞争能力，保护进口国商品的生产和经济的发展。因而，在国际贸易竞争中，进口税一直被作为一个重要的和公认的保护手段。一方面它具有调节本国市场需求、调节市场价格和增加国家财政收入等作用。另一方面它也能成为关税壁垒，阻碍国际贸易的发展，以及使本国被保护的企业产生依赖，造成企业在国际市场上缺乏开拓和竞争能力。

各国进口税税率的制定是基于多方面因素的考虑，从有效保护和促进经济发展出发，对不同商品制定不同的税率。一般来说，采取关税升级的做法，即进口税税率随着进口商品加工程度的提高而提高，工业制成品税率最高，半制成品次之，原料等初级产品税率最低，甚至免税，对于国内紧缺而又急需的生活必需品和机器设备予以低关税或免税，而对国内能大量生产的商品

或奢侈品则征收高关税。同时，由于各国政治经济关系的需要，会对来自不同国家的同一种商品实行不同的税率。

一般说来，进口税税率有普通税率、最惠国税率。

1. 普通税率

适用于未签订任何关税互惠贸易条约国家之间的贸易。普通税率是最高税率，一般比优惠税率高1～5倍，少数商品甚至更高。目前仅有个别国家对极少数（一般是非建交）国家的出口商品实行这种税率，大多数国家只是将其作为其他优惠税率减税的基础。因此，普通税率并不是被普遍实施的税率。

2. 最惠国税率

这是适用于签有最惠国待遇条款的贸易协定国家之间商品贸易实行的税率。所谓最惠国待遇又称“无歧视待遇”，是指缔约国一方现在和将来给予任何第三方的一切特权、优惠和豁免，也同样给予对方。最惠国税率是互惠的、且比普通税率低。

最惠国税率比普通税率要低，税率差幅则往往很大。例如，美国对绸缎进口，最惠国税率为11%，普通税率为60%。第二次世界大战以后，大多数国家加入《关税及贸易总协定》或签订了双边贸易条约或贸易协定，相互提供最惠国待遇，享受最惠国税。因此，正常进口税通常指的是最惠国税，但最惠国税率并非是最低税率。在最惠国待遇中往往规定有例外条款，如在缔结关税同盟、自由贸易区或有特殊关系的国家之间规定更优惠的关税待遇时，最惠国待遇并不适用。

（二）出口税

出口税是出口国海关根据关税税则对出口商品所课征的关税。

征收出口税的目的主要是：（1）增加财政收入。拉丁美洲的大多数国家征收1%～5%的出口税，亚洲、非洲、发展中国家也有征收出口税的。（2）限制重要的原材料大量输出，保证国内供应。（3）提高以使用该国原材料为主的国外加工产品的生产成本，削弱其竞争能力。（4）控制和调节某些商品的出流口量，防止盲目出口，以保持在国外市场上的有利价格。（5）为了防止跨国公司利用“转移定价”逃避或减少在所在国的纳税，向跨国公司出口产品征收高额出口税，维护本国的经济利益。反对跨国公司在发展中国家低价收购初级产品。例如，1975 年 1 月，几内亚对铝矾土及其副产品征收特别出口税。

我国历来采用鼓励出口的政策，但为了控制一些商品的出口流量，采用了对极少数商品征收出口税的办法。被征出口税的商品主要有生丝、有色金属、铁合金、绸缎等，出口税率从 10%～100%不等。

（三）过境税

过境税又称通过税或转口税，是一国海关对通过其关境再转运第三国的外国货物所征收的关税，其目的主要是增加国家财政收入。过境税在重商主义时期盛行于欧洲各国。随着资本主义的发展，交通运输事业的发达，各国在货运方面的竞争加剧，同时，过境货物对本国生产和市场没有影响，于是，到 19 世纪后半期，各国相继废除了过境税。第二次世界大战后，关贸总协定规定了“自由过境”的原则。目前，大多数国家对过境货物只征收少量的签证费、印花费、登记费及统计费等。

二、按照差别待遇和特定的实施情况分类

按差别待遇和特定的实施情况，关税可分为进口附加税、差价税、特惠税和普遍优惠税。

（一）进口附加税

进口附加税是指进口国海关对进口的外国商品在征收进口税之外，由于某种特定目的而额外加征的关税。征收进口附加税的目的主要包括：应付国际收支逆差，维持进出口平衡；防止外国商品的低价倾销；对某个国家实行歧视或报复等。比如乌克兰政府为了保护国内汽车生产商的利益，于 2009 年 3 月对进口汽车和电冰箱征收 13%的进口附加税，因此，国内汽车销售商自 3 月 6 日起已停止从国外进口汽车。所以，进口附加税又称特关税。进口附加税不同于进口税，在一国海关税则中并不能找到，也不像进口税那样受

到世界贸易组织的严格约束而只能降不能升，其税率的高低往往视征收的具体目的而定。

一般来说，对所有进口商品征收进口附加税的情况较少，大多数情况下是针对个别国家和个别商品征收进口附加税。进口附加税主要有反倾销税、反补贴税、紧急关税、惩罚关税和报复关税五种。

1. 反倾销税

反倾销税是对实行倾销的进口货物所收的一种临时性进口附加税。征收反倾销税的目的在于抵制商品倾销，保护本国产品的国内市场，因此，反倾销税税额一般按倾销差额征收，由此抵消低价倾销商品价格与其正常价格之间的差额。

2. 反补贴税

反补贴税又称反津贴税、抵消税或补偿税，是指进口国为了抵消某种进口商品在生产、制造、加工、买卖及输出过程中接受的直接或间接的奖金或补贴而征收的一种进口附加税。征收反补贴税的目的在于增加进口商品的价格，抵消其所享受的贴补金额，削弱其竞争能力，使其不能在进口国的国内市场上进行低价竞争或倾销。

贸易总协定《补贴与反补贴税守则》规定，征收反补贴税必须证明补贴的存在及这种补贴与损害之间的因果关系。如果出口国对某种出口产品实施补贴的行为对进口国国内某项已建的工业造成重大损害或产生重大威胁，或严重阻碍国内某一工业的新建时，进口国可以对该种产品征收反补贴税。反补贴税税额一般根据奖金或补贴的数额征收，但不得超过该产品接受补贴的净额，且征税期限不得超过 5 年。另外，对于接受补贴的倾销商品，不能同时既征反倾销税又征反补贴税。

3. 保障性关税

当某类商品进口量剧增，对国内相关产业带来巨大威胁或损害时，按照 WTO 有关规则, 可以启动一般保障措施，即在与有实质利益的国家或地区进行磋商后，在一定时期内提高该项商品的进口关税或采取数量限制措施，以保护国内相关产业不受损害。《关税与贸易总协定》第 19 条规定了“对某些产品进口的紧急措施”，以规范各成员国保障性紧急关税措施的采用；根据世界贸易组织《保障措施协议》的规定，当一缔约国因为履行贸易自由化承诺，导致来自于其他成员国的某一产品进口量激增，并对国内同类或相似产品造成严重损害或严重损害威胁时，进口国可以采取限制进口数量或征收临时性进口关税的手段，缓解进口对国内同类产品造成的竞争压力。可见，保障性关税是保障措施的主要救济手段之一。

4. 惩罚关税

惩罚关税是指出口国某种商品违反了与进口国之间的协议，或者未按进口国海关规定办理进口手续时，由进口国海关向该进口商品征收的一种临时性的进口附加税。这种特别关税具有惩罚或罚款性质。例如，美国在与别国进行贸易谈判时，经常扬言若谈判破裂就要向对方课征高额惩罚关税，以此逼迫对方让步。这一手段在美国经济政治实力鼎盛时期非常有效，但随着世界经济多极化、全球化等趋势的加强，这一手段日渐乏力，且易招致别国的报复。

5. 报复关税

报复关税是指一国为报复他国对本国产品、船舶、企业、投资或知识产权等方面的不公正待遇，对从该国进口的商品所课征的进口附加税。通常在对方取消不公正待遇时，报复关税也会相应取消。例如，2003 年 1 月，世贸组织裁定美国《伯德修正案》非法，并限期美国予以废除，然而，美国国会却一直置之不理。世贸组织认可《伯德修正案》使日本减少对美出口收入 5210 万美元，并认可日本在这一范围内通过实施报复性关税减少美国对日出口。于是日本从 2005 年 9 月 1 日起对从美国进口的钢产品在征收一般关税的基础上再追加 15%的报复性关税。这是日本首次对美征收报复性关税，同期，欧盟和加拿大从 2005 年 5 月起也对纤维、农产品等美国产品实施追加 15%的报复性关税。需要注意的是报复关税也像惩罚关税一样，易引起他国的反报复，最终导致关税战。

征收进口附加税主要是为弥补征税的财政收入作用和保护作用的不足。由于进口附加税比关税受国际社会约束少，使用灵活，因而常常会被用作限制进口与贸易斗争的武器。过去我国在合理地、适当地应用进口附加税的手段方面显得非常不足，比如，因长期没有自己的反倾销、反补贴法规，不能利用反倾销税和反补贴税来抵制外国商品对我国低价倾销，以保护我国同类产品的生产和市场。直到 1997 年 3 月 25 日，我国颁布了《中华人民共和国反倾销和反补贴条例》，才使我国的反倾销、反补贴制度法制化、规范化。

（二）差价税

差价税又称差额税，是按国内市场和国际市场的价格差额对进口商品征收的关税。当某种本国商品的国内价格高于同类进口商品的价格时，为了削弱进口商品的竞争能力、保护国内生产和国内市场，按国内价格和进口价格间的差额征收关税，这种关税就叫差价税，它是一种滑动关税。典型的例子是欧共体国家对农产品进口征收的关税，欧共体成立后为促进本地区农业的发展和保护农场主的利益，实施共同农业政策，制定了农产品的目标价格，作为干预农产品市场的标准。目标价格高于世界市场价格，为了免受外来低价农产品的冲击，欧共体对农产品实行差价税。具体做法是，用目标价格减去从内地中心市场到主要进口港的运费，确定可接受的最低进口价格，称为门槛价格。然后计算农产品从世界主要市场运至欧共体主要进口港的成本加运费加保费价，通过比较确定差价税的征收幅度。

差价税=门槛价格－保费价

（三）特惠税

特惠税又称优惠税，是对来自特定国家或地区的进口商品给予特别优惠的低关税或免税待遇。使用特惠税的目的是为了增进与受惠国之间的友好贸易往来。特惠税有的是互惠的，有的是非互惠的。

特惠税最早开始于宗主国与其殖民地及附属国之间的贸易，目前仍在起作用。最有影响的是洛美协定国家之间的特惠税，是目前世界上免税程度最大的一种特别优惠的关税、它是欧共体（现欧盟）向参加协定的非洲、加勒比海和太平洋地区的发展中国家单方面提供的特惠关税。按照洛美协定，欧共体在免税、不限量的条件下，接受受惠国的全部工业品和 96%的农产品，而不要求受惠国给予反向优惠，并放宽原产地限制以及其他部分非关税壁垒。

（四）普遍优惠制

普通优惠制简称普惠制，是发达国家给予发展中国家出口成品和半制成品（包括某些初级产品）普遍的、非歧视的、非互惠的一种关税优惠制度。普遍性、非歧视性和非互惠性是普惠制的三项基本原则。普遍性是指发达国家对所有发展中国家出口的制成品和半制成品都给予普遍的关税优惠待遇；非歧视性是指使所有发展中国家都无歧视、无例外地享受普惠制待遇；非互惠性是指发达国家单方面给予发展中国家特殊关税减让而不要求发展中国家给予对等待遇。

普惠制的目的是通过给惠国对受惠国的受惠商品给予减、免关税优惠待遇，使发展中的受惠国增加出口收益，促进其工业化水平的提高，加速国民经济的增长。普遍优惠制是发展中国家在联合国贸易与发展会议上长期斗争的成果。

从 1968 年联合国第二届贸发会议通过普惠制决议至今，普惠制已在世界上实施了 40 多年。至今世界上共有 38 个给惠国：欧洲联盟 25 个成员国、挪威、瑞士、日本、加拿大、美国、澳大利亚、新西兰、俄罗斯、白俄罗斯、乌克兰、哈萨克斯坦、保加利亚、土耳其。希腊、西班牙、葡萄牙、保加利亚、波兰和匈牙利既是给惠国又是受惠国。值得一提的是，美国虽然给予我国最惠国待遇，但是在 GSP 上，它始终不肯对中国让步，它和保加利亚是 38 个给惠的发达国家中不对中国给惠的 2 个国家，因此，至今世界上 38 个给惠国中有 36 个给予我国普惠制关税减免优惠待遇。普惠制在实施 40 多年来，确实对发展中国家的出口起了一定的积极作用。但由于各给惠国在提供关税优惠的同时，又制定了种种繁琐的规定和严厉的限制措施，使得建立普惠制的预期目标还没有真正达到，广大发展中国家尚需为此继续斗争。

第三节 关税的征收方法和海关税则

关税征收的最基本的两种方法是从量税和从价税。在这两种税收的基础上，又有复合税和选择税。

一、关税的征收方法

关税的征收方法又称征收标准，一般来说可分为从量税、从价税和混合税三种。

（一）从量税

从量税是以进口货物的重量、数量、长度、容量和面积等计量单位为标准计征的关税。其中，重量单位是最常用的从量税计量单位。从量税的计算公式为：

从量税税额=货物计量单位数×从量税率

以重量为单位征收从量税应注意，在实际应用中各国计算重量的标准各不相同，一般采用毛重、半毛重和净重。毛重指商品本身的重量加内外包装材料在内的总重量。半毛重指商品总重量扣除外包装后的重量。净重则指商品本身的重量，不包括内外包装材料的重量。

从量税不受征税对象价格变动的影响，只和征税对象的数量有直接的关系。对于体积大、数量多、价值低的商品而言，从量税具有手续简便的优点，在同类征税对象价格差别较大和同一征税对象价格波动较大的情况下，从量税容易导致税负失衡，难以普遍采用，故从量税通常只适用于征税对象比较单一、价格相对稳定的税种（税目）。目前很少有国家单纯使用从量税，完全采用从量税的发达国家仅有瑞士一个，我国目前对原油、啤酒、胶卷等少量商品征收从量税。

（二）从价税

从价税是以货物价格作为征收标准的关税。从价税的税率表现为货物价格的百分值。从价税的计算公式为：

从价税税额=进口货物总值×从价税率

征收从价税的一个重要问题是确定进口商品的完税价格。所谓完税价格，是指经海关审定的作为计征关税依据的货物价格，货物按此价格照章征税。各国规定了不同的海关估价确定完税价格，目前大致有以下三种：FOB 价、CIF 价和进口国的官方价格。美国、加拿大等国采用 FOB 价格来估价，而西欧等国采用 CIF 价格作为完税价格，不少国家甚至故意抬高进口商品完税价格，以此增加进口商品成本，把海关估价变成一种阻碍进口的非关税壁垒措施。

为了弥补各国确定完税价格的差异且减少其作为非关税壁垒的消极作用，关贸总协定东京回合达成了《海关估价协议》，规定了六种应依次使用的海关估价力法，其中采用进口商品或相同商品的实际价格作为估价的主要依据，即以进口国立法确定的某一时间或地点，在正常贸易过程中与充分竞争的条件下，以某一商品或相同商品出售或兜售的价格为依据，而不能以臆断或虚构的价格为依据。当实际价格不能确定时，应以可确定的最接近实际价格的相当价格作为确定完税价格的依据。

由于从价税具有税负公平、易于实施、征收简单、税负明确等优点，由此成为目前使用最为广泛的关税税种。目前我国对绝大多数进口商品均征收从价税。

（三）混合税

它是指对于同一种商品同时制定从价和从量两种税率,对某种进口商品，采用从量税和从价税同时征收的方法。它可以是以从量税为主加征从价税，也可以以从价税为主加征从量税。但在实践中，货物的从价税额和从量税额难以同时确定，而且手续繁杂，目前，我国对录像机、放像机、摄像机和摄录一体机等商品实行复合税。

（四）选择税

选择税是指对一种进口商品同时规定有从价税和从量税两种税收，在征收时选择其中一种税额较高的征收。但有时为了鼓励进口，也选择其中税额较低的一种征收。

除以上几种方法外，还有滑准税，是一种对进口税则中的同一种商品，按其市场价格标准分别制定不同价格的税率而征收的一种进口关税。1997 年 10 月 1 日，我国开始对新闻纸实行滑准税。自 2005 年 5 月 1 日至 2005 年 12 月 31 日，对关税配额外报关进口棉花按“有数量限制的暂定关税生产率”征收进口关税。按照规定，增发配额部分进口棉税前价格高于 10029 元/吨的暂定关税率为 5%；低于 10029 元/吨的，按照一定公式征收 5%～40%的滑准关税。

二、关税的征收依据

各国征收关税的依据是海关税则。海关税则，又称关税税则，是一国对进出口商品计征关税的规章和对进出口应税与免税商品加以系统分类的一览表。海关税则是关税制度的重要内容，是国家关税政策的具体体现。

海关税则一般包括两个部分：一部分是海关课征关税的规章条例及说明，另一部分是关税税率表。其中、关税税率表主要包括税则号列、商品分类目录及税率三部分。商品分类目录将种类繁多的商品或按加工程度，或按自然属性、功能和用途等分类。随着经济的发展，各国海关税则的商品分类越来越细，这不仅是由于商品日益增多而产生技术上的需要，更主要的是各国开始利用海关税则更有针对性地限制有关商品进口和更有效地进行贸易谈判，将其作为实行贸易歧视的手段。

为了减少各国海关在商品分类上的矛盾，统一税则目录开始出现并不断完善。相继有《海关合作理事会税则商品分类目录》《国际贸易标准分类》《商品名称及编码协调制度》等。

海关税则中的同一商品，可以一种税率征税，也可以两种或两种以上税率征税。按照税率表的栏数，可将海关税则分为单式税则和复式税则两类。

（一）单式税则

单式税则是只有一种税率的海关税则。每个税目只制订一个税率，故又称一栏税则。即对来自任何国家的商品均以同一税率征税，没有差别待遇，是海关早期使用的、比较简单的税则制。目前，只有少数发展中国家如委内瑞拉、巴拿马、肯尼亚等仍实行单式税则。

（二）复式税则

复式税则又称多栏税则，是指同一税目下设有两个或两个以上的税率，即对来自不同国家的进口商品按不同的税率征税，实行差别待遇，体现贸易政策的差别，世界上大多数国家都相继实行了复式税。其中，普通税率是最高税率，特惠税率是最低税率，在两者之间，还有最惠国税率、协定税率、普惠制税率等。目前大多数国家都采用复式税则。这种税则有二栏、三栏、四栏不等。我国目前采用二栏税则，美国、加拿大等国实行三栏税则，而欧盟等国实行四栏税则。

在单式税则或复式税则中，依据制订税则的权限又可分为自主税则或国定税则和协定税则。前者是指一国立法机构根据关税自主原则单独制定而不受对外签订的贸易条约或协定约束的一种税率。后者则指一国与其他国家或地区通过贸易与关税谈判，以贸易条约或协定的方式确定的关税率。协定税则是在本国原有的国定税则以外，通过与他国进行关税减让谈判而另行规定的一种税率，因此要比国定税率低。此外，在单式税则或复式税则中，依据进出口商品流向的不同，还可分为进口货物税则和出口货物税则。

三、关税的征收程序

征收关税的程序即通关手续，又称报关手续，通常包括申报、查验、放行三个基本环节。具体来说，是指进出口商在进出口商品时要向海关申报出口或进口，提交进出口货物的报关单以及有关证明，接受海关的监督与检查，履行海关规定的手续；然后，海关按照有关法令和规定，检验审核有关单证和货物，计算进出口税额；最后，进出口商结清应征税额和其他费用，海关在有关单证上签印，以示货物可以通关放行。

通常进口商在货物到达后所规定的工作日内办理通关手续。如果进口商对于某些特定的商品，加水果、蔬菜、鲜鱼等易腐商品，要求货到时立即从海关提出，可在货到前先办理提货手续，并预付一笔进口税，至次日再正式结算进口税。如果进口商想延期提货，在办理存钱报关手续后，可将货物存入保税仓库，暂时不缴纳进口税。在存仓期间，货物可再行出口，就不必付进口税，如打算运往进口国国内市场销售，在提货前必须办理通关手续。货物到达后，进口商如在规定日期内未办理质关手续，海关有权将货物存入候领货物仓库，期间一切责任和费用均由进口商负责。如果存仓货物在规定期间内仍未办理通关手续，海关有权处理该批货物。

第四节 关税的局部均衡分析

关税的经济效应是指一国征收关税对其国内价格、贸易条件、生产、消费、贸易、税收、再分配及福利等方面所产生的影响。关税的经济效应可以从整个经济的角度来分析，也可以从单个商品市场的角度来考察，前者属于一般均衡分析，后者为局部均衡分析。为便于分析和理解，本节仅从局部均衡的角度分别讨论小国和大国征收关税所产生的经济效应。

一、小国征收关税的经济效应

设某国为小国，其对某商品 X 的供给、需求、贸易状况如图 4-1 所示。图中，横坐标轴表示商品 X 的数量，纵坐标轴表示商品 X 的价格，S_X和 D_X分别代表商品 X 的供给曲线和需求曲线，两线之交点 E 为隔离均衡点，*Pe* 为隔离均衡价格。在自由贸易条件下，当不计运费时，国内价格等于国际价格，为 *Px*。在此价格下，该国对商品 X 的需求量为 *AB*，本国自行生产的数量为 *AC*，需进口的数量为 *CB*。S_F为该国进口所面对的出口供给曲线，平行于横坐标轴，弹性无穷大。若该国对商品 X 的进口征收额度为 *T* 的关税（税率为 T/OP_{X1}），则其进口面对的是包括关税在内的新的出口供给曲线 S_{F+T}，征收关税对国内经济产生了以下影响：

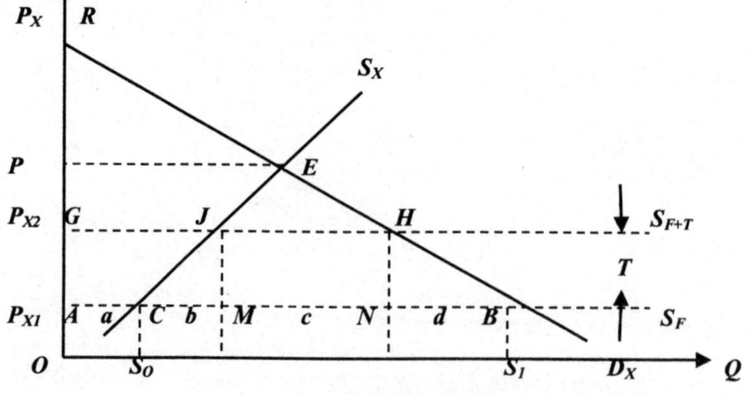

图 4-1 小国征收关税的经济效应

（一）价格效应

这是指征收关税对进口国价格的影响。由于小国对商品的国际价格没有影响力，因此课征关税后，商品 X 的国际价格仍为 P_{X1}，其国内价格却升至 P_{X2}；且 $P_{X2}=P_{X1}+T$，即小国征收关税使进口品及其进口替代品的国内价格提高了与所征税额相当的幅度。

（二）贸易条件效应

这是指征收关税对进口国贸易条件的影响。小国对进口商品征收关税使该商品的国内价格上升，从而使其国内生产扩张，消费减少，进口缩减。但小国进口量的减少并不会对国际市场的供求关系产生显著影响，因而不能影响该商品的国际价格，故小国的关税贸易条件效应并不存在。

（三）消费效应

消费效应即征收关税对可进口国消费的影响。在图 4-1 中，征收进口关税后对可进口商品 X 的需求量因价格提高而由 *AB* 减至 *GH*，即减少了商品 X 的消费，减少数量为 *BN*。

（四）生产效应

生产效应即征收关税对进口国进口替代品生产的影响，如图 4-1 所示。小国征收进口关税后，由于进口品价格提高到等同于关税额的水平，因而刺激进口替代品的生产扩张，直至生产者价格达到（$P_{X1}+T$）的水平，即进口替代品的产量由 *AC* 增至 *GJ*，所增加的数量 *CM* 是进口替代品与关税的生产效应，又称替代效应或保护效应。关税愈高，保护程度愈高。当关税提高为 $P_{X1}P_e$，或更高时，实为禁止性关税，关税的保护效应发挥得最完全。

（五）贸易效应

贸易效应即征税引起的进口量变化。征收关税后，由于生产增加、消费减少，所以进口数量由 *CB* 减为 *JH*。其中，所减少的数量 *BN* 由进口与消费减少所致，减少的进口数量 *CM* 则由生产增加所致，故关税的贸易效应为消费效应和生产效应之和，见图 4-1。

（六）财政效应

财政效应即征收关税对国家财政收入发生的影响。小国征收额度为 T 的关税后，政府取得了 C 的关税收入，使财政收入增加，此乃关税的财政效应。

（七）收入再分配效应

征税前，商品 X 的消费量为 AB，征税后，商品 X 的消费量为 GH，故消费者剩余减少了 $a+b+c+d$。然而，征收关税后，生产者由于增加 CM 的进口替代品生产而增加了生产和剩余 a，政府由于征收关税而增加了 c 的财政收入。a 和 c 实际上是社会收入由消费者增加消费而转移给生产者和政府的部分。

关税的再分配效应表现在两个方面：

一方面是从进口国本国的消费者流向本国的生产者，征收进口商品的关税，进口国国内市场价格上涨，消费者不得不减少购买数量，使得消费者的福利水平降低。而进口国国内市场价格的提高，使生产者弥补了边际成本，因此获得更大的利益。生产者获得的利益来自于消费者的福利损失，形成了进口国国内生产者与消费者之间的利益再分配，因此称为再分配效应。

另一方面是从进口国的政府流向国内消费者，这是由关税的本质决定的，关税和其他税收一样，构成政府的财政收入，体现着一定的分配关系。征收进口商品的关税，可以增加政府部门的收入，政府可以通过财政支出重新分配给国家各部门、单位和个人，以从事各种经济活动，从而参与国民收入的再分配。可以利用这种再分配效应来调节社会上的贫富不均，对日用必需品进口征收低税或免税，对高价的非必需品或奢侈品进口征收高额关税，向富人多征税，向穷人少征税。

（八）关税的国际收支效应

征收进口关税，导致进口数量减少，意味着外汇支付的减少，改善了国际收支状况，称之为国际收支效应。利用关税的这种作用可以调节进出口商品数量，维持国际收支平衡，对于外汇收支逆差较大的国家可以采取限制进口数量的方法予以平衡，但这并非长远之计。

（九）福利效应

如上所析，征税后，消费者剩余减少 $a+b+c+d$，其中 a 为生产者剩余增加的部分，c 为政府的关税收入，余下的 b 和 d 是征税所致的福利净损失或无谓的损失，即关税的社会成本。b 代表生产的净损失，由增加 CM 数量的进口替代品生产使资源使用效率下降所致；d 代表消费的净损失，是关税人为地抬高了进口品价格而扭曲消费所产生的消费效应的净损失。

以上所讨论的各种效应的大小，取决于征税商品的供给与需求弹性及关税税率高低。对于相同的关税税率，需求曲线越富弹性，消费效应越大；同样，供给曲线越富弹性，生产效应越大。因此，一国对商品的供给与需求越富弹性，关税的贸易效应越大，而财政效应越小。

关税的负担决定于进口需求与出口供给的弹性大小，弹性越大者，关税的负担越轻；弹性越小者，关税的负担越重。由于小国进口所面对的出口供给弹性无限大，因此小国课征进口关税，关税完全由其本国消费者负担，而关税收入全部由小国的政府所获得。

二、大国征收关税的经济效应

大国与小国征收关税最主要的差异在于大国征收关税可以影响贸易条件，小国则不然。如图 4-2 对大国征收关税进行局部均衡分析。

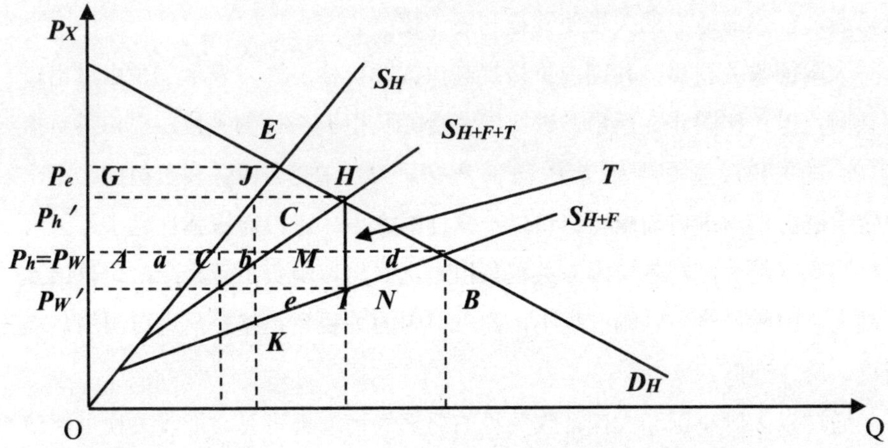

图 4-2 大国征收关税的经济效应

图中 S_H 表示某大国商品 X 的国内供给曲线，S_{H+F} 表示商品 X 的总供给曲线（由国内供给曲线和国外供给曲线合计而得），D_H 表示商品 X 的国内需求曲线。在自由贸易条件下，该国的国内需求曲线 D_H 与总供给曲线 S_{H+F} 相交于 B 点，价格为 P_h，该国对 X 商品的需求量为 AB，其中，AC 数量由国内生产者提供，CB 数量靠进口弥补。若该国商品 X 征收额度为 T 的关税（税率为 T / OPw），则对国内经济产生以下效果：

征税后，总供给曲线将上移为 S_{H+F+T}，D_H 与 S_{H+F+T} 相交于 H 点，故国内价格升为 P_h'，该国对 X 商品的需求量为 GH，其中 GJ 数量由本国提供，JH 数量通过进口来满足。征税所致的消费者剩余损失为（$a+b+c+d$）部分，其中 a 为生产者剩余增加部分，c 为政府向国内消费者征收的关税收入，其余的（$b+d$）部分为保护的成本或无谓的损失。但由于该国是大国，征收关税提高了国内价格，减少了消费和进口，使国际价格下降，由 P_w 降至 P'_w，从而改善其贸易条件并从中获益，因此政府从外国出口商间接获得了利益，即 e 部分的关税收入，所以，征收关税引起的福利净变动是〔$e-$（$b+d$）〕。如果贸易条件改善带来的利益大于保护的成本，即大于（$b+d$），则该国从征收关税中获益，福利增加；如果小于（$b+d$），则该国发生福利净损失；如果等于（$b+d$），则该国既未从征收关税中获利，亦未因征税而发生净损失。

大国征收关税与小国相似，其所产生的各种效应大小也决定于课税商品的供给和需求弹性及所征关税的高低。在一定的供给和需求条件下，一国政府可通过征收最适当的关税使其福利最大化。

大国征收关税后，其国内价格提高，国际价格下降，表示关税由进出口国共同负担。如图 4-2 所示，进口国消费者负担 $P_h'P_W$ 的关税，出口商负担 $P_W P_W'$ 的关税，关税额为 $T=P_h' P_W+P_W P_W'=P_h' P_W'$。而关税负担的大小，决定于进出口国进口需求与出口供给弹性的大小。进口需求弹性越小，国内价格涨幅度越大，则进口国的关税负担越重，出口国负担越轻；出口供给弹性越大，国际价格下跌幅度越小，则出口国的关税负担越轻，进口国的负担越重。反之亦然。

通过以上对小国和大国征收关税的局部均衡分析可见，征收关税虽然使本国供应商受益并对政府有利，但却极大地损害了消费者福利，最终使社会遭受无谓的损失。降低关税，则会增进国民福利和消费者利益，而仅对相关的部分生产者及国库收入不利。在关税保护下的国内生产是低效率的生产，不利于资源的合理配置，因而也不应该长期对其提供保护。因此，除了在少数情况下，如进口大国能用关税影响进口货物的价格，使其从中得到的利益超过保护的成本时，或因本国经济存在着其他办法不能纠正的缺陷时，才能考虑采取征收关税的手段，否则应尽量实行自由贸易政策。

第五节 关税的一般均衡分析

在上一节的分析中，我们从局部分析了关税对进口商品市场的影响，属于局部均衡分析。但关税的保护作用，不仅表现在进口部门，也体现在出口部门、生产和消费上。下面我们用总体均衡方法来分析这种影响。

一、小国征收关税一般均衡分析

图 4-3 显示的是小国征收关税的总体均衡分析。我们假设 A 国只生产两种产品：钢铁和大米。钢铁价格为 P_S，大米价格为 P_r 在自由贸易条件下，A 国进口钢铁，出口大米。给定国际相对价格 P_r/P_S，A 国的生产点为 S_1，社会福利最大化下的消费点是 D_1，D_1O_1 为出口的大米量，社会福利水平为 CIC_1。

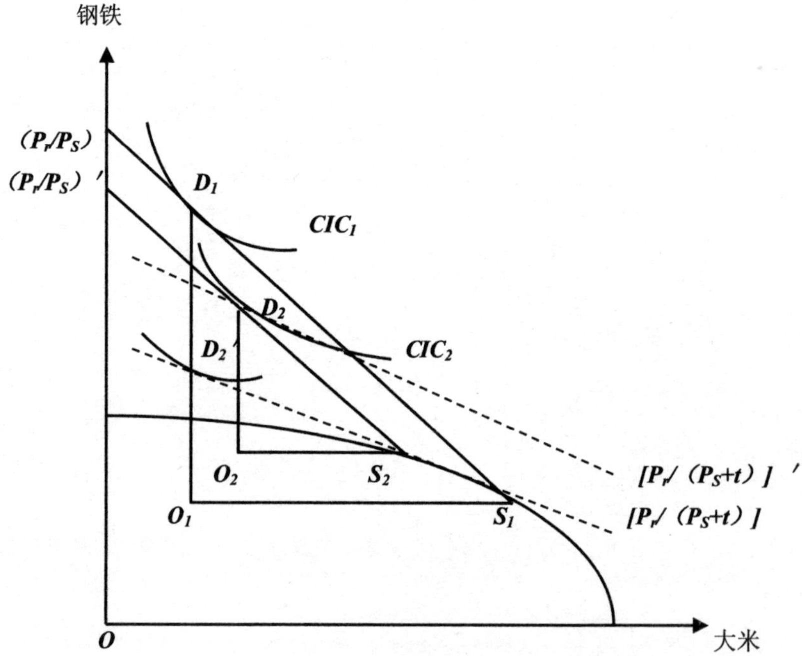

图 4-3 小国关税一般均衡分析

如果 A 国政府对进口钢铁征收关税为 t，从而使得国内的市场价格上升至（P_S+t），高于国际市场价格 P_S。在国际大米价格不变的情况下，国内大米相对价格下降了，在国内市场上，人们需要更多的大米换取同样数量的钢铁。在图 4-3 中，这一变化表现为国内大米相对价格曲线变成了一条斜率为 P_r/（P_S+t）的直线。国内两部门的生产者和两种产品的消费者对关税下的新价格作出反应，降低了国内大米的相对价格（或提高了钢铁的相对价格），把一部分资源从大米部门转移到钢铁生产，从而使大米生产量下降，钢铁生产量增加，生产点移到了 S_2。在该点上，相对价格曲线与生产可能性曲线相切，生产大米的边际成本等于关税下的大米相对价格。与 S_1 相比，关税虽然提高了国内钢铁生产量，却因此减少了大米的生产，同时人们消费的钢铁价格上升而减少至 D'_2 的消费点。

政府通过征收关税提高了收入。政府无论如何支配这一部分收入，都应算是 A 国消费的一部分，因此，作为一个整体，A 国的消费点不在 D'_2 而是在 D_2 点。从 D'_2 到 D_2 之间的消费变动实际上是税收收入所带来的消费。在最终消费点 D_2 上，有两个条件必须得到满足，第一，点 D_2 必须是在从生产点 S_2 向左上方延伸出来的国际相对价格曲线上，这是 A 国的消费可能性曲线，换句话说，A 国在 S_2 点上生产，但可以在国际相对价格下与别国进行贸易，从而在国际价格线上选择消费。第二，由于消费者面对的是国内价格，在最终消费点上，反映福利水平的社会无差异曲线必定与国内价格曲线相切，在这一点上，商品的边际替代率（无差异曲线的斜率）等于包含关税的商品相对价格（国内相对价格趋线的斜率），这是社会福利最大化的选择。

由于 A 国是小国，A 国的关税和由此引起的进出口变动不会影响国际市场价格。因此，从 S_2 向左上方延伸的国际价格曲线与通过 S_1 的价格曲线是平行的。但由于生产发生了变化，在最终消费点 D_2 上的社会无差异曲线（CIC_2）则低于自由贸易中的水平（CIC_1），反映了社会总体福利水平的下降。另外，对进口的钢铁征收关税后，不仅减少了钢铁进口量，也减少了大米的出口量（国内钢铁生产量增加）。

显然进口竞争行业的生产增加了，但本国出口行业则为此付出了代价。

从总体均衡分析中我们可以看到，一国对进口业的保护不仅直接影响到该行业的生产消费福利变动，而且也影响其他行业的生产消费。

总之，征收关税对小国经济的影响可以概括为：增加进口竞争行业产品的生产，减少出口产品的生产；减少经济产品的消费，减少贸易量，降低社会的福利水平。

二、大国征收关税的一般均衡分析

下面我们再来分析大国征收关税的总体均衡分析。假定 A 国是一个钢铁进口大国，并假定大国征收与小国一样的进口关税税率，大国的生产点也会从 S_1 向 S_2 移动，但由于大国征收关税后进口减少，引起国际市场钢铁价格下跌，即使征收与小国同样税率的关税，加税后的国内钢铁价格的增长幅度也低于小国，因此，关税对生产的影响也要小于小国。用图 4-3 进行对比分析。大国征收关税后的国内相对价格曲线会比小国陡一些（斜率大一些），增加生产可能性曲线相切的点会在 S_2 点的右下方。大国征收关税虽然也会增加进口产业（钢铁）的生产，但变化幅度会小一些。新的生产点（假定为 S'_2）会位于 S_1（自由贸易生产点）与 S_2（效果关税后的生产点）之间。

同样，大国会从 S'_2 向左上方延伸的新国际相对价格曲线上选择社会无差异曲线与新的国内相对价格曲线相切的消费点 D'_2，新的国际相对价格曲线不再与原来的价格曲线平行，其斜率会大于原来的价格曲线。这是因为大国对进口商品征收关税改善了贸易条件，对于小国，由于国际价格不变，新的消费点所代表的社会福利水平一定低于自由贸易时的水平，但是大国的情况却不一定，一方面，由于生产的扭曲，大国的消费可能性曲线（即从生产点向左上延伸的国际相对价格曲线）比自由贸易时右移了。另一方面，由于贸易条件的改善，新的消费可能性曲线的斜率变大了，因此，与最终消费点相切的社会无差异曲线有可能在原来的消费点的左上方。换句话说，由于贸易条件的改善，大国征收关税有可能会提高整个社会的福利水平，这一点与局部均衡分析所得出的结论是一致的。

至此，我们可以概括征收关税对大国经济的影响：增加进口产品的生产，减少出口产品的生产；进口产品的相对价格下降，贸易条件改善；社会福利水平下降但也有可能上升。

三、最适关税

这里主要是研究大国如何通过征收最适关税增进福利、他国可能进行的关税报复及关税报复可能导致的关税循环等问题。

（一）关税经济福利

一国征收关税将使其提供曲线向着代表进口商品的坐标移动与关税相当的幅度，这是因为，出口任何一定数量的商品都必须换取更多的进口品以缴纳关税。因此，一国课征关税的结果是使贸易量下降，在其他条件不变的情况下，社会福利水平将降低。若征税国为大国，则其课征关税还能改善贸易条件，在其他条件不变的情况下，社会福利水平因而提高。故大国征收关税所产生的贸易量下降和贸易条件改善的影响决定其福利效应为提高、下降或不变。若征税国为小国，则其课征关税不能改变贸易条件，而只有贸易量减少的效果，故课征关税的结果是使其社会福利水平下降。

（二）最适关税

最适关税是指能使一国福利水平达到最大的关税水平，其税率称为最适关税税率。由于小国征收关税不能改变其贸易条件，只会使贸易量下降，进而使其福利水平下降，所以小国的最适关税为零，即实行自由贸易政策对小国而言是最为有利的。由于大国征收关税能够改善贸易条件，所以能提高福利水平，故只有大国存在最适关税。

大国的最适关税税率位于自内贸易和禁止性关税之间。从自由贸易开始，大国提高关税率，贸易条件改善带来的正效应将超过贸易量减少所致的负效应，使社会福利水平提高。当关税率增至最适税率时，福利水平达到最大值。此后，若再进一步提高关税率，则贸易条件改善的效果将会小于贸易量减少的效果，而使社会福利水平下降。当关税率提高到禁止性关税水平时，则回复到闭关自守状态下的福利水平。

四、关税报复

大国课征关税，使其贸易条件改善，福利水平提高，却使贸易伙伴国贸易条件恶化，福利水平下降。因此，贸易伙伴国很可能采取关税报复，即对其进口产品也征收最适关税。

第六节 关税结构理论

一、关税水平

关税水平是指一个国家的平均进口税率。关税水平可以大体衡量或比较一个国家进口税的保护程度，也是一国参加国际贸易协定进行关税谈判时必须解决的问题，关税水平的计算主要有简单平均法和加权平均法。

（一）简单平均法

简单平均法是根据一国的税则中税率（法定税率）来计算，即不管每个税月实际的进口数量，只按税则中的税目数求其税率的算术平均值。由于税则中很多高税率的税目是禁止性关税，有关商品很少或根本没有进口，而有些大量进口的商品是零税或免税的，因此，这种计算方法将贸易中的重要税目和次要税目均以同样的分量计算，显然是不合理的。简单平均法不能如实反映一国关税水平，因此很少被使用。

（二）加权平均法

加权平均法是用进口商品的数量或价格作为权数进行平均。按照统计口径与比较范围的不同，又可分为全额加权平均法和取样加权平均法两种。

全额加权平均法即一个时期内所征收的进口关税总金额占所有进口商品价值总额的百分比计算。计算公式为：

$$\text{关税水平} = \frac{\text{进口税额总款}}{\text{进口总值}} \times 100\%$$

在这种计算方法中，如果一国税则中免税的项目较多，计算出来的数值就偏低，不易看出有税商品税率的高低。因此，另一种方法是按进口税额占有税商品进口总值分比计算，这种方法计算出的数值比上述方法高一些。计算公式为：

$$关税水平=\frac{进口税额总款}{有税商品进口总值}\times100\%$$

由于各国的税则并不相同，税则下的商品数目众多，也不尽相同，因而这种方法使各国关税水平的可比性相对减少。

取样加权平均法即选取若干种有代表性的商品，按一定时期内这些商品的进口税总额占这些代表性商品进口总额的百分比计算。计算公式为：

$$关税水平=\frac{若干种有代表性商品进口税款总额值}{若干种有代表性商品进口总值}\times100\%$$

假定选取 A、B、C 三种代表性商品计算，结果如下：

	A	B	C
进口值/万元	100	40	60
税率/%	10	20	30
关税水平	$\frac{100\times10\%+40\times20\%+60\times30\%}{100+40+60}\times100\%=18\%$		

若各国选取同样的代表性商品进行加权平均，对各国的关税水平比较则成为可能。这种方法比全额加权平均更为简单和实用。在关贸总协定肯尼迪回合就关税减让谈判时，各国就是使用联合国贸易与发展会议选取的 504 种有代表性的商品来计算和比较各国的关税水平的。关税水平的数字虽能比较各国关税的高低，但还不能完全表示保护的程度。

二、名义保护率

根据世界银行的定义，对某一商品的名义保护率是指由于实行保护而引起的国内市场价格超过国际市场价格的部分占国际市场百分比。用公式表示为：

$$名义保护率=\frac{进口货物国内市价-自国外进口价}{自国外进口价}\times100\%$$

$$或\quad 名义保护率=\frac{进口货物国内市价-国际市场价格}{国际市场价格}\times100\%$$

名义保护率与关税水平衡量一国关税保护程度不同，名义保护率衡量的是一国对某一类商品的保护程度。由于在理论上国内外差价与国外价格之比等于关税税率，因而在不考虑汇率的情况下，名义保护率在数值上和关税税率相同。名义保护率的计算一般是把国内外价格都折成本国货币价格进行比较，因此受外汇兑换率的影响较大。

三、有效保护率

有效保护率又称实际保护率，是指各种保护措施对某类产品在生产过程中的净增值所产生的影响，即由于整个关税制度而引起的国内增值的提高部分与自由贸易条件下增值部分相比的百分比。由此，有效保护率被定义为：征收关税所引起国内加工增加值同国外加工增加值的差额占国外加工增加值的百分比。用公式表示为：

$$有效保护率=\frac{国内加工增值-国外加工增值}{国外加工增值}\times 100\%$$

或

$$ERP=\frac{V'-V}{V}\times 100\%$$

式中，ERP 为有效保护率，V'为保护贸易条件下被保护产品生产过程的增值，V自由贸易条件下该生产过程的增值。

由此，有效保护主要是关税制度对加工工业的保护。有效保护率计算的是某项加工业中受全部关税制度影响而产生的增值比，工业中受全部关税制度影响而产生的增值比。

有效保护率也可用下列公式计算：

$$EBP=\frac{t-a_i t_i}{1-a_i}$$

式中 t 为进口最终产品的名义关税率，a_i为进口投入系数，即进口投入物在最终产品中所有的比重，t_i为进口投入物的名义关税率。

名义保护与有效保护的区别在于：名义保护只考虑关税对某种产成品的国内市场价格的影响；有效保护则着眼于生产过程的增值，考察了整个关税制度对被保护商品在生产过程中的增加值所产生的影响，它不但注意了关税对产成品的价格影响，也注意了投入品（原材料或中间产品）由于征收关税而增加的价格。有效保护理论认为，对生产被保护产品所消耗的投入品课征关税，会提高产出品的成本，减少产出品生产过程的增值，从而降低对产出品的保护。因此，一个与进口商品相竞争的行业中的企业，不仅要受到对进口商品征收关税的影响，而且要受到对所使用的原材料和中间产品征税的影响。

假定在自由贸易条件下 1 公斤的毛线的价格 20 元，羊毛投入 15 元，a_i=0. 75=3/4，1-a_i=1/4=0. 25, 对羊毛和毛线征收不同的关税，对毛线加工增值的影响不同，第一种情况：毛线的进口关税 t=10%，羊毛进口关税 t_i=0%

$$\mathrm{ERP}=\frac{10\%-0.75\times 0}{1-0.75}=\frac{10\%}{0.25}=40\%$$

第二种情况：毛线的进口关税 t=10%，羊毛进口关税 t_i=10%

$$\mathrm{ERP}=\frac{10\%-0.75\times 10\%}{1-0.75}=10\%$$

第三种情况：毛线的进口关税 t=10%，羊毛进口关税 t_i=20%

$$\mathrm{ERP}=\frac{10\%-0.75\times 20\%}{1-0.75}=-20\%$$

当最终产品的名义税率小于原材料的名义税率时，最终产品的有效保护率小于对其征收的名义税率，甚至会出现负保护。负保护的意义是指由于关税制度的作用，对原料征收的名义税率过高，使原料价格上涨的幅度超过最终产品征税后附加价值增加的部分，从而使国内加工增值低于国外加工增值。这意味着生产者虽然创造了价值，但由于不加区别地对进口成品和原材料征收关税，使这种价值减低，生产者无利可图，而鼓励了成品的进口。

至此可以得到以下结论：

1. 在最终产品进口关税不变的情况下，中间投入品关税不断提高，有效保护率不断下降，说明对中间产品征收关税提高使得本国加工业增值下降，保护效果下降。

2. 要提高某项加工业的保护程度，要么提高最终产品的进口税率，要么降低中间品进口关税，或两者同时调节。发达国家关税结构一般具有随着生产加工程度的增加而提高关税的特征。

四、关税结构

关税结构又称为关税税率结构，是指一国关税税则中各类商品关税税率之间高低的相互关系。世界各国因其国内经济和进出口商品的差异，关税结构也各不相同。但一般表现为：资本品税率较低，消费品税率较高；生活必需品税率较低，奢侈品税率较高；本国不能生产的商品税率较低，本国能够生产的税率较高。其中一个突出的特征是关税税率随产品加工程度的逐渐深化而不断提高。制成品的关税税率高于中间产品的关税税率，中间产品的关税税率高于初级产品的关税税率。这种关税结构现象称为关税升级或阶梯式关税结构。

用有效保护理论可以很好地解释关税结构中的关税升级现象。有效保护理论说明，原料和中间产品的进口税率与其制成品的进口税率相比比率越低，对有关的加工制造业最终产品的有效保护率则越高。关税升级，使得一国可对制成品征收比其所用的中间投入品更高的关税，这样，对该制成品的关税有效保护率将大于该国税则中所列该制成品的名义保护率。以发达国家为例，在 20 世纪 60 年代，发达国家平均名义保护税率在第一加工阶段为 4. 5%，在第二加工阶段为 7. 9%，在第三加工阶段为 16. 2%，在第四加工阶段为 22. 2%，而有效保护税率分别为 4. 6%、22. 2%、28. 7%、3. 4%。可见，尽管发达国家的平均关税水平较低，但是，由于关税呈升级现象，关税的有效保护程度一般都大于名义保护程度，且对制成品的实际保护最强。在关税减让谈判中，发达国家对发展中国家初级产品提供的优惠远大于对制成品提供的优惠，缘由即由于此。

因此，考察一国对某商品的保护程度，不仅要考察该商品的关税税率，还要考察对其各种投入品的关税税率，即要考察整个关税结构。了解这一点，对一国制定进口税率或进行关税谈判有重要意义。

第五章 进口保护政策：非关税措施

第一节 非关税措施概述

一、非关税措施的概念

非关税措施，也称作非关税壁垒，是指一国政府采取的除关税以外的各种对外贸易进行干预的行政性、法规性措施和手段的总和。

随着关税与贸易总协定缔约方进口关税税率的不断下降，贸易壁垒的重点从关税壁垒转向非关税壁垒。20 世纪 60 年代后期以来，发达国家为了转嫁经济危机，实现超额垄断利润，主要采用非关税壁垒来限制进口。20 世纪 70 年代以来，非关税壁垒措施在国际贸易中的作用日益凸显，并已经成为贸易保护的主要手段。据统计，非关税壁垒目前已达 1000 多项。重要的是，非关税壁垒常常采用关贸总协定法律原则和规定的边缘或之外的歧视性贸易措施，从而形成“灰色区域措施”，以避开关贸总协定的直接约束。非关税壁垒的大量使用，在一定程度上构成了对关贸总协定为主体的国际贸易体系的威胁。

二、非关税壁垒的种类

非关税壁垒数量繁多、形式各异，为便于对某种或一组非关税贸易壁垒的作用方式进行分析，可将其分为以下几类。

第一，从非关税制定的主体来看，可以分为内生性非关税壁垒和外生性非关税壁垒两大类。

内生性非关税壁垒是指所有本国政府设立的、影响和限制外国商品进口的非关税壁垒。

外生性非关税壁垒是指所有外国政府设立的、影响和限制本国商品进口的非关税壁垒。

第二，从影响方式与程度上看，它可以分为直接性的非关税壁垒、间接性的非关税壁垒和溢出性非关税壁垒三类。

直接性的非关税壁垒是指进口国直接规定进口商品的数量或金额，或通过施加压力迫使出口国自觉限制其产品出口的非关税壁垒，如许可证、配额等。

间接性的非关税壁垒是指进口国通过制定各种严格的规章、条例及措施影响商品进口的非关税壁垒，如贸易性投资措施、技术标准和水平等。

溢出性非关税壁垒是指进口国的政策一般来说并不是由于贸易政策上的动机，然而由于溢出效应对商品或服务的贸易产生了副作用，如工业和结构政策、外汇平衡措施等。

其中直接性非关税壁垒对进口贸易的影响非常明显，间接性的非关税壁垒作用的影响比较隐蔽，间接影响进口贸易，溢出性的非关税壁垒一般并不是由于要限制进口贸易的政策，但事实上起到了限制进口的作用。

第三，从非关税壁垒的作用机制看，较为权威的有联合国贸易与发展会议所做的七类区分，分别为价格控制措施、技术件壁垒、数量控制措施、与进口有关的非关税壁垒、财政金融措施、自动许可措施、垄断措施等。

三、非关税措施的特点

非关税措施与关税措施都有限制进口的作用，但与关税措施相比较有其自身特点。

（一）灵活性和针对性

关税税率的制定一般要通过立法程序，一旦制定，必须严格执行。关税税率具有稳定性和连续性的特征，如果调整关税税率，必须经过繁琐的法律程序和手续，还要受到最惠国待遇条款的约束，因此关税措施难以应付一些紧急情况，灵活性差。而非关税措施的制定通常只需经过行政程序，手续简捷，灵活性强。因此非关税措施往往可以针对某个国家或某种具体商品制定，具有较强的针对性。

（二）有效性

关税实际上是一种进口限制的间接手段，只是通过价格机制来影响进口。在税率一定时，并不能确定进口将会是多少，必须受到进口国进口需求弹性和出口国出口供给弹性的影响，从而关税的保护作用也是不确定的。由于关税措施是通过关税税率以达到限制进口的目的，如果出口国以出口贴补、商品倾销等办法降低出口商品价格，关税则往往难以起到限制商品进口的作用。而一些非关税措施如进口配额等预先规定进口的数量和金额，超过限额就直接禁止进口，排除价格机制作用，在限制进口方面更直接、更严厉，因而更有效。

（三）隐蔽性和歧视性

一般说来，关税一经制定，通常都以法律形式公诸于众，进出口商比较容易获得有关信息。而一些非关税措施往往不公开，或者规定极为复杂的标准和手续，使进出口商难以应付和适应。非关税措施涉及的多是各种产品标准、技术标准和环境标准等，而且经常处于变化中，具有很大的隐蔽性。一些国家对某些商品的质量、规格、性能和安全等规定了极为严格和特殊的标准，检验手续繁琐、复杂、多变，往往由于某一个规定不符，商品便不能进入市场。非关税措施又往往以国际、国内公开立法为基础，具有形式上的合法性。如 WTO 的有关协议允许各成员国采取反倾销措施，在国内立法方面，美国除了《反倾销法》外，还有《购买美国产品法》、《综合贸易法》、“超级 301 条款”等。

同时，一些国家还常常针对某个国家采取相应的限制性的非关税措施，这就加强了非关税措施的差别性和歧视性。

四、非关税措施不断发展变化的原因

（一）关税保护国内市场的作用下降

随着经济全球化和贸易自由化的不断深入发展，在原关税与贸易总协定和后来成立的世界贸易组织的协调与推动下，全世界的关税水平大大降低，关税的保护作用逐渐削弱，相对于关税而言，非关税措施的保护方式更多样，适用范围更广泛，保护作用更直接、强烈，所以非关税措施取代关税逐渐成为保护国内市场的工具。

（二）市场竞争愈演愈烈，各国经济、贸易出现失衡

在经济全球化的今天，世界各国的产业产品都面临激烈的竞争，也使各国经济发展很不平衡，这就导致国际贸易摩擦此起彼伏，而非关税措施灵活、效果显著的特点使非关税措施成了国家贸易战的得力手段。

发展中国家劳动力成本低，所以有大量劳动密集型产品涌入发达国家，此时关税已起不到明显的保护作用，发达国家为了保护本国产品不得不采用非关税措施进行产业保护，同时，发展中国家的经济实力越来越强，发达国家在其中获利的目的也越来越难达到，采取贸易限制手段达到获取经济利益、减轻来自发展中国家竞争压力的做法越来越普遍。发展中国家为了实现工业化的需求，也不得不采取非关税措施限制进口，以维护本国产业产品。

（三）WTO 并没有禁止所有非关税措施的使用

由于 WTO 允许各国根据自身的特点制定与别国不同的技术标准，这使得发达国家利用此法律依据制定了多种技术标准、质量认证等用以限制其他国家的出口。

实际上，在多边贸易体制的最惠国待遇、关税减让和国民待遇事项等重要条款确定后，WTO 已经进入了一个在进行贸易自由化发展的同时却要拥有诸多例外条款和规则，尤其是通过非关税措施进行保护的时代。在 1994 年达成的乌拉圭回合协议中，针对各成员经常使用的十几种非关税措施进行

了规范性的限制，允许各成员采取一些合理措施保护本国市场。比如，由于保护人类生命健康与动植物的健康而实施的必要和合理的技术性措施在WTO的规则中得到肯定和反映，但前提是不妨碍正常国际贸易或对其他成员造成歧视，这实际上赋予了各成员实施某些非关税措施的权利。

（四）科学技术日益发达，检验手段、标准随之提高

科技水平的提高使技术标准在提高企业、行业乃至国家竞争力等方面的作用日益凸显，各国在技术标准、法规、认证制度、检验检疫措施及环境保护上的要求增多，而随着技术密集型产业产品在世界贸易额中的比重上升，国际贸易中涉及的各种技术问题也变得更加复杂。另一方面，科技水平的提高为一些国家设置新贸易壁垒提供了技术及物质条件和保障，比如各种高灵敏和高技术的检测仪器的发展，使检测精度大大提高，极大地提高了对进口商品的检验能力。发达国家不仅在生产和出口具备先进性、适用性、竞争性的产品上占据主导地位，而且在技术标准的制定和专利的占有上也居于领先地位，它们采取的贸易措施对各国非关税措施的实施起着重要的示范作用。

（五）人们生活水平提高，环保意识增强，使消费者对产品不断提出严格要求

随着社会的进步与发展，人们整体物质生活和文化水平日益提高，促使人们更注重生活的安全健康，也对各种产品质量、环境、检疫等提高了要求。人们要求制定相应技术标准，加强对进口商品的检验检疫，要求产品本身及其生产加工过程不要以破坏环境或牺牲环境为代价，不要以牺牲劳动者的健康为代价。这一切促使了国际贸易和某些非关税措施如环境要求、质量标准、技术标准、卫生标准、检验检疫制度等日益合理合法。近年来，国际上不时发生的家畜传染病、残留农药、疯牛病、口蹄疫、禽流感、苏丹红、转基因商品安全等问题，在一定程度上更迫使各国政府通过强化检验检疫措施来保障消费安全。

（六）时有贸易保护主义呼声

贸易保护主义思潮不时蔓延或抬头不是偶然的，它具有一定的政治和经济背景。近年来，一些国家经济增长乏力、出现巨额贸易赤字、失业增多、要素成本上升、传统产业竞争力下降等，这一切使国内相关产业和民众很容易迁怒于进入本国市场的外国产品。于是与进口商品直接竞争的产业不断增加政府的压力，迫使政府对外采取强硬立场，并利用 WTO 相关协议和本国的法规和贸易政策限制进口，以保护国内弱势产业、就业及经济利益，维护政治的稳定。

第二节 传统非关税措施

一、进口配额制

（一）进口配额制的含义

进口配额制又称进口限额制，是指一国政府在一定时期（如一季度、半年或一年）内，对于某些商品的进口数量或金额直接加以限制，在规定的期限内，配额以内的货物准予进口，超过配额的货物则不准进口，或加征较高的关税甚至罚款以后才准许进口。

（二）进口配额的种类

进口配额按其实施方式的不同可以分为绝对配额和关税配额两大类。

1. 绝对配额。它是指在一定时期内，对某些商品的进口数量或金额规定一个最高额度，达到了这个额度后，便不准进口。绝对配额按其实施方式不同分为全球配额、国别配额和进口商配额三种形式。

（1）全球配额。它是适用于世界范围的配额，对于来自任何国家或地区的同一商品一律适用。全球配额指主管当局通常按进口商的申请先后或过去某一个时期的进口实际审批给一定的额度，直到总配额发放完毕为止，超过总配额就不准进口。全球配额在实施贸易限制过程中，基本贯彻了非歧视原则。

（2）国别配额。它是在总配额内按国别和地区分配给固定的配额，超过规定的配额便不准进口。实行国别配额可以使进口国根据它与有关国家或地区的政治经济关系分配不同的配额。

国别配额的分配方式有自主配额和协议配额两种。自主配额又称片面配额，是由进口国完全自主地、单方面强制规定在一定时期内从某个国家或地区进口某种商品的配额。这种配额不需要征求输出国的同意，自主配额一般参照某国过去某年的输入实绩，按一定的比例确定新的进口数量或金额。由于各国或地区所占比重不同，可以有效地贯彻国别政策，但由于分配额度有差异也容易引起某些出口国家或地区的不满和报复。因此，有些国家采用协议配额来缓和彼此之间的矛盾。协议配额，又称双边配额，即由进口国和出口国通过协议所确定的配额。由于配额是双边协商决定的，因而较易执行。

（3）进口商配额。它是进口国政府把某些商品的配额直接分配到进口商，分到配额的多少决定着进口量的多少。进口商按政府行政机构分配的额度组织进口。

2. 关税配额。它是指在配额额度内进口，可以享受优惠关税或免税，超过限额后所进口的货物则适用较高或一般的税率。有的国家则对超额进口货物加征附加税甚至罚款。关税配额的特点是将关税和配额结合起来，具有一定的灵活性。

（三）进口配额的经济效应分析

进口配额所规定的进口量通常小于自由贸易条件下的进口量，所以配额实施后进口量会减少，该商品的国内价格会上升。如果实施配额的国家是贸易小国，则配额只影响进口国国内市场价格，该商品的世界市场价格不变；如果实施配额的国家是贸易大国，则配额不仅导致进口国国内价格上涨，还会导致世界市场价格下跌。

二、“自动”出口限制

（一）“自动”出口限制的含义

自动出口限制又称“自动出口配额制”或“自愿出口配额制”，是指出口国家或地区在进口国的要求或压力下，“自动”规定某一时期内（一般为3～5 年）某些商品对该国出口的数量或金额的限制，在限定的配额内自行控制出口，超过配额即禁止出口。其目的在于避免因这些商品出口过多而严重损害进口国生产者的利益，招致进口国采取严厉措施限制从该国进口。

“自动”出口限制最早出现于 20 世纪 30 年代的美日纺织品贸易中。到了60、70年代，“自动”出口限制被广泛采用，范围已从纺织、钢铁、小汽车扩大到彩电、电子元件和船舶等，甚至涉及如奶酪、苹果、肉类等一些农产品。

“自动”出口限制带有明显的强制性，它通常是在进口国家的压力或要求下被迫作出的，进口方多以商品大量进口使其有关工业部门受到严重损害，造成所谓的“市场混乱”为理由，要求有关国家对其出口实行“有秩序地增长”，并且“自动”限制商品出口，否则就单方面强制限制进口。

（二）“自动”出口限制的种类

“自动”出口限制一般采取两种形式：非协定的“自动”出口限制和协定的“自动”出口限制。

1. 非协定的“自动”出口限制。它是由出口国单方面规定出口到某国的限额，以限制商品的出口，内容包括：政府规定配额并予以公布，出口商必须向有关机构申请配额，领取出口授权或出口许可证才能输出。出口国的出口厂商和同业会根据政府的意图规定额度控制出口。

2. 协定的“自动”出口限制。它是由出口国与进口国通过谈判的方式签订“自限协定”或“有秩序的销售协定”。在协定的有效期内规定某些商品的出口配额，出口国则根据此配额实行出口许可证制或出口配额签证制，自行限制出口，进口国则根据海关统计进行监督检查。协议自动限制是“自动”出口限制的主要形式。

（三）“自动”出口限制协定的内容

自动出口协定的内容日趋复杂，各种协定内容不尽相同，一般包括以下几个方面。

1. 配额水平。即规定有效的各年度“自动”出口的限额。通常是以签约前一年的实际出口量为基础，商定协定第一年限额，并确定其他各年度的增长率。

2. “自动”限制出口的商品分类和细目。早期“自动”限制商品的品种较少，分类较笼统。20世纪70年代以来，品种增多，分类也日趋复杂。如

1974～1977 年的日美纺织品协定中，将日输美的棉、化纤、毛三大类纺织品共分成六组 243 项，按组分别规定各自限额，对组内“特别项目”又规定个别限额。

3. 限额的融通。即各种受限商品的限额相互之间适用的权限与数额问题，主要有两种融通做法。

（1）水平融通。是指同一年度内组与组、项与项之间在一定百分率内的融通使用。

（2）垂直融通。是指同组同项水平在上下年度间的融通，即在协定中规定留用额和预用额。留用额指当年未用完的配额投入下年度使用的额度和权限，预用额是指当年配额不足而预先使用下年度的额度的权限。留用额和预用额的规定一般都有一些限制条件。例如，留用额不得超过实际金额，某些项目的留用额只限于同类项目使用，某些特定商品规定较低的留用额，甚至禁止使用留用额，预用额必须在下年度配额中扣除，预用额不得超过 5%。

4. 保护条款。指协定规定进口国方面有权通过一定的程序，限制或停止进口某些造成“市场混乱”或使进口国市场厂商受损害的商品。

三、进口许可证制

（一）进口许可证制的含义及作用

进口许可证制是进口国家规定某些商品的进口必须申领许可证，没有许可证一律不予进口的制度。进口许可证上规定了进口国别、货物名称、进口数量金额和有效期限，与进口配额制一样，也是一种进口数量限制，是运用行政管理措施直接干预贸易行为的手段。

大多数国家将配额制和进口许可证制结合起来使用，即受配额限制进口的商品，进口商必须向有关部门申请进口许可证，政府发放进口配额许可证，进口商凭证进口。

实行进口许可证制，不仅可以在数量和金额以及商品性质上进行限制，而且可以控制来源国国别和地区。有的国家将进口许可证的发放与出口联系起来，以达到促进出口的目的。如法国，那些经营出口业务的商人或企业家就较容易获得进口绸缎及绸缎服装的许可证。获得进口许可证的商人可以将其转移给服装的专业进口商，而获取5%～15%的佣金。

（二）进口许可证的分类

1. 按进口许可证与进口配额的关系分类，进口许可证可以分为：

（1）有定额的进口许可证。即进口国预先规定有关商品的进口配额，然后在配额的限度内，根据进口商的申请，对每笔进口货物发给一定数量或金额的进口许可证，配额用完即停止发放。此类进口许可证一般由进口国当局颁发给本国提出申请的进口商，也有将此权限交给出口国自行分配使用（通常是国别配额情况），这又转化为出口国依据配额发放的出口许可证。有定额的进口许可证实际上成了进口配额的证明。

（2）无定额的进口许可证。即进口国预先不公布有关商品的进口配额，只是在个别考虑的基础上发放有关商品的进口许可证。因为它是个别考虑的，没有公开的标准，发放权完全由进口国主管部门掌握，因此更具有隐蔽性，能起到更大限制进口的作用。

2. 按进口商品的许可程度分类，进口许可证可分为：

（1）公开一般进口许可证，又称公开进口许可证、一般进口许可证或自动进口许可证，是指对国别或地区没有限制的许可证，凡列明属于公开一般许可证的商品，进口商品只要填写公开一般许可证后，即可获准进口，填写许可证只是履行报关手续，供海关统计和监督需要，因此这类商品实际上是“自由进口”的商品。

（2）特种许可证，又称非自动进口许可证，即进口商必须向有关当局提出申请，获准后才能进口。这种许可证适用于特殊商品以及特定目的的申请，如烟、酒、麻醉物品、军火武器或某些禁止进口物品。进口许可直接受管理当局控制，往往都是规定商品的进口国别或地区以贯彻国别地区政策。

进口许可证制是与WTO的基本原则相违背的、如果这种做法运用不当，不仅会妨碍贸易的公平竞争，还容易导致对出口国实行歧视性待遇，而且特种许可证的发放如果没有法律保障，很容易成为进口国有关机构腐败的温床。

所以 WTO 要求，如果有关成员国由于特殊情况要采用进口许可证制，那么必须透明。

四、进出口的国家垄断

进出口的国家垄断，也称国营贸易，是指对外贸易中的某些商品的进出口由国家直接经营，或者把这些商品的经营权给予某些垄断组织。经营这些受国家专控或垄断的商品的企业，称为国营贸易企业。总体上讲，进出口的国家垄断的目的在于保证国内的供应和生产，防止国内市场的混乱，通过国家垄断贯彻政府经济政治意图。

发达国家的进口和出口的国家垄断主要集中在四类商品上面，第一类是烟和酒，这些国家的政府机构从烟和酒的进出口垄断中，可以获得巨额的财政收入；第二类是农产品，这些国家把农产品的对外垄断销售作为国内农业政策的一部分。美国的农产品信贷公司就是发达国家最大的农产品贸易企业；第三类是武器，西方国家的武器贸易多数由国家垄断；第四类是石油，它是一国的经济命脉，主要的石油进出口国家都对石油贸易进行垄断经营。

五、外汇管制

外汇管制是一国政府通过法令对外汇的收支结算、买卖和使用所采取的限制措施。其目的是控制外汇的使用，限制外汇资本流动汇率，改善或平衡国际收支。

在外汇管制下，进口商必须向外汇管制机构指定的银行购买外汇，本国货币出入国境的携带也受到严格的限制等。政府通过控制外汇的供应数量来掌握进口商品的种类、数量和来源国别，从而起到限制进口的作用。

外汇管制的方式较为复杂，一般可分为以下几种。

（一）数量性外汇管制

指国家外汇管理机构对外汇买卖的数量直接进行限制和分配。一些国家实行数量性外汇管制时，往往与进口许可证相结合。

（二）成本性外汇管制

指国家外汇管理机构对外汇买卖实行复汇率制，利用外汇买卖成本的差异，间接影响不同商品的出口。实行外汇管制的国家对于国内需要而又供应不足或不生产的重要原料、机器设备和生活必需品，用较为优惠的汇率；对于国内可大量供应和非重要的原料和机器设备用一般的汇率；对于奢侈品和非必需品使用最不利的汇率。

（三）混合性外汇管制

指同时使用数量性和成本性的外汇管制，对外汇实行更为严格的控制，以控制商品的进出口。

外汇管制从第一次世界大战期间开始出现，20 世纪 30 年代大多数资本主义国家采用这种手段管理国际收支。20 世纪 50 年代以来，随着资本主义国家经济的恢复和发展，国际收支状况改善，特别是国际货币基金组织作用的发挥，大多数发达国家都不同程度地放宽了外汇管制。20 世纪 90 年代以来，一些发展中国家也逐渐放宽了外汇管制。

六、歧视性的政府采购政策

歧视性政府采购政策，是指国家通过法令和政策明文规定政府机构在采购商品时必须优先购买本国产品，从而形成了对外国产品的歧视、限制外国货的进口。歧视性的政府采购做法有以下几种。

（一）优先购买本国产品与服务

不少国家通过制定法令规定政府机构要优先购买本国产品。例如，美国 1933 年通过的“购买美国货法案”中规定，凡是联邦政府所需采购的货物，必须是美国制造的产品，或者是美国原料制造的，只有在美国自己生产数量不够，或者国内价格过高的情况下，才可以购买外国货。在价格方面的具体规定如下：该商品的国内价格要超过国际市场同类商品价格的 6%以上，对于国防部的采购，这一标准达到 12%，甚至一度达到 50%。

（二）强调产品与服务中的国产化程度

在一些政府不得不使用的外国产品和服务中，有时会提出一些其他的要求，如零部件国产化程度、当地产品含量或本国提供服务的比例等。

（三）偏向国内企业的招标

在政府出资的工程招标中采用偏向国内企业的标准或程序。一些国家虽然没有明文规定外国企业不能投标，但通过一些苛刻的歧视性标准和不透明的程序使得外国企业实际上不可能中标。

（四）直接授标

有的政府工程不通过招标而直接将标授予一家特定企业（一般都是本国企业）。

政府的歧视性采购如果小于自由贸易情况下本国的供给量，对进口量和国内生产都不会产生影响。本国的生产量足以满足政府的购买量，政府采购对生产也不会产生任何扭曲，只是政府采购将一部分消费者从购买本国商品挤到了购买进口产品的行列。

但是，如果政府的采购且超过自由贸易情况下本国的供给量，歧视性采购政策就会影响国内生产和贸易。

七、最低限价和禁止进口

（一）最低限价

最低限价指一国政府规定某种进口商品的最低价格，若进口商品低于最低价，则禁止进口或征收进口附加税。附加税税额即是进口价格和最低价格之间的差额。进口国有时把最低限价定得很高，进口商若以最低限价进口，则无利可图。例如，1985 年智利对绸坯布进口规定每公斤的最低限价为 52 美元，低于此限价，将征收进口附加税。

（二）禁止进口

禁止进口即当一些国家感到实行进口数量限制已不能走出经济与贸易困境时，往往颁布法令，公布禁止进口的货单以禁止这些商品的进口。

国内税是指在一国境内，对生产、销售、使用或消费的商品所应支付的捐税，一些国家往往来用国内税制度直接或间接地限制某些商品的进口。对进口产品征收高于国内产品的税费，则构成对进口产品的不公平限制，与 WTO 的国民待遇原则相违背。但是由于国内税的制定和执行通常不受贸易条约和多边协定的限制，而且有些国家地方政府亦有设税的权限，所以能起到限制进口的目的。例如，美国和日本进口酒精饮料的消费税都高于本国同类产品。

八、进口押金制度

进口押金制又称进口存款制，是指为防止投机、限制进口，维持国际收支平衡而采取的一种经济措施，进口商在进口货物运达以前，必须预先按进口金额的一定比率和规定的时间，在指定的银行无息存放一笔现金，方能获准报关进口，存款须经一定时期后才发还给进口商。其作用是政府可以从进口商获得一笔无息贷款，进口商则因周转资金减少并损失利息收入而减少进口，从而起到了限制进口的作用。例如，意大利政府从 1974 年 5 月 7 日到 1975 年 3 月 24 日，曾对 400 多种进口商品实行进口押金制度。它规定了几项商品进口，无论来自哪一个国家，进口商必须先向中央银行交纳相当于进口货值半数的现款押金，无息冻结 6 个月。据估计，这项措施相当于征收 5% 以上的进口附加税。

九、专断的海关估价制度

海关估价是指一国（或地区）海关为推行关税政策和对外贸易政策等的需要，根据法定的价格标准和程序，为征收从价关税而确定某一进口商品完税价格的方法和程序。海关估价是国际贸易中的一个重要环节，是为征收从价关税而产生的一个工作程序，目的是确定正确的完税价格，防止申报人主观上的低报、漏报、瞒报、偷报与客观上的错报。但是，有些国家对进口货物估价时，违背《海关估价协议》，人为地高估进口商品的价格，增加进口商的税收负担；有些国家不仅高估完税价格，还任意改变货物的入关口岸，让进口货物在海关人员少、仓库狭小、商品检验能力差的海关进口，以拖延商品过关时间，从而达到限制进口的目的。在各国专断的海关估价制度中，以“美国售价制”最为典型。美国售价制的特殊估价标准使焦油产品、胶底鞋类、蛤肉罐头和毛手套等商品的国内售价很高，从而使这些商品进口税收负担大大增加。

第三节 非关税措施的新形式

随着经济全球化和贸易自由化步伐的加快，世界各国之间的经济贸易竞争日趋激烈，世界各国为了争夺世界市场和经济贸易利益，致使贸易保护主义再度抬头。但由于近几十年来，在原关税与贸易总协定和后来成立的世界贸易组织的协调和推动下，全世界的关税大幅度削减，同时传统的非关税壁垒如配额、进口许可证等也受到限制，从而使其在贸易保护中的地位和作用日趋下降，因此，以传统贸易壁垒为象征的旧的贸易保护主义逐渐消亡，取而代之的环保标准、质量标准、技术标准、卫生标准、绿色壁垒、知识产权壁垒、劳工标准、动物福利等花样繁多的新型非关税壁垒措施日益成为新的贸易保护主义的主要内容。

一、技术性贸易壁垒措施

（一）技术性贸易壁垒的涵义

技术性贸易壁垒是指一国或地区以维护国家或地区安全、保护人类、动植物生命及健康、阻止欺诈、保护环境、保证质量为理由，或以贸易保护为目的所采取的技术性措施。技术性壁垒标准既包括决定一种商品特性的规格，如质地、纯度、营养价值、尺寸、用途等，也包括设计和说明、证书、标记、商标及检验程序等。这些标准不仅日益复杂，而且经常变化，手续繁杂，标准也不透明，使外国商品难以适应，从而最终达到限制外国商品进入、保护市场的目的。

（二）技术性贸易壁垒的主要措施

各国贸易技术壁垒措施主要有以下几种。

1. 严格、繁琐的技术法规和技术标准

目前，工业发达国家颁布的技术法规种类繁多。随着竞争的加剧，工业发达国家对于许多产品都规定了极为严格的技术标准，有意识地利用标准作为竞争的手段，把标准中的技术差异作为贸易保护主义的措施。有些标准的规定甚至是经过精心策划的，专门用以针对某个国家的出口产品。技术标准不仅在条文上可以对外国产品规定许多限制，而且在标准的实施上也可以设置重重障碍，以限制进口和销售。如化妆品，要与日本的化妆品成分标准、添加剂标准和药理标准的要求一致，只要其中一项指标不合格，日方就可以拒之门外。欧盟为了达到限制进口的目的，出台了一项 CR 法案，该法案规定：出口到欧盟 2 欧元以下的打火机必须要有防止儿童开启的安全保险装置，这项要求严重制约了我国打火机的出口。美国为了阻止墨西哥的土豆输入，对土豆的标准规定有成熟性、个头大小等指标，这就给墨西哥种植的土豆销往美国造成了困难，因为要销往美国的土豆不能太热就得收获，否则易烂，这样又难以符合成熟性的要求。

2. 严格的卫生检疫措施

卫生检疫措施是指为保护人类、动植物的生命或健康而采取的措施。由于各国的文化背景、生活习惯、维护身体健康、安全及生活环境，特别是收入水平的差异，发展中国家的产品往往难以达到发达国家的近乎苛刻的要求。例如，日本对于入境农产品检验规定：首先由农林水产省下属的动物检疫所和植物防疫所从动植物病虫害角度进行检疫，之后还要由日本厚生劳动省下属的检疫所列具有食品性质的农产品从食品角度进行卫生防疫检查等。2002 年 1 月至 7 月日本厚生省对中国蔬菜共检验 7001 批次，其中仅有 36 件农药残留超标，只占总检验量的 0. 5%。日方还采取分批检验的办法，导致进口通关放慢。由于蔬菜保鲜期短，繁琐的检验手续使蔬菜质量下降，而且检验费从原来的每批次 5 万日元抬升至 80 万日元。高额费用迫使日本进口商陆续取消对华订单，达到了利用技术壁垒实现贸易保护的目的。

3. 商品包装、标签的规定

商品包装、标签的规定是指各国对商品包装及包装标志等方面作了种种规定，不符合规定者不准进口。一是对包装材料要求严格。许多国家对商品包装和标签规定了苛刻的要求和烦琐的内容，如美国禁止使用稻草作为包装填充物，除非领事馆签发证书；日本、西欧、美国则规定禁止使用聚氯乙烯塑料包装袋包装食品。二是对包装标志的要求。许多国家对商标的标签要求包括产品的名称、净重或数量、商品的结构、成分说明、有效日期、用法、用量、用途价值、特性、缺陷、原产地标志等、非常繁琐。如美国联邦贸易委员会（FTC）要求纺织品标有成分和保护标签，美国食品医药管理局负责对进口食品、药品、保健品、化妆品、洗涤用品、医疗设备的管理和监测，对商品的纯度和标签等要求严格，在商品入境时会做抽检。自 1987 年以来，我国每年被美国海关扣留的食品中约有 25%是由于不符合“美国食品标签法”的规定。

二、绿色壁垒

（一）绿色壁垒措施的涵义

绿色贸易壁垒又称环境贸易标准，是指进口国政府以保护生态环境、自然资源以及人类和动植物的健康为由，以限制进口保护贸易为根本目的，通过颁布复杂多样的环保法规、条例，建立严格的环境技术标准，制定繁琐的检验、审批程序等方式对进口产品设置贸易障碍。

（二）绿色壁垒措施在国际贸易中的表现

1. 一些自愿性措施呈现出向“强制性法规”方向转化的趋势

标准本身一般不具有强制约束力，但标准一旦被法规应用，便使得各种绿色技术措施以法律形式固定下来，变成贸易保护的工具。ISO 14001、各种环境标志认证、HACCP 认证等都属于自愿性的措施，以生产者自愿为原则决定是否申请认证。但近年来，一些自愿性的措施呈现出向强制性法规方向转化的趋势。如美国规定自 1997 年 12 月 18 日起，所有对美国出口的水产品的生产企业必须建立并运行 HACCP，就此将 HACCP 从原来的生产企业自发的安全卫生控制行为演变成官方对食品安全性管理的强制性要求。

2. 产品质量检查不断升级，安全卫生控制指标日趋严格

随着技术水平的提高和贸易需求的变化，各国不断修订和更新标准，使得标准变动频率越来越快。如日本政府宣布，将用 3 年时间新设约 200 种农药残留标准，2006 年后，将全面禁止含有未设定标准农药的进口农产品的流通；近年来，欧盟对农药与兽药的使用限制越来越严格，1999 年对进口动物源性产品含抗生素的检验标准是5PPb，2001年提高到1PPb，超过这个标准就要做退货处理。

3. 推行国内PPM标准越来越成为实施绿色贸易壁垒的有效工具

按产品生命周期来划分，有不同类型的环境标准，包括产品标准、周围环境标准、排放标准与加工和生产标准（PPM标准）。PPM标准就是通过规定产品加工生产过程所允许采用的技术和标准化规范，对产品的生产过程进行管制。在原先的WTO有关环境与贸易的条款以及各国的国内法规中更多关注的是对最终产品本身制定标准，而不管这种产品是如何被加工、生产制造出来的。因而，绿色贸易壁垒主要表现为对产品本身品质采取贸易行动，更多地是通过三种类型标准的制定来达到限制进口的目的。随着国际贸易的发展，现代国际贸易更加关注的是产品的加工生产方法（PPM标准），由进口国政府部门对出口国生产企业的生产过程和加工方式的安全卫生提出具体要求并以此进行检查、认可或注册已经越来越成为一些国家常用的绿色贸易壁垒手法。目前，PPM标准与环境标志挂钩的倾向已越来越明显。

三、复合型贸易壁垒

（一）复合型技术壁垒是复台型贸易壁垒的一种主要表现形式

复合型技术壁垒是以技术标准和技术专利复合叠加构成的非关税壁垒。加入WTO后，随着关税的逐步减让，原有的以行政手段为主的传统非关税壁垒逐步取消，以“技术性贸易壁垒”和“知识产权保护”为主要特征的复合型非关税壁垒将成为世界各国（尤其是发达国家）限制进口和推行贸易保护主义的最直接、最有效、最重要的手段。与原有的以行政手段为主的非关税壁垒不同，复合型技术壁垒是以技术实力和技术水平作为支撑条件，进而形成更加强有力的非关税壁垒。目前，许多发达国家、跨国公司和产业联盟都力求将自己的专利技术变为标准，以获得最大的经济利益。同时，复合型技术壁垒实施的领域还不断得到延伸，已经从商品流通领域扩展到生产加工领域，不仅包括货物商品，还延伸到金融、信息等服务业，成为非关税壁垒的主要组成部分，是各国保护产业和促进对外贸易发展的重要手段。

（二）复合型贸易壁垒的表现形式

1. 技术标准与专利的捆绑是当今世界技术标准发展的重要趋势

由技术标准和技术专利相互补充和叠加形成的复合型技术壁垒正被越来越多的发达国家所使用，来阻止发展中国家的产品进入其市场，它比反倾销等措施更为隐蔽，理由也更为冠冕堂皇。如 DVD、彩电、电池、手机等遇到的问题，均反映了这样的趋势，每类产品、每项标准、每项措施背后的技术成果都运用了大量的专利技术覆盖；欧盟《未来化学品政策战略白皮书》与 REACH 制度甚至把知识产权保护范围扩大到 3 万种化学物质的试验数据，构成了技术含量更高的复合型技术壁垒。

2. 采用交叉的非关税措施来限制其他国家的出口

如将技术壁垒、反倾销、保障措施甚至是知识产权保护等混合使用。其直接的目的就是从时间和产品的成本上削弱对方出口产品的竞争力，从而为本国产业的发展提供时间或减少进口量的增加。以打火机为例，2001 年 9 月间，欧盟根据欧洲一些打火机商提出的要求，制定了针对中国打火机的贸易技术壁垒 CR 法规，遭到我国的反对后，2002 年 6 月 28 日，欧盟又宣布对中国及部分东南亚国家的充气打火机实施反倾销调查，遭受失败后，又使出技术标准来抵制打火机的进口，自 2003 年底，先后提出一系列技术壁垒，从火苗高度限制到壳体的防裂防炸性能要求，再到长途运输中的包装安全问题，中国企业都必须按要求改进。最近几年，欧盟又提出，为了符合标准，生产企业必须配备相应的计量、检测装置和设备，而这些装置的绝大部分专利都掌握在欧美企业手中，这无疑又给出口企业设置了知识壁垒。这种贸易保护措施更具有战略性和进攻性。

四、社会壁垒

社会壁垒是以劳动者的劳动环境和生存权利为借口采取的贸易保护措施。国际上对于有关社会保障、劳动者待遇、劳工权利、劳动标准等问题的关注由来已久。相关的国际公约有 200 多个，包括《男女同工同酬公约》《儿童权利公约》《经济、社会与文化权利国际公约》等。目前，在社会壁垒方面颇为引人注目的标准是 SA8000，SA8000 是社会责任标准体系的简称，用于向各国消费者标明生产商和经销商的生产和销售行为符合国际社会对其的社会责任要求，其所提供的相关产品需符合国际公认的最低劳工权利标准。其标准包括：不使用或不支持使用童工；为劳工提供安全、健康的工作环境；尊重劳工的集体谈判权；遵守工作时间的规定；保证达到最低工资标准等。这项标准的实施无疑会增加广大发展中国家出口产品的成本。虽然目前它只涉及人身权益以及与健康、安全、机会平等等与核心要素有关的初始审核，但随着对其不断修订和完善，该标准最终可能发展成为一个覆盖道德、社会和环境等更广范围的国际性标准。由于发展中国家和发达国家在社会发展上的巨大差异，广大发展中国家认为发达国家强制推行社会责任标准的主要目的不在于真正关心发展中国家的劳工待遇，而在于通过实施 SA8000 提高进口产品成本，进而达到限制对劳动力密集型产品的进口。2002 年，由于美国客户怀疑中国深圳某玩具厂使用 400 名童工包装玩具，便立刻前往调查、显然没有发现童工，但确认工厂存在加班加点严重和工资偏低的问题，并且在多次试验中提供虚假资料，因此取消了关联企业的供应商资格，导致这家有 4 间工厂近 8000 名工人的集团公司被迫关闭。

五、动物福利壁垒

动物福利壁垒，就是指进口国在进口动物及与动物相关的产品时，以出口国对待涉及的动物没能满足本国的动物福利标准为由，限制该项产品的进口而形成的贸易壁垒。随着动物保护和人道主义作用的不断加强，动物福利的贸易壁垒作用已经显现。欧洲议会于 2003 年初通过了一项法令，要求在 2009 年之后，欧盟各国的化妆品公司不得在动物身上进行化妆品的毒性或过敏性试验，欧盟也将禁止进口在动物身上进行过试验的化妆品；在我国的“食人鲳”事件中，当时的国际动物福利保护组织就发表了一份言辞激烈的声明，呼吁我国有关方面必须将被列入“黑名单”的“食人鲳”尽可能地退运或者退货，或者对其实施安乐死，否则将呼吁世界各国抵制与中国的水产品贸易。

第六章 出口鼓励与出口管制政策

第一节 鼓励出口措施

一、出口补贴

出口补贴又称出口津贴，是一国政府为了降低出口商品的价格，增强其在国外市场上的竞争能力，在出口某种商品时给予出口厂商的现金补贴或财政上的优惠待遇。

（一）出口补贴的分类

出口补贴分为直接补贴和间接补贴两种基本方式。

1. 直接补贴

直接补贴，是指政府在出口某商品时，直接付给出口商的现金补贴，主要来自于财政拨款。直接补贴的目的在于弥补出口商品因为国际市场价格过低所造成的亏损，或者补偿出口商出口商品所获得利润低于国内利润所造成的损失。有时补贴金额还可能大大超过实际的差价或利差，这就包含了出口奖励的意味。美国和一些欧洲国家对农产品出口普遍采取直接补贴方式，且有时补贴金额超过实际差价，极大地刺激了该类产品的出口。

2. 间接补贴

间接补贴，是指政府对某些商品的出口给予财政上的优惠。如退还或减免出口商所缴纳的销售税、消费税、增值税、所得税等国内税，对进口原料或半成品再加工出口给予暂免或退还已交纳的进口关税，免征出口税，提供比在国内销售货物更优惠的运费等。间接补贴的目的在于降低商品价格，以便更有效地打进国际市场。

（二）出口补贴的经济效应分析

从经济效应上看，一般来说，出口补贴的结果会使出口的工业生产增加，国内消费减少，出口量增加，国内价格上涨。由于出口补贴使得出口比在国内销售更加有利可图，而且政府没有限制出口数量，企业当然要扩大生产，尽量出口，除非在国内市场销售也能获得同样的收入。又由于补贴只是给出口的商品，要想在国内市场获得同样的收入，除了提价别无他法，在涨价之后，消费自然减少。从另一个角度说，国内消费者也必须付出与生产者出口所能得到的一样的价格，才能确保一部分商品留在国内市场而不是全部出口。

但如果受补贴方是个大国，出口补贴对其国内价格、生产、消费及社会利益虽然具有相同的经济效应，但程度是不同的。因为出口大国增加出口的结果会造成国际市场价格下降，出口商品生产者就不能得到全额出口补贴效应，生产和出口的增长也会小于小国，国内价格的涨幅和消费量的下降也会小于小国，但整个社会的净损失却比小国实行补贴时要大。因此在出口已占世界市场很大份额时，还是用补贴来刺激出口未必是明智之举。

应当看到，出口补贴行为会扭曲商品在国际市场上的价格，易于在价格竞争中获取一定优势，甚至会对进口国的商品或同类商品的生产造成损害，显然是国际贸易中的不公平行为。然而，对于发展中国家来说，给予某些出口工业制成品以适度的补贴，仍是减少其国际收支逆差的重要一环。鉴于此，世界贸易组织在原则上反对出口补贴行为的同时，还是允许某些发展中国家在特殊情况下可以适度运用这种做法。因此，我们应该正确对待和运用这种手段，既充分遵循国际规范，又不放弃可以增强本国出口制成品竞争力的时机。

（三）世界贸易组织对出口补贴的要求

长期以来，各国普遍采用这些措施促进本国商品出口。在国际贸易中也多因此发生纠纷，为此乌拉圭回合达成的《补贴与反补贴协议》中将除农产品之外的其他的补贴分为禁止性补贴、可申诉补贴和不可申诉补贴三类。

禁止性补贴指不允许成员方政府实施的补贴。一旦实施，任何受其影响的其他成员方可以直接采取反补贴措施；可申诉补贴指成员方根据自己的政治、经济发展需要，在一定范围内可以对生产者或销售者进行补贴，若这种补贴造成对其他成员方利益的损害，其他成员方可以采取反补贴措施并可诉请争端解决机制；不可申诉补贴指成员方采取的对国际贸易影响不大的补贴，其他成员方不应采取反补贴措施并不可诉诸争端解决机制。协议中还比较明确地规定了上述三类出口补贴的涵盖内容、损害的判定、争端解决的具体限定。这为有关国际贸易纠纷的解决提供了依据，并在一定程度上规范了市场。

二、出口信贷

出口信贷是一个国家为了鼓励商品出口，加强商品的国际竞争力，通过银行对本国出口厂商或国外进口厂商提供的一种优惠性贷款。它是一国出口厂商利用本国银行的贷款扩大商品出口的一种重要手段，特别是对金额较大、期限较长的出口商品，如成套设备、船舶等大型设备出口更要实施信贷。

（一）出口信贷的特点

1. 出口信贷以出口项目为前提，以促进本国商品出口为目的。所以，贷款的全部或大部分必须用于购买提供贷款国家的出口商品。

2. 期限长。出口信贷以 1 年以上的中长期贷款为主，为配合周转期长、成交金额大的出口项目的实施，出口国常常向本国出口商或国外进口商提供期限在 3～5 年或 5 年以上的对外贸易中长期贷款，促进出口。

3. 利率低。出口信贷的利率一般低于相同条件资金贷款的市场利率，利差由出口国政府补贴。

4. 金额大。出口信贷的贷款金额通常占买卖合同的 80%左右，其余由进口厂商支付现金。

5. 出口信贷发放往往与出口信贷担保结合。各国为了鼓励出口，避免或减少信贷风险，一般都设立专门的银行办理此项业务，如美国的进出口银行、日本的输入输出银行、法国的对外贸易银行、加拿大的出口开发银行等。除此之外，这些机构同时向商业银行提供低利率贷款补贴，支持他们的出口信贷业务。

（二）出口信贷的主要类型

1. 卖方信贷

卖方信贷是指出口方银行向本国出口厂商（即卖方）提供的贷款，其贷款合同一般由出口商与银行签订。卖方信贷通常用于那些金额大、期限长的项目，因为这类商品的购进需要很多资金，进口商一般要求延期付款，而出口商为了加速资金周转，往往需要取得银行的贷款。卖方信贷正是银行直接资助出口商向外国进口商提供延期付款，以促进商品出口的方式。

2. 买方信贷

买方信贷是指出口方银行直接向外国进口商（买方）或进口方银行提供的贷款，其附加条件是这种贷款必须用于购买债权目的商品，这样就起到了促进商品出口的作用，也称为约束性贷款。在具体操作中有两种形式：

（1）买方商业信贷：出口方银行向进口厂商提供的买方信贷。在这种信贷方式中，进口商除自筹资金缴纳 15%左右的定金外，其余贷款将由银行提供的贷款以即期付款方式一次性地支付给进口厂商，然后按贷款协议所规定的条件向银行还本付息。

（2）买方银行信贷：出口方银行向进口方银行提供买方信贷。在具体业务中，进口厂商首先支付 15%左右的订金，再由出口方银行贷款给进口方银行，然后由进口方银行以即期付款的方式代进口厂商支付其余的贷款，并根据贷款协议规定的条件向出口方供款银行还贷付息。进口厂商则与银行在国内按商定的方式结算赔偿。对于出口方银行来说，贷款给国外的买方银行，还款风险大大降低，因此，这种方式较为流行。

3. 混合信贷

混合信贷是出口国银行在发放卖方信贷或买方信贷的同时，从政府预算中提出一笔资金，作为政府贷款或给予部分赠款，连同卖方信贷或买方信贷一并发放。由于政府贷款收取的利率比一般出口信贷要低，因此更有利于出口国设备的出口。卖方信贷或买方信贷与政府信贷或赠款混合放贷的方式，构成了混合信贷。

4. 福费廷

福费廷业务是20世纪50年代产生于西欧，60年代获得较大发展的出口信贷业务，即买单信贷。其基本含义是权利的转让，它是出口商把经进口商承兑的、期限为3～5年左右的远期汇票无追索权地售予出口商所在地的银行或大金融公司，提前取得现款的一种资金融通方式。在付款承诺书上通常要有无条件的、不可撤销的、可以转让的银行担保。在这项业务中承担最终风险的是担保银行，通常采用固定利率，一般是每半年偿还一部分，使用西欧的主要货币。

三、出口信贷国家担保制

出口信贷国家担保制是国家为了扩大出口，对于本国出口厂商或商业银行向外国进口厂商或银行提供的信贷，由国家设立的专门机构出面担保，当外国债务人拒绝付款时，由其按照承保的数额给予补偿。

对出口信贷进行担保往往要承担很大的风险。由于该措施旨在为扩大出口提供服务，收费并不高，以免加重出口商和银行的负担，因此，往往会因保险费收入总额不抵偿付总额而发生亏损。例如，1986年，英国出口信贷担保亏损11.99亿美元，美国进出口银行亏损了3.33亿美元，日本通产省出口担保亏损8.1亿美元。严重的亏损情况使得私人保险公司不愿也无力经营，所以，对出口信贷进行担保只能由政府来经营和承担经济责任。目前，世界上有的发达国家和许多发展中国家都设立了国家担保机构，专门办理出口信贷保险业务。我国的中国进出口银行除了办理出口信贷业务外，也办理出口信用保险和信贷担保业务。

（一）国家担保机构担保的项目

国家担保机构担保的项目通常是商业保险公司不愿承保的出口风险项目这类风险可分为两类。

1. 政治风险。由于进口国发生政变、革命、暴乱、战争以及政府实行禁运、冻结资金或限制对外支付等政治原因所造成的损失，国家担保机构可以给予出口商或放贷银行补偿。这种风险的承保金额一般为合同金额的 85%～95%。

2. 经济风险。由于进口商或借款银行破产倒闭无力偿付、货币贬值或通货膨胀等一些经济原因造成的损失，国家担保机构可以给予出口商或放款银行补偿。担保金额一般为合同金额的 70%～80%。为了扩大出口，有时对于某些出口项目的承保金额达到 100%。

（二）出口信贷国家担保制所担保的对象

1. 对出口厂商的担保。出口厂商出口商品时提供的信贷可向国家担保机构申请担保。一些国家的担保机构本身不提供出口信贷，但是可以为出口厂商取得出口信贷提供一些便利条件。

2. 对银行的直接担保。供款银行所提供的出口信贷均可申请担保，它是国家担保机构直接对供款银行承担的一种责任。一些国家为了鼓励出口信贷业务的开展和保障贷款的安全，常常给银行极优惠的待遇。例如，英国出口信贷担保署对商业银行向出口厂商提供的一些信贷，一旦出现过期不能付款时，该担保署可给予 100%的补偿。

（三）担保的期限和费用

出口信贷国家担保的期限通常根据贷款期限的不同分为短期与中长期两种。短期信贷担保一般为 6 个月，最长不超过一年。为了简化手续，有的国家对短期信贷采用综合担保的方式，出口厂商一年只需办理一次投保，就可承担在这一年中对海外的一切短期信贷交易，一旦外国债务人担负时，出口厂商就可以从担保机构得到补偿。中长期信贷担保时间通常为 2～15 年，最长可达 20 年。由于这种信贷金额大、时间长，一般采用逐笔审批的特殊担保方式。

出口信贷国家担保是各国鼓励出口的措施之一，所以收费低廉，保险费率根据出口担保的项目内容、金额、期限长短和输往国别或地区而有所不同，各国的保险费率也不相同，英国为 0. 25%～0. 75%，德国为 1%～1. 5%。

四、商品倾销

商品倾销是指商品以低于国内市场价格，甚至低于生产成本的价格，在国外市场大量抛售，打击竞争对手，占领和垄断市场。

（一）商品倾销的分类

按商品倾销的目的不同可分为三种。

1. 偶然性倾销

偶然性倾销通常是指因为本国市场销售旺季已过，或因公司改营其他业务，在国内市场上很难售出的积压库存，以倾销的方式在国外市场抛售。由于这种倾销持续时间短、销售量小，对进口国同类产业影响不大，进口国通常较少采用反倾销措施。

2. 间歇性或掠夺性倾销

间歇性或掠夺性倾销是以低于国内价格甚至低于成本的价格在国外市场销售，其目的是为了打击竞争对手，垄断市场，从而获得高额垄断利润。这种倾销严重地损害了进口国的利益，违背了公平竞争原则，因而许多国家都采取反倾销措施予以制裁。

3. 持续性倾销

持续性倾销是指长期地、持续地以低于国内市场的价格在国外市场销售商品。这种倾销因具有长期性，所以采用“规模经济”，通过扩大生产、降低成本，或依靠本国政府的出口补贴来进行。

20 世纪 70 年代以来，持续性倾销日益增多。其之所以能够存在和维持，一般来说必须具备三个条件：（1）出口商品生产企业在小国市场上有一定的垄断力量，在很大程度上可以决定价格的形成。（2）本国与外国的市场隔离，不存在倒买倒卖的可能性（3）两国的需求价格弹性不同，出口国需求价格弹性低于进口国需求价格弹性。当这些条件成立时，企业就有可能通过在国内市场索要高价，而向外国购买者收取较低的价格，使利益最大化。

（二）商品倾销的利润补偿途径

商品倾销由于实行低价策略，必然会导致出口商利润减少甚至亏损。这一损失一般可以通过以下途径得到补偿。

1. 采用关税壁垒和非关税壁垒措施控制外国商品进口，防止对外倾销商品回流，以维持国内市场上的垄断高价。

2. 出口国政府对倾销商品的出口商予以补贴，以补偿其在对外倾销商品中的经济损失，保证外汇收入。

3. 出口国政府设立专门的机构，对内高价收购，对外低价倾销，由政府负担亏损。如美国政府设立的农产品信贷公司，在国内高价收购农产品，而按低于国内价格一半的价格长期向国外倾销。由此引发的农产品信贷公司的亏损则由政府财政给予差额补贴。

4. 出口商在以倾销手段挤垮竞争对手、垄断国外市场后，再抬高价格，以获得的垄断利润来弥补以前倾销商品的补贴。实际上，采用上述措施往往不仅能够弥补损失，而且还会带来较高利润。

商品倾销成为当今世界各国争夺市场、扩大出口的重要措施之一，这也加剧了各国在世界市场上的矛盾，各种形式、各种程度的贸易战频频发生，反倾销也成为各国贸易保护的有利武器，其中，发展中国家成为最大的受害者。发达国家并不遵循世界贸易组织对此的规定，事实上，反倾销已成为一些国家特别是发达国家实行贸易保护的一种工具。

五、外汇倾销

外汇倾销是出口企业利用本国货币对外贬值的机会争夺国外市场的特殊手段。当一国货币贬值后，出口商品以外国货币表示的价格降低，提高了该商品的竞争能力，从而扩大了出口。与此同时，进口商品的价格由于本国货币贬值而上升，从而削弱了进口商品的竞争力，达到了限制进口的作用。

当然，外汇倾销不能无限制和无条件地进行，只有满足以下三个必备条件才能起到促进出口、限制进口的双重作用。

一是货币贬值的程度大于国内物价上涨的程度。货币贬值必然引起一国国内物价上涨。当国内物价上涨程度赶上或超过货币贬值的程度时，内外贬值差距消失，也就不存在外汇倾销了。但一般来讲，国内物价上涨滞后于货币贬值，因此，外汇倾销可以在一段时间内进行，促进货币贬值国的商品出口。

二是其他国家不同时实行同等程度的货币贬值和其他报复性措施。

三是不宜在国内通货膨胀严重的背景下贸然采用。

必须注意实行外汇倾销的代价十分昂贵，由于外汇倾销的实质是降低出口商品的外汇标价以换取出口数量的增加，从而达到增加外汇收入的目的。因此，外汇倾销实际上使同量出口商品所能换回的进口商品数量减少，贸易条件趋于恶化。这就是说，外汇倾销可以推动商品出口大量增加，并不等于出口额必然随之增加。另外它有时甚至会引起国内经济的混乱，出现得不偿失的结果。

六、促进贸易发展的组织措施

第二次世界大战后，西方国家为了促进出口贸易的扩大，在制定一系列鼓励出口政策的同时，不断加强出口措施，这些措施主要有以下几点。

（一）成立专门组织，研究与制定出口战略

美国 1960 年成立了“扩大出口全国委员会”，其任务是向美国总统和商务部长提供有关改进和鼓励出口的各项措施的建议和资料。1978 年成立了“出口委员会”和“跨部门的出口扩张委员会”，附属于总统国际政策委员会，1979 年成立了“总统贸易委员会”，集中统一领导美国的对外贸易工作。1992 年国会成立了“贸易促进协调委员会”，1994 年 1 月又成立了第一批“美国出口援助中心”等。日本、欧盟国家也有类似的组织。

（二）建立商业情报网，加强国外市场情报工作，及时向出口商提供商业信息和资料

英国的海外贸易委员会在 1970 年就设立了出口信息服务部，向有关出口

厂商提供信息，以促进商品出口。又如日本政府出资设立的日本贸易振兴会（其前身是1951年设立的“海外市场调查部”），就是一个从事海外市场调查并向企业提供信息服务的机构。

（三）设立贸易中心，组织贸易博览会，以推销本国商品

贸易中心是永久性设施，可提供商品陈列展览场所、办公地点和咨询服务等，而贸易博览会是流动性的展出，这些工作可以使外国进口商更好地了解本国商品，从而起到促销的作用。例如，意大利对外贸易委员会对由其发起的展出支付 80%的费用，对参加其他国际贸易展览会的公司也给予其费用的 30%～35%补贴。

（四）组织贸易代表团出访和接待来访，以加强国际间经贸联系

许多国家为了推动和发展对外贸易，组织贸易代表团出访，其费用大部分由政府支付，加拿大就是一例。此外，许多国家还设立专门机构接待来访团体。例如，英国海外贸易委员会设立接待处，专门接待官方代表团，并协助本国公司、社会团体接待来访的外国工商界人士，以促进贸易。

（五）组织出口厂商的评奖活动，以形成出口光荣的社会风气

英国从1929年起开始实行“女王陛下表彰出口有功企业的制度”，并规定受表彰的企业在五年之内可使用带有女王名字的奖状来对自己的产品进行宣传。又比如，有的国家对有突出贡献的出口商颁发总统奖章或授予荣誉称号，或者由总理亲笔写感谢信。这样都能有力地推动本国对外贸易的发展。

第二节 出口管制措施

出口管制是指国家由于某些政治、军事和经济目的，通过法令和行政措施，对本国出口贸易实行管理和控制，限制和禁止某些战略性商品和其他重要商品出口到国外。

一、出口管制的原因

（一）政治原因

冷战时期结束后，世界政治格局发生了新的变化，为了稳定国际新秩序、促进国际政治环境稳定，破坏世界安定的战争行为自然要受到世界各国人民的谴责。联合国在国际事务中日益发挥着重要的作用，对进行战争侵略的国家实行制裁、禁运就是迫使发动战争的国家停止侵略行为的主要措施。

（二）军事原因

为了彻底制止核战争的爆发、禁止无核国家发展核武器，国际社会通过了“核不扩散条约”，各国都有义务对可能用于核武器制造的技术、装置与原料的出口实施出口管制。同样，国际社会对化学武器及其原材料的出口也应限制。

（三）经济原因

发达国家为了保持其在技术上的领先地位，对高技术及相关产品的出口加以限制；为了缓和与进口国家在贸易上的摩擦，在进口国的压力下，出口国实行“自动”限制出口；为了保护国内生产秩序和资源，对某些物资的出口加以限制。

（四）其他原因

有些国家从保护人权的目的出发，禁止劳改产品的出口；有的为了保护地球生态环境和濒危动物，会对一些物资进行全球性的贸易禁运；有的为了国家文化发展，保护历史文物，会对一些特殊商品出口实行限制。

二、出口管制的商品

出口管制的商品主要可分为以下几类。

（一）战略物资及尖端技术

战略物资及尖端技术如军事装备、高技术产品等。这些产品对维护国家安全、保持科学技术的优势地位具有重大意义。

（二）国内紧缺物资

国内紧缺物资包括国内市场紧缺的商品及国内生产所需的原材料、半成品等，这些商品直接影响国内市场的供应，是保持经济稳定发展的重要物资。

（三）珍贵文化艺术品、贵金属

珍贵文化、艺术品及黄金、白银等特殊商品。

（四）“自动”限制出口的商品

这是为了缓和与进口国的贸易摩擦，在进口国的要求下或迫于对方的压力，不得不对某些具有很强国际竞争力的商品实行出口管制。如根据纺织品“自限协定”、出口国必须自行管理本国的纺织品出口。这与上述几种情况不同，一旦对方的压力有所减缓或者基本放弃，本国政府自然会相应地放松管制措施。

（五）出口国或组织垄断的商品

出口国或组织垄断的商品，例如，欧佩克组织对其成员国石油产量及出口量的管制，其目的是维护其垄断价格。

（六）跨国公司的某些产品

跨国公司在发展中国家的大量投资虽然会促进东道国经济的发展，但同时也可能利用国际贸易活动损害后者的对外贸易和经济利益。例如，跨国公司实施“转移定价”策略，就是一个典型的例子。因此，发展中国家有必要利用出口管制手段来制约跨国公司的这类行为，以维护自己的正当权益。

三、出口管制的形式

（一）单边出口管制

单边出口管制是指一国根据本国的需要，制定出口管制方面的法案，设立专门的执行机构，对本国的某些商品出口进行审批和颁发出口许可证，实行出口管制。单边出口管制由一国单方面自主决定，是实施歧视性贸易政策的手段。例如，早在1917年美国国会就通过了《1917年与敌对国家法案》，禁止对“敌对国”进行财政金融和商业贸易。随着国际政治经济形势的变化，又相应地制定并多次修改了各种出口管制法规条例。总体上来讲，管制程度较以前有所松动，手续也日渐简便。

（二）多边出口管制

多边出口管制是指几个国家政府，通过一定的方式建立国际性多边出口管制机构，商讨和编制多边出口管制货单和出口管制国别，规定出口管制的办法，以协调彼此的出口管制政策和措施，达到共同的政治和军事目的。

1949年11月，在美国操纵下西欧12国成立的“巴黎统筹委员会”就是一个实行多边出口管制的组织机构，其主要宗旨就是管制对社会主义国家出口商品，其主要功能是编制增减多边“禁运”货单，规定禁运的国别和地区等。随着冷战的结束，该组织已失去了存在的意义，于1994年4月1日正式解散。

四、出口管制的方式

一国控制商品出口的方式多种多样，最普便使用的方式是出口许可证。出口许可证根据不同的商品，管制程度不同，可分为一般许可证和特种许可证。

（一）一般许可证

一般许可证无需向有关机构申请，只要在出口报关单上填明一般的许可编号，经海关核实，就可办妥出口手续。

（二）特种许可证

特种许可证即需要由有关机构审批颁发的许可证。例如，对于那些属于敏感商品的出口，必须向有关机构申请特种许可证。出口商品要在许可证上填写出口的内容和目的地以及用途等，再附上其他有关证件一起报批，批准后方能出口。

总之，出口管制一直是一些国家保护本国政治、经济利益，贯彻对外政策的最有效手段，这对双方国家乃至世界经济发展都造成了负面影响。

第七章 经济全球化与区域经济一体化

第一节 经济全球化

自20世纪80年代中期以来，随着高科技产业的迅猛发展，全球信息网络快速普及，世界各国的经济活动日益密切，各国的生产、贸易、投资、金融等经济行为逐渐在全球范围内展开，生产要素出现全球范围内重组，世界各国在经济上相互依赖和融合。

一、经济全球化的含义

经济全球化是指随着社会生产力的发展，商品和生产要素跨越国界自由流动，资源在全球范围或地区范围内优化组合。世界各国、各地区经济，贯穿生产、流通和消费领域，更加紧密地联系在一起，使世界经济越来越成为一个不可分割的有机整体。

经济全球化是一个历史过程，一方面在世界范围内各国、各地区的经济相互交织、相互影响、相互融合成统一整体，即形成“全球统一市场”；另一方面在世界范围内建立了规范经济行为的全球规则，并以此为基础建立了经济运行的全球机制。在这个过程中，市场经济发挥主体作用，生产要素在全球范围内自由流动和优化配置。

二、经济全球化的成因

经济全球化的产生可以追溯到西欧资本主义的兴起和近代市场经济的建

立，而经济全球化进程显著加快以致于被人们所感知并为之震撼，则是在第二次世界大战以后的事情。尤其是20世纪的最后20年，在技术进步的推动下，全球化的浪潮更是汹涌澎湃。

（一）各国经济体制的趋同，为经济全球化发展扫清了体制上的障碍

当今世界，已经有越来越多的国家认识到，只有选择市场经济体制，才能加快本国经济发展的速度，提高本国经济的运转效率和国际竞争力。封闭经济由于缺少外部资源、信息与竞争，呈现出经济发展的静止状态。计划经济体制则由于存在信息不完全、不充分、不对称和激励不足等问题，而导致资源配置与使用的低效率。所以，不管是传统的封闭经济，还是起源于前苏联的计划经济、都不约而同地走上了向市场经济转型的道路。因此而造成了各国在经济体制上的趋同，消除了商品、生产要素、资本以及技术在国家与国家之间进行流动的体制障碍，促进了经济全球化的发展。

（二）科学技术的进步为经济全球化的发展创造了物质基础

信息技术的进步，降低了企业的远距离控制成本。多媒体技术的发展与互联网的诞生，使这种成本大幅度降低，以至于从理论上来讲，对于任何有能力进行全球扩张的企业来说，它的活动范围都可以达到全球各地。

（三）微观经济主体的趋利动机是推动经济全球化发展的基本动因

商品与要素价格在全球不同地区的差异为企业在全球范围内的“套利”活动提供了空间。于是，便有了对外投资、技术转让以及企业生产过程的分解与全球配置。在这种微观主体世界范围内的套利活动中，跨国公司扮演了主角。

跨国公司可以凭借其独有的知识产权、技术诀窍、管理战略以及资金实力，一方面，利用发展中国家低成本的生产要素，将产品销售到价格更高的市场上进行套利；另一方面，将巨额剩余资本转向资本稀缺、投资回报率高的发展中国家进行资本套利。同时，跨国公司能够将生产和销售活动配置于世界各地，并将每一个分支机构及其所联系的企业在职能专门化的情况下，组成一个一体化的网络通道，在世界各地生产、销售等活动中服务于母公司的发展战略。当跨国公司利用优势而大举进行全球性套利活动的时候，其客观的效应便是推动了经济的全球化发展。

（四）世界范围内商法体系的趋同为经济全球化的发展提供了相对统一的法律制度环境

主导世界社会和经济规范的两大法系是英美法系和大陆法系。近年来，两大法系发展的一个重要特征就是互相融合与趋同发展；另外，随着贸易一体化、投资一体化的发展，国际经济组织的统一立法活动深入开展，这为经济全球化的发展创造了统一的法制环境。

三、经济全球化的发展特点

（一）经济全球化发展的主要特点

1. 产业分工日趋全球化

产业分工全球化，主要表现为各国产业的分工正在演变为世界性的产业分工。产业分工从一国地域范围内以传统生产要素为基础的分工，逐步发展成为以现代工艺技术为基础、与各种生产要素分层次合理结合的全球性分工。

2. 贸易全球化向纵深发展

产业全球化必然导致贸易全球化，贸易全球化使得国际贸易增长率大大高于世界经济增长率，同时促进了国际货物贸易的品种多样化，也带动了国际服务贸易的快速增长。

3. 全球金融业日益融合

20 世纪 90 年代以来，产业全球化进程不断加快，产业和贸易齐头并进、迅猛扩张，全球金融也日益融合在一起。国际上各大银行掀起了大规模合并和收购热潮，以扩大规模，适应当今世界产业和贸易迅速扩展的需要。

世界贸易组织通过了金融服务贸易协定，决定全面开放金融产业市场，国际金融市场开放程度不断深化。随着国际结算资金和产业资本的大量流动，世界金融产业的规模不断扩大，新兴资本市场迅速发展，国际资本市场规模也进一步扩大，国际资本的流动速度大力加快。

4. 产业投资活动遍及全球

产业投资自由化成为各国投资政策的基本目标，各国之间签署了大量保护和促进产业投资的双边协定和条约。各国产业投资活动从发达国家到新兴市场经济国家在国际产业直接投资领域一直保持快速增长。

5. 跨国公司遍布世界各国

跨国公司的大量出现是经济全球化的重要标志之一。跨国公司依靠其雄厚的资金、先进的技术和管理优势，实行全球投资，进行跨国、跨地区、跨行业的生产和经营，推动了全球资源的流动和优化配置，使世界产业日益紧密地联系在一起。

6. 经济区域化向深度和广度扩展

在经济全球化趋势不断加强的情况下，越来越多的国家认识到必须加强国际间的联合，各国以不同的方式结成各种区域集团，进行广泛的经济合作。这些区域化经济集团或组织中，其成员国不断增加，各国的区域性合作范围逐步扩大，区域内产业和贸易联系不断加强。

（二）经济全球化的二重性

首先，经济全球化是生产社会化和现代生产力发展的产物；反过来，它具有促进生产力提高和全球经济发展的巨大作用。在经济全球化的条件下，各国可望在全球经济密切交往中实现资源优势互补，发挥各自优势；可望科技成果在全球快速传播；可望为发展中国家提供实现“后发优势”的机遇；可望更好地解决环境、资源、人口等人类共同面临的问题。

其次，经济全球化是在发达资本主义国家主导下进行的，不可避免地存在着弊端：其一，经济全球化包含着市场经济的全球化，市场经济所具有的盲目性、自发性、滞后性等缺点也被全球化了。其二，以美国为首的西方资本主义大国利用经济全球化实行经济霸权主义和强权政治，在全球范围内实施资源的不公平分配和不平等的国际贸易。由此，发达国家是经济全球化最大的受益者，发展中国家总体上处于不利的位置，南北差距反而加大了。

其三，局部危机极易引起全球化的动荡甚至危机。

四、经济全球化对发展中国家的影响

经济全球化既是机遇，又是挑战。一方面，经济全球化给每个国家都提供了更为宽广的舞台；另一方面，由于不合理的国际经济秩序的存在，发达国家与发展中国家的矛盾激化。经济全球化对于发展中国家来说，机会与风险同在，而且机会往往孕育于风险之中。例如，亚洲“四小龙”就曾积极参与经济全球化进程，进而成功地实现了经济腾飞，但1997年遇到来势凶猛的金融风暴，“四小龙”的“亚洲奇迹”戛然而止，进而导致全球范围内金融形势剧烈动荡。经济全球化是一把“双刃剑”，回避经济全球化只能带来封闭和落后。发展中国家在经济全球化的浪潮中，既要很好地把握它带来的机遇，又要趋利避害，规避它带来的风险。

（一）经济全球化带来的有利因素

1. 可以充分地利用外资。大量外资的进入，有助于解决发展中国家在经济建设过程中遇到的资金严重不足的问题。

2. 外资的进入带来了先进技术、管理经验和企业创新精神。

3. 外资的进入有利于建立现代企业制度。通过并购当地的企业所实现的外资进入，有助于传统产业结构改造和促进产业竞争。

4. 外资进入有助于解决发展中国家的劳动力就业问题。发展中国家由于人口众多，存在劳动力超额供给和劳动力成本普遍偏低现象，外资进入得以安排大量的、工资低廉的过剩劳动力从事有效就业，从而使发展中国家发展自己具有国际分工优势的劳动密集型产品和产业。

5. 经济全球化促进了发展中国家的金融市场的完善，有利于发展中国家的金融深化。

6. 外资的进入有利于非市场经济国家的经济转型。外资进入能够加快现代经济制度的形成，实践证明，一个国家越开放，其经济转型的进度越快。

（二）经济全球化带来的弊端

经济全球化的本质要求，就是将全球作为一个统一的自由市场，充分依靠市场机制，在全球范围内实现资源的合理和有效的分配。随着经济全球化的推进，经济的、贸易的、金融的、信息的网络把世界各国越来越紧密地捆绑在一起，只要一个国家的经济（特别是金融）出了问题，不仅影响会越出国界，而且“问题”和“风险”可能传导到本地区甚至更远，酿成地区性甚至世界性的“问题”或“风险”。随着经济全球化，“问题”和“风险”也全球化了。

1. 大量外资的进入容易造成债务负担，可能引发国际债务危机。如 1995 年墨西哥爆发了重大的国际债务危机。墨西哥经济与美国经济联系紧密，自 1994 年 2 月以来，美国连续 6 次提高利率，造成了数百亿美元从墨西哥等国抽走流向美国，极大地损害了墨西哥的金融和经济稳定。

2. 外资进入对民族资本和民族工业冲击较大。外资的过度进入有可能挤垮发展中国家的民族工业，因而可能损害经济的长远发展。

3. 经济全球化使发展中国家生态环境和可持续发展的矛盾日益尖锐。劳动密集型产业大多属于夕阳产业，发达国家跨国公司在全球范围内配置生产要素资源的同时，把夕阳产业带进了发展中国家，给发展中国家的生态环境造成了严重的破坏。

4. 跨国资本的进入增大了金融市场的投机性和风险度，容易给短期投机资本冲击较虚弱的发展中国家国内市场提供可乘之机。最明显的例子如 20 世纪末发生在东南亚的国际金融危机，使许多东南亚国家和地区的汇市、股市轮番暴跌，金融系统乃至整个社会经济受到重创。受汇市、股市暴跌影响，这些国家和地区出现了严重的经济衰退。

5. 经济全球化背景下的发展中国家经济转型充满了动荡和起伏。经济全球化使得世界范围内各国之间的经济紧密联系在一起，发展中国家国内经济稳定与否，不仅取决于国内因素，还会受到国际因素的巨大影响。因此，发展中国家在经济转型过程中充满了变数。

6. 经济全球化加速了发展中国家和发达国家之间经济发展的不平衡，这种不平衡主要表现在发达国家与发展中国家之间的贫富差距将继续扩大。

五、经济全球化背景下的中国经济

（一）中国在经济全球化进程中处于相对有利的地位

中国不仅是世界上引进外资最多的发展中国家，也是对外贸易增长最快的国家之一。中国在世界经济中具有一定的比较优势和竞争能力。经过六十多年的建设，中国建成了一个相对完备的工业体系，在轻工、纺织、家电、重化工等加工业领域都具备了相当的竞争力。今后，依靠巨大的本土市场，在劳动密集型产业和中间技术制造业，以及部分高新技术产业中，中国仍将具有一定的比较优势。

（二）中国在经济全球化进程中的竞争力有待提高

中国是一个发展中国家，还处于工业化和体制转轨过程中，从整体上讲，在全球竞争中处于弱势地位。主要体现在我国实力弱，没有掌握技术和战略竞争的主导权，在技术、信息、人才、资金、产业规模和结构等方面都处于相对弱势地位，总的态势是要被动接受国际分工的安排；另外我国还缺乏市场机制运作所必需的制度基础、能力和经验，全球化的制度基础是市场经济，发达国家经历了数百年市场经济的锻炼和完善，建立了一整套成熟的制度、行为范式、经验和组织体系。中国要掌握这些知识，还需要一个过程；再次，我国只能接受和遵循现有的世界经济规则和标准，在一个时期内还缺乏制定修改规则的主导权。现有的国际经济游戏规则是以发达国家为主导制定的，更多地反映发达国家的利益和价值观念，而对发展中国家的权益则很少考虑，世界围绕争夺制定规则主导权的斗争将是十分激烈的。

（三）经济全球化为中国经济发展带来了巨大的机遇

1. 经济全球化有利于我国进一步吸引外资，更好地利用外资。

2. 有利于我国扩大出口，发展对外贸易。

3. 国际金融和国际投资的发展，使我国能够更好地利用国内国外两种资源。一方面可以引进更多资金、技术及先进管理经验；另一方面也可以“走出去”参与跨国投资，利用海外资源。

4. 经济全球化加速了全球经济结构调整的进程，中国可以利用发达国家的产业向全球转移的机会，加速自己工业化、信息化的进程，使我国的经济结构不断改善和升级。

目前由于欧债危机加重，各国经济处于调整期，发达国家产业政策开始由金融转向实业，即产业回归，实行“再制造业化”战略，面对越来越严峻的国际形势，中国如何进一步参与国际分工，如何从经济全球化进程中不断获益值得思考。

中国对待经济全球化的态度应是趋利避害地积极参与，通过发展与世界各国的互利合作，以促进经济的稳定发展。面对经济全球化，中国采取切合本国实际的开放步骤和措施，以更加积极的姿态走向世界，是应对经济全球化的正确选择。

第二节 区域经济一体化理论

区域经济一体化又称贸易集团化、区域经济集团化，是第二次世界大战后世界经济出现的一种新现象。第二次世界大战后，在科技革命的推动下，生产力迅速发展，导致各国相互分工与依赖日益加深，世界经济活动国际化，世界市场竞争更加激烈。同时，由于世界经济发展不平衡，一些发达国家为了确保本国的优势地位，发展中国家为了谋求共同发展，纷纷采取区域经济合作的方式来维护本国的经济利益。

一、区域经济一体化的含义和形式

（一）区域经济一体化的含义

区域经济一体化是指在组成贸易集团的成员国之间逐步取消所有歧视性障碍和其他非贸易壁垒，实行自由贸易，进而实现生产要素在成员国之间的无障碍流动，并为此而协调成员国间的社会经济政策。

一般而言，区域经济一体化强调在参与成员范围内减少与取消歧视性的贸易壁垒，采用一定程度的共同对外贸易与经济发展政策，以期消除成员间的差异，促进资源的最佳利用，求得整体最优的经济结构和经济效果。由此可以把握区域经济一体化的几个基本特征：第一，成员间消除某些方面的歧视，并尽量采用共同的政策与措施；第二，在同样的方面，共同保持对成员外的歧视，并限制单个成员的对外权限；第三，各成员本着互利互惠的原则参与其中，目的在于取得非合作条件下无法获得的某些效果与利益；第四，它的性质可以视为，全球范围内无法实现真正意义上的自内贸易与经济合作，只能在局部地区的某些方面进行。

（二）区域经济一体化的形式

1. 按贸易壁垒取消的程度划分

按照贸易壁垒取消的程度或按一体化目标的高低，区域经济一体化组织可分成六种形式。

（1）特惠贸易安排

这是最低级和易松散的经济一体化形式。在优惠贸易安排成员国之间，通过协定和其他形式，对全部或部分商品规定其特别的关税优惠。1932 年大英帝国和英联邦成员国建立的英帝国特惠制，以及二战后建立的“东南亚国家联盟”均属此类。

（2）自由贸易区

在自由贸易区内，各成员国通过签订自由贸易协定相互取消所有的贸易壁垒，但各成员国仍保留各自对非成员国的贸易壁垒。1960 年成立的“欧洲自由贸易联盟”、1994 年建立的“北美自由贸易区”等都属于这一类经济一体化形式。

（3）关税同盟

组成关税同盟的成员国之间完全取消了关税和其他贸易壁垒，并对非成员国实行统一的关税。关税同盟在一体化程度上比自由贸易区进了一步。它除了包括自由贸易区的基本内容外，还在成员国之间实施统一的对外关税。结盟的目的在于使成员国的商品在统一关税内的市场上处于有利地位，排除非同盟国商品的竞争，它开始带有超国家的性质。1957 年成立的欧洲经济共同体、1973 年改建的“加勒比海共同市场”均属于典型的关税同盟。

（4）共同市场

共同市场是比关税同盟更进一步的同盟，其允许参加国之间资本和劳动力自由流动。欧洲联盟于 1992 年实现了共同市场。

（5）经济同盟

经济同盟是区域经济一体化的高级阶段。其特点是，在实现关税、贸易和市场一体化的基础上，进一步协调成员国之间的经济政策和社会政策，包括货币、财政、经济发展和社会福利政策，以及有关贸易和生产要素流动政策，并拥有一个制定这些政策的超国家的共同机构。2007 年 1 月，欧盟经历了 6 次扩大，成为一个涵盖 27 个国家、当今世界上经济实力最强、一体化程度最高的国家联合体，目前的欧盟就是此种类型的经济一体化组织。

（6）完全经济一体化

它是区域经济一体化的最高阶段。在此阶段，各成员国在经济、金融、财政等政策方面均完全统一，成员国之间完全取消商品、资本、劳动力、服务等自由流动的人为障碍，并建立起共同体一级的中央机构和执行机构对所有事务进行控制。事实上完全经济一体化几乎等同于一个扩大的国家，欧盟的目标就是向这种一体化方向迈进。

按贸易壁垒取消的程度划分区域经济一体化组织的六种形式，也可以看成是一体化发展的六个阶段，但阶段之间不一定具有必然的先后逻辑过程。例如，欧洲经济共同体是从关税同盟开始的，并未经过优惠贸易安排和自由贸易区阶段，而欧洲自由贸易联盟也未必要向关税同盟发展。

2. 按参加国的经济发展水平划分

按参加国的经济发展水平分，区域经济一体化组织可以分为两种形式。

（1）水平一体化

水平一体化又称为横向一体化，它是由经济发展水平相同或接近的国家组成的区域经济一体化。从发展实践来看，现存的一体化大多属于这种形式。

按成员国构成的不同，把水平经济一体化组织分为两类。

①发达国家型：由发达国家组建的经济一体化组织，典型的如欧洲联盟。

②发展中国家型：由发展中国家组成的经济一体化组织，如东盟自由贸易区。

（2）垂直一体化

垂直一体化又称为纵向一体化，它是内经济发展水平不同的发达国家和发展中国家共同组建的经济一体化组织形式，也称为南北型经济一体化。如，1994 年 1 月 1 日建成的北美自由贸易区，它把经济发展水平不同的发达国家（美国、加拿大）和发展中国家（墨西哥）联系在一起，使建立自由贸易区的国家之间在经济上具有更大的互补性。

3. 按经济一体化内容的范围大小划分

按一体化内容的范围大小划分，区域经济一体化组织有两种形式。

（1）部门一体化

它是指区内各成员国的一种或几种产业（或商品）的一体化。如 1952 年 7 月 25 日建立的欧洲煤钢共同体；1958 年 1 月 1 日建立的欧洲原子能共同体。

（2）全盘一体化

它是指将区域内各成员国的所有经济部门都进行一体化。如，欧洲联盟和 1991 年解散的经济互助委员会。

经济一体化是关于成员间贸易壁垒的撤除和各种合作互助关系的建立。贸易壁垒的撤除被称为一体化中“消极”的一面，合作关系的建立则被称为“积极”的一面，因为合作的建立往往要求参加者改变现有的制度或机构，以使该地区的市场能适当而有效率地运转。

二、区域经济一体化理论

（一）关税同盟理论

1.关税同盟的静态效应

（1）贸易创造效应：是指关税同盟内部实行自由贸易，成员国之间相互取消关税和非关税壁垒，产品从成本较高的本国生产转向成本较低的成员国生产，从成员国进口所带来的贸易规模的扩大，新的贸易得以创造，从而提高了成员国的福利。

（2）贸易转移效应：是指建立关税同盟之后对外实行保护贸易政策，导致原来从同盟外国家较低成本的进口，转向从成员国较高成本的进口，成员国之间的相互贸易代替了成员国与非成员国之间的贸易，从而造成贸易方向的转移。

总的来说，关税同盟的建立一方面引起了成员国之间贸易创造的增加；另一方面引起了成员国与非成员国之间的贸易转移。其最终福利取决于二者权衡的结果。

2. 关税同盟的动态效应

一般认为，关税同盟还会产生长远的动态影响。

第一，规模经济效应。组成关税同盟以后，能把分散的小市场统一起来，成员国的内部市场就扩大了，实现了规模经济等技术利益。一体化区域经济的发展，带来各行业各部门经济的相互促进和发展，对于规模报酬递增的产业来说，随着规模的扩大，平均成本下降。

第二，优化资源配置。组成关税同盟以后，成员国之间的竞争加剧，专业化分工的广度与深度不断拓展，使生产要素和资源得以更优化的配置。

第三，促进了竞争。一般认为，高关税会有助于导致垄断，当国内市场比较狭小时，这种作用就更加明显。组成关税同盟，在成员国之间降低或取消关税、扩大市场会导致同盟内部竞争加强，专业化分工程度加深，从而提高生产效率和经济福利。

第四，刺激投资效应。关税同盟建立以后，随着市场的扩大，风险与不稳定性降低，一体化经济集团内各企业为应付市场的扩大和竞争的加剧，必然增加投资，更新设备，采用新技术，扩大生产规模，以改进产品品质，降低生产成本。由于成员国之间免除关税，对外统一关税，其结果会吸引关税同盟外的国家到同盟内设立避税工厂，以求获得豁免关税的利益。

第五，生产要素自由流动的经济效应。关税同盟建立以后，使得市场趋于统一并且竞争加剧，会推动生产要素在这一区域内自由流动。一般来说，资本和劳动力从边际生产力低的地区流向边际生产力高的地区，使生产要素配置更加合理，要素利用率提高，从而产量增加，提高了经济效益。

此外，关税同盟建成后，市场扩大、竞争加强、投资增加、生产规模扩大，还会促使生产厂商更加愿意投资于研究和开发，促进技术不断革新。

（二）协议性国际分工原理

这一理论是由日本的经济学家小岛清提出来的。他认为以往许多经济学者都是依据比较优势原理来说明一体化内部的分工原理，他们把比较优势原理同“规模经济”和“竞争激化”并列，并认为比较优势原理是竞争原理的一部分，因而共同体内的分工当然是由竞争激化来推动的。但完全放任这一原理，会导致各国企业的集中和垄断，导致各国相互间同质化的严重发展。为了各国互相实现规模经济，和谐地扩大一体化内的贸易，小岛清提出了在共同体内部实行协议性分工原理。该理论的主要内容有以下几点。

1. 区域经济一体化的目的是要通过大市场来实现规模经济和成本长期递减

假设一体化内只有两个国家A国和B国，两国仅生产X和Y两种产品，两国通过协议，将X商品全由A国生产，并把B国的X市场提供给A国；另一方面，商品Y全由B国生产，并把A国Y的市场提供给B国，两国这样集中生产，实行专业化分工，随着产量和需求的增加，成本和价格都下降了。在这里要强调的是，A国要把Y商品的市场、B国要把X商品的市场，分别提供给对方，即必须达成互相提供市场的协议，因此把它称为协议性的国际分工。

2. 实行协议分工必须具备的条件

（1）参与分工的国家的经济发展水平大致相同，这些国家的资本、技术、劳动禀赋情况没有太大差别，实行分工的商品哪一国都能生产。

（2）参与协议分工的商品必须是能够获得规模经济效益的商品。

（3）不论哪一个国家，生产哪一种协议分工的商品的利益都没有太大的差别。也就是说，一国实行专业化分工的产业和让给其他合作国家生产的产品没有优劣之分，否则就不容易达成协议，这种利益或产业优劣主要决定于规模扩大后的成本降低率和随着分工而增加的需求量及其增长率。可见，协议性分工是同一范畴商品内最细的分工。

上述条件表明，协议性分工必须在同等发展阶段的国家间建立，而不能在工业化国家和初级产品生产国这样发展阶段不同的国家之间建立。同时也表明，在发达工业化国家之间，可以进行协议分工商品范畴的范围较广，利益也较大。另外，生活水平和文化等相互类似、互相接近的地区，产品容易达成协议，并且容易保证相互需求的均等增长。

（三）综合发展地理理论

一些经济学家认为，根据发展中国家国内与国外的经济与政治环境，不能把发达国家经济一体化的理论搬到发展中国家，从而提出了与发展理论紧密相关的综合发展理论。其著名的代表人物是发展中国家合作研究中心高级研究员和主任鲍里斯·塞泽尔基。他在《南南合作的挑战》一书中比较完整地阐述了这种理论。其主要内容如下。

1. 发展中国家进行区域经济一体化的原则

（1）一体化是发展中国家的一种发展战略，它不限制市场的统一，也不必在一切情况下都追求尽可能高级的一体化。

（2）两极分化是伴随一体化的一种特征，这种情况只能用有利于发挥不发达国家优势的系统政策来避免它，因此需要强有力的共同机构和政治意志。

（3）拒绝已有的一体化成功条件，虽然个别部分在某些具体情况下仍然适用。其主要条件是把一般模式和具体理论有效地应用于特定集团和现存环境。

（4）在许多情况下，私信部门在发展中国家一体化进程中占据统治地位，是一体化失败的重要原因之一，所以有效的政府干预对经济一体化的成功是非常重要的。

（5）鉴于世界被敌对性地划分成了发达国家和发展中国家，因而将发展中国家的一体化，看作是集体自力更生的手段和按照新秩序逐渐变革世界经济的要素。

（6）在制定区域经济一体化政策时，要进行综合考虑。一方面要考虑经济因素；另一方面要注意政治和机构因素，密切结合本国和本地区的实际。

鲍里斯认为以自由贸易和保护贸易理论来研究发展中国家的经济一体化过于狭窄。他强调应该用与发展理论紧密联系的跨学科的研究方法，把经济一体化看作是发展中国家的一种发展战略，不限于市场的统一，他主张经济的相互依存发展必须以生产领域为基础，强调政府的有效干预。

2. 影响发展中国家区域经济一体化的主要因素

（1）经济因素

该区域经济发展的总体水平和各成员国之间经济发展水平的差异；各成员国之间现存的经济及其他方面的相互依存状况；一体化组织内的最优利用状况，特别是有关资源和生产要素的互补性及其整体发展的潜力；同第三国经济关系的性质，外国经济实体尤其是跨国公司在一体化组织各成员国经济中的地位；根据实际条件选择的一体化政策模式和类型的实用性。

（2）政治和机构因素

各成员国的社会政治制度的差异；在所有成员国中，有利于实现一体化的“政治意识”状况及其稳定性；该集团对外政治关系模式，尤其是同超级大国和前宗主国关系的模式；共同机构的效率，它们进行有利于集团共同利益的创造性活动的可能性。

第三节 世界主要的区域经济一体化组织

一、欧洲联盟

欧洲联盟（简称“欧盟”）是当今世界一体化程度最高的区域政治、经济集团，其前身是欧洲共同体。欧洲共同体是欧洲煤钢共同体、欧洲经济共同体和欧洲原子能共同体的统称。欧盟从内涵与规模上都经历了长期的发展进程。欧盟是世界上最有力的国际组织和世界上第一大经济实体、在贸易、农业、金融等方面趋近于一个统一的联邦国家，而在内政、国防、外交等其他方面则类似于一个独立国家所织成的同盟。2012 年 10 月 12 日，欧盟被授予 2012 年诺贝尔和平奖。

（一）欧洲一体化的形成与发展

1951 年 4 月，法国、联邦德国、意大利、荷兰、比利时和卢森堡六国签订《欧洲煤钢联盟》，并于 1957 年 3 月签订了《欧洲经济共同体》和《欧洲原子能联盟》两个条约，总称《罗马条约》，于 1958 年 1 月 1 日生效，标志着欧洲经济共同体正式成立。到 1967 年，欧洲经济共同体与欧洲原子能共同体、欧洲煤钢共同体合并，统称为欧洲经济共向体。其发展可分为三个阶段。

第一阶段（1958～1968 年）：建立关税同盟阶段。欧共体成立的初衷是加强欧洲大陆各国的经济合作，为恢复战后的欧洲经济，减少在欧洲再次发生世界大战悲剧的可能性，也为了在东西方冷战中奠定必要的物质基础。根据《罗马条约》，共同体内部实现自由贸易，相互取消关税，撤销相互间贸易壁垒,对外实行统一的贸易政策,但这一目标的真正实现是在 1968 年以后。

第二阶段(1968～1992 年)：实现关税同盟和建立共同市场阶段，从 1961 年到 1970 年的 10 年中，共同体 GDP 的年平均增长率为 4%，高于同期美国的 2.5%，对成员国的经济合作是一种鼓舞。1987 年 7 月“单一欧洲法”（反映白皮书内容）正式生效，目标是于 1992 年底建立欧洲共同市场。期间增加了新的成员国如英国、爱尔兰、丹麦、希腊、西班牙和葡萄牙等国家，欧共体变为涵盖 12 个国家。

第三阶段（1993 年起）：实行共同市场和建立经济同盟阶段。1993 年 1 月 1 日，欧共体决定实现“单一欧洲法”提出的目标、进入共同市场阶段。1993 年 1 月 1 日《马斯特里赫特条约》生效，欧洲联盟正式成立。欧盟目前已成为一个拥有 27 个成员国，人口超过 4. 8 亿的大型区域一体化组织。

经过欧盟各国的艰苦努力，为过渡到经济货币联盟第三阶段所必要的各项立法程序已全部完成，实施单一货币的技术障碍已基本扫除，1999 年 1 月 1 日，欧元正式发行。它标志着欧洲经济货币联盟的建设跨入最高阶段——成立欧洲货币联盟。

欧元是欧洲联盟经济一体化进程的必然产物，它标志着欧盟一体化程度的加深，进一步巩固了欧盟作为世界上最发达的一体化组织的地位。欧洲联盟成立以来，经济一体化的进程在广度上和深度上都有很大发展，经济联合和政治合作不断加深，经济势力大大加强。目前，欧盟已成为当今世界最大的区域经济一体化组织，而且已成为举足轻重的世界经济政治中心之一。

（二）欧盟的组织机构

欧洲理事会即欧盟首脑会议，是欧盟的最高决策机构。它由欧盟成员国国家元首或政府首脑及欧盟委员会主席组成，理事会主席由各成员国轮流担任，任期半年。欧盟首脑会议主要负责制定 “总的政治指导原则”，其决策采取协商一致的原则。欧盟部长理事会负责日常决策并拥有欧盟立法权，由成员国外长或专业部长组成。其中外长理事会称为“总务理事会”，处理对外关系和总体政策，每月召开一次会议。

理事会日常办事机构包括：常驻代表团委员会，由各成员国驻欧盟的使团长和副使团长组成，每周举行例会；政治和安全委员会，是处理欧盟共同外交与安全事务的“轴心”，由各成员国驻欧盟代表（大使衔）、欧盟委员会代表和理事会秘书长的代表组成，实行轮值主席制，对外实行“三驾马车”代表制；秘书处，设秘书长、副秘书长，下辖秘书长私人办公室、一个法律处和八个总司。

（三）欧洲稳定机制

希腊2009年底率先爆发主权债务危机，欧元区由于缺乏一套现成救助机制予以应对，助长了市场恐慌情绪曼延。在为希腊单独提供1100亿欧元救助后，2010年5月欧盟联合国际货币基金组织设立了总额7500亿欧元的三年期临时救助机制，以防其他欧元区国家再步希腊后尘，但为应对类似危机构筑一道永久性防线被提上了议事日程。

2011年3月，欧盟成员国财政部长就欧元区永久性救助机制的具体架构达成一致。名为“欧洲稳定机制”的欧元区永久性救助机制将是一个由欧元区国家依据国际法，通过缔结条约成立的政府间组织，总部设在卢森堡。24日，欧盟领导人通过债务危机全面应对办案。欧洲稳定机制的有效融资能力为5000亿欧元，为了在融资时获得最高信用评级，其认缴资本将达到7000亿欧元，其中800亿欧元为实际到位款项，欧元区国家在欧洲稳定机制2013年7月正式运作的需支付400亿欧元，此后3年内再支付400亿欧元，而余下的6200亿欧元将包括欧元区国家承诺可随时支付的款项和担保。

2011年10月13日，斯洛伐克国民议会批准了欧洲金融稳定机制扩容议案，斯洛伐克是欧元区最后一个批准该文件的国家。至此，欧元区所有国家均已批准欧洲金融稳定机制扩容计划，增加欧洲金融稳定机制有效放贷水平及其弹性是欧盟阻止债务危机蔓延的主要“武器”。根据欧盟规则，欧洲金融稳定机制扩容议案需要欧元区每个国家批准方能生效。

二、北美自由贸易区

北美自由贸易区由美加自由贸易区演变而来，它是世界上第一个由最富裕的发达国家和发展中国家联合而组成的一体化组织。

（一）美加自由贸易区

早在1988年2月，美国和加拿大政府就签署了《美加自由贸易协定》，协定于1989年1月1日起生效，从而建成了美加自由贸易区。其目标是：取消商品贸易、服务贸易和投资、商业、旅行方面的一切障碍，提供双方政府的行为准则，规范私人企业的行为和政府的经济政策。《美加自由贸易协定》的内容涉及关税减免、非关税壁垒、原产地规则、农产品贸易、能源、倾销与补贴、政府采购、劳务、金融、投资、知识产权以及纠纷的解决机制等。

（二）北美自由贸易区

1990 年，美国与墨西哥探索订立双边自由贸易协定。此后，美、加、墨三国就北美自由贸易协定进行了为期一年多的谈判，于 1992 年 8 月 12 日签订了《北美自由贸易协定》，宣布成立北美自由贸易区，并于同年 12 月 17 日正式签署了该文件，文件于 1994 年 1 月 1 日生效，北美自由贸易区宣告成立。《北美自由贸易协定》与《美加自由贸易协定》类似，只是有些规定更加严格。其宗旨是取消贸易壁垒，创造公平竞争的条件，增加投资机会，保护知识产权，建立执行协定和解决争端的有效机制，促进三边和多边合作。它的主要内容有：三国将在 15 年内分三个阶段取消 9000 多种商品的关税和非关税壁垒，实行商品与劳务的自由流通；开放墨西哥的电讯、金融和保险业，三国在北美地区的金融公司给予国民待遇，就原产地规则达成更加严格的规定，以防止区外国利用自由贸易区逃避关税；制定更为完善的保护知识产权的规定以及有关劳工和环境保护问题的补充规定等。

北美自由贸易协定规定，三国区内除货物、劳动力、资金可以自由流通外，对知识产权、服务贸易、原产地规则等也作了安排。在 2009 年以前，取消所有商品的关税和数量限制，实现区内贸易的完全自由化。墨西哥向美国和加拿大开放市场，允许美国和加拿大的汽车、电脑、电讯工业以及银行、运输、保险和证券金融等服务贸易行业到墨西哥投资设厂，开业经营，投资行业与经营范围等与墨西哥本国企业享受同等待遇，不受歧视，平等竞争。

北美自由贸易区的组织机构体系，包括了自由贸易委员会、秘书处、专门委员会、工作组、专家组、环境合作委员会、劳工合作委员会、各国行政办事处、北美发展银行和边境环境委员会。自由贸易委员会是最高级别的机构，它由缔约方内阁及其代表或他们指定的人员组成。委员会的职能是监督协定的实施，督促进一步的谈判，解决合作引起的争端，监督根据协定建立的专门委员会和工作组的工作，考虑其他可能影响协定的运作事项。委员会每年至少召集一次年会，由各缔约方的代表轮流主持。

三、亚太经合组织

亚太经合组织自成立以来，在推动区域和全球范围的贸易投资自由化和便利化、开展经济技术合作方面不断取得进展，为加强区域经济合作、促进亚太地区经济发展和共同繁荣做出了突出贡献。亚太经合组织总人口达 27 亿，约占世界总人口的 40. 5%。根据国际货币基金组织公布的数据，APEC 成员经济总量约占世界经济总量的 53%，贸易总量约占世界贸易总量的 43%。这一组织在全球经济活动中具有举足轻重的地位。

（一）亚太经合组织建立的历程

1980 年 9 月，来自中同、韩国、日本、美国、加拿大、新西兰、澳大利亚、东盟等国家与地区的产业界、学术界与政府官员，以个人身份参与探讨与协调经贸合作的问题，并由此成立了太平洋经济合作会议。该会议成为包括整个太平洋沿岸国家与地区的经济论坛组织，起到了交流资料、沟通信息、协调看法、反映政府观点的作用。但是，这一非官方性质的组织并没有令人满意。1989 年 11 月，澳大利亚、新西兰、美国、加拿大、日本、韩国和东盟成员泰国、马来西亚、新加坡、菲律宾、印度尼西亚、文莱等 12 国负责外交与经济事务的部长们聚集澳大利亚首都堪培拉，举行了首届部长级会议，并发表了《部长级联合声明》，由以上国家组成亚太经济合作会议。

1991 年，中国香港和中国台湾加入。此后，墨西哥、智利、巴布亚新几内亚也分别加入，1991 年 11 月，中国以主权国家身份，中国台北和香港（1997 年 7 月 1 日起改为“中国香港”）以地区经济体名义正式加入亚太经合组织。截至 2011 年 11 月，亚太经合组织共有 21 个成员，横跨亚洲、南美洲、北美洲、大洋洲等四大洲。亚太经合组织举行每年一次的部长级会议，1992 年 9 月召开的第四届会议讨论了地区经济发展趋势、多边贸易谈判和区域贸易自由化等问题，并通过了《曼谷宣言》，会议决定在新加坡设立秘书处，直接向经合组织汇报工作。

1993 年 11 月，在西雅图举行了首次经合会领导人非正式会议及第五届部长级会议，开始讨论亚太经济合作的实际问题 1994 年 11 月，在印尼的茂物举行了第二次领导人非正式会议，发表了《茂物宣言》，提出该组织发达成员及新兴工业经济体在 2010 年前、发展中经济体在 2020 年前实现贸易和投资自由化，最终建成环太平洋的自内贸易区，这次会议标志着亚太经合会进入务实阶段。

1996 年 11 月，分别在马尼拉和苏比克（菲律宾）举行了第八届 APEC 部长级会议和第四次经济领导人非正式会议，所有 18 个成员均提交了包括关税、非关税、服务、投资、海关手续、标准与合格认证、竞争政策、争端调解、知识产权、原产地规则、政府采购、放宽管制、商业人员流动、乌拉圭回合结果实施和信息收集与分析等 15 个具体领域的单边行动计划和 APEC 集体行动计划。会议审议并通过的有关以上内容的《马尼拉行动计划》，从 1997 年 1 月 1 日开始实施贸易和投资自由化及便利化单边行动计划和集体行动计划，并在执行中进一步健全与完善。由于亚太经合会的成员多、范围广，各成员在经济发展水平、经济结构等方面都存在过于悬殊的差别，因此在很长一段时间内、难以进入良好的区域经济一体化的运行状态之中。

亚太经合组织于 1993 年初在新加坡设立秘书处，为各级活动提供支持和服务。亚太经合组织的组织机构包括领导人非正式会议、部长级会议、高官会、委员会和专题工作组等。其中，领导人非正式会议是亚太经合组织最高级别的会议。

（二）亚太经合组织的基本特征

与传统区域经济一体化组织的排他性不同，APEC 的基本特征有以下几点。

1. 非制度化

亚太经合组织不建立固定的执行机构，不存在成员经济体的权利让渡，也就是说，各成员之间不是通过签订多边协定而是通过自愿协商，达成共识来促进经济合作发展。其具体的运行机制包括部长级会议（外长与经贸部长）、首脑非正式会议。经由上述会议所达成的任何协议都是非约束性的，由各经济体自愿选择，经首脑承认公布于共同声明之中，并在协商一致的共同目标下，采取单边行动与集体行动相结合的方式来推进贸易与投资自由化。

2. 开放性

亚太经合组织是一个开放的、非排他性的地区经济合作组织，倡导“开放的地区主义原则”，反对建立排他性的“贸易集团模式”，主张在本地区实现贸易投资自由化的基础上坚持实行非歧视性原则，所有在成员经济体之间的优惠性措施均一视同仁地适用于其他非成员经济实体。

3. 经济互补性

亚太经合组织的成员均为环太平洋的国家或地区经济实体，既有像美国、日本那样的经济发达国家，又有新兴的工业化国家和地区，也有像中国这样的发展中大国，经济与贸易及投资的互补性强。

4. 合作多样性

亚太经合组织成员间贸易、投资自由化与经济技术合作并重，力使各成员之间通过合作互惠互利。另外，亚太经合组织内部存在多种类型的次区域经济合作组织，因此区域内地区性的经济合作发展迅速。

四、其他经济一体化组织

（一）东南亚国家联盟

东南亚国家联盟的前身是马来亚（现马来西亚）、菲律宾和泰国于1961年7月31日在曼谷成立的东南亚联盟。

1967年8月7日到8日，印尼、泰国、新加坡、菲律宾四国外长和马来西亚副总理在曼谷举行会议，发表了《曼谷宣言》，正式宣告东南亚国家联盟成立。同月28日到29日，马、泰、菲三国在吉隆坡举行部长级会议，决定由东南亚国家联盟取代东南亚联盟。

1. 《东南亚国家联盟成立宣言》的宗旨和目标

（1）以平等与协作精神、共同努力促进本地区的经济增长、社会进步和文化发展。

（2）遵循正义、国家关系准则和《联合国宪章》，促进本地区的和平与稳定。

（3）促进经济、社会、文化和技术等问题的合作与相互支援。

（4）在教育、职业和技术及行政训练和研究设施方面互相支援。

（5）在充分利用农业和工业、扩大贸易、改善交通运输、提高人民生活水平方面进行更有效的合作。

（6）促进对东南亚问题的研究。

（7）同具有相似宗旨和目标的国际和地区组织保持紧密和互利的合作，探寻与其更紧密的合作途径。

2. 东南亚国家联盟的成员国

主要成员国有 10 个：文莱（1984）、柬埔寨（1999）印度尼西亚、老挝（1997）、马来西亚、缅甸（1997）、菲律宾、新加坡、泰国、越南（1995）。总面积约 450 平方公里、人口约 5. 12 亿。

3. 东南亚国家联盟的组织机构

东盟首脑会议为东盟最高决策机构，每年举行两次会议。东盟成员国领导人在峰会上决定有关东盟一体化的关键问题，决定发生紧急事态时东盟应采取的措施，任命东盟秘书长。设立 4 个理事会，其中一个由外长组成，负责协调东盟重要事务，另外 3 个分别负责政治安全、经济一体化和社会文化事务；每个理事会各由一名副秘书长负责。

（二）南方共同市场

南方共同市场 1991 年 3 月 26 日，阿根廷、巴西、巴拉圭和乌拉圭 4 国总统在巴拉圭首都签署《亚松森条约》，宣布建立南方共同市场（简称南共市）。该条约于当年 11 月 29 日正式生效，1995 年 1 月1 日南共市正式运行，关税联盟开始生效，它是仅次于欧洲联盟的全球第二大关税同盟，也是目前唯一的一个由发展中国家组成的关税同盟。2012 年 7 月 31 日南方共同市场成员国总统在巴西利亚举行特别会议，一致同意正式接纳委内瑞拉为该组织的第五个成员国。

南共市的宗旨是通过有效利用资源、保护环境、协调宏观经济政策、加强成员国经济互补、促进成员国科技进步和实现经济现代化，进而改善人民生活，推动拉美地区经济一体化进程。

南共市的组织机构主要有理事会和共同市场小组。理事会是最高决策机构，由成员国外交部长和经济部长组成，理事会主席由各缔约国外长轮流担任，任期半年，每年至少举行一次（必要时可召开若干次）成员国首脑会议，理事会负责首脑会议的筹备和组织工作。共同市场小组是执行机构，负责实施条约和理事会作出的决议，就贸易开放计划、协调宏观经济政策、与第三国商签经贸协定等提出建议。共同市场小组由各成员国派出 4 名正式成员和 4 名候补成员组成，代表本国外交部、经济部和中央银行。下设贸易事务、海关事务、技术标准、税收和金融政策、陆路运输、海上运输、工业和技术政策、农业政策、能源政策和宏观经济政策协调等 10 个工作组。共同市场小组行政秘书处设在乌拉圭首都蒙得维的亚。

南共市积极发展同世界主要国家或集团的关系。1995 年 12 月，南共市与欧盟签署了《区域性合作框架协议》，决定于 2005 年建成跨洲自由贸易区。1998 年 7 月 22 日，欧盟委员会决定启动与南共市四国和智利建立自由贸易区的谈判，南共市第 14 次首脑会议对欧盟提出的谈判倡议予以积极回应，在第 16 次首脑会议上协调了和欧盟谈判的共同立场。1999 年 6 月，欧盟与南共市和智利宣布将于当年 11 月就建立自由贸易区谈判的原则、方式和非关税问题正式开始磋商，2001 年 7 月 1 日启动关税和敏感商品的谈判。1998 年 7 月，南共市及其联系国首脑与南非总统曼德拉共同签署了关于扩大南共市与“南部非洲发展共同体”14 个成员国间贸易的谅解备忘录。2002 年 5 月，在第二届欧拉首脑会议上，南共市与欧盟决定于 7 月开始新一轮自由贸易谈判，迄今南共市已与中国、欧盟、日本、俄罗斯和韩国等建立了对话或合作机制。

第四节 区域经济一体化对国际贸易的影响

一、对世界经济贸易的影响

从世界范围看，随着各种类型和层次的区域经济一体化组织的发展和壮大，区域经济一体化已成为当代世界经济发展的普遍现象和共同趋势，在世界市场上起着举足轻重的作用。它们的一系列活动都将对全球的经济贸易格局和整个国际市场产生深远的影响，在当代国际经济生活和世界经济格局的变化中起着越来越重要的作用。

（一）推动了国际贸易的进一步发展

区域经济一体化是为适应战后生产力提高、生产社会化空前高涨而出现的经济现象。区域经济一体化虽然不能消除各垄断集团的分歧和矛盾，但它在一定程度上缓和了资本主义国家之间、各国垄断集团之间的矛盾，减少了世界市场上国际经济活动的混乱和无政府状态，使国与国之间的经济摩擦受到一定的约束。同时，区域经济一体化的结果，使得妨碍生产要素自由流动的各种障碍得到减少或消除，极大地推动了国际贸易的发展。

（二）促进了贸易自由化，优化了贸易条件

区域经济一体化是生产与经济国际化发展的产物，是各国相互依赖不断加深的产物。当经济国际化发展到一定程度时，就可以解决单个主权国家自身的经济发展问题，这就促使同一区域的几个国家携手合作，以新的国际分工为基础，逐步深化已经形成的地区性一体化组织，组建新的更大范围的区域经济一体化组织。当今世界生产国际化、经济一体化程度最高的区域性组织，也是各国间相互依赖最为密切、贸易自由化程度最高的地区，“区域经济”一体化通过建立关税同盟、共同市场和经济联盟，在一体化组织内部实现了贸易自由化，促进了内部贸易发展，与此同时，在对外方面通过签订优

惠贸易协定等，在不同程度上扩大了对外贸易自由化。目前，尽管各区域经济一体化组织之间在一定程度上存在着摩擦和对抗，不利于世界贸易组织自由贸易原则的实施，但由于各经济一体化组织在内部贸易、投资等方面的障碍逐渐减少和消除，使得生产要素能够不同程度地自由流动和配置，从而增强了成员国相互间的经济交流与合作，也改善了彼此的贸易条件，使成员国能够比较平等地共享建立区域经济一体化组织所带来的直接和间接效益。

（三）改变了国际贸易的地区分布

战后随着区域经济一体化的发展，几乎所有的国家都参加国际贸易活动，20 世纪 70 年代，发展中国家由于组成区域一体化组织，贸易额的增长速度超过发达国家，其内部贸易在整个出口贸易中所占比重大幅上升。1986 年以来发展中国家贸易自由化取得较大进展，其中尤以拉美和亚洲的贸易自由化进程最快。在西方发达国家中，由于区域经济一体化的发展，打破了以美国为主导的国际贸易格局。欧盟和欧洲自由贸易联盟两个一体化组织的建立和发展，不仅对成员国的经济发展起了积极的促进作用，而且对世界经贸格局的变化产生了重大影响。区域经济一体化将加强世界商品、资金、技术和人员在发达国家之间集中的倾向，因为发达国家是先进科技的发明者和拥有者，若区域一体化组织由发达国家和发展中国家混合组成，则资金和技术将首先流向区域内的发展中国家，然后才是非成员国。北美自由贸易区建立以来，美国对该地区的自由贸易热情不断提高，墨西哥对外国投资者也很具有吸引力。

（四）不利于多边贸易体制的改进和完善

区域经济一体化在区域内实行自由贸易，为多边贸易体制提供了一个试验机会，起到了一定的示范作用，但其消极作用不容忽视。日益增多的区域性经济集团已成为困扰多边贸易体制进一步发展的重要因素，区域经济一体化对区域外实施歧视性待遇，违背了 WTO 的非歧视原则，它的出现加强了世界市场的垄断，抑制了竞争，削弱了 WTO 在区域内的影响，使得各国把追求自由贸易的目光转向区域经济集团，从而不利于 WTO 的进一步发展，更使得在全世界范围内的自由贸易难以实现。

（五）阻碍经济全球化的发展进程

经济全球化追求的目标是在全球范围内平等、公平、互惠、共赢地实现贸易自由化，使世界上所有的国家共同参与国际分工。经济全球化标志着生产社会化进入了一个全新的阶段，给世界各个国家和地区带来难得的机遇，这是生产力发展到一定阶段的必然产物，但是，区域经济一体化实际上是以牺牲全球的贸易自由来换取局部范围内的自由，在一定发展阶段会成为经济细化发展的障碍。

二、对成员国内部经济贸易的影响

当代国际经济一体化组织形式多种多样，一体化目标有高有低，结合范围有广有狭，但是无论是何种情况的区域经济一体化组织，对成员国内部经济贸易的发展都是有利的。

（一）促进了集团内部贸易的增长

区域经济一体化组织都是从消除集团内部关税和贸易限额开始的，形成区域性的统一市场，再加上集团内国际分工向纵深发展，经济上的相互依赖性加强,成员国之间工业品的销售条件比非成员国的商品销售条件有利得多，而且通过分工使商品销售渠道稳定，这就使集团成员国间的贸易往来迅速增长，集团内部贸易在成员国对外贸易额中所占比例显著提高，集团的贸易额占世界贸易总额的比重也大幅度上升。

（二）有利于科学技术的协调与合作

区域经济一体化有利于促进集团内部的国际分工和生产专业化，国际技术合作的发展有利于促进投资水平的提高。区域经济一体化组织的建立，有利于成员国之间科学技术方面的协调与合作。当今世界市场的竞争越来越体现为物化在商品中的科学技术含量的竞争，科技越先进，产品性能和质量越好，生产成本越低，在国际市场竞争中越处于有利地位。但研制开发高科技性能的新产品，不仅需要投入大量的科技力量和研究经费，培养大量的科技人才，而且投资风险很大，成员国中的多数国家凭单一力量难以胜任重大的科研项目，如原子能的利用、航天技术、计算机技术等。区域经济一体化组织可以联合集团内部的力量，加快新技术和新产品的开发，分散投资风险，大大缩短科技成果转化为生产力的时间，这对于科技和生产力的发展及劳动生产率的提高，能起到推动作用。

（三）可促进成员国的资源优化配置和产业结构调整

区域经济一体化组织建立后，成员国之间的竞争加剧，使得生产要素和资源得到更优化的配置，专业分工的广度和深度不断拓展，使生产效率大大提高。

任何一个国家或地区的经济运转，都有既定的资源基础，在国土边界分割的情况下，各国所拥有的生产要素资源很不平衡，其自然地理条件差异性很大，这使各国经济发展具有不平衡性。从集团内部看，各成员国之间无论是经济发展水平，还是资源占有情况和产业结构分布，都存在着很大差异，因此，各国在经济上存在着互补性。从资源优化配置的需要看，组成经济集团可以发挥各自的长处，形成集团的整体优势。发达国家内部新兴行业不断代替旧行业，劳动密集型产业逐步被资本、技术密集型产业取代，同时服务业、信息业不断发展壮大。地区内成员国之间客观条件各不相同，在地区内调整产业结构，进行新的产业布局，有利于发挥各成员国的比较优势，进行资源的优化配置，发挥各自的作用，形成集团的整体优势。同时，由于成员国内部逐渐实行资金、劳务、商品的自由流动，所以产业结构调整的障碍小。

（四）改变了国际贸易中的地区分布，加强了经济贸易集团的经济力量

区域经济一体化组织的建立和发展，对成员国的经济发展起了一定的促进作用。欧盟的建立和发展对各成员国的经济发展起了一定的促进作用，联合起来的西欧地区的经济力量大大加强。

（五）加速了市场型经济一体化集团内部的资本集中和垄断

1. 关税同盟使关税与非关税壁垒减少甚至取消，加剧了成员国间商品的直接竞争，优胜劣汰，使一些中小企业受到强烈的冲击，有的被淘汰或兼并。

2. 大企业在市场扩大和竞争加强的刺激下，力求扩大生产规模，增强资本实力，因而趋向于组成或扩大为一国的或跨国的垄断组织。

3. 在激烈竞争中，为了加强本国企业的竞争能力，成员国政府也都运用国家垄断资本主义政策措施，在资本供应、税收政策等方面提供优惠，以促进企业规模的扩大和企业之间的合并。

4. 一体化组织的建立，方便和促进了成员国之间的资本流动，各国大企业通过在邻国组织公司，采取收买企业或收购股票及建立合营企业等方式，使集团内部资本交织。特别是在美国资本大量输入的情况下，为了加强竞争能力，集团成员国和共同体机构也鼓励成员国之间的公司合并，联合起来进行竞争。

三、对非成员国的影响

区域经济一体化对非成员国的经济贸易既有积极作用，也有消极作用。从总体上来看，区域经济一体化对区域外国家的消极作用更加明显。

（一）区域外国家将面对更大集团的贸易保护主义，加剧了世界经济发展的不平衡

由于区域经济一体化具有先天的贸易保护功能，从而使平等竞争、自由贸易受到了一定的限制。区域内贸易的扩大是以牺牲与区域外国家的部分贸易为代价的，即贸易转移效应，使得区域外国家的贸易环境恶化，尤其会使发展中国家的经济发展更为困难，加剧了世界经济发展的不平衡。

由于关税壁垒和贸易障碍的取消仅仅是对区域集团内部成员国而言的，因而从区域外国家输入产品的价格会高于区域内，从而使区域外国家处于不利地位。因此，对区域经济一体化组织外的国家来说，区域经济一体化的国家为了实行一个更大的、集团的贸易保护主义，在《世界贸易组织规则》中，

“关税同盟和自由贸易区的例外”条款规定：“关税同盟和自由贸易区成员方之间相互给予的贸易优惠可以不必同时给予非成员方”。欧盟和英国自由贸易区就是按照这一原则相互给予优惠的。

（二）发展中国家的贸易环境更加恶化

区域经济一体化以对内自由贸易、对外保护贸易为基本特征。区内贸易的内向性加强，对外采购的商品需求相对减弱，因此对发展中国家来说，区域经济一体化使它们的贸易环境更加恶化，并承受来自更多方面的挑战。一是由于区域经济一体化组织内部产业结构、专业分工向高层次发展及内部互补性加强，而发展中国家技术水平低，产业结构落后，多以出口劳动密集型的初级产品为主，加上区内贸易保护主义的影响，使发展中国家的产品难以进入一体化市场内部；二是区内较落后的国家在产业结构、出口商品结构上与大多数发展中国家有相似之处，而这些区内国家可凭借区内保护，占据部分原来属于区外发展中国家的商品市场和投资市场，如葡萄牙 1986 年加入欧共体，取得了令人瞩目的经济成就，而其他发展中国家则不能；三是区外竞争也变得更加激烈，如亚洲“四小龙”为绕过关税壁垒，凭借经济实力，打入区内，投资建厂，建点扩销。

以上三种因素，都造成了大多数发展中国家的贸易环境恶化。但是也应看到，随着区域经济一体化的发展，在区域集团内的国家，由于贸易障碍的取消和区域内规模经济范围的扩大，其经济增长率的提高有可能扩大区域外国家的进口贸易，推动世界经济的发展。同时，区域内贸易管理、产品规格、技术标准、流通和交换手续统一，区域内贸易手续的简化和产品标准化范围的扩大，使区域内和区域外的交易成本降低，能促进商品的交流。因此，区域经济一体化所带来的有利因素和不利因素，给发展中国家的经济贸易发展，既带来了机遇，也带来了挑战。

第八章 国际服务贸易与知识产权保护

第一节 国际服务贸易概述

第二次世界大战后，世界经济发展最突出的变化之一就是国际服务贸易的迅猛发展，特别是20世纪80年代以来，世界服务贸易的增长速度远远超过了世界货物贸易的增长速度，在世界经济贸易中占有越来越重要的地位。

一、国际服务贸易的含义

国际服务贸易是指跨国界的服务交换活动。到目前为止，国际上对服务贸易的精确定义还没有一个统一的表述。不同的研究机构基于性质及统计的考虑，都给了自己的解释。《服务贸易总协定》从贸易方式的角度，确定国际服务贸易具体是指涉及下列范围的交易活动：跨境提供、境外消费、商业存在、自然人流动。

（一）跨境提供

跨境提供是指从一成员方境内向另一成员方境内提供服务，其中的“跨境”是指“服务”过境，通过电讯、邮电、计算机联网等方式实现，至于人员和物资在现代科技环境下一般无需过境。例如，国际金融中的电子清算与支付、国际电信服务、信息咨询服务、卫星影视服务等。

（二）境外消费

境外消费是指在一成员方境内向另一成员方的服务消费者提供服务，如人到外国就医、外国人到本国旅游、本国学生到外国留学等。

（三）商业存在

商业存在是指一成员方的服务提供者通过在另一成员方境内的商业实体提供服务。它主要涉及市场成人和直接投资，即允许一成员方的服务提供商在另一成员方境内投资设立机构并提供服务、包括投资设立合资、合作和独资企业，该机构的服务人员既可以从提供商母国带来，也可以从东道国雇用。例如，外国公司到中国来开酒店、建零售商店和开办律师事务所等。

（四）自然人流动

自然人流动是指一成员方的服务提供者在另一成员方境内提供服务。进口方允许个人入境来本国提供服务。例如，外国教授、工程师或医生来本国从事个体服务。

《服务贸易总协定》也明确规定，“政府当局为履行职能所提供的服务”不属于国际服务贸易的对象。“政府当局为履行职能所提供的服务”是指既非基于商业基础也不与一个或多个服务提供者相竞争的任何服务，例如，中央银行的服务和社会保障服务。

二、国际服务贸易的特点

与国际货物贸易相比，国际服务贸易具有如下特点：

（一）贸易标的无形性

物质商品的空间形态是确定的、直接可视的、有形的，物质商品的生产、供应和消费伴随着它的空间形态而产生、移动和消失。而服务贸易的标的，服务的空间形态基本上是不固定的、不直接可视的、无形的。一方面，服务提供者通常无法向顾客介绍空间形态确定的服务样品；另一方面，服务消费者在购买服务之前，往往不能感知服务，在购买之后也只能觉察到服务的结果而不是服务本身。

（二）交易过程与生产和消费过程的同时性

物质商品因其有形性而可以根据需要被运输，在工厂内它们已经被运输或移动了，比如从工序的上一环节移动到下一环节，以及从车间出厂，甚至被运往国外。但服务是无形的，没有物质空间形态，就不能被运输或移动。一般来说，国际服务贸易的交易过程与服务的产生、消费过程不可分割，而且常常是同步进行的。

（三）贸易主体地位的多重性

服务的卖方往往就是服务生产者，并作为服务消费过程中的物质要素直接加入服务的消费过程；服务购买方则往往就是服务的消费者，并作为服务生产者的劳动对象直接参与服务产品的生产过程。

（四）服务贸易市场的高度垄断性

由于国际服务贸易在发达国家和发展中国家的发展严重不平衡，加上服务市场的开放涉及跨国银行、通信工程、航空运输、教育、自然人跨越国界流动等。它们直接关系到服务进口国家的主权、安全、伦理道德等极其敏感的领域和问题，由此，国际服务贸易市场具有权强的垄断性，受到国家有关部门的严格控制。这一方面表现为少数发达国家在国际服务贸易中的垄断优势上；另一方面呈现为全球服务贸易壁垒森严、多种贸易障碍林立。全球服务贸易壁垒多达 2000 多种，大大超过了商品贸易。

（五）贸易保护方式的刚性和隐蔽性

由于服务贸易标的所具有的特点，各国政府对本国服务业的保护，大多采取货物贸易上惯用的关税壁垒和非关税壁垒的办法，而只能采取在市场准入方面予以限制或进入市场后不给予国民待遇等方式，这种保护常以国内立法的形式加以施行。国际服务贸易保护的发展态势不同于国际货物贸易，各国对服务贸易的保护往往不是以地区性贸易保护和“奖出”式进攻型保护为主，而是以行业性贸易保护和“限入”式防御型保护为主。这种以国内立法形式实施的“限入”式作关税壁垒，使国际服务贸易受到的限制和障碍往往更具刚性和隐蔽性。

（六）国际服务营销管理具有更大的难度和复杂性

国际服务营销管理无论是企国家宏观管理方向，还是在企业的微观经营方面，都比货物的营销管理具有更大的难度和复杂性。从宏观上讲，国家对服务进出口的管理，不仅仅是对服务自身的物的管理，还必须涉及对服务提供者和消费者的人的管理，涉及包括人员签证、劳工政策等一系列更为复杂的问题。另外，国家主要采取制定法规的办法对服务贸易进行调控和管理。但因法律的制定与修订均需一定时间，往往会落后于形势，因而法规管理体制滞后于实际。还有，法规管理的实际效果在相当程度上也不是取决于国家立法，而是取决于各服务业企业的执法，因而，容易出现宏观调控的实际效果与预期目标相背离的情况。在微观上，由于服务本身具有的特性，也使得企业营销管理过程中的不确定性增多，调控难度增大，突出表现在对服务的质量控制和供需调节这两个企业营销管理中最为重要的问题上。如前所述，服务具有异质性，使得服务的质量标准具有不确定性。服务也难以通过货物贸易中包退、包换等办法挽回质量问题所造成的损失，从而增大了服务质量管理的难度。

三、国际服务贸易的分类

国际服务贸易的内容广泛，涉及社会生活的各个方面，按照不同的标准可以对其内容进行不同的分类。按照行业进行分类，国际服务贸易可以分为金融、保险、旅游、建筑、专业服务等五大类；按照生产过程进行分类，国际服务贸易可以分为生产前服务（市场调研和可行性研究）、生产中服务（企业内部质量管理、软件开发、人力资源管理、生产过程之间的各种服务）和生产后服务（广告、销售服务、包装与运输服务）；按照要求的密集程度分类，国际服务贸易可以分为资本密集型（空运、通信）、技术密集型（银行、金融、法律、会计、审计、信息）和劳动密集型（旅游、建筑、维修、消费服务）。

目前国际上一般采用《服务贸易总协定》的标准，将国际服务贸易分为12大类、142个小类，12个大类包括以下几个方面。

（一）商业服务

商业服务是指在商业活动中涉及的服务交易活动。这类服务又包括专业性服务、计算机相关服务、研究与开发服务、不动产服务、设备租赁服务、其他服务六类。

（二）通信服务

通信服务主要指有关信息产品、操作、储存设备和软件功能等的服务。通信服务是由通信部门和信息服务部门提供，主要包括：邮电服务、信使服务、电信服务等。

（三）建筑及相关工程服务

建筑及相关工程服务主要指工程建筑从设计、选址到施工的整个服务过程。具体包括：工程选址服务，建筑项目、建筑物的安装及装配工程，工程项目施工与监理，固定建筑物的维修服务，以及所有这些环节涉及的其他服务。

（四）销售服务

销售服务是指产品销售过程中所涉及的各种商业服务，主要包括批发与零售服务、特许经营服务和其他销售服务。

（五）教育服务

教育服务是指国际间在国民教育与非国民教育方面的服务交易与合作，涵盖了高等教育、中等教育、初等教育、学前教育、继续教育、特殊教育等一系列正规教育以及非正规教育环节。

（六）环境服务

环境服务包括污水处理服务、废物处理服务、卫生及类似服务等与环保直接联系在一起的服务。

（七）金融服务

金融服务涵盖了银行与非银行金融的各主要领域，其中银行金融包括商业银行提供的所有服务，非银行金融则主要包括保险及其相关服务。

（八）健康及社会服务

健康及社会服务主要指医疗服务、其他与人类健康相关的服务，以及社会服务等。

（九）旅游及相关服务

旅游及相关服务指旅游业及与之有关联的服务，最主要的有旅馆、饭店提供的住宿、餐饮服务及相关服务，旅行社提供的旅游交通及导游服务等。

（十）文化娱乐及体育服务

文化娱乐及体育服务也包括娱乐服务、新闻代理服务、图书馆服务与体育服务等，此外还包括文化交流、文艺演出等服务形式。

（十一）交通运输服务

交通运输服务主要包括货物运输服务、客运服务、船舶服务、附属交通运输的服务等。

（十二）其他服务

凡是无法归入上述任何类别之一的服务贸易，均可归入此类。

第二节 国际服务贸易的发展历程

一、国际服务贸易的产生

随着经济的发展，一国的产业结构逐渐发生变化，逐步从第一产业过渡到第二产业，再从第二产业过渡到第三产业，产生了服务业及服务贸易，国际服务贸易是与世界分工、世界经济的发展相联系的。

在工业社会以前阶段，大部分人从事农业、狩猎和其他自然资源利用的工作，劳动主要为体力劳动，生活节奏依照季节变化。社会组织的基点以自给自足的家庭为核心，对社会需求基本不存在。在工业社会阶段，首先产生的是农产品的加工工业、纺织工业，继而再发展具有地方市场的制造工业，工业活动在社会活动中的比重不断上升，生活节奏取决于工业活动。社会的组织开始复杂，人口中的一部分从农村向城市迁移，运输、通信、银行和其他服务成为社会运行的基础。人口向城市的集中形成了大众消费，对零售商业、银行、保险的服务需求得到了发展。在工业生产中，一部分劳动者专门从事修理、警卫、管理、零售等服务业，随着工业社会的专门化发展，原来企业内部的工作越来越适合交给外部的机构完成，从而提高了规模效益和专门化。一部分过去属于农业工作（自我消费的农产品加工）的活动，现在转变为工业活动，在工业社会后期阶段，大部分人口从事服务业，农业人口比例大大下降。人们的生活质量取决于诸如教育、交通运输、医疗卫生等服务，而不再只是取决于产品的数量。

随着经济结构的优化和社会分工的深化，服务业经济在社会的发展中起着决定性作用。如果没有运输系统，无论是农业、工业还是采矿业都无从发展。同样，如果没有银行、法律咨询、销售、售后等服务，生产活动也无法进行。交通、通信、旅馆等对人的服务决定了人的生活质量，公共服务的运行和质量决定了社会的进步。工业革命以后，社会分工细化，生产率大大提高，生产力得到巨大发展，服务业随着各资本主义国家工业的发展而发展起来，并随着国际贸易的展开而加速，形成并发展成为国际服务贸易。

二、第二次世界大战后国际服务贸易的发展

第二次世界大战后，世界经济的发展分为三个阶段，即 20 世纪 40 年代到 70 年代初为第一阶段；70 年代初到 80 年代末为第二阶段；80 年代末至今为第三阶段。

（一）第一阶段：20 世纪 40 年代到 70 年代初

在这个阶段、世界经济处于恢复和发展阶段，也是第三次科技革命产生和发展时期，因此整个世界经济发生了极大的变化，生产率得到提高。1948～1973 年，世界工业生产年均增长率为 6. 1%，劳动生产率年增长为 3%。生产力的提高促进了国际分工，带动了国际贸易的发展，国际服务贸易也随之增长，尤其是 20 世纪 60 年代后期，国际服务贸易快速增长。到 1970 年，国际服务贸易已达 662 亿美元，占整个世界贸易总额的 17. 6%。

（二）第二阶段：20 世纪 70 年代初到 80 年代末

这一阶段世界经济经历了一个调整期，主要的资本主义国家进入了滞涨阶段。尽管如此，国际贸易却增长较快，特别是国际服务贸易尤为突出。这期间，劳务输出、技术贸易、国际旅游、银行保险等服务部门发展特别快，例如，劳务输出方面，1985 年，全世界劳务输出达 2000 万人次，其中菲律宾、韩国、印度、巴基斯坦、埃及等国的劳务出口均在 140 万人次以上；国际旅游业快速发展，成为新兴的“无烟产业”，1950～1980 年，参加国际旅游的人数从每年的 2500 万人次猛增到 2. 7 亿人次，增长了 11 倍，年均增长率达 14%左右，大大高于世界商品贸易的年增长率；世界银行业和保险业也伴随着世界经贸的发展而异常活跃，出现了若干个世界性的金融市场中心，如纽约、伦敦、东京、香港、新加坡等。

（三）第三阶段：从 20 世纪 80 年代末至今

进入 20 世纪 80 年代，服务业和国际服务贸易进入了迅猛发展时期。三

大产业在全球经济中所占比例发生了巨大变化，目前，服务业占世界经济总量的比重已达到70%左右，低收入国家服务业比重达到50%。1980～2010年，世界服务出口总额从3673亿美元扩大到36639亿美元，30年间增长了9倍，占世界贸易出口的比重从七分之一增长到近五分之一。特别是进入新世纪以来，服务贸易在结构性调整中爆发了新的增长力，显现出新的发展态势。

1. 国际服务贸易发展速度超过货物贸易发展速度

2000年以来，国际服务贸易年均增速9.3%，超过货物贸易8.8%的发展速度，目前，服务进出口占世界贸易的比重达到约五分之一。

2. 新兴经济体服务贸易发展速度超过发达经济体

2000年以来，新兴经济体服务贸易迅速增长，发展速度超过占国际服务贸易主导地位的发达经济体。2000～2010年间，印度、俄罗斯、中国、巴西的服务出口年均增速分别达到20.6%、16%、18.6%、13.9%，高于美国6.2%、欧洲地区8.6%的年均增速。

3. 高附加值新兴服务贸易比重超过传统服务贸易

全球计算机和信息服务、咨询服务等新兴服务贸易占比逐步上升，运输、旅游等传统服务占比逐步下降，2006年首次低于50%，并不断持续发展，云计算、物联网的发展将进一步强化该趋势。

4. 商业存在形式实现的服务贸易超过跨境服务贸易

国际产业转移的重点从制造业领域向服务业领域转移。2010年服务业跨国投资占全球比重已接近三分之二，通过商业化存在实现的服务贸易已经超过全球的一半，达到55%以上。

三、2000年后国际服务贸易发展的动因

国际服务贸易呈现的新态势，主要源于全球服务领域正在经历的深刻变化，这些变化主要有以下几点。

（一）制造业服务化

越来越多的制造企业正转变为服务企业，制造业呈现服务化新趋向。一

方面，企业依托制造业发展服务业，核心技术服务化，通过产业链重组，企业的经营重心逐渐从加工制造转向流程控制、产品研发、市场营销、客户管理等生产性服务，向价值链“微笑曲线”的两端延伸；另一方面，企业战略转型发展服务业，主营业务多元化，向管理咨询、医疗、金融等新兴高增长业务拓展，随着产品提供者向集团服务提供商转型，制造业的服务投入、服务产出比重上升，全球产业链延伸、价值空间拓展、服务市场扩大。

（二）服务业信息化

以信息技术和互联网为支撑的技术创新，提高了服务业的信息化程度，服务交易更加便利，服务的可贸易性进一步增强。计算机和信息服务等高附加值的服务贸易和服务外包异军突起。当前，以云计算、物联网为代表的新一轮信息技术革新方兴未艾，催生了新的服务理念，提升了服务业的产业能级，扩大了增值空间，为高附加值服务贸易和高附加值服务外包快速发展提供了新的发展空间。

（三）服务业国际化

以世界贸易组织为核心的多边贸易体制以及区域经济合作共同推动的贸易自由化进程，为服务贸易的发展创造了一个稳定的、具有可预见性的自由贸易框架，各国部分降低了服务业的进入壁垒，促进了服务业国际化进程。跨国公司加快全球资源整合，通过离岸服务外包、服务业跨国投资加快了服务业国际化进程。服务业发达国家，通过大力扶持服务贸易发展，巩固和增强了本国服务业在国际市场上的竞争优势，新兴经济体通过大力扶持服务外包等新兴领域的发展，抓住服务业跨国转移机遇，创造了新的比较优势。

（四）消费结构优化

联合国认定，2008 年为世界城市人口超过农村人口的第一年，随着人均收入水平的增加和全球城市化进程的加快，需求结构升级，服务消费成为消费需求的重要内容。在服务经济发达的国家，服务消费已经是私人消费的主要形式，服务消费支出迅速增加，成为拉动经济增长的强劲动力；在发展中国家，收入增长、公共服务和社会保障的逐步完善，也增强了服务消费方向的有效需求。

第三节 服务贸易自由化与《服务贸易总协定》

一、国际服务贸易自由化

（一）服务贸易自由化的含义与特点

服务贸易自由化是指在国际服务贸易中尽量减少进口的障碍，为服务贸易的交易提供一个良好的国际环境。由于服务具有不可储存性和无形性，政府不能通过海关进行监管，也不能用关税措施加以控制。因此，服务贸易自由化的目标是更加广泛和全面的市场开放，即服务产品市场、服务投资市场和服务劳动力市场同时开放，这样才能更大程度地消除贸易障碍，其实现手段不是削减关税，而是通过谈判，谋求各缔约方政府修改国内法律法规，减少对服务贸易的限制。

（二）服务贸易壁垒

服务贸易壁垒是指一国政府对国外生产的服务销售所设置的有障碍作用的政策措施。由于服务贸易的无形性，它的流动既不能为一国关境所监管，也不能为海关统计所反映。因此对服务贸易的流动，不能像对货物贸易流动那样借助关税壁垒来加以限制，而只能借助非关税壁垒来限制。按乌拉圭回合谈判采纳的方案进行划分，一般可以将限制服务贸易自由化的壁垒划分为两大类别：影响市场准入的措施和影响国民待遇的措施。

1. 影响市场准入的措施

影响市场准入的措施是指那些禁止或限制外国商人进入本国市场从而抑制国内市场竞争的措施。这些措施主要包括以下几类。

（1）对交通运输、广播电视、大众传媒、电信等对国家安全、领土主权、宣传舆论和文化等具有重大影响的服务部门或企业、禁止或完全禁止外国直接投资的进入。

（2）有偏向性地限制某类投资方式。如禁止或限制采用企业吞并、兼并手段的条款，防止外国服务企业兼并国内相关企业。再如在中国建筑及相关工程服务业，仅限于合资企业形式；近海石油服务、地下勘测服务，仅限于与中国企业合资或合作的方式开采石油。

（3）对服务业外来投资规定其在企业中的最高所有权比例。如中国的海运代理服务，仅限设立合资企业形式，外资股权比例不得超过 49%；电影院服务外资不得超过 49%。

（4）对服务业投资地域和企业数量的限制。如中国在 2001 年入世时承诺在五年内分批增加允许外资银行经营人民币业务的城市，直至 2006 年全部开放。

2. 影响国民待遇的措施

影响国民待遇的措施是指有利于本国企业，但歧视外国企业的措施，包括为国内生产者提供成本优势，或增加外国生产者进入本国市场的成本。一般来讲，国民待遇原则是国际贸易通行的原则，但是，《服务贸易总协定》却没有将它作为一项普遍义务而是作为一项特殊义务规定下来，因此各国可以根据本国具体情况作出不同的规定。一国的国民待遇措施中很多是影响跨国服务企业进行海外投资的关键因素，目前各国在国际服务贸易中的国民待遇原则方面存在的主要限制措施有以下四点。

（1）对经营范围和介入当地金融市场的限制。例如法国限制投资业务只能占自有资金的 10%，日本和加拿大不允许外国银行进行工商业投资。

（2）对企业经营业绩的要求。主要有：当地成分、出口、技术转让、国内采购、贸易平衡、就业人事和培训要求，且该要求主要集中在就业和技术转让两个方面。

（3）对外汇管理的规定。这主要涉及对外汇款和利润汇回，如巴西对非生产性服务业的利润汇出规定不得超过注册资本的 8%。

（4）对服务提供者人事资格的限制。如我国规定，外国律师事务所在华代表处不得雇用中国国家注册律师。

二、《服务贸易总协定》（GATS）的产生

由于各国服务产业和服务贸易发展的明显失衡以及由于对本国服务市场和产业的保护，多数国家都分别在国际服务贸易领域设置了相关的贸易壁垒。“乌拉圭回合”谈判达成的《服务贸易总协定》是历史上第一个关于国际服务贸易发展的多边规范，它所确立的基本原则和贸易规则有力地推动了全球服务贸易的自由化进程。

《服务贸易总协定》的产生背景有以下两点。

（一）经济全球化发展和国际服务贸易自身发展的客观需要

自第二次世界大战尤其是20世纪70年代以来，世界各国间的经济联系日益加深，商品、资本、服务等各要素的流动和配置更为活跃，其中国际服务贸易的增长速度更是大大高于同期的货物贸易的增长速度，而服务业又是一个涉及非常广泛的行业，其内容包罗万象，涉及国家主权、国防经济安全、社会就业、人力资本、通信技术设施、教育等多个方面。在这样的情况下，如果没有一个原则性的国际服务贸易规范框架，不仅会使各国间的贸易处于低效率状态，更有可能因各国不同的政策法规而造成混乱和障碍。《服务贸易总协定》的产生不仅适应了国际贸易发展态势的要求，而且也必将促进经济全球化和国际服务贸易的快速发展。

（二）发达国家与不发达国家之间斗争和妥协的结果

美国作为发达国家的代表，是服务贸易谈判最积极的倡导者。服务业是美国经济的支柱产业，在美国经济中占有很重要的地位。自1972年美国出现商品贸易逆差以来，该逆差就由服务贸易顺差部分加以弥补，为了维护和争取更多的利益，美国积极倡导服务贸易谈判，试图在《关税及贸易总协定》（GATT）框架内，实现服务贸易自由化，打开其他国家的服务贸易市场。

尤其在1984年以后的两年里，美国政府不断对其他国家政府施加压力，要把服务贸易纳入新一轮的谈判内容之中，而发展中国家则坚决要将这一问题置于GATT的权限之外。然而在经过高级官员小组1986年1月缔约方

大会和筹备委员会在 1986 年上半年举行的会议上讨论后，终于在 1986 年 9 月的埃斯特角部长级会议上达成妥协，将服务贸易作为七项新议题之一列入“乌拉圭回合”多边贸易谈判程序，从此拉开了服务贸易多边谈判的序幕，并确定了采取“双轨制”的谈判方式，将服务贸易作为与商品贸易并列的议题，由各国就旅游、建筑、金融、保险、电信、专业人员服务等展开具体谈判。

三、《服务贸易总协定》的主要内容

《服务贸易总协定》由序言、正文 6 个部分，共 29 个条款、8 个附件和 9 个部长会议决定以及各成员方的承诺表组成，其内容由三大块组成：一是框架协议条款本身，即管理服务贸易的基本原则和纪律；二是部门协议，即附录；三是各国市场收入的初步承诺减让表。

（一）框架协议条款

GATS 条款部分包括前言和 6 个部分共 29 项条款，明确了制定服务贸易各项原则和多边规则的基本宗旨，规定了适用于所有成员的基本权利和义务。

1. GATS 的通用范围

GATS 从四个方面对国际服务贸易进行了规定：即过境交付、境外消费、商业存在和自然人流动。GATS 运用于以商业为基础提供服务的私有部门、企业以及政府公司，但在行使政府权限时提供的服务（如驻外使领馆人员提供的服务）除外。为履行协定所列的义务和手续，GATS 要求各成员采取所有可能的措施以确保其境内的地方政府或当局及非政府机构（如行业协会、商会等）遵守该协定。也就是说，服务贸易的范围包括除政府当局实施政府职能所提供的服务以外的所有部门的一切服务。

2. CATS 的主要原则

GATS 条款中的一些概念和原则多来自《关税与贸易总协定》，但是由于服务贸易与货物贸易的特点不同，这些概念也有了特定的含义。

GATS 的条款中所规定的义务有两种：一是一般义务，二是具体承诺义务。一般性义务适用于各个部门，不论服务贸易总协定的成员是否开放这些部门，具体承诺的义务是指必须经过双边或多边谈判达成协议后才承担的义务，这些义务（市场准入和国民待遇）只适用于各成员承诺开放的服务部门。这种将一般性义务与具体承诺的义务区分开来的做法，是服务贸易总协定的一个重要特点。下面对主要原则分别予以介绍。

（1）最惠国待遇。这一原则是多边贸易体制的基础，也是多边服务贸易的基础，为各国所普遍接受。最惠国待遇条款规定，各缔约方应立即和无条件地给予他国服务和服务提供者，以不低于其给予其他国家相似服务和服务提供者的待遇。这一原则适用于服务贸易的各个部门，不论成员方是否将某个服务贸易部门对外开放，在采取有关的管理措施时都必须遵循最惠国待遇原则。任何成员方在是否开放某一服务贸易部门、在何种程度上开放以及对来自国外的服务和服务提供者实行何种限制等问题，都不能使另一成员方处于低于第三方的地位。

如果某一缔约方无法取消与上述规定不符的措施，则应申请最惠国待遇的例外。最惠国待遇的例外有：①任何成员方可开列一个具体的不遵守最惠国待遇的清单，但该清单在 5 年后要进行定期审议，其最长有效期（即过渡期）不超过 10 年；②成员方与毗邻国家为方便边境服务交换而彼此提供的优惠；③经济一体化组织内部成员国彼此给予对方的优惠待遇；④政府采购，即政府机构为政治目的而非商业转销目的的采购或服务。

（2）透明度。GATS 条款规定各成员方应立即向世贸组织其他成员公布其采取的所有与服务贸易有关或对服务贸易协议产生影响的法律、法规或管理条例等措施，GATS 要求每一成员建立一个或多个咨询点，以便尽快地回答其他成员方的询问。为了帮助发展中成员方的服务提供者，GATS 呼吁发达国家建立联系点，且特别要求这些联系点要为发展中成员方的服务提供者提供如下信息：服务技术情况；提供服务的商业技术情况；如何登记、承认和得到专业资格。

（3）发展中国家更多地参与。GATS 承认发达国家成员和发展中国家成员的服务业发展是不平衡的，这一情况在服务贸易自由化的谈判中应予以考虑。为帮助发展中国家发展服务业，GATS 规定：①发达国家成员对于发展中国家成员具有出口利益的交付方式和服务部门给予自由准入的优先权；②发达国家将建立一些联系点，向发展中国家的服务提供者提供市场准入的有关信息等；③允许发展中国家根据国内政策目标和服务业发展水平，逐步实现服务贸易自由化，逐步扩大市场的开放程度；④允许发展中国家对于外国服务或服务提供者进入本国市场设置条件。

（4）东道国国内规定。服务贸易的特性决定了对服务的进出口流量无法实行有效的海关监管，在服务贸易没有关税管理的情况下，国内的相关规定就成了影响和控制服务贸易活动的最有效手段。GATS 尊重各国国内法规，但要求成员方有关国内法规应在合理、客观和公正的原则基础上实施，以免国内的有关规定影响服务贸易的正常进行或对服务提供者构成不必要的障碍。

（5）对服务提供者所需资格的相互承认。提供服务的公司和个人需要取得允许进入行业的证书、许可或其他授权。由于各国对于学历和工作经历的不同要求，外国服务提供者往往难以得到此种授权。为了克服这种困难，GATS规定这种相互承认的体系应是开放的，如果其他成员的国内标准和要求与该体系涉及的标准和要求相匹配，应允许其加入。

（6）市场准入。市场准入是 GATS 的一个关键条款，它是一种经过谈判而承担的义务，实施对象既包括服务也包括服务提供者。每一成员方给予其他成员方服务和服务提供者的待遇，应不低于根据其承担义务计划安排表中同意和规定的限制条件。在承担市场准入义务的服务部门中，成员方不得在某一地区或整个国境内采取或维持六项市场准入的限制措施，其包括 4 项数量准入的限制，1 项对法律实体形式的限制和 1 项对外资份额的限制，除非各国将与上述限制有关的各项措施列入承诺单，否则不能实施。条款中所列限制以外的其他限制，只要不是歧视性的，即不在协定管辖范围之内。

（7）国民待遇。CATS 的第 17 条国民待遇条款也是一项重要条款，与货物贸易领域的国民待遇不同，服务贸易领域的国民待遇不是一般义务，而是一项特定义务，各成员方只在自己承诺开放的服务部门中给予外国服务和服务提供者以国民待遇。即成员方以其承诺单中所列服务部门或分部门及所列条件和限制为准，所采取的与提供服务有关的措施给予外国服务和服务提供者的待遇，不应低于给予本国相同服务和服务提供者的待遇。不论这些待遇在形式上是否相同，只要不造成对其他成员方服务提供者事实上的歧视，就不违反该条款。反之，如果形式相同或不同的待遇改变了竞争条件，使其有利于国内服务和服务提供者，就被认为实施了歧视待遇而违背了该条款。

（8）逐步推进贸易自由化进程。WTO 协定生效之日起 5 年内，所有成员方应定期进行连续的多轮谈判，不断减少或取消不利于服务贸易市场准入的各种措施。服务贸易谈判应在互利的基础上促进所有成员方的利益，实现权利和义务的总体平衡，以推进服务贸易自由化。贸易自由化进程取决于各成员方相应的国家政策目标及成员方整体和个别服务部门的发展水平。根据发展中国家的经济发展水平，对发展中国家各成员方在少开放一些部门、对较少的交易方式实行自由化和逐步扩大市场准入等方面给予适当的灵活性。当发展中国家给予外国服务提供者市场准入时，应把重点放在市场准入的条件方面，以使发展中国家更多地参与服务部门的开放。

（9）争端解决。争端解决程序中包括了服务部门之间、服务与货物部门之间的交叉报复手段。

在 GATS 的各项原则中，市场准入条款和国民待遇条款是服务业对外开放的基础和核心，它决定着一国服务业是否对外开放和对外开放的程度。最惠国待遇和透明度原则是一般性原则，也是每个成员方必须遵守的基本原则。国内规定原则是在最大限度上尊重东道国的主权，允许一国根据本国经济发展的实际需要来决定某个领域的开放程度。发展中国家更多参与的条款，为广大发展中国家在国际服务贸易过程中创造与发达国家平等的竞争条件发挥了作用。

（二）服务贸易总协定的附录

服务贸易总协定的附录共有 8 个，其中一个是关于最惠国待遇例外申请的附录，另外七个都是关于具体服务部门的附录，分别是关于自然人员移动、空运服务、金融服务（共 2 个）、海运服务、电讯服务（共 2 个）部门的附录。这些附录是服务贸易总协定的组成部分之一，目的是对上述部门如何实施总协定的原则或规则作出更为具体的规定。

1. 自然人提供服务活动的附录

适用于各缔约方提供服务的自然人，以及受雇于服务提供者的自然人。该附录允许成员方政府就适用于 GATS 的提供服务自然人临时逗留的具体承诺进行协商，但不适用于以移民为目的，寻求在一国长期居留或长期就业的人员。凡是在具体范围内的自然人，被允许根据具体承诺的条件提供服务，同时，该附录阻止一成员实施相应措施对自然人进入或临时居留境内进行管理，包括为保护其边境的完整和确保自然人有秩序跨境流动所必需的措施，只要这类措施不致于损害或阻碍依据具体承诺的条件予以的其他任何成员的利益。

2. 空中运输服务的附录

这个附录适用于影响空运服务和相应的辅助服务的贸易措施。它将运输权利和可能影响运输权利谈判的所有活动排除在 GATS 的范围之外。但该附录适用于飞机修理和维修服务、推销空运服务和电脑预约系统服务。

3. 金融（含保险）服务的附录

金融服务分两个附录。第一个附录首先界定了政府为行使行政职能而提供的金融服务的范围；确立了各国政府有权采取谨慎措施以保证金融体制的实施性和稳定性，但是这些措施在与服务贸易总协定的有关条款不相符合时，不能用以逃避自己的承诺与义务；规范了金融服务的定义：金融服务是由一成员方的金融服务提供者所提供的任何有关金融方面的服务，金融服务包括保险和与保险有关的服务，以及所有银行和其他金融服务。第二个附录允许各参加方在服务贸易总协定生效 4 个月起的 60 天内，列出其最惠国待遇的例外清单，并可改进、修改或撤销其减让表中有关金融服务的全部或部分具体承诺。

4. 海运服务谈判的附录

这个附录规定服务贸易总协定生效后，各方再进行海运服务部门谈判。在此之前，各参加方可以随意撤销其在该部门的承诺，无需给予补偿。

5. 电讯服务的附录

这个附录的主要目的在于约束各缔约方在提供电讯服务时，不应限制其他缔约方的服务提供者的行为，也不应对提供服务的行为造成障碍。

（三）初步承诺减让表

初步承诺减让表，即初步承诺单，是各国在谈判的基础上提交的开放市场的承诺，是服务贸易总协定不可分割的部分，具有法律约束力。初步承诺单的内容是各参加方在双边谈判基础上承诺的关于国民待遇和市场准入的义务。初步承诺单注明各方对于他方服务和服务提供者实施国民待遇和市场准入的限制条件。乌拉圭回合谈判的各参加方曾进行了长时间的初步承诺的谈判，只有提交初步承诺单，才能成为服务贸易总协定的成员。

第四节 国际知识产权贸易

一、知识产权

（一）知识产权的概念

知识产权是指自然人或法人对自然人通过智力劳动所创造的智力成果，依法确认并享有的权利。知识产权这个术语来源于西方，其英文表达为Intellectual Property（IP）或Intellectual Property of Rights（IPR），因此其确切的翻译应为“智力财产权”。我国1973年第一次将其翻译成“知识产权”，1986年颁布的《民法通则》中也使用了“知识产权”一词，此后正式使用。知识产权是一种无形的特殊财产权，它保护的客体都是人们脑力劳动创造的成果，是智慧的结晶，法律上都把它们作为财产加以保护，包括人身权利和财产权利。对知识产权的理解及所包含的范围每个国家和各个国际组织都有不同的理解，被广泛认可的有以下两个协定的规定。

1970年生效的《建立世界知识产权组织公约》（WIPO）第2条第8款规定了知识产权的范围，具体如下：关于文学、艺术及科学作品有关的权利（版权或著作权）；关于表演艺术家的演出、录音和广播的权利（版权的邻接权）；关于在一切领域中因人的努力而产生的发明的权利（专利权）；关于科学发现的权利；关于工业品式样的权利；关于商品商标、服务商标、厂商名称和标记的权利；关于制止不正当竞争的权利；以及在工业、科学及文学艺术领域的智力创造活动中所产生的权利。

1994年4月15日签署，1995年1月1日生效的WTO《与贸易有关的知识产权协定》（TRIPS）第1条规定知识产权的范围包括：版权与相关权利；商标权；地理标志权；工业品外观设计权；专利权；集成电路布图设计（拓扑图）权；未披露过的信息（商业秘密）专利权。

（二）知识产权的分类

知识产权一般有狭义和广义之分。

1. 狭义的知识产权

狭义的知识产权包括工业产权和版权两大类。

（1）工业产权。工业产权主要是指发明创造等技本类成果依法享有的权利，是指工业产权对于具有产业应用价值的科技成果和其他非物质财富依法享有的使用、转让与其他法权。这里的“工业”不是狭义的，而是泛指进行商品生产的所有产业。

工业产权又可分为三大类：创造性成果（包括发明专利权、实用新型权、外观设计权）；识别性标记权（包括商标权、服务标记仪、商号权、货源标记权和原产地名称权）；制止不正当竞争权。

（2）版权。版权可以分为作品创作者权和作品传播者权两类。

作品创作者权即一般意义上的版权或著作权，大陆法系国家称其为作者权，创作者权分为经济权利（财产权）和精神权利（人身权）两种。

作为传播者权是一般意义上的版权的邻授权，又称与版权相关的权利，是指作品的传播者对其传播的作品依法享有的民事权利，包括表演者权、录制者权、广播组织权、出版者权等。

2. 广义的知识产权

广义的知识产权不仅包括狭义的知识产权中的工业产权、版权，还包括科学发现权、对边缘保护对象的保护权及商业秘密权。因此，可以把广义的知识产权分为工业产权、版权、对边缘保护对象的保护权三大权利。WIPO在《建立世界知识产权组织公约》中对知识产权的定义就是广义的知识产权。

边缘保护对象是指由于科学技术发展而出现的介于工业产权和版权保护之间的人类智力劳动成果的新形式，如：外观设计、计算机软件、集成电路市图设计、印刷字体、卫星传播节目信号等。

（三）知识产权的特征

知识产权具有以下几方面的特征：

1. 无形性

知识产权具有一般无形财产权的无形性，这是与有形财产权的根本区别。知识产权一般表现为对某项权利的占有，其标的是某种权利，是无形的；知识产权的利用与转移一般会引起相关有形物的消耗和转移；知识产权的标的具有可分别利用性，即在同一时间、不同地点可由多人分别按各自的方式加以利用。无形性是知识产权最基本的性质，其他特征是在无形性的基础上形成的。

2. 专有性

知识产权的专有性是指知识产权只有垄断性、独占性和排他性的特点，没有法律规定或知识产权人的许可，任何人不得擅自使出知识产权所行人的智力成果，否则就是侵权。这种专有权和财产所有权一样，是一种绝对权，但它和财产所有权的专有性又有所不同。

（1）对同一项知识产权只能有一个知识产权。

（2）知识产权的专有性是相对的或者说有某些限制。部分国家都在知识产权立法中规定了对知识产权的合理使用、法定计可、强制许可等制度，目的就是限制知识产权所有人行使权利，以促进科学技术的进丛和文学艺术的繁荣。

3. 地域性

知识产权的地域性是指知识产权只在授予或确认其权利的国家和地区发生法律效力，受到法律保护，主要表现在以下几个方面：

（1）一项智力成果能否取得知识产权，根据各国相关法律规定的不同而不同。一项智力成果在某一个国家可以获得知识产权保护，并不意味着在另一个国家也能获得知识产权保护。

（2）对于同一项智力成果的知识产权保护水平、保护内容会因国家的不同而不同。

（3）任何一项智力成果的知识产权仅在它依法产生的地域内有效。

（4）一项智力成果的知识产权在某一国家失效（即该项智力成果在该国内由“专有领域”进入“公有领域”），并不意味着该项知识产权在另一个国家也失效。

（5）对于侵犯知识产权行为的判定，依各国法律规定的不同而不同，在一个国家被认定为侵权的行为，在另一个国家不一定也被认定是侵权。

4. 时间性

知识产权的时间性是指，知识产权只在法律规定的期限内受到法律保护，一旦超过了法律规定的有效期限，这一权利就依法丧失，相关的知识产品就进入公共领域的共同财富。

二、国际知识产权贸易

（一）国际知识产权贸易的含义

国际知识产权贸易是指不同国家的企业、经济组织或个人，按一定商业条件转让或许可使用某项知识产权的交易行为。

知识产权贸易，有广义与狭义之分：狭义的知识产权贸易，是指以知识产权为标的贸易，主要包括知识产权许可、知识产权转让等内容、广义的知识产权贸易，是指含有知识产权的产品（知识产权产品、知识产品），特别是附有高新技术的高附加使的高科技产品，如集成电路、计算机软件、多媒体产品，视听产品、音像制品、文学作品等的贸易行为。

（二）国际知识产权贸易的形式

1. 许可证贸易

许可证是指拥有知识产权的一方，对该产权行使某种法律权利。许可证贸易是知识产权贸易中使用最广泛和最普遍的一种形式。许可证贸易是以知识产权以及相应产品的制造和销售权为内容，通过签订许可证协议而进行的技术贸易。目前，专利、专有技术贸易大都通过许可证贸易来进行，现在计算机软件贸易也越来越多地采取许可证形式，甚至出现了针对特定用户的“启封式许可证”。尽管许可证贸易比普通商品贸易产生的时间晚、但其发展速度十分迅速，对技术知识的传播起了重大作用，也有利于加速科技进步，赶上世界先进技术水平。

2. 特许经营

特许经营是指已经取得成功经验的商业企业（特许方）将其商标、商号名称、服务标志、专利、专有技术、服务标志以及经营管理的方法或经验许可另一家商业企业（被特许方）使用，是一种商业服务和技术体系的许可。被特许方使用特许方的商业名称经营业务，遵循特许方制定的方针和程序，特许方则从被特许方处收取特许费。特许经营形式适合于商业、服务业和工业。

对于特许经营许可方来说，特许可以为打入市场提供机会，除了直接收取特许费外，还可以通过提供技术服务收取服务费，并阻止可能的竞争。对被特许方来说，可以解决技术能力不足、资金匮乏、缺乏品牌优势等问题，减少投资风险。因此，二战后始于美国的特许经营，近二三十年开始流行于美洲、欧洲和亚洲。目前美国零售总额的 60%由特许经营完成，特许经营为美国安置了超过 11%的就业人口，麦当劳通过特许经营在 117 个国家建立了 2. 5 万个连锁店。

3. 合作方式

合作是指两个或两个以上国家的不同企业共同出资组建成一个新的企业。由于各国可以以知识产权进行出资，这种出资实际上是把出资方所拥有的知识产权转让给了新成立的企业，因此这种方式也成为国际知识产权贸易的一种形式。如果出资方不以知识产权为出资形式，那么该出资方可以通过签署知识产权许可合同，规定出资方是技术的供方，新企业是技术的受方、这样出资方既可获得股权也可得到知识产权许可费用。这种方式对于知识产权的供、受双方都是有利的。受方可借此引进外国较先进的生产技术、管理技术和销售技术，培养自己的技术队伍，还可利用国外资金；供方则可以利用受方的劳动力和资源、扩大海外市场、通过收取知识产权使用费回收设备与技术研制的费用，因此这种方式受到了很多国家、尤其是发展中国家的欢迎。

4. 计算机交钥匙合同

交钥匙合同是指供方为建成整个工厂，向受方提供全部设备、技术、经营管理方法，包括工程项目的设计、施工、设备的提供与安装，受方人员的培训、试验、直到能开工生产后，才把工厂交给受方。目前在知识产权贸易方面，更多体现在计算机应用领域。所谓计算机交钥匙合同就是整个计算机系统的买卖与软件的转让，一般不包括供方承建厂房，主要内容是：供方向受方出售硬件，提供软件许可证，提供对硬件、软件的维修服务并延续到开机后一段较长时间，提供计算机的安装与测试、软件的测试。

5. 知识产权服务

技术服务是技术提供方受另一方委托，通过签订技术服务合同，为委托方提供技术劳务，完成某项服务任务，并由委托方支付一定技术服务费。一般来说，技术服务提供的技术是知识产权与专有技术之外的一般技术。但目前随着技术贸易的发展，尤其是软件贸易的发展，知识产权服务贸易也不断出现（这里的知识产权服务不是指专业知识产权机构或企业提供的服务，而是指一般商业企业）。如在软件贸易中，软件销售商或开发商在提供软件使用许可的同时，提供软件的技术服务，包括安装、培训、运行支持和维护等内容。在软件贸易的初级阶段、这种伴随着知识产权使用许可而提供的服务，一般是包含在软件价格之内的。随着计算机应用的普及，用户对服务的要求越来越高，尤其是一些大型应用软件，需要软件厂商花费长时间对用户的需求进行调研、定制开发、组织、进行维护和支持，因此这种服务也就成为软件贸易不可缺少的部分，并成为单独收费的商品。现在一些大型软件公司服务的收入已经占到公司收入的 2/3，超过了软件本身的收入。

除了上述几种知识产权贸易形式外，随着国际经济交往及各种第三产业的发展，还会出现新的国际知识产权贸易形式，如美国的一些银行开办的“存取技术”业务，知识产权所有人可以将知识产权存入银行，银行像贷款一样把它贷给需要的企业，收取利息。

（三）国际知识产权贸易的发展

当前，科技进步和知识创新推动经济全球化趋势日益明显；高新技术的发展和广泛运用、新兴产业特别是信息产业的发展，正在改变和提高传统产业。而国际贸易的发展是与技术进步的速度成正比的，近半个世纪以来的高科技在生产生活中的运用推动了国际贸易的迅速发展，国际贸易中高科技产品、信息产品等新兴产品的国际需求大量增加，初级产品、低附加值产品的国际需求相对减少，国际市场竞争更加激烈，科技进步和知识创新日益成为国际经济竞争的主导力量。

随着科技的发展，国际贸易从单一的有形货物贸易转向多元的有形货物贸易、服务贸易和知识产权贸易，知识产权贸易成为继货物贸易、服务贸易之后国际贸易市场的一种新型的贸易方式。知识产权贸易规模日益扩大，在国际贸易中知识产权贸易额的增长已经大于世界贸易总额的增长。世界知识产权组织的统计显示，世界各国间所进行的主要以专利技术为主的许可证贸易方式的国际技术贸易额，1965 年为 20 亿美元，1975 年为 110 亿美元，1985 年为 500 亿美元，而到 1995 年就增长到 2500 亿美元，2000 年突破 6500 亿美元，平均不到 5 年就翻一番。新兴的最具代表性的高新技术和信息技术产业在全美经济产值中所占比例不到 10%，但它对经济增长实际所做的贡献却高达全美经济的 1/3，从这个角度看，知识产权在国际贸易中的地位变得越来越重要，成为发达国家参与经济竞争的重要手段之一。

国际知识产权贸易的迅速发展一方面说明了国际贸易知识化将成为当前国际贸易发展的一大趋势；另一方面反映了随着新技术革命的发展和信息社会的到来，随着知识的不断发展和国际分工的不断深入，知识产权贸易将日渐普遍化和多样化。

三、国际知识产权贸易对世界经济的影响

（一）从总体上促进了世界经济的发展

作为国际贸易本身，许多学者都认为其具有促进经济增长的作用。关于国际贸易促进经济增长的理论，最具有代表性的理论就是对外贸易是“经济增长的发动机”，该理论认为对外贸易通过一系列动态转换过程，把经济增长传递到国内各个部门，从而带动国有经济的全面增长。国际知识产权贸易作为国际贸易的一个特殊类型，除了具有普通货物贸易和服务贸易促进经济增长的作用，它对世界经济增长的作用还表现出独特性。

1. 一个国家不可能生产出它所需要的全部技术，也没有必要。通过国际

知识产权贸易，通过技术的转让和许可可以节约创新成本，同时也可以直接促进全世界生产的发展和生产率的提高，从而促进世界经济的发展。

2. 一个国家通过对国外新技术的进口，利用新进口的技术生产的产品还会使消费者的偏好发生转移，产生新的需求，这种新需求对一个国家建立新产业至关重要，从而也促进了一个国家经济的发展。每个国家都有可能从别国进口新技术、从而国际知识产权贸易促进了世界经济的发展。

3. 技术的进口直接带来了进口国技术的进步。进口者对新产品的演示和推销过程会带来技术的外溢，出口者接受进口国的市场反馈来提升自己的技术；源于进口国的产品竞争也会促使出口国的技术进步等。总之，国际贸易具有温出效应，国与国之间发展对外贸易不仅可以增加世界贸易总量，而且可以加速先进科学技术、知识和人力资源在世界范围内的传递，使参加贸易各国的知识、技术和人力资源水平得到提高。

4. 国际知识产权贸易促进各国对于创新的重视，也间接推动了世界经济的发展。20 世纪 80 年代中期以来，以罗默和卢卡斯为代表的新增长理论把创新作为推动生产率增长的核心因素。可以认为，对外贸易通过广阔的市场、更为频繁的信息交流和更为激烈的竞争能够促进创新活动，从而推动经济增长。而知识产权贸易就是直接以人们的创新成果为标准的贸易，各国为了在国际知识产权贸易中取得竞争优势，必定加大对技术研究的投入，创新成果不断产生，从而能提高全世界的生产力，促进世界经济的发展。

（二）加剧了世界经济发展不平衡

发达国家的科技实力较强，拥有的专利技术、驰名商标和计算机软件等在数量上远远超过发展中国家，是知识产权的主要输出国。世界知识产权贸易中发达国家占 80%，而美、英、德、法、日五国又占发达国家知识产权贸易额的 90%以上，全球知识产权贸易的 85%是在发达国家之间进行的。伴随着美、日、欧之间经济竞争的日益加剧和深化，经济竞争的手段也日益更新。目前，发达国家在国际知识产权贸易领域的竞争主要集中在高新技术的开发、通过知识产权国际贸易垄断并扩张市场以及防止尖端技术外流三个方面。

第二次世界大战结束后、原殖民地国家在独立之后、纷纷走上了工业化发展道路，大量引进发达国家先进的技术成为缩小和发达国家差距的重要途径，发展中国家成为主要的技术受让方。随着经济和科技水平的不断提高，发展中国家中新兴的工业化国家虽然也开始拥有一些自主知识产权，并开始步入知识产权输出国的行列，但发展中国家的知识产权出口在世界知识产权出口中的比重很小，一般认为不超过10%。据统计，发达国家每年用于科技研究开发的支出占全世界95%以上，而发展中国家只占不到5%；科技人员90%左右集中在发达国家，发展中国家拥有的科技人数只占10%；发达国家的科研用于开发支出一般占其国民生产总值的2%～3%，而发展中国家平均只占0.4%左右。

发达国家在科技上发展得更快，相对更容易取得科技新成果，并利用知识产权制度获得更多的利润。根据统计，发达国家向发展中国家转让1亿美元的专利技术就要搭销50亿美元的成套设备和其他硬件商品。而发达国家之间的技术贸易，则多以软件交易为主，即使是带有设备，也多是单项关键设备。不仅如此，发达国家还主导着国际知识产权规则的制定，与知识产权有关的国际组织和国际公约实际上都掌握在发达国家的手中，最能反映发达国家的利益，因此知识产权制度保护的往往是发达国家的经济和技术优先地位。而发展中国家由于外贸体制和科技管理水平落后，自主知识产权匮乏且保护不力，并且在国际知识产权会议中拥有的较少的话语权，基本上难以有效分享知识产权贸易带来的利益，所以在发达国家用知识产权武装国际贸易使经济快速发展的同时，发展中国家却贸易条件恶化、贸易发展空间变小、产品及其企业走向国际市场参与国际竞争面临更大的压力。

发达国家通过出口技术获得的利益又可以通过投资促进技术的进步，形成良性循环，这也间接促使了世界经济发展的不平衡；而发达国家对高新技术的知识产权垄断战略以及加紧向发展中国家输入本国淘汰的、适用于初级产品及低级制成品发展的技术将进一步加剧世界经济发展的不平衡，使世界经济力量对比进一步向美欧发达国家倾斜。知识产权国际贸易中反映出来的问题是发达国家和发展中国家在政治、经济、技术、文化等诸多方面矛盾的反映，致使至今为止，国际社会难以在知识产权转让方面达成一致的协议。

（三）加强了跨国公司的垄断性

跨国公司是国际贸易的主要交易者，它已经成为拉动世界经济贸易不断发展的火车头。目前全球 5 万多家跨国公司及其 30 万家国外子公司遍布世界 160 多个国家和地区，由此形成的竞争和合作网络控制了世界总产值的 45%，国际贸易的 60%以上，国际技术转让的 75%，国际技术创新的 80%和国际直接投资的 90%；同时，发达国家对发展中国家 90%的技术贸易都是通过跨国公司进行的。微软公司仅靠品牌和软盘及软盘中蕴涵的价值、就使其资产平均每周增加 4 亿美元，2000 年微软公司的市值超过了俄罗斯的国民生产总值。英国电信申请的专利有 13000 多项，其中只有 1/4 应用到了自己的产品中，而通过出售专利在 6 个月内就创造了 1400 万美元的收入。

2011 年 PCT 申请排名前 50 位的申请人都是跨国公司，其中中国中兴通讯股份有限公司以 2826 件的 PCT 申请量列为第 1 名。跨国公司为了在激烈的国际竞争中取得长期的竞争优势，不断地研究与开发新技术、新工艺和新产品，技术垄断已越来越成为跨国公司控制业界经济和国际贸易的基础，客观上这种技术创新推动了世界科技革命的进程和深化了新的国际分工。

在微电脑、新材料、生物工程等方面的新产品，其中大部分创新由跨国公司完成、运用并转计。跨国公司又通过转让研究开发出的先进技术将获得的收入投入到新技术、新工艺的开发与研究，如此下去，形成良性循环，带来的利润也越来越大，知识产权贸易保持和强化了跨国公司的垄断性；并且跨国公司在进行对外经济技术贸易过程中，母国政府通过经济、政治、外交手段为跨国公司争取更多的利益，进一步加强其技术垄断优势和市场垄断优势，限制国际国内市场的有效竞争，特别是一些发展中国家的民族企业在西方巨型跨国公司的强大竞争压力下面临生存危机，从而也不断地加大了跨国公司的垄断性。

（四）加剧了国际知识产权纠纷

随着全球贸易自由化的到来，关税壁垒被逐渐破除，多轮贸易谈判的结果是各国的平均关税都有所下降，各国之间还通过区域化的自由贸易协定使双边层面上的关税得到削减，在这种情况下，很多国家已经无法通过提高关税的方法来保护本国产业。而这时，随着知识产权在国际贸易中地位的提高，国际贸易各流程涉及知识产权问题的不断增多，知识产权贸易化国际贸易中所占比重的不断扩大，各国为了在知识产权贸易中能够占得有利地位，纷纷使用知识产权壁垒来维护本国的国家利益。20 世纪 70 年代以来知识产权壁垒作为一种更为隐蔽的非关税措施悄然兴起。知识产权壁垒是在保护知识产权的名义下，对含有知识产权的商品实行进口限制，或者凭借拥有的知识产权优势实行不公平贸易。随着科技的进步，知识产权保护力度的不断增强，凭借科技优势、利用知识产权保护设置贸易壁垒的势头不断高涨。发达国家十分注重运用“知识产权战略”垄断国际市场，这就使得发展中国家进入国际市场步履艰难。一些发达国家对某些技术发明采取“抢先申请，跑马圈地”战略，抢先占领有潜在国际市场的专业及领域的技术制高点，为以后则捷足先登、垄断国际市场打下基础。例如，近年来，在超导材料的商业化应用还未开始时，日本就有计划地悄悄进行着专利争夺战。我国专利法实施以后，一些发达国家也纷纷来我国申请专利，其中绝大多数的申请是在高新技术领域。其目的是显而易见的，就是要与中国争夺国内和国际高新技术及产品市场，试图用他们拥有的专利技术覆盖一种产品、一个行业，实现技术垄断和市场垄断。随着知识产权贸易的不断发展，问题还将不断激发。国际领域内知识产权冲突已经不仅仅是法律范畴内的问题，而是事关科技、经济、双边贸易与多边贸易、投资等多领域的热点。

第九章 国际电子商务

第一节 电子商务与国际贸易

一、电子商务对国际贸易的影响

没有任何媒体能像因特网这样轻而易举地超越国界。电话与邮政在它们进入人类社会活动之初是有这种潜力的，但它们很快就被各国政府所控制，理由是为了保护国家利益。当然，互联网络也存在着被各国政府控制的可能，但在倡导贸易自由化，经济全球化趋势日益加强的今天，各国公众对政府将互联网络国家化的做法大多是持反对意见的，而且由于电子商务自身所拥有的巨大优势，其不断的发展和完善必将对国际贸的发展产生广泛而又深远的影响，主要体现在如下几个方面。

（一）加快全球经济贸易一体化进程，有望形成一个统一、虚拟的国际化大市场

电子商务的出现，突破了传统市场必须以一定的地域存在为前提条件，导致了全球“网络市场”的崛起，开辟了一个崭新的市场中间，全球以信息网络为纽带连成一个统一的大市场，在这种网络环境中各国间的经贸联系与合作得以大大加强，成为世界经济一体化的加速器。

首先，产生了全球统一的虚拟市场。互联网已经覆盖了几乎世界每一个国家，联结的网络已达亿万多个，终端用户每年以 30%的速度递增。建立在互联网基础上的电子商务成为全球统一的虚拟化的交易市场。

其次，市场价值规律在全球范围内发生作用。虚拟市场的形成，超越了以往地理界限的制约，使商品与服务等有关信息能在全球充分准确地流动，表现出公开、完整和实时等特性，减少了进出口双方信息的不对称性，从而避免或减少了市场信息不完全而引起的扭曲，同等质量的商品或质量相似的商品之间的竞争更加激烈，保证了价值规律充分发挥作用。

再次，增大市场风险。电子商务运用于国际贸易，交易者、交易方式、交易意向和交易标的表达都虚拟化。交易者的知觉线索被部分剥夺，交易过程与结果的不确定性增加，加上网络黑客侵扰，商品和服务的提供方式、支付方式的信用风险，质量风险和技术风险都大大增加。不过，当前快速发展的网络安全技术和逐步形成的电子交易诚信机制，有望减少电子市场交易的风险。

（二）促使国际分工进一步深化，比较优势得到充分发挥

由于电子商务的“去中”作用，可以最大限度地消除生产厂商与最终用户之间的信息沟通障碍，极大地缩短生产和消费间的距离，因而电子商务将通过国际贸易进一步延伸到国际生产领域，从而深化国际分工，使各国的比较优势得以充分发挥。

第一，电子商务催生“弹性”企业，使生产更具灵活性。所谓弹性企业，就是根据客户的要求利用高新技术降低企业的转置成本，随时从企业内部部门或外部自制调用信息、人员、财务组成新的企业，为客户要求的产品进行设计、加工生产，企业的生产方向和组织形式可以随时发生变化，经营更加灵活。

第二，电子商务的发展将促进跨国公司生产布局在全球范围内的优化。企业借助网络直接根据订单组织生产，一方面可以缩短产品的生产周期，减少库存；另一方面则有利于跨国公司在全球范围内配置资源，安排生产，促进不同企业之间在全球范围内的分工与协作关系。比如在原材料、原器件的采购方面，企业可以通过互联网在全球范围内招标，以取得最优惠的供货条件，在产品设计方面，隶属于不同公司的科研人员也可以通过网络实现共同设计。比如海尔与西方大公司之间就是通过这种方式实现产品的共同设计的。

第三，电子商务推动电子协作，提高贸易产品的技术含量和服务贸易在全球贸易中的比重，推动世界产业结构向高级化发展。

第四，电子商务导致发达国家之间的水平分工进一步发展成品和半成品在国家和地区间迅速流动。

（三）提高国际贸易效率，更新国际贸易交易手段

电子商务时代的到来，使得服务于国际贸易的一些交易手段在不知不觉间变得更便利、更快捷了。订单、发票、提单、报关单、进出口许可证等日常往来的贸易单证，可以以加密的数据格式通过网络在各交易主体、监管部门之间进行传送，省去了通过传真与信函等传统方式传输的书面文件，提高了效率、降低了成本。网上信息发布、网上广告部分代替了电视、报纸杂志等传统媒体中的广告宣传。企业可以通过网上市场、虚拟洽谈来开发新的客户。电子货币代替纸质货币，实现网上信用证结算和转账，将引发国际贸易付款方式的巨大变革。电脑软件、电子书刊、电子音像制品等数字（无形）产品，通过计算机网络直接完成交易，成为一种全新的国际贸易交货方式。

（四）引发国际贸易经营主体和经营方式创新

一方面，电子商务在国际贸易领域的广泛应用，产生了大批向世界市场提供产品或服务的“虚拟”企业。由于信息流在供应链中逐渐占据主导地位，单个的公司或企业在各自的专业领域拥有卓越的技术，利用电子商务技术将它们编成一个网络，可以更加有效地向市场提供商品和服务，由此，产生了新的国际贸易主体。其次，电子商务技术简化了国际贸易的流程，为中小企业进入国际市场提供了有力的武器，扩大了国际贸易的经营主体。

另一方面，电子商务冲击着国际贸易中介组织结构，导致国际贸易经营方式发生了相应变革。在传统的贸易方式下，进出口商作为国家间商品和服务买卖的媒介，专业的进出口贸易公司占有十分重要的地位。电子商务新型中介突破了传统贸易以单向物流为主的运作格局，实现了以物流为依托、信息流为核心、商流为主体的全新融合，在计算机网络上为进出口提供包括进出口代理报关、商检、仓储运输作为内容的物流作为整套服务体系的载体，不断向网络成员提供商贸信息咨询、市场分析、进口产品的保税展示和仓储、

网上推销与广告宣传等服务，在世界各地建立代理销售网络，为制造商与贸易商创造商机，寻找买主，撮合并成交，并提供成交后的出口服务。这种经营战略，把代理、展销等多种传统贸易方式融为一体，把全部进出口货物所需要的主要流程引入计算机网络中，为世界各地的制造商和贸易向提供全方位、多层次、多角度的互动式的商贸服务，解除了传统贸易活动中的时年限制，逐渐淘汰那些以信息不完全赚取差价的进出口业务中介机构。

（五）改变国际贸易成本结构

在传统的国际贸易交易模式小，在信息搜寻、合同订立和执行、售后服务等方面所花费的费用是国际贸易成本的主要组成部分，而电子商务则可以大幅度降低这些成本。有调查显示，在传统的国际贸易模式中，一笔进出口业务要处理相关的单据约 200～350 份，业务流程长达一至数月；而纸张、行文、打印及改错的总开销约为货值的 7%。另外，在公司间共享的所有信息中，70%是从采购订单中获得的。电子商务的应用，可以发掘订单附加的信息潜力，简化数据处理程序，缩短国际贸易的文件处理周期，降低企业的库存水平，消除信息传递过程中的人工干预，从而降低成本。据美国《福布斯》杂志的统计表明，电子商务可以节省企业交易成本的 5%～10%。

（六）分化国际消费偏好

首先，电子商务的商务模式给予消费者有更多的选择性。由于个人消费者可以直接以 B2C 的方式参与国际贸易，通过 Internet 消费者可以了解更多的商品与服务的信息；同类商品的种类较多，产品之间的替代性强，消费者有更多的选择余地，可以做到足不出户就可以“货比千家”。

其次，网络贸易给小额消费提供便利，节约了消费者的购物时间。

再次，最大限度地缩短了生产均消费间的距离，使得按需消费在技术上成为可能。

最后，电子商务还有分化世界消费偏好的倾向。网络的全球化使得信息流动加快，任何产品或服务一旦上网便可面对整个国际市场，因而对全球的消费者有统一的示范效应：一种消费理念、消费时尚可以通过 Internet 网络在世界各地快速的传播，导致世界各国的消费偏好趋同。另一方面，通过电子商务，国际贸易活动中的买卖双方可以通过 Internet 实施数字化互动，且买方居于主动地位，企业必须在产品的差异性上做文章，以使自己有别于他人，进而保持竞争优势。而这种趋势的终极结果便是为消费者提供个性化的产品定制服务。电子商务的这种“批量定制”必将对国际贸易传统的大宗交易模式产生冲击。

（七）创造新的国际贸易营销模式

电子商务在国际贸易领域的应用引起市场营销的巨变，促进国际贸易营销创新，产生新的市场营销形式——网络营销。网络营销是电子商务在市场营销上的应用，也就是通过电子信息网络进行市场营销。以 Internet 为核心的网络营销正在发展成为现代国际贸易营销的重要方式。与传统国际贸易营销方式相比较，国际网络营销的主要特点是：

1. 网络互动。网络互动的特性使客户真正参与到国际贸易营销过程中来成为可能，客户在整个国际贸易营销中的地位得到提高，客户参与的主动性和选择的主动性得到加强。在这种网络互动式营销中，卖方和买方可以随时随地进行互动式双向（而非传统国际贸易营销中的单向）交流。

2. 网络整合。在网络营销中，企业和客户之间的关系变得非常紧密，甚至牢不可破，形成了“一对一”的营销关系，这种营销框架称为网络整合营销。它始终体现了以客户为出发点，以及企业和客户不断交互的特点，它的营销决策过程是一个双向信息融合的过程。

3. 网络定制。网络营销的发展趋势是将由大量销售转向定制销售。一些大跨国公司通过建立企业内部网提供这一服务。

4. 网络“软营销”。网络营销是一种“软营销”，“软营销”的主动方是客户，而不是企业。网上“软”营销的特征主要体现在遵守“网络礼仪”的同时，通过对网络礼仪的巧妙运用从而获得一种微妙的营销效果。

（八）促进国际贸易发展的同时，重组全球贸易利益格局

首先，电子商务的应用，使国际贸易对经济增长的促进作用更为明显。

一方面，电子商务将全面促进国际商品贸易发展。据 WTO 的统计，2001 年直接通过互联网达成的国际商品贸易额达 600 亿美元，2005 年通过网络的国际电子贸易占到世界贸易总额的 10%～15%。另一方面，电子商务促进了国际服务贸易的发展，它突破了服务固有的时空限制，使得人们可以在互联网上运作的服务范围大大增加：金融、广告、会计、设计、法律咨询、技术咨询、数据处理、文化、娱乐、教育、医疗等，只要国际服务贸易市场的开放纳入一定的规范，服务业就具备了“可贸易”物质条件，畅通无阻地进入国际贸易领域；同时，由于上述服务过程的大部分就是信息传递或信息交换的过程，因此，电子商务同样可以提高服务贸易的效率、降低服务贸易的成本。

其次，电子商务所带来的贸易利益在发达国家和发展中国家间的分配却不均，将有可能拉大各国之间的贫富差距。发达国家经济实力强大，技术发达，电脑网络设备普及率较高，企业人员素质好，而且大多数企业都已经上网，因此发达国家在电子商务方面具有先入为主的优势，占尽了市场的先机。

理论上讲，一个新成立的小公司，在互联网上可以装扮得像个历史悠久、实力雄厚的大跨国公司，与群雄并肩竞争。这为广大发展中国家的中小企业提供了诱人的机会，电子商务的跨时空特性，使贸易走向无国界，有可能使发展中国家看到了冲破世界经济贸易现行格局的希望。但现实却告诉我们，在国际贸易的政治经济学中，电子商务并不一定真正能给发展中国家创造“后发优势”，而是可能又一次拉大南北差距，加剧国际贸易中的“马太效应”。电子商务提高了欠发达国家参与国际贸易的门槛，可能会进一步恶化欠发达国家的贸易条件，使贸易财富对发展中国家变得更难获得。这些不太富裕的国家多数不具备足以自我调整以适应更开放的市场的金融资源、技术能力和政治力量，在这些国家中，贸易自由化只有当伴随着进入外国的更开放的市场时才有益处。

（九）给国际贸易政策提出了新的命题

作为一种全新的交易模式，电子商务也给国际贸易政策提出了新的命题：电子商务基本属性的界定问题、安全性问题、关税问题、发展中国家问题等。世界贸易组织（WTO）现有的货物和服务贸易协议很难直接适应于电子商务。

由于其自身的多种属性和一些前所未有的特点，电子商务要求贸易政策的制定者充分考虑其规则约束的归属及其难以界定的电子商务行为处理程序。再者，目前尚不存在统一的国际法来约束网络犯罪，而各国国内的立法既不完善，又不尽相同，增加了对国际电子商务交易的监管难度。而且，电子商务使一个国家的经济安全也面临挑战。当经济日益电子化后，互联网络的连通使数据很容易被他国掌握，尤其是技术相对落后的国家保护经济数据、机密信息和商业秘密将更加困难。此外，WTO 成员电子商务暂不征收关税的承诺是否随着电子商务的进一步发展而继续得到各国的认可尚无定论；若是改变，则开征的规则、幅度可否得到较为一致的认识。还有，根据 WTO 的基本原则，发展中国家在一般贸易中享有一定例外和差别待遇，以鼓励发展中国家的积极参与。在未来的电子商务政策制定过程中，国际社会和 WTO 是否应建立切实可行的技术援助制度，以协助发展中国家在最大程度上利用电子商务可能给他们带来的好处，缩小发展中国家与发达国家之间存在的“数字鸿沟”。

针对电子商务对国际贸易政策所带来的挑战，一些国家和国际组织先后做出了积极的反应和努力。发达国家政府最先调整了他们的相关政策。美国于 1997 年推出了《全球电子商务政策框架》，1998 年又宣布电子商务为免税区，互联网为全球贸易区，1999 年开始实行政府采购全部上网，抢占了电子商务的制高点。欧盟、日本等国也不甘落后，先后提出了《欧洲电子商务行动方案》、《欧盟支持电子商务共同宣言》、《欧盟电子签名的法律框架指南》以及《日本改善电子商务环境》等文件。在他们的积极推动下，联合会国际贸易法理事会推出了《电子商务示范法》，世界贸易组织（WTO）的 142 个成员国签署了《电子商务宣言》，经济合作与发展组织在渥太华举行的部长级会议上，达成了全球电子商务里程碑式的文件《一个无国界的世界：发挥全球电子商务的潜力》。各国企业界的知名人士还在巴黎举行了影响了广泛的“电子商务全球商家对话会议”。

在这场信息技术革命引起的国际贸易方式的变革中，发展中国家处于一种较为尴尬的境地，他们非常希望乘机取得后发优势，又无奈资金、技术等先天不足。因而除了新加坡、韩国、马来西亚等几个“新兴工业化国家”发布了自己的《电子商务政策框架》、《电子商务基本法》、《电子商务发展战略》外，绝大部分国家的电子商务政策尚不明确，更无法专门涉及电子商务在国际贸易领域的引导。而发达国家急于抢占电子商务的制高点，其动机也十分明显，那就是用它作为一种全新的国际贸易手段，来打开新兴市场、冲破贸易壁垒。

因此，可以预见，在美欧发达国家的主导下，电子商务将用于进一步推动贸易自由化的政策，而保护主义将更倾向于利用技术手段，于发展中国家可能更为有利。电子商务不能引起新的不对称的贸易障碍和贸易壁垒，尤其是那些针对较贫穷的国家的贸易障碍，这必须在制定全球电子商务政策时引起更深切更广泛的关注，以确保电子商务这一新型的国际贸易方式能够真正地使世界各国受益。

二、电子商务时代的国际贸易特点

前文所述的电子商务在降低交易成本、提高经营管理效率、“去中”作用等方面的特点，同样全体现在电子商务时代的国际贸易领域中，而且会有更加明显的效果，因为电子商务在国际贸易领域的应用，使国界、时间和空间距离变得不再像以前那么重要。除以上特点外，电子商务时代国际贸易还将呈现以下几个特点：

（一）国际贸易管理手段的“电子化、网络化”

Internet 的发展在推动国际贸易形式从传统的“剪纸化”向“电子化、无纸化”方向发展的同时，也在全方位影响政府的贸易管理行为，要求政府贸易管理部门改进管理手段，提高管理效率，政府通过建立专门的网站，更加透明、快捷地发布贸易政策，处理企业登记、审批业务，由传统政务向“电子政务”，使国际贸易管理逐步实现“电子化、网络化”，政府贸易管理“电子化、网络化”主要体现在以下几个方面：

1. 通过政府网站发布国际贸易政策、法规；

2. 通过网络开展进出口统计和统计资料发布；

3. 进出口产品配额实行网上招标；

4. 实现网络中领发放进出口许可证；

5. 实现海关管理和报关的网络化；

6. 网上进出口商品检验检疫管理；

7. 实现外贸业务全过程管理的电子化。

（二）国际贸易主体的多元化

电子商务在国际贸易领域的应用和发展，将使国际贸易主体呈现多元化趋势，主要表现在：

1. 传统贸易体制下进出口经营权受到约束的企业，尤其是大量的中小企业将会成为国际贸易的重要主体；

2. 消费者个人由于可以实现网上直接订购，因此也会成为国际贸易主体的一部分，这在传统贸易体制下几乎是不可能的；

3. 在传统贸易“中间商”的主体地位不断下降的同时，电子商务发展催生的新型中间商——“电子做市商”（也叫电子商务运营商）将会大量涌现，为国际电子商务的普及搭建“贸易平台”；

4. 随着电子商务的发展而逐渐形成的网上“虚拟市场”，也带动了新的企业形式“虚拟企业”（在网上登记、注册，从事国际商品和服务贸易，但没有具体办公场所的企业）的产生和发展，并在网络贸易中发挥越来越重要的作用。

（三）国际贸易单证、报文的“标准化、统一化”

传统有纸贸易方式下，国际贸易中所使用的大量单证和报文、无论在格式还是在内容上，不同国家或地区的贸易企业之间存在着明显差别，但由于是人工处理和寄送，不会影响贸易的正常进行。但在“数字”传输的电子商务方式下，不同格式和标准的单证、报文根本无法通过 EDI 方式或 Internet，在不同的贸易企业和机构之间实现传输，更不能实现信息的共享。因此，电子商务在国际贸易领域的应用和发展，要求国家政府部门、企业和机构之间实现代码、中证、报文等的标准化和统一化。为此，各国的企业、政府主管部门和国际组织都在作出积极的努力，并取得一定的进展。如中国国际电子商务中心根据中国贸易企业开展国际电子商务的需要，先后制定了国际贸易方式代码、国际贸易单证代码、国际贸易交货条款代码等 7 项代码国家标准；商业发票、装箱单、装运声明等 6 项外贸单证标准；进出口许可证格式、原产地许可证格式、联合国标准发票报文等 7 项国际贸易报文格式。联合国也设计制定了《联合国行政、商业、运输电子数据交换规则》等一系列规则和标准。

（四）交货方式的多样化

以网络为媒介的电子商务方式，使部分商品，比如样品和无形商品的交货方式发生了变化。凭样品成交的买空中，样品可以通过网络以图文信息发送给对方，省时、省钱，而且可以在网上实现样品的修改、确认。技术贸易资料、音像制品、图书等无形商品，可以实现网上的直接交货，而在传统方式下，这些商品的交付则要通过路目的邮寄运输来完成，成本高、时间长。当然，对于上述商品，贸易双方仍然可以选择传统方式实现支付。

（五）从业人员知识结构的综合化

电子商务由于减少了贸易环节，提高了企业经营管理效率，使得进出口企业可以大量减少业务人员及管理人员。但同时企业对所需从业人员的知识结构、能力水平也提出了更高的要求。电子商务时代的国际贸易从业人员，除具备传统贸易方式下需要的外语、贸易、金融、管理、市场营销、国际经贸政策、法规、国际惯例以及商品知识外，还要求具备开展国际电子商务必需的计算机信息技术知识、网络技术知识和网络操作技能，并随着电子商务技术的发展，做到知识的不断更新。否则，难以适应电子商务时代开展国际贸易的需要。

第二节 国际电子商务的含义与特征

一、国际电子商务的含义

网络经济的兴起与发展给国际贸易和经营全球化赋予了新的含义。从理论上讲，只要企业在互联网上建立起自己的网站，那么该企业将立刻变成一家跨国公司。因为网络本身是超越国界的，更重要的是它消除了在真实世界中的时空障碍，使得在任何国家的任何网络用户都可以轻松地访问你的网站，并与你进行网上交易。因而在国际贸易中采用电子商务是一种顺理成章的选择。

目前，人们对于国际电子商务与电子商务的内涵有不同的认识和表述。一种观点认为，电子商务从产生那天开始，其应用就是以全球网络为背景、以全球市场为目标，而国际电子商务是电子商务在国际贸易中则具体应用，它与一般电子商务的含义完全相同。从这个角度分析，没有必要区分和定义电子商务和国际电子商务。

另一种观点认为，国际电子商务是相对于一般的电子商务的应用而言的，它是特指电子商务手段在国际贸易这一特定领域的应用，国际电子商务与一般电子商务存在明显的区别，进行国际电子商务要比进行一股的电子商务复杂得多。还有的文献和专门的应用系统使用“国际贸易电子商务”概念，来表示电子商务在国际贸易领域的应用，以避免人们对国际电子商务产生歧义。

本书比较赞同第二种观点，即国际电子商务是特指电子商务在国际贸易这一特定领域的应用而言。

具体来说，国际电子商务是指利用现代通信技术、计算机和网络技术，以电子数据传输方式完成从建立贸易关系、商业谈判、电子合同签订到租船、订舱、报关、报验、申请许可证、配额及货款结算全过程的交易方式。简单地讲，国际电子商务是指利用电子商务运作的各种手段部分成全部地完成国际贸易的整个交易过程。

在国际电子内务交易中，首先，参与交易的各方来自不同的国家，即交易本身是跨越国界的。其次，交易各方抛开传统的交易方式，利用方便快捷、低成本、开放性、全球性的现代信息技术和通信手段进行交易，从推广、洽谈、签约、付款乃至交货整个交易过程的部分或全部以电子化的手段完成。再次，从参与国际电子商务的交易各方面看，除了传统国际贸易各公司之间的大宗交易（即 B2B）之外，也有一定量的 B2C 交易，即个人消费者也可直接参与国际贸易。最后，从同际电子商务的交易标的来看，一类是有形产而的贸易，对此类产品的贸易而言，通过国际电子商务可以完成推广、洽谈、订货、开发票、收款等相关的交易步骤，促商品的配送仍需以传统的方式进行；另一类是无形产品的贸易，这包括电脑软件、影视产品、咨询报告等数字产品，对于无形产品的贸易而言，利用国际电子商务可以完成包括商品配送在内的所有国际贸易交易步骤。另外，从电子商务的广义定义来看，国际电子商务也应该包括 EDI 等基于非互联网的电子交易手段。

随着国际电子商务的发展，人们也在从不同的角度和层次来理解国际电子商务：

1. 从覆盖的交易范围分析，可以从狭义和广义两个方面来理解国际电子商务。狭义的国际电子商务是指进出口交易买卖双方之间通过网络进行的交易活动，也就是指国际贸易企业利用电子商务运作的各种手段部分或全部地完成进出口交易过程。广义的国际电子商务则是指利用网络完成进出口交易活动，以及与进出门有关的贸易管理和服务活动，它不仅包括进出口买卖双方的交易活动，还包括与进出口有关的贸易中介机构提供的服务活动，以及各国政府贸易管理机构的网络化管理活动。

2. 从参与主体的角度分析，国际电子商务因参与交易和管理的主体不同，以及提供网络贸易的网站性质不同，可以区分为三种不同的模式，即企业国际电子商务、中介机构国际电子商务以及政府管理机构国际电子商务。

3. 从信息传递手段的不同分析，由于国际贸易信息可以通过多种不同的电子或数字通讯手段来传递，因此，国际电子商务根据交易信息传递方式或信息传递技术的不同，可以区分为基于电子数据交换技术的国际电子商务，基于互联网、因特网技术的国际电子商务，以及未来基于因特网电子数据交换的国际电子商务等。严格说来，传统的通过电话、传真、电传等方式进行的国际贸易活动，也是国际电子商务的一种形式。

二、电子商务的特征

（一）国际电子商务与一般电子商务的共性

由于国际电子商务是一般电子商务技术和手段在国际贸易这一特殊领域的应用，因此二者之间具有很多共性。主要表现在：

1. 普遍性：电子商务作为一种新型的交易手段，将生产企业、流通企业以及消费者和政府管理机构带入了一个无所不包的网络经济、数字化生存的新天地。

2. 方便性：在电子商务环境中，人们不再受地域的限制，客户能以非常简捷的方式完成过去较为繁杂的商务活动，如通过网络银行能够全天候地存取资金账户、查询信息等，同时使得企业对客户的服务质量可以大大提高。

3. 整体性：电子商务能够规范事务处理的工作流程，将人工操作和电子信息处理集成为一个不可分割的整体，这样不仅能提高人力和物力的利用，也可以提高系统运行的严密性。

4. 安全性：在电子商务中，安全性是一个至关重要的核心问题，它要求网络能提供一种端到端的安全解决方案，如加密机制、签名机制、安全管理、存取控制、防火墙、防病毒保护等，这与传统的商务活动有着很大的不同。

5. 协调性：商务活动本身是一种协调过程，它需要客户与公司内部、生产商、批发商、零售商间的协调，在电子商务环境中，它更要求银行、配送中心、通信部门、技术服务等多个部门的通力协作，电子商务的全过程往往是连续完成的。

（二）国际电子商务与一般电子商务的差异

由于国际电子商务的交易各方来自不同的国家，要涉及更多的中介机构以及政府管理部门，因此与一般电子商务相比，它也有自身的特殊性，主要表现在：

1. 语言不同。由于交易双方来自不同的国家，因而在通常情况下他们的母语是不同的。这一点对于 B2B 国际电子商务而言影响不大；但对于 B2C 国际电子商务而言，如何有效地与客户沟通就成为一个不可忽视的问题。

2. 文化习俗、消费习惯不同。如果目标市场仅局限于国内，那么交易双方的文化习俗与消费习惯是单一的；但在国际电子商务中，交易双方由于历史、语言、传统等方面的差异，因而在消费习惯方面有很大的不同。

3. 法律不同。虽然 WTO 为其成员国之间的贸易制定了系统而详细的规则框架，但各国在电子商务方面的法律、法规在很多方面存在差异，国际电子商务交易过程中相关的协调工作更加困难。

4. 货币不同。这涉及货币换算、结算货币的选定、外汇管理等方面的因素。

5. 由于不同的国家采用的国际电子商务系统开发技术、安全技术、数据传输标准以及采取的相应的政策、法规存在差异，因此，造成国际电子商务迄今还难以实现全过程的网络化、电子化。

6. 与一般电子商务相比，国际电子商务参与的主体多，不仅有进出口贸易企业，还必须有银行、运输、保险、报关等中介服务机构，必须有海关、海事、检验检疫、贸易等政府管理机构。他们在国际电子商务的交易过程中都发挥着不可或缺的功能和作用。

7. 一般电子商务包含所有类型的电子商务活动，如 B2B、B2C、B2G 等。而在国际贸易活动中，交易行为一般涉及政府的行政管理部门、贸易伙伴和相关的结算、运输、商检等商业部门，国际贸易的交易行为和过样本身并不直接针对市场上的消费者。因此，国际电子商务多指 B2B 和 B2G 两种模式的电子商务活动。贸易伙伴之间以及贸易伙伴与相关银行、运输部门、保障部门、商检、海关和政府部门等传输订单及相关单据和文件就成为国际电子商务活动的主要内容之一。虽然 B2C 模式也是国际电子商务的一部分，但其业务所占比重很小。

8. 在我国，国际电子商务的特殊性还反映在，其发展将具有社会连动和示范效应。我国国内电子商务的发展相对西方发达国家起步较晚，相关的国内电子商务规范还没有建立起来。但是，这并不意味着我国电子商务的发展始终是落后的。我们可以充分借鉴发达国家在电子商务发展方面所积累的经验和教训，首先在国际贸易领域建立起国际电子商务框架，逐步带动国内电子商务的发展，使我国的电子商务在较短的时间赶上发达国家。因此，在我国发挥国际电子商务的社会连动和示范效应，是尽快缩小我国与国外的信息技术差距，推动我国企业参与国际竞争，规范我国贸易活动与世界接轨的有效手段。

（三）国际电子商务与传统商务模式的不同

1. 对于已经从事国际贸易与跨国经营的公司而言，国际电子商务为他们提供了一种全新的跨国营销模式。例如戴尔计算机公司，最早就因以邮购方式直销电脑而业绩非凡，而自 1996 年开始网上销售以来更是成绩斐然。目前戴尔已经在全球范围内建立了近 80 个采用目标市场国本地语言显示的“国家专一网站”，并通过这些本土化网站销售其产品。顾客只要访问该公司的网站，选好国别，网站便切换成顾客所在目的语言显示；然后再选好机型并网上付款，其所订购的电脑在几天之内便可送上门。戴尔公司 1999 年的日均网上销售额就已高达 3500 万美元，占其销售总额的 43%。

2. 对于众多的中小公司而言，电子商务为它们提供了打开潜入巨大海外市场的捷径。如果没有网络的话，这些公司的业务多数只能局限于本国市场，而有了 Internet，它们则可以直接将自己的产品“上网”，直接推向国际市场。

3. 国际电子商务的特点还表现在国际贸易销售渠道的变化上。传统的国际贸易只能采取批量销售的方式，将出口商品批发给国外的进口商，再由它们通过其国内的分销渠道，最终由零售商销售给消费者。而网上销售则不然，出口商除了可以进行这种 B2B 营销模式外，还可以撇开中间商，直接与最终用户进行交易。国际电子商务的这种所谓“去中效用”省去了传统分销渠道中的层层中间环节，因而大大提高了效率、降低了成本，有着传统的跨国营销模式不可比拟的优势。

4. 从具体操作程序上讲，国际电子商务使得国际贸易中各种信息的传递变得更为便捷、成本更为低廉。在传统国际贸易模式下通常采用的邮寄、电话、传真等手段，都有各自的缺陷。邮寄费时费力；电话虽然能较方便地解决磋商问题，但不能解决文件的传递；而传真的安全和保密性则不足。于是，在传统的通信技术条件下，重要贸易文件传送主要靠邮寄。但是，通过邮寄来进行贸易磋商既费时又费力，尤其是国际邮资十分昂贵，如果贸易磋商的回合较多，对交易双方来说，在时间和经济上都是一种负担。

而以国际电子商务为基础的交易磋商，能够抛开这些传统的信息传输手段，有效地节约时间、降低成本，因为整个磋商过程可以完全公网络上以数字信息交流的方式完成。原来的贸易磋商中的单证交换过程，在国际电子商务中演变成为记录、文件和报文在网络中的传递过程。各种各样的国际电子商务系统和专用的数据交换协议将贸易信息以加密的形式传输，保证了其准确性与安全可靠性。各类贸易学证、文件，如：价目表、报价单、询盘、发盘、还盘、订单、订购单应答、订购单变更请求、运输说明、发货通知、到款通知等在国际电子商务下都变成了标准的报文形式，从而提高了交易过程的速度，减少了漏洞和失误，规范了整个商品贸易过程。

三、国际电子商务发展概况

由于互联网全球性、开放性的特点，从一开始国际电子商务就成为电子商务的自然延伸，并成为其有机组成部分。在网络与电子商务的发源地美国，由于英语的通用性，许多从事电子商务的公司从一开始就接到来自海外的订单，但由于它们在创业初期只将国内市场作为其目标市场，因而对国际电子商务准备不足，丢掉了很多生意。例如 Forrester 网络咨询公司的资料显示，在 1998 年的美国公司电子商务业务中，约有 46%的海外顾客订单被拒绝，且在多数情况下海外顾客也没有被告知遭到拒绝的理由。在被 Forrester 调查的 35 家样本公司，有 14 家提供了因拒绝海外顾客“订单”而损失的生意金额：平均每个公司因此所失去的生意是每年 1330 万美元。

造成这种局面的原因是，与以国内顾客为目标的电子商务相比，国际电子商务需要克服货币转换、法律、语言、配送成本高等方面的障碍。如果这些障碍不克服，国际电子商务就无法有效地开展。随着时间的推移，以及相关问题的逐步解决，从事电子商务的公司逐渐开始重视国际电子商务，使得国际电子商务得以迅速发展起来。在这方面成功的例子之一是一家名为

Chipshot 的美国公司，这是一家位于美国加利福尼亚州的高尔夫球棒制造商。1999 年年初，Chipshot 开通了针对日本市场的网站，众所周知，在日本高尔夫球是非常流行的，因而该公司在开拓日本市场方面取得了极大的成功。

在我国，由于电子商务起步较晚，多数企业对电子商务重视不够，上网热情不高。同样存在着上网企业在没有准备的情况下就接到了来自海外的订单。例如，北京图书大厦网上书店 1999 年 3 月开业后的头 10 天内，来自美国、欧洲、港澳台、东南亚等国家与地区的海外订单比例高达 30%以上；而国内另一家于 1999 年 3 月份企业的网上零售商珠穆朗玛（8848）电子商务公司，在其 1999 年 7 月份的销售额中，约有 8%来自于海外客户。

对于多数从事国际贸易的公司而言，它们采用电子商务还仅仅是停留在利用电子邮件洽谈、传输文件，或是在互联网上建立一个目录式网站，在上面介绍自己的产品，而是直接从事交易的初级阶段。然而，国内外的一些“电子做市商”却在迅速拓展它们的业务。这类企业包括“环球资源”、“阿里巴巴”等。这些“电子做市商”通过在互联网上提供虚拟交易市场的办法，为国内外企业提供一个推广自己产品或是寻找供应商的场所。参与的企业可以在此推广自己的商品、找到满意的交易伙伴，乃至直接进行交易。

为了促进我国国际贸易电子化、信息化的进程，在 20 世纪 90 年代初，我国就开始了 EDI 的试点和开发工作。1996 年 2 月外经贸部成立中国国际电子商务中心，负责建设、运营中国国际电子商务网（国家余关工程主干网）与中国国际经济贸易互联网。2001 年初又专门成立了国际电子商务管理司，以加强政府部门对发展电子商务的宏观规划和指导，促进我国电子商务健康快速发展。

以 2000 年 10 月我国开发完成并逐步投入实际运行的“中国电子口岸”（也被称为“口岸电子执法系统”）为标志，我国政府层面的国际电子商务进入快速应用普及阶段。就国际贸易中合同履行阶段涉及的国内各项进出口业务而言，目前通过“中国电子口岸”大部分可以在网上完成。因此，就应用效果而言，我国进出口贸易的电子化、网络化程度和范围要高于国内电子商务。可以相信，未来几年我国的国际电子商务将在政府的推动下得到迅猛的发展。

第三节 国际电子商务发展趋势及面临的障碍

一、国际电子商务发展趋势

1. 全球网上销售额占全球贸易额的比重将逐年递增

随着全球网络用户数量的迅速增加，以及企业、个人对电子商务认识的进一步深化，全球范围内的国际电子商务交易额将急剧增长，给国际电子商务带来了极大的商机。据 Gartner Group 预测，全球 B2B 网上交易额将由 1999 年的 1450 亿美元增长到 2004 年的 7290 亿美元，2006 年的 10 000 亿美元，占全球贸易总额的 10%左右。据 Forrester 公司统计，2001 年北美地区的电子商务收入（B2B 电子商务）达到了 4635 亿美元，亚太地区（仅指亚洲和大洋洲）的电子商务收入也达到 587 亿美元，该公司预计，到 2006 全球网上交易额将占全球贸易额的 18%。国际数据公司（IDC）2002 年初发表的预测研究报告指出：尽管全球经济下滑，但电子商务却迅猛发展，2001 年全球企业对企业电子商务贸易额可能达到 5160 亿美元，比前一年猛增 83%。世界各国公司通过因特网购买的商品和服务的贸易额到 2006 年可望达到 4.3 万亿美元，全球公司电子商务贸易额将年均增长 73%。美国仍将是电子商务销售量强劲的地区，到 2005 年，通过因特网的购买额可望达到 1.56 万亿美元，从 2000 年到 2005 年，电子商务销售额年均增长 60%。紧随其后的是西欧地区，到 2005 年电子商务贸易额将达 146 万亿美元。亚洲和太平洋地区的贸易额可望在 2000 年到 2005 年期间接年均计算将增长 109%。

上述不同公司的统统计和预测虽然存在着一定的差异，但有一点是相同的，即全球国际电子商务将呈现高速增长趋势。

2. 非英语网络用户比例逐年提高

据 Global Reach 的统计及预测，在全球网络用户中，非英语网络用户的比重于 2000 年首次超过英语网络用户；预计到 2005 年，非英语网络用户的数量将高达 7.34 亿，占届时全球 10.3 亿网络用户总数量的 71%。非英语网络用户比例的逐年提高，意味着互联网与电子商务已经冲出其发源地美国，正在向全球各地蔓延，电子商务也将被越来越多地应用于国际贸易中，任何从事国际贸易及跨国经营的企业都必须重视电子商务。欧洲是继美国之后电平商务发展较快的地区，而亚太地区则将成为下一个电子商务的热点。预计到 2006 年亚太地区的电子向分销售额将何全球电子商务销售额的 20%以上。此外，电子商务在非洲、拉丁美洲也取得较快发展。从另一方面看，这也意味着随着非英语网络用户数量与比重的逐年提高，语言也将成为制约国际电子商务的一个因素。特别是在 B2C 国际电子商务中，仅仅使用英语与那些非英语用户进行网上营销或交易，显然其有效性是值得怀疑的。

3. B2B 仍将占据主导地位，但 B2C 也不应忽视

从全球范围内看，B2B 将处于主导地位。从交易额上看，B2B 交易额迄今已累计超过 6 万亿美元，而 B2C 的累计交易额只有 4000 多亿美元。较为普遍的看法是，在未来一段时间内 B2B 业务在全球电子商务销售额中所人的比重将高达 80%～90%。

但从另一方面讲，虽然 B2B 所占的比重较小，但它所代表的潮流却不容忽视。首先，在传统的国际贸易中，由于时间与空间的隔阂，企业直接对消费者销售的模式是十分困难的。由于 Internet 的“去中”作用，在电子商务时代，跨国直销可以通过 B2C 电子商务而得以实现。而 B2C 国际电子商务的出现与发展，其直接的作用是销售链的缩短；更重要的是，它意味着，制造业企业可以通过国际电子商务直接面对国际市场，这一方面可以使得它们能够更快地把握国际市场的需求动态，另一方面也意味着，那些传统的外贸公司的生存空间将逐渐缩小。

4. “门户”网站的兴起与发展

“公司门户”，是指那些专门为公司间进行网上交易提供“场所”的网站。“环球资源”便是专门为企业提供跨国交易场所的这样一个网站。“环球资源”的成员企业包括 17 万家采购商及 7. 3 万家供应商，囊括了像 Kmart、Kingfisher 这样的批量采购商在内的大客户。任何一家公司可以在“环球资源”网站发布供求信息，并且还可以利用该网站的网上交易系统进一步完成交易。属于此类的网站还有及阿里巴巴等。

这种模式的优势，对于采购商而言，仅仅访问一个网站便可“货比千家”，从众多的成员供应商中选择出最优惠、最合适合，并可进一步完成网上交易过程，进而最大限度地缩短了采购过程的时间、降低了成本、提高了效率；对于出口商（特别是那些在国际市场上知名度不高的公司）而言，由于“门户网站”很高的访问率，可以在较短的时间内提高自己产品的知名度，迅速拓展海外市场。而如果企业自己建立网站，则有可能因为知名度较低而影响网上业务的拓展速度。

二、国际电子商务发展面临的主要障碍

（一）法律问题

当各国政府、产业界和消费者冒着风险登上国际电子商务这个新平台时，他们期望着网络市场能够得到有力的保护，期望排除电子商务不必要的障碍。而随着 Internet 的普及，通过 Internet 盗窃软件将变得非常容易，关于软件、音乐、电影等的知识产权纠纷日益增多；另一方面，相关的法律制度的制定远远滞后于信息产业的发展。所以，目前迫切需要解决的问题是制定一些相关的电子商务法律（以解决电子商务活动不发生的各种纠纷，防止诈骗等案件的发生），以保证电子商务交易的顺利进行，增强用户对新技术的信心和信赖感。为此，国际社会已作出了众多努力和尝试，并取得了一定的成效。

1. 在民法方面：1990 年国际商会修订《国际贸易术语解释通则》时指出：“修订的主要原因是为了贸易术语适应 EDI 目前频繁运用的需要……使用 EDI 单证，确保买方具有如间接收卖方提单一样的法律地位是至关重要的。”联合国为此也设计制定了《联合国行政、商业、运输电子数据交换规则》等一系列规则。国际海事委员会在制定《国际海事委员会海运统一规则》的同时就组成了电子提单专题委员会，由该委员会主持制定了《电子提单规则》。

2. 刑法方面：针对一些高智商的智能型犯罪活动，在电子商务中不断增多的现象。发达国家纷纷立法或修改现有法律，加强对“网上”犯罪活动的打击。我国参照外国这方面的立法经验，结合我国的实际情况，在 1997 年

10月启用的新《刑法》中，已经新增了“非法侵入计算机信息系统罪”和“破坏计算机信息系统罪”。当然，通过计算机系统犯罪并同时谋取非法利益的，还可以根据具体案情同时适用刑法的其他条文。同时，我国也已颁布《计算机软件保护条例》、《计算机软件登记办法》。这些法律法规的颁布，为我国全面进入电子商务时代起了保驾护航的作用。

3. 1996年12月联合国大会以51/162号决议通过《电子商务示范法》，该法分为两个部分，共17条。《电子商务示范法》是迄今为止世界上第一个关于EDI的法律，它的出台，使EDI的一些主要法律问题迎刃而解：如书面形式要求、签字确认、原件、证据价值问题、关于利用EDI拟定合同问题等。除此以外，该法第一部分还就数据电文的留存、归属、确认收讫以及发出和收到数据电文的时间和地点等作了详细规定。该法的目的是要向各国立法者提供一套国际公认的规则，说明怎么去消除此类法律障碍，如何为“电子商务”创造一种比较可靠的法律环境。虽然《电子商务示范法》既不是国际条约，也不是国际惯例，不具有任何的强制性，但是随着国际贸易的发展，《电子商务示范法》有可能逐步演变成为一个具有某种强制力的国际条约或国际惯例。

国际社会以上在电子商务立法方面的努力，相对于电子商务发展对法律的需要，还远远不够。今后还需在下述领域作出继续努力：

1. 从交易安全方面看，目前一个迫切需要解决的问题是加强数据保护，保证用户的个人隐私权，保证用户具有对 Internet 上的信息进行控制的自主权，以解决电子商务上发生的各种纠纷，防止诈骗等案件的发生，保证消费者在电子商务活动中的合法权益不受侵犯。

2. 从电子支付方面看，需要制定相应的法律，明确电子支付的当事人、付款人、收款人和银行之间的法律关系，制定相关的电子支付制度，认可电子签名的合法性。同时还应出台关于电子支付数据的伪造、更改、营销问题的处理办法。

3. 还有一部分法律法规应根据电子商务的发展加以补充、修改和完善。如票据法如何适用于电子商务凭证，消费者权益保护法如何保护网上购物的消费者权益，现有的知识产权法如何保护网上知识产权，广告法如何管理控制网络广告，会计法如何认定和保护电子会计数据的法律效力等。

4. 由于国际电子商务属于跨国交易，所以它涉及交易双方所在目的法律。这就要求国际电子商务的参与方除了解本国法律外，还要对交易伙伴所在国的相关法律有所了解。虽然有 WTO 这样的国际贸易组织为全球自由贸易制定了较为详细的规则，但它还没有对国际电子商务做出像传统贸易那样详细的规定；另外，各国政府都根据自己的国情在不违反 WTO 自由贸易规则的前提下，制定了一些独特的贸易法律。例如，美国政府严格限制加密软件的出口。所有这些都是国际电子商务所面临的法律障碍。

（二）税收问题

受全球电子商务活动冲击最甚的，莫过于各国的税务当局。电子商务以其前所未有的无形方式，媒介“虚拟化”的国际市场开展交易，其交易参与者的多国性、流动性、无纸化操作的快捷性等特征，已使各国基于“属地”和“属人”两种原则建立的税收管辖权面临挑战，以往对纳税主体、客体的认定以及纳税环节、地点等基本概念均陷入困境。这些困惑或挑战可被概括为以下几个方面：

1. 对纳税主体的认定发生困难。

传统的营业机构所在地、合同缔结地、供货地、管理中心所在地以及常设机构等基本概念都变得模糊不清，无法据以征税。例如“常设机构”作为国际税收少的一个重要概念，在《联合国范本》和《经济合作与发展组织范本》中都有明确规定，所谓常设机构是指一个企业（在国外）进行全部或部分营业活动的场所。而借助于国际互联网，企业无须在国外建立常设机构，便能在国际市场上进行交易。

2. 有形与无形交易的性质无法从根本上界定。

涉及电子商务的收益所得很难划分为销售所得、劳务所得或特许权使用费所得等，因此难以确定适用的税种和税率。例如，过去百科命名以多卷书籍的形式存在，其销售是被当作产品的销售。但现在百科全书以电子软件的形式出现，是将它视为新兴的信息产品，还是仍作为传统的知识产品？尤其是在国际互联网上，消费合并不需要购买光盘，只要购买网上的数据权，便可随时浏览百科全书，这种无形交易是属于商品销售还是提供劳务？诸如此类的问题当然给各国税务部门造成不少困惑。

3. 传统税种与课征方式的功能弱化。

利用互联网络进行的直接交易，导致工商业中介作用的削弱和取消，从而使依赖“中介”代扣税款的作用也随之削弱和取消，“预提税”的课征已成为各国普遍面临的难题。“印花税”也是各国普遍开征的传统税种，其征税对象为交易行方提供的书面凭证，而互联网的无纸化交易不但使传统的凭证追踪审计失去了基础，而且也令印花税的凭证贴花无从下手。

4. 国与国之间税收管辖的潜在冲突进一步加剧。

国际互联网的发展促进了跨国公司集团内部功能的完善化和一体化，操纵转让定价来转移利润，从事国际税收筹划更加得心应手，利用国际避税地避税、逃税的机会与日俱增。如国际避税地安提瓜巴在国际互联网上建立了网址，并宣布可向使用者提供“税收保护”。所有这些因素都将导致各国税收管辖权潜在冲突的加剧，若不积极采取国际协调措施，各国对电子商务税收的争夺将日趋激烈，各国税收管辖权的扩盾冲突将明显加剧。

（三）语言障碍

正如前面所言，互联网已经从其发源地美国向世界各地扩散，非英语网络用户的比重已经超过英语用户，一个覆盖全球的多元化、多语言网上虚拟市场已经形成。而在国际电子商务中，使用目标市场国的语言进行交易是必需的。这是因为，即使采用像英语这样的全球商务活动中通用的语言，其在非英语国家的有效性也大打折扣，即使是在教育程度较高的非英语国家，人们对英语的熟练程度也参差不齐，而采用目标市场的本地语言则可以保证每一个访问者都能完全读懂网站上的所有内容，进而提高网上交易的成功率。电子商务咨询公司 Forrester Research 的一份研究报告显示，在非英语国家中，访问者在采用本地语言的网站上平均浏览的时间是其在采用英语网站上浏览时间的两倍。更重要的是，非英语访问者在采用本地语言网站上订购商品的可能性要比采用英语的网站高出三倍。

所以，采用单一语言网站、面向全球进行国际电子商务的做法是不可取的。即使是使用英语也不行。因为，虽然英语的通用性更高，但仍然有许多海外顾客因看不懂英文而无法网上购物，这一点对于那些从事 B2C 业务的公司而言尤为突出。解决语言问题的理想办法是，在全球范围内建立起一个采用目标市场国的语言显示的多语言网站系统，面向全球通过网络进行交易。如戴尔计算机公司建立了近 80 个采用各个目标市场国本地语言的本土化网站（包括针对中国市场的中文网站）。无论在哪个国家，该国消费者的母语毫无疑问是最为有效的沟通语言。这种网站系列的优点是显而易见的，它既利用了网络覆盖全球、超越时空的优势，又可以根据不同目标市场的语言、文化、法律体系等特性而实现网站的本土化，体现了现代市场营销理论中的“市场细分”原则，最大限度地适应目标市场所在目的国情。但这种网站的缺点也很明显：它需要企业大量的资源投入，因而更适合于实力雄厚的大公司。

（四）文化习俗

从事国际电子商务的企业还应考虑目标市场独特的文化、结算付款习惯等因素，因为在这些方面，各国的情形也是不一样的。例如在美国，远在电子商务兴起之前，邮购、电视购物等直销模式已经被消费者所普遍接受，因而美国消费者通常会毫无顾忌地在电话上将自己的信用卡号码告诉别人。在电子商务时代，它们对通过网络传输自己信用卡号码之类的敏感信息也容易接受。但在亚洲国家，像邮购之类的直销模式还远远没有被普通消费者所接受，所以在交易中用现金或信用证结算更为流行。戴尔电脑公司负责全球网上销售业务的副总裁瑞查德·欧文说：“在全球范围内可能有 100 种不同的付款方式。”再如，在东南亚各国手机的保有量远远大于个人电脑，在新加坡几乎每个人都拥有手机。因而如果针对这些国家进行国际电子商务，企业则必须建立起能够适应手机上网的 WAP 网站。

（五）物流配送成本

由于在国际电子商务中交易双方通常相隔千山万水，因而有形商品的配送（特别是交易额小而采用快递时）成本较高。所以如果商品的价格较低，则不适合进行国际电子商务（至少不适合 B2C）。在这方面 Forrester 公司的建议是，每磅产品如果能够卖到 50 美元或更高的价格，才能适合国际电子商务。因为发往海外的运费是每磅 10～40 美元，否则无利可图。这就是为什么手提电脑的海外销量很大的原因，因为它的每磅售价大约是 300 美元。而学位重量价值低的产品销往海外是不合算的。比如家具的每磅售价在 10 美元左右，这个数字连运费都不够。

因此，如果目前的国际物流运输体制不进行根本性的创新，物流效率得不到提高、运输成本不能大幅度降低，就会成为国际电子商务，特别是有形商品国际电子商务发展的障碍。

（六）交易安全问题

Internet 给人们带来方便的同时，也把人们引进了安全陷阱。目前，阻碍国际电子商务广泛应用的首要的也是最大的问题就是安全问题。2001 年，曾有人利用普通技术手段，轻而易举地从多个商业站点窃取了 8 万余个信用卡账号和密码，并标价 26 万美元出售。一群黑客不久前成功地闯进了美国军方一个控制卫星的计算机系统。《USA TODAY》（今日美国）曾援引分析家的话说：对 563 家企业、大学及政府机构的调查表明，85%的计算机系统都出现过不同程度的欺骗与盗窃事件，以及计算机病毒攻击，总损失达到 1 亿美元。

Internet 的诞生并不是因为商业目的，而是为了能方便地共享资源，所以 Internet 的 TCP / IP 协议及源代码的开放与共享是合理的，是适合当时需要的，要在 Internet 上进行安全要求高的电子商务活动也就显得勉为其难了。因此，人们要在现有的基础上增加一些安全技术措施，如防火墙、加密、数字签名、身份认证等技术，以保证数据的保密。

在国际电子商务中，大量的敏感信息要通过互联网在参与交易的各方之间频繁地传输。虽然在电子商务中普遍采用数字证书确认参与各方的身份，敏感的数据也以加密的形式传输，但由于经常发生黑客入侵事件，使得网络用户对安全问题普遍比较担心，进而影响了他们对国际电子商务的热情和信心。例如，根据中国互联网信息中心的调查，有 63. 3%的被调查用户表示他们的电脑曾被入侵过。虽然自己的电脑曾被入侵这一经历并不意味着一定会对用户造成多少实质性的损害，就单单如此高的入侵率就会令网络用户对网上交易裹足不前。而在国际电子商务中，安全问题就显得更为突出。这是因为，一旦发生因敏感数据泄露而造成损失，由于时间与空间的限制，再加上各国语言、法律的不同，因而通过法律途径将破坏者绳之以法、进而挽回损失的难度是相当大的。

（七）技术障碍

这里所说的技术方面的障碍主要包括网络基础设施的先进性、可靠性、数据传送的速度等。Internet 上存在多种不可靠的因素，如软件不可靠、线路不可靠和系统不可靠等。电子商务的进行需要支付与结算，这就应有高质、高效的金融服务及其电子货币的配合。金融电子化是国际电子商务实施的保证，金融电子化要实现跨行、跨地区和跨国联网贸易结算、资金划拨，真正为企业和个人提供方便、实时的金融服务。要实现国际银行间的网上电子支付，还需各国政府及银行业作出巨大的努力。

由于国际电子商务是基于通信技术的商务活动，为此需要建设必要的信息基础设施，包括各种信息传输网络的建设、信息传输设备的研制、信息技术的开发，还包括用于多媒体教学、远程教学、远程医疗保健等一系列信息基础设施的建设。由于经济实力和技术方面的原因，各国的网络基础设施水平存在巨大差距，造成国际间的信息传输速度差异很大，不同国家企业间的国际电子商务交易成本比较高。

（八）人才问题

国际电子商务是现代信息技术与国际商务的有机结合，所以能够掌握运用国际电子商务理论与技术的自然是掌握现代信息技术、精通现代商贸理论与实务的复合型人才。而一个国家、一个地区能否培养出大批这样的复合型人才，就成为该国、该地区发展国际电子商务是否成功的关键因素。技术人才的短缺可能会成为阻碍发展中国家电子商务发展的一个重要因素。

第十章 中国国际电子商务网络建设

第一节 中国国际电子商务系统框架

一、中国国际电子商务发展进程

随着以计算机网络为核心的信息技术的迅速发展，Internet 在全球的普及和应用，电子商务已成为网络技术应用新的发展方向。由于电子商务手段的引进，世界各国的经济社会面貌也将经历巨大的变化。

在认识到电子商务的巨大应用潜力后，我国采取了积极的发展态度，实施了一系列鼓励政策和支持措施，争取在电子商务应用领域中将企业从传统经营方式过渡到电子商务经营模式，建立一个规范的电子商务使用环境。为了实现这个目标，社会各界已经采取了许多务实的举措。例如，通过加强应用，推动企业接受电子商务；增加通信基础设施建设的投入，降低通信费用，促进电信市场逐步与国际接轨，推动电子商务的普及；积极解决信息安全这一电子商务推广使用的核心问题，努力构架一个值得信赖，并能够保证信息的正确和完整性的结构体系；建立法律框架，保护知识产权和商业利益，促进企业广泛地使用电子商务。

EDI 以及 Internet 技术发展对我国产生重大影响最先体现在对外经济贸易领域。为此，我国同层领导人多次强调，要加强我国电子商务的建设，积极推进我国外贸领域经营管理的电子化、网络化。20 世纪 90 年代初期，“商检局 EDI 应用系统”、“海关 EDI 报关系统”成功开发并投入使用，拉开了我国国际电子商务发展的序幕。

1. 1996 年 7 月，外经贸部成立了信息化工作领导小组，负责决策、审定外经贸信息化工作总体规划、方针政策、发展战略、技术标准，协调解决信息化工作面临的重大问题，并连续三年把加快外经贸信息化工作列为全国外经贸重点工作。

2. 1998 年 2 月，国家正式批准外经贸专用网作为国家重点工程立项。同年 10 月，该工程正式被我国政府列为“国际电子商务技术研究与示范工程”。经国务院批准，信息产业部 2000 年 1 月正式下文，批准中国国际电子商务中心成为中国计算机网络国际联网的互联单位，负责组建中国国际经济贸易互联网（简称中国经贸网）。

3. 1998 年 2 月 6 日，国务院有关部门最终审议通过了“金关”工程的定义，即国家利用计算机网络技术实施对外经济贸易和相关领域的标准化、规范化、科学化、网络化的管理，是国家信息化重点工程。其近期目标是建设好进出口配额许可证管理，进出口统计，出口退税，出口收汇和进口付汇核销 4 个计算机应用系统工程，实施相关领域间的网络互联和信息共享。中长期目标是逐步推行各类对外经贸业务单证的计算机网络传输，提高对外经济贸易现代化管理水平，实现国际电子商务，增强国家宏观调控能力。实施金关工程的目的，就是指从商品的进口报关、运输、付汇、结汇，从出口商品的收购、发运、报关、结汇一直到出口商品的出口退税，包括出口配额许可证、商检、外汇等各个环节的管理，都要实现计算机联网和无纸贸易。

4. 1998 年 3 月，外经贸部率先在国际互联网上创建了外经贸政府网站，并建立了中国商品交易市场、在线中国出口商品交易会、中国技术出口交易会、中国招商等知名站点，及时向全世界各国全面介绍我国外经贸政策法规、著名企业和产品，为企业提供信息服务，成为连接我国对外经济贸易与世界贸易的重要信息纽带和桥梁。

5. 从 2000 年 1 月 1 日开始，外经贸部所有的外贸管理业务全部在中国国际电子商务网上进行。

6. 中国口岸“电子执法系统”2000 年 8 月开发完成，并在北京、上海、天津和广州试运行。2001 年 6 月 1 日，在全国口岸启动。

7. 外经贸已经制定外经贸行业信息标准化体系，组织制定了《中华人民共和国进出口企业代码规范》（WMl-1999）。作为国家金关工程和外经贸行业的重要标准，法规范已在我国外经贸和相关领域得到应用，汇集了 150 多个国家和行业标准的外经贸信息化标准体系初步形成。国家“商业电子信息安全认证系统”通过了科技部和国家密码委员会的科技成果鉴定。它不仅解决了外经贸专用网上的信息安全问题，也为商贸、金融、保险等领域的信息安全提供了解决方案。同时，还开发了《中国国际电子商务推进计划》，旨在为企业开展电子商务创造良好的环境，力争在 2005 年使中国 70%以上从事进出口贸易的企业有能力进行国际贸易活动。

8. 各地的外经贸信息化工作取得长足进展。各地外经贸委（厅、局）相继成立了信息化工作领导机构，组织、指导和协调本地区的外经贸信息化工作；一些地方的外经贸管理部门会同进出口商会创建了介绍本地区、本部门外经贸信息的专业网站，有针对性地搜集、加工、发布各类外经贸商业信息，开展信息服务。

9. 1994 年 9 月和 1995 年 11 月，联合国贸易网络上海中心和北京中心分别建成，开通专用网站，并实现与联合国贸易网点发展中心总部和全球多个贸易网点的互联互通。

10. 2001 年年底外经贸部发布“十五”外经贸信息规划，公布“十五”期间外经贸信息化发展的主要目标。

所有这些努力都为中国国际贸易电子商务的发展实现电子商务铺平了道路。

二、中国国际电子商务网络体系结构

目前的中国国际电子商务网络体系结构由三部分构成：

1. 网络应用平台

作为“金关”工程的重要组成部分，中国国际电子商务网的建设是对外贸易实施电子商务的基础。目前，中国国际电子商务网在全国建立了 200 多个城市网络节点，实施了与外经贸部派驻的 30 多个省市特派员办事处、部直属企事业单位、各省市外经贸委（厅、局）的外经贸管理机构的 Internet 联网。该网与国务院有关机构、海关总署、中国银行、美国、欧盟、英国、澳大利亚以及联合国全球贸易网络中心等相关国际贸易机构实施了数据专线互联，形成了商务运作过程中贸易伙伴之间外延往来的 Extranet。同时，该网与外经贸部派驻世界各地的国外常驻机构实现了国际贸易业务的网络化管理，从而为中国对外经济贸易领域进入国际贸易市场，开拓了一个面向全球的电子商务网络平台。

2. 电子商务基础平台

CA 认证和信息安全是国际电子商务推行的保障。在国际电子商务运作过程中，身份认证是关键因素之一。为此，原外经贸部按照国家统一标准制定了具有唯一性、规范性的企业国际电子商务的身份认证，即 ID 企业代码。在外经贸企业进出口许可证的申领、报关、商校、结汇、出口退税等电子贸易过程中，企业代码可作为唯一的身份认证，从而形成了全国外经贸领域的企业代码库，为国际电子商务的身份认证的实施奠定了坚实的基础。信息安全服务是推行国际电子商务必不可少的一项关键技术。随着电子商务的应用，信息安全已成为急需解决的问题，其中数字签名是解决电子商务框架体系信息安全性能的核心部分。

3. 电子商务应用系统

（1）政府管理应用系统

国家商务部是对外经济贸易领域的归口管理机构，实施外经贸工作的宏观调控、行业管理、协调服务和监督检查等职责。为了适应全球信息化发展的潮流，使对外经济贸易业务的运作逐步适应现代信息网络技术与国际贸易相结合的方式，国家商务部建立了对外经济贸易电子化管理网络。在外经贸领域中对企业进出口权的审批、进出口许可证的申领、核查以及进出口货物原产地证的发放、统计等实施电子化管理，旨在及时了解我国对外贸易和经济合作宏观趋势，掌握分析我国微观的进出口商品发展动态。政府外经贸管理的电子化是推动国际电子商务应用的关键问题之一。

（2）贸易信息数据库

集约式的信息资源发布是电子商务信息交流、网上交易的基础服务。为使我国外经贸企业能够按系统、按类别及时地查找本领域信息，在网上建立集约化的外经贸信息系统，是企业高效选择信息的可靠保证。为此，中国国际电子商务中心，集相关组织机构、行业商会为一体，建立起集约化的外经贸信息资源库，能够为外经贸领域的企业提供国际经济贸易发展战略、指导性政策、经贸法规、国际贸易趋势、经济技术交流、投资合作以及全球贸易机会等信息；同时，向国际社会全面介绍中国对外贸易经济政策法规、招商引资政策、中国国际贸易发展最新动态、推举中国著名企业、展示先进技术和优质产品，使企业能够把握信息化所赋予的机遇，最大程度上受益于电子商务。

（3）网上交易系统

以政府机构站点和中国国际电子商务网为集散中心，建齐了“中国出口商品交易市场”和基于中国国际电子商务网的“中国交易中心”。通过该电子交易市场促进中国外经贸领域信息资源网络化，按系统、有秩序的在该电子交易市场进行多媒体出口产品展示交流，随时与产品的生产或经销企业取得联系，直接在网上进行贸易洽谈，自动生成双方达成的合法订单，待双方认可的中外金融机构确认后，完成付款、收款等贸易行为，实现了国际贸易交易全过程的网络化。“中国商品交易市场”有望成为中外国际贸易企业乃至相关国际商务机构的网上采购基地。

（4）网上合同履行系统

进出口合同履行涉及众多的部门和环节，合同履行速度的快慢直接决定着贸易效率的高低。为快速提高合同履行速度，我国外经济贸管理部门、进出口业务服务商相继建立并投入运行了专门的合同履行服务系统，如电子检验检波系统；网上许可证、产地证、配额中领系统；网上租船、订舱系统；网上纳税、退税申报系统等。2000 年 10 月投入运行的“中国电子口岸”更好地实现了进出口合同履行中，多种环节的有效整合。

三、中国外经贸企业国际电子商务应用现状

我国外经贸企业开展国际电子商务大致分为三个阶段：

1. 信息通道

进出口企业利用 Internet 发市和获取信息，主要是通过出口企业的和专

业服务于出口企业的门户网站两种渠道来实现。

2. Web+EDI

国际电子商务在外经贸企业应用的第二步是建立基于 Web 的 EDI。

3. 国际贸易全过程的网络化、电子化

国际电子商务的第三步是资金的电子转账和交易过程的全自动化，目前我国国际电子商务正在向这一阶段迈进。

国际电子商务的远期目标是 Internet EDR+ERP（网络无纸贸易+企业资源管理），实现采购、生产、销售、运输、支付和企业内部经营管理的网络化、电子化。

从我国的实际情况看，在外经贸领域，有大约 90%的政府宏观管理已经在网上得到体现，招标、许可证的发放和加工贸易的集中管理已经网络化。从事外经贸的人员文化素质相对较高，而经常同世界其他国家特别是发达国家交往更提升了从业人员对国际电子商务这一新生事物的认识。最近几年，国家网络建设非常迅速，许多专门从事国际电子商务的网络公司应运而生。目前我国在这方面的基础设施建设水平已不亚于世界水平，带宽等基础设施问题已经能够满足当前国际电子商务的发展需要。从应用方面来说，无论是政府层面的应用还是企业层面的应用都有了很大的拓展。

目前，我国国际贸易领域的政府管理业务，比如加工贸易审批管理，许可证申领，配额招、投标，进出口报关，商品检验检疫以及企业外贸经营权登记备案等，已经可以全部实现网上运行。在政府外经贸管理网络化、电子化的推动下，外经贸企业开展网上贸易的积极性和主动性也迅速提升。据北京互联网发展中心进行的中国出口企业电子商务趋势的抽样调查，90%以上出口企业关注国际贸易领域电子商务的发展，其中 75%的出口企业已广泛开展国际电子商务；而通过电子商务手段进行贸易信息发布、贸易谈判和企业内部业务管理的企业，接近 95%。

第二节 中国国际电子商务网络建设

一、“金关”工程及其实施进展

“金关”工程是我国为了提高对外经济贸易及相关领域的现代化管理、服务水平，适应21世纪世界经济一体化和国际贸易电子化发展需要，提高迎接“网络经济”挑战能力，而重点建设的国家级电子商务工程。该项工程主要由成立于1996年2月的中国国际电子商务中心承担完成。

（一）“金关”工程的含义及目标

1998年2月“金关”工程领导小组第四次会议上，给“金关”工程下的定义为：“金关”工程是指国家利用计算机网络技术，实现对外经济贸易和相关领域的标准化、规范化、科学化、网络化管理的国家信息化重点工程。

“金关”工程的近期目标是建设好配额许可证管理、进出口统计、出口退税、出口收汇和进口付汇核销四个应用系统（2000年年底之前已全部完成，并实现与相关机构的联网运行），实现外经贸领域的网络互联和信息共享。中长期目标是逐步推行各类对外经贸单证的计算机网络传输，实现国际电子商务，即实现从谈判、签约、备货、领证、租船订舱、报关、报验、装船、投保、议付、结汇、索赔等环节的管理电子化，提高对外经济贸易领域的现代化管理水平，增强我国外经贸企业国际竞争力和国家对外经贸的宏观调控能力。

（二）“金关”工程建设目的

1. 为了顺应信息化潮流，使对外经济贸易业务运作逐步适应现代计算机网络技术与国际贸易相结合的要求。

2. 为了实现对外经济贸易管理的标准化、规范化、科学化、网络化，增强国家对进出口的宏观调控能力。

3. 为了推动电子商务在我国的开展，为我国企业改革和不断提高国际竞争力创造积极、有利的外部环境。

（三）建设“金关”工程的作用与意义

作为国家对外经贸及相关领域信息化建设的重点工程，“金关”工程的启动和建设，将为进一步完善我国外经贸管理工作，推进我国对外经贸事业的健康发展发挥重要作用，具体表现在：

1. 有效推进外经贸管理部门之间的资源与信息共享。

2. 有助于提高外经贸及相关管理部门的工作效率。

3. 有利于加强管理部门之间的相互协调与监督，堵住工作中的漏洞，舞弊造假、减少损失，维护国家利益。

4. 有利于简化管理手续，提高贸易效率，方便外经贸企业开展对外贸易活动。

5. 为我国电子商务的全面发展，提供良好的典范，奠定坚实的基础。

（四）“金关”工程的建设进展

1. 制定实施“两项”标准

一是制定实施《中华人民共和国进出口企业代码标准规范》（1997 年 11 月完成），建立进出口企业代码数据库。同期还制定了代码标准、外贸单证格式标准、电子报文标准三大类 20 种国家标准，建立起我国“金关”工程和外经贸管理系统的电子商务应用标准体系。

二是制定实施《中华人民共和国进出口商品代码》（1998 年完成），该标准按照《商品名称与编码协调制度》制定，实现了与国际标准制度的对接。

2. 开发完成“四个”应用系统

（1）配额许可证管理系统（1998 年年底完成投入运行）

配额许可证管理系统作为“金关”工程的子系统之一，其目的是为了增强国家对进出口的宏观管理能力，方便企业经营配额许可证管理商品的进出口业务，实现企业领证报关的自动化。具体表现在：为企业提供优质、高效的服务；有效地实施进出口配额许可证的管理；为海关规范监管创造条件，有效地防止舞弊造假现象。

该系统又由三个子系统构成：

①进口管理系统：包括进口配额许可证管理系统、特定商品进口登记系统、机电产品进口证明（特定登记）管理系统、机电产品进口登记管理系统和海关进口商品监管系统。

②出口管理系统：包括出口配额管理系统、出口许可证管理系统和海关出口商品监管系统。

③纺织品出口配额管理系统：包括纺织品出口配额招标管理系统、纺织品许可证发证管理系统、纺织品配额许可证联网核查系统和海关纺织品出口监管系统。

（2）进出口贸易统计管理系统（1999 年完成并联网运行）

进出口贸易统计管理系统是指在海关进出口贸易统计管理系统的基础上，由海关总署向外经贸部、国际税务总局、国家外汇管理局、国家统计局等部门提供统计数据，实现进出口贸易统计分析资料的共享。

（3）出口退税管理系统（2000 年完成并联网运行）

出口退税管理系统是围绕税务系统的出口退税业务而开发的计算机管理信息系统。该系统主要通过实现与外经贸、海关、税务、外汇银行等部门的计算机系统联网管理，加强附加对出口退税工作的宏观调控，缩短退税周期，简化退税手续，防止出口骗税的发生。

（4）出口收汇和进口付汇核销系统（2000 年完成并开通运行）

出口收汇和进口付汇核销系统，主要通过实现与外经贸、海关、税务、外汇、银行等部门的计算机系统联网，方便企业进出口结汇、付汇，提高国家对外汇管理的整体监管效率，杜绝进出口骗汇、逃汇行为。

3. 开发完成加工贸易计算机联网审批系统

加工贸易计算机联网审批系统是为了加强对加工贸易的管理和监控，打击利用加工贸易名义走私和逃套汇的不法行为，以支持加工贸易健康发展的全国联网系统。该系统是“金关”工程的组成部分之一。

加工贸易联网审批系统（JM2000）是建立在安全认证平台上的最新版软件产品。JM2000 在客户端与服务端的数据交换过程中，通过使用安全证书对加工贸易数据进行加密、签名等安全保护操作，为用户数据在网络上的安全传输提供了保证，提高了为用户服务的质量，同时也为电子商务与信息安全产品的结合应用探索出一条新路。

JM2000 系统采用了多层结构，体系结构完整，数据可在商务部集中管理，进行实时监管；系统的应用服务器系统采用了应用服务器组技术，实现了分布式计算功能，在数据量较大时，具有良好的负载均衡与容错功能，能够充分满足各级审批机关的需要。

二、中国国际电子商务中心及网络体系

（一）中国国际电子商务中心概况

中国国际电子商务中心成立于 1996 年 2 月，负责建设、运营中国国际电子商务网（国家金关工程主干网）与中国国际经济贸易互联网。

作为国家级的电子商务全程服务机构，CIECC 致力于为我国各级政府与广大企业提供全程电子商务服务及解决方案，服务范围横跨电子政务服务、企业电子商务应用服务、互联网增值服务三个领域，服务对象包括国家发改委、海关总署、外汇管理局、国家税务总局等政府部门，我国驻外机构，各大商会，各类企业。CIECC 已经成为我国经济贸易活动中不可或缺的组成部分。

CIECC 在全国 100 多个城市建有分支机构，拥有近千名技术支持与市场拓展人员；已建成由通信平台、数据交换平台、应用平台构架的安全网络平台，与国家有关部委、海关总署、外汇管理局、国家税务总局、银行等实现全面联网和数据共享。

CIECC 运营的中国国际电子商务第三方服务平台——中国国际电子商务网（简称 EC 网）始终保持世界领先的技术水平，并建成拥有 100 多个城市节点的国家级网络基础设施。EC 网为中国各级政府部门和国内外企业提供了安全、稳定的电子商务运行环境和全方位、多层次的服务体系，已经拥有企业会员近 80 万家，成为业内公认的一流网络运行平台。

在网络建设过程中，CIECCF 把安全体系、标准体系的建设放到了首要

位置。成功地构建了包括备份系统、网络安全系统、安全认证系统在内的安全体系。中国国际电子商务网络备份工程率先在国内实现了从线路备份、数据库备份到应用系统备份、机房备份、网络备份的异地热备份，实现网络全天、全年不间断、无单点故障运行；网络安全系统拥有高质量、高可靠性的防病毒、防攻击能力。

CIECC 自主开发了“商业电子信息安全认证系统”，这是国家“九五”计划中重中之重的攻关项目，也是中国第一个自主开发、具有自主版权的电子商务安全认证系统，现已广泛应用于中国国际电子商务网的原产地证项目、政府管理部门的联网以及商业银行网上银行项目的建设中，确保了数据信息在政府端、用户端、中介机构之间，从录入、传输到交换、存储、查询全过程的安全。安全体系的成功架构，为政府和企业的电子商务应用、发展提供了坚实的安全保障。该系统作为首家大陆安全认证系统通过了“泛亚联盟”（PAA）的认可，为中外企业的跨国电子交易提供了有力的安全保障和支持。

经过多年的建设与发展，CIECC 的业务涉及电子商务发展基础设施建设，安全认证、信用服务、现代物流、国际合作、教育培训等，服务范围覆盖中国商贸领域主要企业。

CIECC 运营的“在线广交会”作为电子商务第三方专业服务的先行者，打破时空界限，为不能参加现场广交会的企业提供网上参与广交会的机会。经过多年的发展，“在线广交会”在国内外企业中拥有很高的声誉，拥有 60 万家企业会员及金牌会员，被称为“永不落幕的交易会”。

CIECC 的标准体系包括：基础代码、信息格式、电子报文、信息安全、通信协议等，这是实现国际电子商务的基础。CIECC 在标准化体系建设过程中，把应用标准的建设放在了首位。1997 年，按国家标准制定了《中华人民共和国进出门企业代码管理办法》和配套措施，建立了进出口企业代码数据库，自 1998 年 1 月 1 日起，已经在我国对外贸易管理的各个环节推广使用。

为提供高质量的技术服务，CIECC 设立了由技术专家组成的 CIECC 客户服务中心和遍及全国 100 个城市的技术服务队伍，为企业用户及政府部门提供业务咨询和技术支持。

CIECC 主动参与国际交流与合作，与其他国家和电子商务国际组织建立对话与磋商机制，保持密切合作，务实开展国际电子商务促进工作。CIECC发起成立了 APEC 电子商务工商联盟并担任联盟主席、参与泛亚电子商务联盟（PAA）的创建工作、积极参与政府问经贸信息合作，经联合国贸易与发展大会批准，联合因全球贸易网络中国发展中心设立在 CIECC。

为营造中国电子商务发展的良好环境，CIECC 已经着手与戴尔、B-Global、大连口岸物流网、光大银行等国内外知名企业和机构合作开展了一系列务实性探索工作，构建以贸易基础服务、贸易物流服务、贸易金融服务、贸易专业服务和贸易公共服务为核心的一体化电子贸易服务体系，全力推动中国信息化建设的进程。

（二）中国国际电子商务网

中国国际电子商务网（简称 EC 网）是集 ISP、ICP 功能于一体的中国商贸领域综合门户网，由商务部且属事业单位——中国国际电子商务中心建设运营；自 1997 年始创起，长期致力于为我国商务部及各级商务管理部门、广大企业、商务人士提供便捷的电子政务服务、安全的电子商务服务及权威、全面的信息服务；目前注册用户 10 万家，服务客户超过 40 万家企业，是小国商贸领域具有独特优势的电子化贸易服务品牌。

EC 网三大业务主线包括商贸电子政务服务、电子商务服务和信息服务。EC 网是中国商贸领域电子政务业务的集中统一接入平台，为商务部 71 项电子政务系统（包括加工贸易、许可证、外贸经营资格管理等在内）提供安全稳定的接入服务和登录入口；服务客户涉及商务部各业务司局、各协会、商会、各特办，及各地方商贸主管机关，各类企业；网上开设客户服务系统，为客户提供及时、点对点的应答服务；网上政务平台以自主研发的国家 863 CA 认证项目为核心，解决了身份认让、数据加密、权限管理等问题，提供了安全、高效、规范的数据交换服务；同时，EC 网开设独具特色的电子商务服务，秉承安全、便捷的宗旨，提供国际供求商情、交易服务、自助网站、数据、报告等相关服务；EC 网提供中英文双语版本的信息服务，共开设频道 12 个，日发布信息超过 500 余条。

中国国际电子商务网是一个跨部门、跨地区、路行业、跨国界、覆盖全国，连通世界的国家级电子商务网。是集外经贸业务管理、信息、服务三位一体的国家唯一的外经贸专用网络，是国家“金关工程”的骨干网络，是我国对外经济贸易不可分割的重要组成部分。中国国际电子商务网已建成了由通信平台、数据交换平台、信息平台构架的网络平台，主要包括中心平台、主干网节点、国际端点、备份中心等几大部分，网络框架、基本技术环境和应用规模已经形成。通过中国电信提供的 DDN 光缆、帧中继、PSTN 等通信介质，形成辐射全国的星型网络结构，目前已在全国 100 多个城市开通了节点。

1. 中国国际电子商务网络平台包括：通信平台、数据交换平台、应用平台。

2. 中国国际电子商务网骨干节点：分布全国 100 多个大中城市。

3. 中国国际电子商务网联网用户：国家发改委、中央企工委、海关总署、外汇管理局、国家税务总局、银行以及年级外经贸主管部门、我国驻外经济商务机构、各大进出口商会、各类企业。

4. 中国国际电子商务互联网络包括；国外电子商务网（GE、朗迅等）、香港贸易道专网、联合国贸发中心等。

第三节 中国电子口岸

一、中国电子口岸建设目标及其进展

（一）中国电子口岸的概念

中国电子口岸是经国务院批准，由海关总署牵头，全国其他 11 个部委共同开发建设的公众数据中心和数据交换平台。它依托国家电信公网，实现工商、税务、海关、外汇、外贸、质检、公安、铁路、银行等部门以及进出口企业、加工贸易企业、外贸中介服务企业、外贸货主单位的联网，将进出口管理流信息、资金流信息、货物流信息存放在一个集中式的数据库中，随时提供国家各行政管理部门进行跨部门、跨行业、跨地区的数据交换和联网核查，并向企业提供利用互联网办理报关、结付汇核销、出口退税、进口增值税联网核查、网上支付等实时在线业务。

（二）中国电子口岸产生的背景

20 世纪 90 年代中期，利用假单证、假批文、假印章进行的“三假”走私、骗汇、骗税违法犯罪活动十分猖獗。据不完全统计，1997 年全国海关共查获“三假”走私案案值为人民币 15 亿元，1998 年达到 21 亿元，“三假”走私骗汇、骗税对国家经济造成了严重损害。

按照国家外汇管理有关规定，企业出口货物必须事先到外汇管理部门备案，然后在规定的时间内把出口货物换取的外汇结算给外汇指定银行。企业进门设备、原材料需要外汇时，只需要向外汇指定银行出具海关签发的进口报关单证明，就可以自由购汇。实际上 1998 年国家外汇大量流失的主要原因是，一些不法分子根本没有进口货物，而是通过制造假的报关单到银行骗购外汇。

为了配合有关部门打击骗汇、骗退税活动，全国海关曾经采取了许多防

伪措施，先后研制了三代防伪印油、两代激光防伪标签，并且在所有海关签发的报关单证明上加贴激光防伪标签和加盖防伪印油，进行单证防伪，并且配合外汇、国税和银行对进出口报关单进行“二次核对”。

1998年，海关总署和外汇管理局按照国务院领导关于要加快银行、外汇管理局和海关之间的计算机联网，加强对报关单和外汇进出口核销工作的管理，从源头上防止骗汇、逃汇违法活动的发生的指示精神，联合开发了“进口付汇报关单联网核查系统”，该系统通过海关与外汇部门的联网核查来鉴别进出口付汇报关单的真伪，改变了靠书面单证防伪的做法，1999年1月1日该系统在全国推广使用，并立刻收到了明显的效果。主要表现在三个方面：

1. 贸易顺差和顺收趋于平衡

1998年我国贸易顺差435亿美元，同年外汇顺收只有47.8亿美元。1999年“进口关单联网核查系统”应用项目推广使用后，假报关单没有了，当年贸易顺差293亿美元，而外汇顺收上升到235亿美元，到2000年顺差、顺收的差距进一步缩小。

2. “三假”走私案件减少

1996年全国海关查获的“三假”走私案案值为人民币7亿元，1997年14.7亿元，1998年21.2亿元。1999年海关实行“电子底账+联网核查”新的管理模式后，“三假”案发案率大幅下降，案值只有3.1亿元，2000年则基本为零。

3. 促进海关税收大幅增长

走私是个链条，包括购买走私货物、运输、销售、调汇等许多环节，自1999年海关与外汇部门实行进口报关单联网核查后，很大程度上切断了走私的外汇资金渠道，使走私活动受到极大地遏制，因此，也促进了海关税收大幅增长。据海关统计，1998年海关税收879亿元，1999年上升到1591亿元，2000年突破2242亿元，连年保持海关税收大幅度增收。“口岸电子执法系统”采用“电子底账+联网核查”的管理模式，使有关部门之间可以通过计算机网络直接核查对方的执法电子数据，从根本上防止了不法分子的造假机会。

（三）中国电子口岸建设目标

中国电子口岸所要实现的目标是：

1. 建立现代化的管理部门联网综合管理模式，增加管理综合效能。在公共数据中心支持下，进出口环节的所有管理操作，都有电子底账可查，都可以按照职能分上进行联网核查、核注、核销。

2. 利用高科技手段增强管理部门执法透明度。中国电子口岸借助于高科技手段，使管理部门各项进出口管理作业更规范、统一、透明，各部门、各操作环节相互制约，相互监督，从机制上加强了管理部门廉政建设。

3. 便利企业，提高贸易效率，降低贸易成本。很多进出门手续在办公室通过网络就可以完成，通关效率提高，出口退税迅速，结售汇核销等手续更为便捷。

（四）中国电子口岸建设进展

中国电子口岸于 2000 年 10 月在北京、上海、天津和广州 4 个城市试运行。2001 年 6 月 1 日在全国各口岸启动。截至 2004 年年底，中国电子口岸已有 31 个项目在线运行，初步出现与海关总署、外汇总局、国税总局、质检总局、工商总局、商务部、公安部、铁道部、贸促会、香港工贸署、澳门经济局等部委和单位，以及与中国银行、中国工商银行、中国农业银行、交通银行、招商银行等 13 家商业银行的互联互通和信息共享，人网企业近 19 万家，每口处理电子单证数量达 50 万笔，中国电子口岸门户网站日点击率超过 430 万次，系统运行状况良好。同时，地方电子口岸建设也取得了长足发展，并呈现良好的发展态势。

（五）建设中国电子口岸的意义

1. 强化监督管理，实现综合治理

国家有关行政管理部门分别将进出口企业档案、合同、税票、核销学、报关单、舱单、运输工具等数据资料通过国家电信公网传送到公共数据中心建立电子底账，并实现跨部门联网核查、核注、核销，使管理部门对进出口货物、运输工具和监管场所等进出口环节的管理更加完整和严密，从根本上杜绝利用假单证走私、骗税、骗汇等违法犯罪活动。

2. 规范执法行为，促进政务公开

政府部门的行政审批、监督管理等执法业务操作全部上网，促使管理部门各项执法行为更加规范、统一、透明，从而形成一种部门之间相互制约，相互监督的有效机制。同时，有关进出口管理、金融管理、税收管理等政策法规和管理规定上网，增加法规的透明度，促进政务公开。

3. 提高贸易效率，降低贸易成本

企业只要通过互联网，就可以在网上向海关、质检、外贸、外汇、工商、税务、银行等国家行政管理机关申办报关、出口退税、纳付汇和加工贸易备案等进出口手续，减少企业直接到政府部门办理业务的次数，节省办事时间，提高贸易效率，从而真正实现政府对企业的“一站式”服务。

4. 规范进出口贸易秩序

中国电子口岸身份认证系统的使用有利于杜绝“二元”企业进行违法进出口活动，规范进出口贸易秩序。目前，中国电子口岸均户实行严格的身份认证程序，由工商、质检、国税、外汇、外贸（商务）、海关6个国家管理机构对上网企业进行身份审核，企业通过审核后才能领取IC卡，才可以通过中国电子口岸做相关出口收汇、出口退税等业务，严格控制了企业资金，从源头上控制了非法外贸经营活动的产生。

5. 促进中国电子政务发展

中国电子口岸系统以需求为导向，以应用促发展，充分利用现有网络资源和信息资源，进行跨部门、跨行业、跨地区信息系统的整合，逐步形成中国政府电子政务的统一网络和数据处理平台，最终实现“一卡通”和“一站式”服务。

6. 促进中国电子商务发展

中国电子口岸入网用户已近19万家，且在不断增长。这些用户每年进出口货物总值已超过1万亿美元，孕育着巨大的运输、仓储、金融、保险等电子商务服务市场，加上中国电子口岸安全可靠高效的交易平台，严密的资信和授权管理，为带动中国信息产业和电子商务蓬勃发展创造了良好条件。

二、中国电子口岸的主要功能

（一）数据交换功能

即通过中国电子口岸平台，政府与政府部门、政府部门与企业之间可实现数据交换和共享。数据交换对象包括国家行政管理机关、社会团体、事业单位、国内外企业、驻华领事馆、个体工商户等；连接方法有：PSTN、ISDN、ADSL、DDN、FR、ATM 等有线或 GPRS、CDMA 等无线接入方式；交换格式包括 EDFACT、XML、HTML、WML、SWIFT 等。

（二）事务处理功能

即中国电子口岸可为政府部门和企业办理核销单审批、加上贸易合同审批、减免税审批、报关单申报、进出口许可证件和外汇核销单的申领、结付汇核销、保税区台账申请、ATA 单证申请等提供实时在线服务。

（三）身份认证功能

电子政务网上操作谁也见不到谁，不仅要解决安全问题，更要解决信任问题，否则发生法律纠纷难以判定法律责任。中国电子口岸入网用户都要经过工商、税务、质桃、外贸、海关、外汇 6 个部门严格的人网资格审查，才能取得入网 IC 卡开展网上业务，从而有效解决网上业务信任关系和法律责任问题。身份认证包括：对工商、税务、海关、外汇、外贸、技术监督局等政府部门的身份认证；对进出口企业、加工贸易企业、外贸工业服务企业、外贸附属企业的身份认证；对个体工商户的身份认证。

（四）存证举证功能

根据国家行政管理机关的授权以及中国电子口岸数据中心与各用户单位之间签订的协议，中国电子口岸数据中心针对部分联网应用项目承担存证举证的责任，电子数据存证期为 20 年。

（五）标准转换功能

按照国家行政管理机关各部门以及企业用户的需要，由中国电子口岸数据中心对交换数据进行代码转换，如组织机构代码转换，业务单证代码转换，参数数据代码转换。

（六）查询统计功能

根据提供共享业务数据主管部门或单位的授权，有控制地开放数据查询和统计服务。共享数据包括进出口报关单数据、企业经济户口档案数据、外汇核销单数据、海陆空铁邮及快件等货运数据、知识产权数据等。

（七）网上支付功能

针对用户支付税费和贷款的需求，由中国银行、工商银行、农业银行、交通银行、招商银行等商业银行在中国电子口岸设立网上银行，为用户开设电子账户，提供资金支付、信用担保、账务管理等多种金融服务。

（八）网络隔离功能

企业及个人与政府部门的联网通过电子口岸实现“一点接人”，使电子口岸成为政府网关，并实现政府网与互联网的逻辑隔离，从而确保政府网络的安全性。

三、中国电子口岸的系统结构

（一）科学合理的系统结构

过去一提联网、数据交换，就想到拉专线，建专网，势必造成重复建设资源浪费，服务质量降低，加重企业负担。中国电子口岸改变了过去那种点对点的连接方式，依托国家电信公网建立一个公共数据中心和交换平台，实现了部委之间、部委与企业之间的联网数据交换和共享。实践证明，采用国家电信公网资源，可以缩短建设周期，减少重复建设造成的浪费，实行专业化管理，提高服务质量，并且由于电信运营商实行规模运营，可以大大降低企业负担，减少政府投入。

（二）多种接入方式

为便于企业上网办理业务，电信运营商结合中国电子口岸的业务特点，推出了全国统一的“95199”拨号、宽带和专线等多种接入方式，使企业上网非常便利。

（三）严格内外网限商

中国电子门岸采用了“一点接入”的方式把每一个行政管理机关与其他行政管理机关和企业的联结通道全部进行逻辑隔离，在公共数据中心加装多重防护措施，以保证有效主运行系统和网络的安全。多重防护设施主要包括：电子门卫，负责身份认证；电子警犬，负责24小时侦查、报警；电子警察，对非法入侵者进行跟踪。

（四）完善的多重备用系统

鉴于中国电子口岸在国家进出口管理中所承担的重要任务，因此在系统总体设计中特别注重多重备份。目前除主运行系统外还建有同城备份系统，并且在异地建有容灾备份中心。网络方面通过电信部门提供的远程拨号接入和迂回通信等方式，进一步加强网络安全可靠性。

（五）严密的用户入网资格审查

企业申请成为电子口岸用户，上网办理报关、外汇核销、出口退税等业务，必须经过工商、税务、质检、外经贸、海关、外汇6个部门的资格审查和申请业务受权，企业使用IC上网办理业务时，系统将自动进行身份检查和授权操作检查，确保用户的所有业务操作都在严密的管理和监控之下进行。

中国电子口岸安全认证系统基于公共基础设施理论和技术（PKI），参照国家和国际有关标准和规范研制开发，通过了国家信息安全保密鉴定，是一个拥有自主知识产权、具有较高保密强度和技术水平的身份认证系统。通过对接入用户的身份认证、为用户提供各项应用服务的相应权限，充分保证信息的完整性、不可抵赖性及传输的安全性和对发送双方身份的安全认证。

电子口岸入网IC卡分企业IC卡、政务IC卡两类。其中，企业IC卡又分法人卡和操作员卡；政务卡分管职员卡和操作员卡。企业法人卡用于以法人名义授权签字和对本企业操作卡进行管理等；操作员卡用于企业联网办理通关、收汇、退税业务等。政务管理卡用于对本部门操作IC卡的发放和管理；操作员卡用于办理网上审批和审核业务等。

四、中国电子口岸联网应用项目

自1999年1月1日中国电子口岸第一个项目"进口付汇报关单联网核查系统"在全国推广应用以来，经过几年的发展，截至2004年底，已有22个口岸电子执法系统在线运行，取得了巨大的社会效益和经济效益。

1. 身份认证管理系统；
2. 网上税费支付系统；
3. 加工贸易联网监管系统；
4. 电子口岸预录入系统；
5. 进口付汇报关单联网核查系统；
6. 出口收汇联网核查系统；
7. 报关单联网报关系统；
8. 出口退税系统；
9. ATA单证册通关系统；
10. ATA索赔管理系统；
11. 质检通关单系统；
12. 进出口快件通关系统；
13. 数据对账系统；
14. 进口汽车证明书系统；
15. 业务统计系统；
16. 分中心热线查询项目；
17. 舱单系统；

18. 铁路口岸信息平台系统;
19. 进口增值税联网核查系统;
20. 深圳陆路口岸快速通关系统;
21. 香港和澳门原产地证明（CEPA）系统
22. ATA 单证册通关系统（海外版）。

五、中国电子口岸客户服务体系

中国电子口岸数据中心在不断新增和完善电子口岸业务系统的同时，致力于建立强大的客户服务体系。截至 2004 年年底，以数据中心客服部为主，遍布全国的 41 个数据分中心客服部为辅的中国电子口岸全国客户服务体系已初步建立。中国电子口岸数据中心客服部现有 200 余名训练有素的员工负责解决用户常见问题、技术故障，并接受业务咨询。中国电子口岸人网企业可以通过热线电话、客服邮箱、网上咨询、客服传真等方式，向中国电子口岸数据中心反馈从企业登记备案、系统安装到中国电子口岸业务操作、系统故障等各种问题。其中，中国电子口岸热线服务电话为全国企业用户提供 7 天×24 小时全天候服务。

六、电子口岸的优越性

中国电子口岸较之现行的口岸管理模式具有不可比拟的优越性:

（一）一个公共数据中心集中存放电子底账，信息资源共享

以前，企业想要和政府部门联网必须分别联网，政府部门之间数据不共享，联网效果不明显。通过中国电子口岸，企业只要与电信公网连接，就可以透过公共数据中心在网上直接向海关、商检、外贸、外汇、工商、税务等政府管理机关申办各种进出口手续，各政府部门也可以在网上办理各种审批手续，从而真正实现了政府对企业的“一站式”服务。透过数据中心，企业还可以获得运输、仓储、银行、保险等行业的中介服务，企业间也可以进行联网，从而实现真正意义上的电子商务。

（二）完全基于公网，系统开放性好，提供全天候、全方位服务

企业利用电信公网实现对公共数据中心的接人访问，企业在任何时候、任何地方只要拨打本地电话就可以与 Internet 联网，并透过数据中心办理业务。

（三）入网成本低

登录中国电子口岸网站，企业只需配备一些简单设备，数据中心提供免费的系统安装软件，比 EDI 方式成本低。而且相关管理部门提供免费技术、业务支持，企业将得到更多的实惠。

（四）系统直观、易学，操作简单

中国电子口岸以 Windows 操作系统为平台，普遍应用的 IE 等浏览器为工具，建立起和用户交互式的友好界面，系统提供一系列丰富的在线帮助和业务规范、操作指南查询，使用户轻松实现网上办公。

（五）多重严密的安全防护措施使系统安全可靠

中国电子口岸采用了国际标准由国内自主开发的高强度密码设计，在网传加密、网络隔离防护、机房设施安全以及身份认证、权限设置以及数字签名等安全方面采取了多重严密的安全防护措施，防黑客、防病毒、防偷窥、防抵赖。并且，该系统由政府部门直接管理，处在政府部门严密管理下，安全有保证。

第十一章 国际电子商务下的现代物流

第一节 国际电子商务与物流

一、物流的概念及构成

（一）物流的概念

物流是随着国际贸易的发展而产生的，并已成为影响和制约国际贸易进一步发展的重要因素。在国际贸易中，买卖双方一般相距遥远，因而交易的商品一般需要花费较长的时间，经过较长距离的运输才能从生产地运至需要地，生产商、贸易商往往无法顾及国际贸易中的每一个环节，因此涉及商品交换的全部物流活动就由专业的物流服务商提供，他们跨越国境，提供全过程、全方位的国际物流服务，从而加快国际贸易商品的流转，提高国际物流的业务水平和作业效率。

物流一词最早出现在第二次世界大战，英国军队为把军事物资从供应地运送到作战前线提出了一整套管理方案，称之为“后勤管理”。二战结束后，人们把这种管理思想运用到生产和流动领域，取得了很好的效果。从此，物流的概念在流通领域逐渐形成并不断发展和完善。

美国物流管理协会对物流下的定义为：“物流是指为了符合顾客的需要，所发生的从生产地到销售地的物质、服务、信息的流动过程，以及为使保管能有效、低成本的进行而从事的计划、实施和控制行为。”

按照中华人民共和国国家标准的《物流术语》中对物流概念的界定：“物流是商品从供应地向接收地的实体流动过程。根据需要，将运输、储存、装卸、搬运、包装、流通加工、配送、信息处理等基本功能实施有机结合。”

（二）物流的构成

物流活动内物品的包装、装卸、运输、配送、储存、流通加工、配送、物流信息等作业环节构成。又称为“物流活动的基本职能”。

1. 包装活动

包装活动是指在流通过程中采用某些特定容器、材料及辅助物，按一定方法将物品进行包裹，以起到保护产品，便于运输和销售的目的。包装包括产品的出厂包装，生产过程中制品、半成品的包装以及在物流过程中换装、分装、再包装等活动。包装分为工业包装和商品包装。工业包装的作用是为了便于物品的运输、保管，提高装卸率以及装载率而进行的。商品包装的目的则主要是便于销售。

2. 装卸活动

装卸活动是指在同一地域范围内（如仓库）以改变物品的存放、支承状态以及空间位置的活动，是衔接包装、运输、存储、派送、流通加工等物流活动的各环节活动。因此，装卸活动是物流各环节的结合部，在整个物流过程中，只有装卸活动伴随物流活动的始终。装卸作业包括装载、卸载、堆放拆垛、分拣配货、入库、出库以及连接以上各项动作的短程移送、搬运作业。在物流活动全过程中，装卸搬运活动频繁发生，容易造成物品的损坏。因此，对不同的物品进行装卸时，要选择合适的装卸方式以及装印机具，以减少装卸事故的发生，降低物品的损坏率。

3. 运输活动

运输活动是指使物品发生空间移动的物流活动。在运输过程中物品并未改变其实物形态，也不增加其数量，但物品通过运输克服了从生产地到需要地之间的空间距离，创造物品的空间效用。因此，运输是物流的核心。运输范围包括厂内运输、市内运输、城市之间运输、国际运输等。在城市内或区域范围内的运输中，由生产厂经由物流企业（配送中心）为用户提供商品时，生产厂到物流配送中心之间的物品空间移动称为运输（而从配送中心到用户之间的物品空间移动则称为配送）。运输方式主要有铁路运输、汽车运输、船舶运输、航空运输和管道运输等。对运输活动的管理要求选择技术经济效果最好的输送方式，确定合理的输送路线，以实现运输的安全、迅速、准时、价廉的要求。

4. 储存活动

储存活动是指物品从最初的生产到最终的消费的转换过程中暂时处于停滞状态时的阶段。无论是在生产领域中，原材料、燃料、工具和设备等进入生产过程之前，还是产品从生产领域生产出来后，在进入消费领域之前，这些物资都会有一段停留时间，这就形成了物品的储存。通过对物品的储存保管，克服了物品从采购到生产，从生产到消费的时间上的差异，产生了物品的时间效用。储存活动是利用各种仓库来克服时间间隔的。在对物品进行储存时，需要对物品进行检验、整理、分类、保管、保养等工作，储存管理要求合理确定仓库的库存量，建立各种物资的保管制度，确定作业流程，提高保管技术等。

5. 流通加工活动

流通加工活动是一种生产性辅助加工活动。它是指在流通过程中，流通企业为了促进销售、维护产品质量和提高物流效率，以便更有效的满足消费者的需要，根据用户的要求对物品进行一定程度的加工。流通加工的范围广泛，比如为保护产品所进行的诸如加固、改装、冷冻、保鲜等的流通加工活动。

6. 配送活动

配送是按用户的订货要求在物流据点（如配送中心）对货物进行整理、拣选、加工、包装、组配、末端运输等一系列服务。配送以物流配送中心为始点，以送达收货人为终点。配送的最终实现离不开运输，这也是人们把面向城市内和区域范围内的运输称之为“配送”的原因。总之，配送的目的是要做到收发货经济，运输过程更加完善，保持合理库存，为用户提供方便，降低缺货危险，减少订发货费用。

7. 物流信息

物流信息是指与物流活动相关的信息，包括上述各种活动的有关的计划、预测、动态信息以及相关联的费用情况、生产信息、市场信息等。由于在物流活动中产生了大量反映物流活动的资料、消息、情报、图像、数据、文件等，对这些信息的高效、系统的处理，成为组织好物流活动的非常重要的一环。随着电子计算机和信息通信技术的发展，为物流信息采用电子计算机处理手段提供了技术手段，为实现物流的系统化、合理化、高效率化创造了技术条件。物流情报对上述各种物流活动的相互联系起着协调作用。

二、国际电子商务与物流

（一）国际电子商务与物流的关系

传统国际商务的核心内容是商品的交易，而商品交易会涉及四方面：商品所有权的转移，货币的支付，有关信息的获取与应用，商品本身的转交。即我们通常所说的商流、资金流、信息流、物流四种流。其中，商流是指商品在购销过程中商品所有权转移的运动过程，具体是指商品交易的一系列活动；资金流是指交易过程中资金的转移过程，包括付款、转账、结算等过程；信息流是指有关交易的各种信息的交流，既包括商品信息的提供、促销行销、技术支持、售后服务等内容，也包括例如询价单、报价单、付款通知单、转账通知单等商业贸易单证，还包括交易方的支付能力、支付信誉等；物流主要是指产品实体从供应者向需求者流动的过程，具体指运输、储存、配送、装卸、保管、物流信息管理等各种活动。

同样，国际电子商务的本质也是商务，在国际电子商务活动中也存在这四种流。但国际电子商务与传统的国际商务活动的不同之处在于，信息流、商流、资金流几乎都可以在互联网上实现，唯独物流在四个流中是最为特殊的一种，即国际电子商务与物流之间存在特殊的关系。

国际电子商务与物流之间存在着相互促进、共向发展的互动关系。对于物流而言，它是国际电子商务的重要组成部分，国际电子商务是物流的发展资源，是物流的电子化，缺乏电子商务的物流不能发展进步。对于国际电子商务而言，物流是国际电子商务的生存之道，国际电子商物的发展离不开物流，没有物流的国际电子商务无法成功实现。二者的关系具体表现为以下两个方面：

1. 物流成为国际电子商务不可或缺的部分

在国际电子商务环境下，信息流、商流、资金流和物流这四个部分都与传统的商务活动有所不同。商流、资金流与信息流达二种流的处理都可以通过计算机和网络通信设备来实现。物流是指物质实体的流动过程，具体指运输、储存、加工、配货、送货、物流信息管理等各种活动。对少数商品和服务来说可以直接通过网络传输的方式进行配送，如各种电子出版物、信息咨询服务等。而对于大多数商品和服务来说，物流仍要经过运输、储存、加工、配货、送货等环节将商品和服务送达消费者手中。

国际电子商务是由网络经济和现代物流共同创造出来的，它将物流涵盖其中，包括商务信息查询、报价、还价、合议、付款、货物送达等交易的全过程，也即四个流的流动过程，用公式可以表达为：国际电子商务＝网上信息传递+网上交易+网上结算+物流配送。国际电子商务与传统的国际商务相比，最大的特点是向消费者提供迅捷的商务服务，但是，不论交易形式如何变化，是现金支付还是信用支付，是面对面交易还是网上交易，货物总是要从卖者交到买者，最终到达消费者手中。在这整个的交易过程中，物流是不可或缺的，它是国际电子商务活动得以最终实现的必要条件。国际电子商务企业如果不同物流相匹配，最终会被市场所淘汰。可见，国际电子商务的物流问题是制约国际电子商务发展的重要环节，也是能否真正体现国际电子商务优势的关键因素。

2. 国际电子商务的发展推进物流的现代化进程

国际电子商务能够减少物流的周转环节和时间，通过为物流活动创造一个虚拟的运动空间，使物流的各种功能可以通过虚拟模式表现出来，人们从虚拟模式的不同组合中选择最佳物流方案，以精简周转环节，降低物流成本，提高物流效率，从而使人们真正享受到国际电子商务给他们带来的便捷的好处。另外，通过国际电子商务在网络上传递信息的功能，可以使相关的物流信息，在分散经营的物流企业间交流、传递，从而实现物流资源配置的合理化。专业物流机构也必须改造和完善自己的物流功能，以适应电子商务条件下现代物流的需要。

作为一种现代化的网上销售系统，国际电子商务并不是简单的“网上订货+按单送货”，其对物流功能提出了不少新的要求，传统物流只有向与国际电子商务要求相适应的现代物流方向转变，才能真正适应国际电子商务发展的需要。

（二）国际电子商务对物流各作业环节的影响

1. 国际电子商务对物流采购的影响

传统的采购极其复杂。采购员要完成寻找合适的供应商、检验产品、下订单、接取发货通知单和货物发票等一系列复杂繁琐的工作。在国际电子商务环境下，企业通过在专用网络上使用电子数据交换系统（EDI）或者使用互联网进行采购，使采购过程变得简单、顺畅。电子商务对采购的影响尤其体现在成本的降低方面，具体体现在诸如缩短订货周期、减少文案和单证、减少操作以及降低价格等方面。

2. 国际电子商务对包装的影响

由于电子商务的兴起和发展，使人们可以通过互联网搜寻到有关商品的全部信息，这些信息几乎涵盖了商品的内容，如形状、色彩、声音以及文字说明等，远胜于传统的商业包装对商品的促销作用，从而可能导致商业包装促销作用的淡化。

3. 国际电子商务对运输的影响

国际电子商务环境下，传统运输的原理并没有改变，但运输主旨形式受其影响，却有可能发生较大的变化。

一方面，传统意义上的运输被分成了运输和配送两个阶段。传统经济模式下，各个仓库位置分散，物流的集中程度比较低，这使得运输也很分散；在国际电子商务环境下，库存集中起来，这必然导致运输的集中化程度提高。随着城市综合物流小心的建成，可以使物流中心的物流量达到足够大，从而实现大规模的城市之间的直达运输。传统意义上的运输也被分割成了运输与配送两个阶段。一般把物品从中央仓库到配送中心的前端运输称为运输；把物品从配送中心到用户的末端运输称为配送。

另一方面，国际电子商务技术的广泛应用与普及，使得运输企业之间通过联盟，采用多式联运的经营方式。所谓多式联运是指至少以两种不同的运输方式，由多式联运经营人将货物从接管货物的地点运至指定交付货物的地点，以达到对托运人实行运输全程一次托运、一单到底、门对门服务的目的。

4. 国际电子商务对库存的影响

在国际电子商务环境下，通过库存合理化方案的计划与实施，可以实现所谓的“零库存”或“柔性库存”。“零库存”是指企业没有库存，把库存转移给物流企业。“柔性库存”是指完全力库存，根据生产需要准时把供应商的原材料、零部件供给到生产场地。虽然在许多领域仍然需要依靠库存来保证正常的生产和供给充足的市场，但在某些领域，库存合理化的含义已被重新解释为“没有库存”之意了。之所以会如此，是由于国际电子商务增加了物流系统各环节对市场变化反应的灵敏度，从而减少了库存，节约了成本。

5. 国际电子商务对配送的影响

国际电子商务与传统商务相比，其特点和价值很大程度体现在快捷上，如果国际电子商务的其他环节（如网上信息传递、网上结算、网上交易）都能在互联网上瞬间完成，货物的配送时限却达不到用户的要求，那么国际电子商务的价值就无法得到体现。因此，物流配送是否此时，覆盖范围是否广泛，质量是否有保障，已成为消费者选择电子商务企业的重要依据。只有国际电子商务与物流配送之间实现完全的匹配，才是真正意义上的国际电子商务。

6. 国际电子商务对物流信息的影响

传统的物流信息管理主要以企业自身的物流管理为中心，与外界信息交换少。随着国际电子商务活动的广泛开展，企业与企业之间的联系越来越密切，信息在相同或不同国别的企业间的快速流动、交换和共享成为信息管理的新特征。

另外，在国际电子商务条件下，现代物流技术的应用使得传统物流管理信息系统发生了革命性的变化，如在物流的运输环节，企业采用在线货运信息系统、地理信息系统、卫星跟踪系统等技术，使运输交加合理，路线更短，载货更多，而且运输出不可见变为可见。

三、国际电子商务下物流系统的建立

（一）物流系统的概念

物流系统是由需要移动的货物、包装设备、装卸搬运机械、运输工具、仓储设施、物流管理人员以及通讯设施等物流要素所组成的，相互制约相互联系的有机整体。

（二）国际电子商务下物流系统的要求

电子商务时代的来临给物流的现代化发展提供了全新的舞台，国际电子商务的发展也对物流系统提出了新的要求：

1. 信息化

信息化是物流现代化的基础和前提，信息技术及计算机技术在物流中的运用彻底改变了传统物流的面貌，使之向现代物流方向发展。现代物流通过对信息的实时把握，将物流各项功能有机结合在一起，使物流系统向预定目标运行。

物流信息化表现为物流信息的数据库化、物流信息处理的电子化、物流信息传送的实时化、物流信息存储的数字化等。因此，条码技术、数据库技术、电子订货系统、电子数据交换系统等技术在现代物流中得到普遍的运用。

2. 自动化

物流自动化是指物流作业过程的设备、设施的自动化，包括包装、装卸、分拣、运输、识别等作业过程。如自动识别系统、自动分拣系统、自动存取系统、货物自动跟踪系统等。物流自动化可以提高物流作业能力、降低物流作业的差错，提高劳动生产率。

3. 智能化

这是物流自动化的更高层次的运用。智能化是在更大范围和更高层次上实现物流管理的自动化，如库存水平的确定、运输路径的选择、配送中心的管理、成本的核算等。物流智能化已成为电子商务下物流发展的新趋势。

4. 标准化

国际电子商务要求对物流系统中的物流要素及其活动都采用统一的标

准，包括运输工具、装卸机械、仓储设备等的设备标准以及包装、装卸、运输等物流活动的技术标准等。物流系统的标准化能够协调各项生产和流通活动，促进技术进步，也为信息的采集和处理提供了便利。

5. 快速反应化

国际电子商务的一大特色就是快捷，鼠标一点，就可完成商流、资金流以及信息流的运行。同样，在现代物流信息系统、作业系统和物流网络的支持下，为满足用户多样化、个性化、小批量、多品种、高品质的需求，物流适应用户需求的反应速度也在加快，可以实现“今日订货，明日交货，上午订货，下午交货”的理想物流。快速反应是当今物流的重要特征，同时物流企业及时配送快速补充订货、迅速调整库存结构的能力正在加强。

6. 网络化

物流的网络信息化是物流信息化的必然，全球网络资源的可用性及网络技术的普及为物流的网络信息化提供了良好的外部环境。随着专业化生产的不断深化，为保证物料的充足供应和产品的有效分销，物流领域需要建立完善的物流网络体系，网络上的供应商与物流配送中心之间、物流配送中心与物流配送中心之间、物流配送中心与最终用户之间的物流活动要保持一致性，以优化整个物流网络上的资源配置。

（三）物流系统建立需要考虑的因素

1. 高素质人才

国际电子商务要求物流管理人员既要具有较高的物流管理水平，而且要求他们具有较高的电子商务知识，并在实际的运作过程中，将二者有效地、有机地结合在一起。他们需要通晓现代经济贸易、现代物流运作、运输与物流理论和技能、英语、国际贸易运输及物流管理等知识，培养成为一种复合型人才。

2. 先进的物流基础平台

物流基础平台包括物流基础设施平台和物流信息平台两大类。传统上，物流基础平台主要是提供物流服务的物流基础设施平台，这个平台主要由铁路、公路、海运、空运车站、码头、机场以及在这些设施之上的仓库等构成。

在国际电子商务环境下，随着物流领域的扩展，物流基础设施平台已无法满足现代物流复杂化的要求，物流信息平台的构建已日显重要。为适应现代物流发展的需要，还必须采用先进的互联网络技术，推动物流信息平台的建设，以连接物流系统内各主要部门、主要仓储分拣配送资源库单位以及各大企业用户的宽带数据通道，提供高速的交换端口、足够的干线信息传输和交换能力，为电子商务的物流服务现代化提供信息服务。

3.庞大的资金投入

由于物流企业业务的复杂性，不仅需要投入巨大的资金，而且其投入的范围涉及面广，如土地、仓储设施、装卸搬运设备、运输工具、分拣系统、配送中心、管理手段等，因此，一般电子商务企业不敢涉足。

4. 统一的物流管理部门

如果没有统一的物流管理部门统一物流政策和行为规范，导致物理系统分属不同管理部门，造成流转单证不规范、不统一、不通用，货物紊乱、货流不畅，最终导致企业经营管理混乱，经营效益下降。

（四）电子商务下物流系统的建立

国际电子商务环境下物流系统建立的目的、是实现国际电子商务过程中商品的空间效益和时间效益，在保证商品满足供给需求的前提下，实现各种物流环节的合理衔接，并取得最佳经济效益。

1. 国际电子商务和普通国际商务活动共用一套物流系统

制造商、经销商可以建立基于互联网的国际电子商务销售系统，同时可以利用原有的物流资源承损国际电子商务的物流作业。

以生产制造为主的企业，其核心业务是商员开发、设计和制造，仅越来越多的制造商不仅有庞大的销售网络，而且还有覆盖整个销售区域的物流配送网。这些制造企业完全可以利用原有物流网和设施支持国际电子商务业务，开展国际电子商务，无须新增物流、配送的投资。对企业来说，要做的主要的是物流系统的设计、物流资源的合理规划。

经销商比制造商更具有组织物流的优势，因为他们的主业就是流通，他们可以利用传统商业得天独厚的资源优势，如丰富合理的商品种类，与终端客户建立的长期业务关系，高附加值的服务以及高效的配送体系等，与国际电子商务相结合，充分发挥二者的优势，实现资源共事，优势互补。

2.企业自建物流系统

许多规模庞大的制造企业通过自建物流系统，来管理自己的物流活动，如海尔集团的物流事业推进部。这种制造企业自建物流系统的活动称为第一方物流。

企业采取自营物流的方式原因之一是认为物流行业有很高的利润（许多经济学家将物流誉为是继自然资源和劳动力之后的“第三利润源泉”），因此不愿意将此利润拱手相让，还是自营的好。但是自营物流往往使成本居高不下，而且由于企业从事的物流业务是非核心业务，往往导致物流运作效率低下，另一个不足是这种大而全的经营管理模式已不适应专业化分工的大趋势。

以国际电子商务为主业的经销商自身兼顾物流业务，建立自己的物流体系，从事物流配送业务。这类兼顾型企业既要从事国际电子商务的信息流、资金流、商流的网上服务业务，又要从事将物品送交收货人的国际物流业务。商业流通企业对其商品进行的物流活动称为第三方物流。

这种物流模式可以满足消费者的“即购即得”购物心理需求。但是经销企业要建立与自己主营业务相匹配的国际物流体系并非易事，由于电子商务的信息业务与物流业务是截然不同的两种业务，企业因面临跨行业、甚至跨国别经营所产生的风险可想而知的。首先是配送点的布局、人员的配备数量、商品的库存量等很难合理地确定。其次，由于要满足用户的即时需求，对配送时效有严格的要求。很显然，高配送费用需要更大的商品配送规模。

3.外包给专业物流公司（即第三方物流企业）

面对市场竞争的日趋激烈以及专业化程度的日益加深，许多企业不得不将主要精力放在自己核心业务上，而将运输、仓储、配送等相关业务环节交由专业的物流企业进行操作，以降低成本，提高效率。将物流外包给专业物流公司是目前跨国公司管理物流的通行做法。他们将不是自己核心业务的业务外包给从事该业务的专业公司去做，这样从原料供应到生产再到产品销售各个环节的各种职能，都是由在某一领域具有专长或具有核心竞争力的专业公司相互协调和配合来完成的。

专业物流企业，又称为第三方物流，是指由商品的供需双方之外的第三方完成的物流活动。第三方物流企业是专业从事物流服务的企业，有一定的物流服务资源，能进行物流解决方案的策划和设计，为客户量身定制合理化的物流系统；能组织全程物流服务，并能对物流全程进行控制；有物流实体网络和信息网络，能不断降低物流成本、提高效率。由于拥有丰富的专业物流经验和物流服务资源以及物流网络上的优势，能够最大限度地满足电子商务条件下对物流的要求，提高企业在的整体物流水平。

第二节 国际电子商务下的供应链管理

一、与供应链管理

（一）供应链

2001 年，中国发布实施的国家标准《物流术语》对供应链的定义是："生产及流通过程中，涉及到产品更新换代或服务提供给最终客户的上游或下游企业，所形成的网络结构"。

有学者把供应链定义为："供应链是围绕企业，通过对信息流、物流、资金流的控制，从采购原材料开始，制成中间产品以及最终产品，最后内销售网络把产品送到消费者手中的将供应商、制造商、分销商、零售商、直到最终用户连成一个整体的功能网链结构模式"。

一般认为，供应链是包含物流系统在内的一个新型的流通系统。所谓供应链是指产品在到达消费者手中之前所涉及的原材料供应商、生产商、批发商、零售商以及最终消费者组成的供需网络。即由物料获取、物料加工，并将成品送到用户手中这一过程所涉及的企业和企业部门组成的一个网络。

供应链是 20 世纪 80 年代后期全球制造和全球经济一体化浪潮下为克服传统企业管理模式的弊端而形成的一个新概念，它是社会化大生产的产物，是重要的流通组织形式和市场营销方式。它以市场组织化程度高、规模经营的优势，有机地连接生产和消费，对生产和流通有着直接的导向作用。

（二）供应链管理

我国 2001 年发布实施的国家标准《物流术语》对供应链管理的定义如下：利用计算机网络技术全面规划供应链中的商流、物流、信息流、资金流等，并进行计划、组织、协调与控制。

供应链管理是伴随着供应链概念的出现而在管理领域形成的一个崭新的

管理思想和方法，涉及各种企业及企业管理的方方面面，是一种跨行业的管理。它对供应链中的信息流、物流和资金流进行设计、规划和控制，将供应链上各节点的企业联结成一个利益共同体，企业间加强合作关系，有效分配资源，最大限度提高效率，为追求共同经济利益的最大化而共同努力。

二、国际电子商务对供应链的影响

（一）国际电子商务拉近了企业与客户的联系，缩短了供应链的距离

在传统的供应链渠道中，产品从生产企业流到消费者手里要经过多个环节，流程很长，因此造成了成本上升、利润下降等问题。采用电子商务的方式后，供应链的每个环节都发生了变化，其中发生最大变化的是分销商这一环节。分销商是传统国际贸易中必不可少的角色，但在新的贸易流程里，已经不需要这一角色。通过网上的交易平台，生产企业可以绕过传统的分销商与零售商甚至直接与消费者联系。

流程的精简是对整个供应链的优化，供应链上的每个环节都因此而受益。

由于省去了中间环节，生产企业可以直接了解下游的销售状况，调整企业的生产进度，同时，也可以更清楚向上游的供应商采购所需的原料，减少了产品的积压。作为上游的原料供应商也能从供应链的优化中加强对下游各厂商需求的了解，增强快速反应能力。

零售商通过网上的交易平台直接向生产商发出购物订单，不需要分销商的介入，贸易流程的减少使零售商的成本也大大降低了，产品的销售价格会大幅度下降，刺激了产品的购买。传统分销商可以通过建立商业网站，利用自己与生产企业和消费者直接相联的优势，继续充当传统经销商的角色，但转型后的分销商在互联网上只是一个虚拟的信息与组织中介，不需要设置多层实体分销网络（包括人员与店铺设施），也不需要存货，因此仍然降低了流通成本，缩短了流通时间，使物流路在缩短。

（二）国际电子商务改变了供应链中货物流动方向

传统供应链中各节点的企业处于独立分离状态，使企业之间的需求预测、

库存状态、生产计划等重要信息无法迅速、准确传递，导致供需脱节。供应链大都采用推动式运作模式，即以制造商为核心，产品生产出来以后，从分销商、零售商开始逐级推向最终消费者，属于典型的“买方市场”。这使得分销商、零售商处于被动接受地位，只能以增大库存的方法应付市场需求的变化，使整个供应链上的库存量增大，货物运转周期长，对需求变动的反应能力慢，最终影响了供应链的整体运作效率。在国际电子商务环境下，供应链实现了一体化，各节点的企业通过互联网协调彼此的合作关系。分销商、零售商能及时且准确掌握顾客信息以及产品的销售信息，通过供应链的信息系统迅速传递给上游的制造企业，制造商就可以及时为下一轮的生产进行调整，同时调整自身的采购计划，从而使原材料供应商也获得的市场需求变化的信息并及时改变他们的供应计划。市场信息通过网络的快速传递使供应链上各节点的企业能够对市场需求的变化做出同步反应、使产品的流动方向转变成“拉动式”，实现供应链中的“零库存”或“柔性库存”。

（三）国际电子商务改变了供应链的企业管理模式

传统的供应链管理一般是建立在私有专用网络上。一些生产企业除了建立具有竞争优势的核心企业外，还通过投资自建、投资控股或兼并的方式将上游原材料的供应，下游产品的销售等业务纳入自己管理范围内，这需要投入大量的资金，只有一些大型企业才有能力进行自己的供应链建设，并且这种供应链缺乏柔性。电子商务的应用促进了供应链的发展，也弥补了传统供应链的不足。企业只需注重自己的核心业务，充分发挥核心竞争优势，将非核心业务交由其他企业完成，最大限度地取得竞争优势。原有供应链上的企业由企业的博弈对立发展为企业经营的共生，企业与企业之间通过互联网结成供应链上的企业联盟。不仅如此，国际电子商务还使供应链可以共享全球化网络，使中小型企业以较低的成本加入到全球化供应链中。

（四）第三方物流将在国际电子商务环境下成为供应使中的主要物流模式

以物流企业为主的第三方物流模式的发展，将成为国际电子商务环境下物流的发展方向。所谓第三方物流是指由供应方与需方之外的第三方去完成物流服务的物流运作方式。

企业的产品能否通过供应链快速分销到目标市场上，取决于供应链上物流、配送网络的健全。在国际电子商务环境下，物流业的地位大大提高，供应链上的企业通过把物流业务外包给第三方物流企业，使企业能够把更多的时间和精力放在自己的核心业务上，提高供应链管理体系的运作效率。

第三方物流企业主要有两种类型；一种是拥有仓储运输资源的，可以直接提供物流服务。另一种是纯粹提供脑力劳动服务的第三方物流公司，主要是提供方案服务，有的也提供信息系统服务，使用户可以在先进的信息系统上改进原有的物流水平。在国外，许多专门从事第三方物流的著名企业，如美国的 Fedex、UPS，日本的佐川急便，由于它们在物流管理、物流技术等方面的优势，早已成为物流业内著名的国际综合物流代理企业。

三、B 国际电子商务对供应链管理的影响

（一）B2B 的含义

B2B 国际电子商务，是指企业对企业的国际电子商务，是在上下游企业之间通过网络从事的商务活动，它是网络经济的基础。

一般来说，电子商务分两种形式：一是 B2B，即企业与企业间的电子商务；另一个是 B2B，即企业与消费者之间的电子商务，是指企业通过互联网上消费者提供的完成订购商品或服务的活动。因为供应链管理主要是发生在企业与企业之间，所以 B2B 成为实施供应链管理的有效途径。

（二）B2B 对供应接管理的有效影响

1. B2B 带来了供应链管理的变革

在 B2B 模式下，企业不仅要协调企业内计划、采购、制造、销售的各个环节，还要与包括供应商、分销商等在内的上下游企业紧密配合，构成一个电子商务供应链网络。通过该网络使企业之间的大宗交易能够更大限度地发挥电子商务的潜在效益，利用现有的分销渠道和网络，通过供应链的集中采购、配送系统，使企业降低交易成本、缩短订货周期，从产品质量、生产经

营成本和对消费者的快速响应三方面改进企业经营，增强企业竞争能力。

另一方面，B2B 电子商务模式面向整个供应链，促进企业信息化建设和组织结构的变革，从而提高了供应链管理的信息化程度，提升了企业的决策水平，并将引导企业走向国际化、全球化经营。

2. B2B 实现了供应链网络上的增值

在供应链上除资金流、物流、信息流外，根本的是要有增值流。各种资源在供应链上流动，应是一个不断增值的过程，因此供应链的本质是增值链。供应链上每一环节增值与否、增值的大小都会成为影响企业竞争力的关键。所以，要增加企业竞争力，就要求消除一切无效劳动，在供应链上每一环节做到价值增值。以往的 EBP（企业资源规划）、B2C 的电子商务都只实现了本企业的供应链上的增值，而 B2B 的电子商务利用 EBP、电子商务套件和 CRM（客户关系管理）等网络技术，将上下游企业组成整个产业系统的供应链，并且与其他企业、产业的供应链相连接，组成了一个动态的、虚拟的、全球网络化的供应链网络，真正做到了降低企业的采购成本和物流成本，在整个供应链网络的每一个过程实现最合理的增值，并且最重要的是提高企业对市场和最终顾客需求的响应速度，从而提高企业的市场竞争力。

（三）目前企业采用的 B2B 模式

1.面向制造业或面向商业的垂直 B2B

垂直 B2B 可以分为两个方向，即上游和下游。生产商或商业零售商可以与上游的供应商之间形成供货关系，比如戴尔电脑公司与上游的芯片和主板制造商就是通过这种方式进行合作。生产商与下游的经销商可以形成销货关系，比如 Cisco 与其分销商之间进行的交易。

2. 面向中间交易市场的 B2B

这种交易模式是水平 B2B，它是将各个行业中相近的交易过程集中到一个场所，为企业的采购方和供应方提供了一个交易的机会，阿里巴巴、环球资源网等。

第三节 国际物流管理信息系统

物流信息始终是国际物流系统形成的必要条件，尤其是在国际电子商务环境下，物流信息更是成为供应链管理以及第三方物流管理的信息系统的支撑力量。

一、国际物流管理信息系统的概念

国际物流管理信息系统是以国际物流系统为对象，对物流活动中产生的各种与物流相关的数据与信息，通过电子通信技术或网络技术的传递，经过计算机对原始数据的处理，最终所提供的有助于国际物流管理和国际物流决策的信息的这样一个系统。

二、自动识别技术（AIDC）

自动识别技术（AIDC）主要解决的问题是实物与信息之间的匹配关系，使实物的运输、仓储过程，可以即时的反映到信息网络环境中，使操作者能够迅速了解物流的全部过程，尤其是在途的情况，提高物流过程的作业效率及货物数量的准确性。在物流作业中主要使用 AIDC 技术的有两个部分，即条形码识别技术和电子标签技术（RFID）。

1．条形码识别技术

条形码（Bar Code）是一种可印制的机器语言，是由一组宽度不同、反射率不同的条和空按规定的编码规则组合起来，用以表示一组数据和符号，一般作为货物的名称、产地、价格、种类等的标记。条形码技术是研究如何把计算机所需要的数据用一种条形码来表示，以及如何将条形码表示的数据转变为计算机可以自动阅读的数据。条形码技术主要包括：条形码编制规则、条形码译码技术、条形码印刷技术、条形码扫描技术、数据通信技术及计算机技术等。

在国际物流信息系统技术中，条形码技术的应用已经成为实现供应链管理的一个重要手段。无论是在生产领域还是在物流领域，都可以通过条形码扫描器的自动识别，来掌握货物的运动状态。

以物流仓储配送作业为例，由于大多数的储存货品都具备有条形码，所以用条形码作自动识别与资料收集是最便宜、最方便的方式。商品条形码上的资料经条形码读取设备读取后，可迅速、正确、简单地将商品资料自动输入，从而达到自动化登录、控制、传递、沟通的目的。通过条形码技术的应用，企业实现了生产过程管理、库存管理和销售管理。

不仅如此，条形码技术还是全世界通用的商品代码表示方法，通过对条形码的识别，可以进行国际沟通，克服了语言文字的障碍，有助于实现物流的国际化。

2. 电子标签技术（RFID）

电子标签或电子条码，其专业名称是无线射频识别技术，是一种非接触式的自动识别技术，它通过射频信号自动识别目标对象并获取相关数据。

电子标签技术与目前普遍使用的条形码相比，可以定向或不定向地远距离读写数据，不必见到对象；可以透过外部材料读取数据；可以在恶劣环境下工作；可以同时处理多个电子标签，储存的信息量很大。常用于物流跟踪、运载工具和货架识别等要求非接触数据采集和交换的场合，操作快捷方便。

电子标签技术由于可以快速、实时、准确地采集处理信息，在生产、零售、物流、交通等各个行业具有广阔的应用前景。这一技术已逐渐成为企业提高物流供应链管理水平、降低成本、企业管理信息化、参与国际大循环、增强竞争力不可缺少的手段。对制造企业而言，电子标签技术能确保他们在生产中使用正确的元器件。在生产线上采用 RFID 技术，通过验证元器件系列编码自动保证了选用的元器件与在制品相吻合，并使整个产品自动生产流程的各个环节得到监控和管理。在企业分销和零售业配送中，电子标签技术从货物离开仓库的那一刻起就已经开始发挥作用。当整车货物离开仓库时，RFID 系统对拖车上的货物进行扫描，这样，管理人员就能够获悉每一条发运信息，及时了解库存情况。当拖车到达商店时，再经过一次扫描，商店经理就可以了解货物的实际数量，无需再对每一辆拖车进行检查。一旦商品摆在货架上，当货架商品量出现短缺时，嵌入的 RFID 阅读器向商店后端办公系统发送一条消息，随后货物就会按需补充，这样就避免了由于商品短缺造成的销售损失。由于条形码技术使用成本较低，目前大量使用的是条形码，随着 RFID 技术的发展，不断降低的 BFID 成本，使用 RFID 技术的企业会越来越多。

三、电子数据交换（EDI）

电子数据交换是指按照同一规定的标准格式，将标准的经济信息，通过通讯网络传输，在贸易各方的计算机系统之间进行数据交换和自动处理。

EDI 的使用消除了传统商务往来过程中的纸面单证，从而避免了制作文件的费用，因而 EDI 被称为"无纸贸易"。另外，应用 EDI 技术可以高效率地传输发票和订单，从而使交易信息瞬间送达，因而空前提高了商流和物流的速度。EDI 在现代物流中的应用，主要是通过快速的数据交换和数据的自动处理，对物流供应链上物流信息进行有效的运作，比如传输物流单证等。EDI 在物流运作的目的是充分利用现有计算机及通信网络资源，提高交易双方信息的传输效率，降低物流成本。

具体来说主要包括以下几方面：

首先，对于制造业来说，利用 EDI 可以有效地减少库存及生产线待料时间，降低生产成本；其次，对于运输业说，利用 EDI 可以快速通送报检、科学合理地利用运输资源、缩短运输距离、降低运输成本费用和节约运输时间；再次，对于零售业来说，利用 EDI 可以建立快速响应系统，减少商场库存量与空架率，加速奖金周转，降低物流成本；同时也可以建立起国际物流配送体系，完成产、存、运、销一体化的供应线管理。

四、全球定位系统（GPS）

全球地位系统是利用通信卫星对地面目标的状况进行全球性、全方位

（海、陆、空）、全天候的导航定位、定时、测速等精确测定的系统。GPS由三大子系统构成：空间卫星系统、地面监控系统、用户接收系统。

GPS与电子地图、无线电通信网络及计算机车辆管理信息系统相结合，可以实现车辆跟踪和交通管理等许多功能，这些功能包括：

1. 车辆跟踪

GPS通过卫星对地面运行的车辆、船舶等运输工具进行精确定位和全程跟踪，通过用户接收系统，实时显示出车辆的实际位置，并可通过多屏幕、多窗口随目标移动同时跟踪多辆车辆，利用该功能可对重要车辆和货物进行跟踪运输。

2. 信息传递和查询

为车辆、船舶提供交通气象、道路以及航线运行状况等信息，并将仓库、场站等目标地的具体位置通过电子地图显示出来，还可以将运行中的车辆、船舶的相关信息传递回监控中心。

3. 提供出行路线规划和导航

这是GPS的一项重要辅助功能，它包括自动线路规划和人工线路设计。自动线路规划是由驾驶者确定起点和目的地，由计算机软件按要求自动设计最佳行驶路线，包括最快的路线、最简单的路线、通过高速公路路段次数最少的路线等的计算。人工线路设计是由驾驶者根据自己的目的地设计起点、终点和途经点等，自动建立线路库。线路规划完毕后，显示器能够在电子地图上显示设计线路，并同时显示汽车运行路径和运行方法。

4. 紧急救援

通过GPS定位和监控管理系统，及时掌握车辆、船舶的运行状况，当遇有险情或发生事故时，监控台的电子地图会显示求助信息和报警目标，监控中心可以向相关部门发出紧急救助通知，及时采取救助措施。

五、地理信息系统（GIS）

地理信息系统是以地理空间数据为基础，采用地理模型分析的方法，适时提供多种空间和动态的地理信息，是一种为地理研究和地理决策服务的计算机技术系统。

GIS 应用于物流配送系统中，可以大大提高对物流过程的全面控制和管理，实现高效、高质的物流配送服务。

GIS 借助于计算机将数据库的信息转换为电子地图形式，然后对显示结果进行浏览、操作和分析。结合全球卫星地位系统，能够比较直观地显示车辆或货物的实际位置、运输状态，对车辆或货物进行实时跟踪；提供运输线路的规划和导航：对配送范围内的仓库、场站等基础设施、运输车辆、客户等进行查询，并在电子地图上显示其位置等，从而大大提高对物流过程的全面控制和管理能力，实现高效、高质的物流配送服务。

六、智能交通系统（ITS）

智能交通系统是将先进的信息技术、数据传输技术、电子传感技术、控制技术及计算机技术等有效地集成，运用于整个地面交通管理的信息系统。

随着城市交通量的持续快速增长，交通拥塞问题、交通事故频发问题、交通环境口渐恶化问题、能源危机问题越来越严重，因此，利用信息技术来提高道路的通行能力成为迫在眉睫的事情，ITS 为此提出了解决方案。

ITS 将信息技术贯穿于交通运输的方方面面，通过对传统运输系统的改造，从而形成一个信息化、智能化、社会化的新型运输系统。通过对 ITS 系统的利用，能够行效减少交通阻塞、极大提高交通安全、大大减少环境污染，提高道路网的通行能力，提高汽车运输生产率和经济效益，使交通基础设施发挥最大的效能，为城市道路交通管理的可持续发展创造良好条件。

从 20 世纪 60 年代末期开始，美国就开始了智能交通系统（ITS）方面的研究。之后，欧洲、日本等国也相继加入这一行列。经过近 30 年的发展，美日欧已成为世界 ITS 研究的重大基地。此外，新兴的工业国家和发展中国家也开始 ITS 的全面开发和研究。先进国家的经验表明提高对现有路网的科学有效管理，可以提高车辆通行率 30%。因此，ITS 的产生被看作是道路建设与运输领域的一场革命。

第四节 国际电子商务下的物流配送

国际电子商务提供给消费者的最大好处是低价和迅捷，而物流配送是完成国际电子商务完整交易过程的一个非常重要的环节，也是实现国际电子商务整个交易过程的最终保证。国际电子商务是信息传送的保证，而物流配送是实物执行的保证。

一、物流配送及其构成

（一）配送的定义

按我国出版的《现代物流学》的表述：配送是以现代送货形式实现资源最终配置的经济活动；按用户订货要求，在配送中心或其他物流节点进行货物配备并以最合理方式送交用户。

具体地说，配送是指在一定区域内，根据用户要求，对物品进行拣选、加工、包装、组配等作业，并按时送到指定地点的物流活动。

配送主要是利用有效的分拣、加工、组配等理货工作规模，以降低送货成本。

（二）配送的流程

1. 制定配送计划：根据订单或销售计划制订待分配商品的配送时间和配送组织的计划。

2. 备货：备货包括筹集货物、进货、选货以及暂存和储备。

3. 理货：是对货物的分拣、配货和分装。理货是物流配送业务中常重要的一项工作，它可以大大提供送货效率。

4. 配送加工：在配送中心有时也要进行加工，是应特殊用户要求对货物进行简单加工，以提高配送质量。

5. 配送中心的包装；配送中心在将货物送交用户之前必须进行包装，以保护货物或商品，方便运输和消费。

6. 运送：配送中心的运送不仅属于运输中的末端运输、支线运输，而且还有将货物或商品送达用户手中之意。

（三）配送的类型

1. 企业之间的配送

主要是供应链中各企业之间的配送，如第三方物流企业对非物流企业提供的配送，或是有上下游关系的企业由上游企业（如原材料供应商）向下游企业（如制造商）提供配送。

2. 企业内部的配送

一般有两种情况：

一种是大型连锁式商业企业，建立本企业体系的物流配送中心，专门为本系统内的连锁单位按时按需提供商品，确保各连锁单位稳定经营。

另一种是工业企业在工厂内把零部件和原材料按要求运送到土产线上或生产场地。

3. 企业对最终消费者的配送

企业将商品直接送达消费者手中。这里主要是商业企业向消费者提供的物流服务。在商业物流中，配送是最主要的业务。

二、国际电子商务下的物流配送

（一）国际电子商务下的物流配送服务方式

1. 按电子商务经营模式划分

（1）和 B2C 电子商务配套的“门到人”的配送，服务对象是以生活消费品为主体的最终消费者。

（2）与 B2B 电子商务配套的“门到门”的配送，服务对象是以生产物资为主体的生产企业或商业流通企业。

2. 按配送时间划分

（1）定时配送

按规定的时间或时间间隔进行配送，每次配送的品种和数量按配送中心与客户达成的协议执行。它又有当日配送和准时配送两种。当日配送是保证货物在 24 小时内送到，准时配送是按照客户与配送中心协议的时间，准时将货物配送到用户手中的一种方式。

（2）定量配送

按规定的批量或数量进行配送，配送的数量固定。这种配送由于可以有效利用集装箱、箱式车等，因此配送的效率高。

（3）定时定量配送

是按照规定时间和规定数量进行配送。这是一种需要精密设计的配送方式，难度较大。

（4）定时定线路配送

在规定的运行路线上制定到达时间表，按运行时间表进行配送，这种方式有利于计划安排车辆和驾驶人员。

（二）国际电子商务为物流配送提供的解决方案

虽然国际电子商务最需要完善的是物流配送，但是国际电子商务在一定程度为物流配送提高效率提供了解决方案：

配送中心通过网络系统获得了消费者提交的货物订单，将订单投入配货系统；

通过自动配货系统搜索与订单相吻合的货架号，配货成功后进行实物配货，在货物出库之前需要利用条形码技术经过系统核对审验，点击确认才能出库；通过运输系统对运输方式进行选择和安排；

从客户提交订单→订单确认→财务确认→订单处理→库房配货→客户收货等各个环节，系统会记录操作时间并进行自动计算，可以调出进行运作分析，同时系统对每一段的处理时间进行标准化，如果超过标准化时间，系统会自动通过报警系统发送电子邮件给相关人员。

（三）国际电子商务给物流配送系统带来了新的变化，使物流配送系统产生了新特点

1. 物流配送信息化

国际电子商务下的物流配送，实现物流配送信息化后，物流配送过程就像是一条流水线，把各自分散配送环节整合在一起，使之成为具有增值功能的综合物流配送系统。

2. 物流配送时效化

国际电子商务环境下，对物流配送的速度提出了较高要求，通过建立的物流配送信息系统，任何一条有关配送的信息和资源都能通过网络管理在几秒钟内传到有关环节，加快了物流配送各环节的处理速度，使流得得以简化，配送周期得以缩短，大大提高了配送的时效性。

3. 物流配送智能化

物流配送包括大量的运筹和决策，如运输路径的选择，物流配送中心经营管理的决策支持等问题都需要借助智能化系统解决。为了提高国际物流系统现代化的水平，适应国际电子商务的要求，物流配送智能化已成为电子商务时代物流配送系统发展的一个新趋势。

4. 物流配送柔性化

在国际电子商务环境下，物流配送采用将各种型号产品配齐集中起来向用户发货和将多个用户小批量货物集中在一起进行发货等方式灵活组织和实施货物的配选，以满足消费需求“多品种、小批量、多批次、短周期”的特点，实现配送活动的柔性化。

三、国际电子商务下的物混配送中心

（一）配送中心的定义

配送中心是物流系统的一个节点，它不是以存储为主要职能，的是主要发挥配送流通的职能。配送中心的主要目的是降低运输成本、减少销售机会的损失。

按照我国《物流术语》中对配送中心的定义：配送中心是从事配送业务的物流场所或组织，为特定的用户服务，配送功能健全、信息网络完善、辐射范围小、多品种小批量，以配送为主、存储为辅。

配送中心是集中了集货、分货、加工、运送等功能为一体的“流通型仓库”，所谓流通性仓库是指货物在仓库中处于经常运动状态，停留时间较短，有较高的进出库频度。配送中心的主要工作有：配货、送货、库存控制、客户管理等。

配送中心的功能基本有三个：一是流转功能，将货物及时分拣和配送至用户；二是储存功能，调剂货物供求；二是信息功能和交易功能信息，协助完成交易。

（二）国际电子商务下的物流配送中心

1. 国际电子商务对物流配送中心的影响

传统的物流配送中心往往需要占用大面积的土地置备仓库，分布较为分散，不利于企业管理。国际电子商务带给物流配送中心的最大影响就是仓库的“虚拟化”。配送中心引入物流配送信息系统后，可以将分散在不同地域的仓库通过网络连接起来，进行统一的管理和调配，其服务半径和货物集散空间放大了。

传统的物流配送中心由于工作环节多、业务流程复杂，因而受人为、时间因素的影响很大。在电子商务环境下，网络的应用实现整个配送过程的实时监控、快速决策以及配送工作的机械化、自动化，大大降低了人工成本，减少了配送小心设施的损耗，加速了货物的配送进度。但同时，由于配送中心的许多工作以及实施科技含量提升，也需要配置高素质的专业人才，包括具有专业知识的决策人员、管理人员、技术人员等，而且还需要一整套科学、规范的现代化管理方法和手段。

配送中心既可以为一个企业服务，也可以为多个企业服务，产品的种类往往很多，产品的流速较快，管理的难度较大。在电子商务环境下，通过在配送中心建立配送信息系统，可以优化库存配置，保障货物或商品的配送，实现管理的科学化。

2. 构建国际电子商务下的物流配送中心

在国际电子商务环境下，消费者对配送活动的及时性和服务优质化等方面的要求越来越高。企业在满足商务服务高质量的同时，还必须考虑物流成本的最小化。

配送中心的建造是一项耗资巨大的工程，无论是配送中心地址的选择、建筑物的设计、信息处理系统的设计，还是机械设备的选择，都要考虑到较强的应变能力，以适应配送量扩大、经营范围的拓展，实现企业效益和社会效益的最大化。

由于配送中心一般是为一定区域的客户服务，因而配送中心选址应该位于该区域的物流中心，这样会使配送总的距离最短。

国际电子商务环境下的配送中心内部设施的构造要考虑建筑物结构、地面负荷强度、天花板高度、立柱间隔距离、建筑物的通道、卡车停车场等因素，满足各个子系统的要求。

为了使配送中心系统能更好地服务于客户，加速商品流转，实现国际电子商务的配送功能，提高经济效益和现代化管理水平，配送中心应广泛采用电子计算机、网络信息技术，合理地选择、使用各种先进的物流机械化、自动化设备。

3. 国际电子商务下物流配送中心的选择

在国际电子商务环境下，企业在物流配送中心的选择上有多种方式：可以自建、与其他企业合建、租赁其他企业的配送中心、完全委托第三物流公司等。

四、配送信息系统

物流配送信息系统是解决物流配送系统畅通的关键所在，是电子商务的重要组成部分。它主要包括订单服务系统、配送系统、退货管理系统、客户满意度调查和投诉反馈系统及物流数据管理与分析系统。其中配送系统包括：客户联络中心、地理信息管理、配送调度中心和员工绩效管理。

第十二章 国际电子商务下的金融服务

第一节 电子货币与电子支付

一、电子货币概述

（一）电子货币的定义及特点

电子货币是以金融电子化网络为基础，以商用电子化机卡和各类交易年为媒介，以电子计算机技术和通信技术为手段，以电子数据（二进制数据）形式存储在银行的计算机系统中，并通过计算机网络系统以电子信息传递形式实现流通和支付功能的信用货币。简言之，电子货币是以电子脉冲代替纸张进行资金传输和储存的，以法定货币单位反映商品价值的信用货币。

电子货币的主要特征还表现在以下五个方面：通用性、安全性、可控性、依附性和起点高。

1. 通用性是指电子货币在使用和结算中的特有简便性：电子货币的使用和结算不受金额限制、不受对象限制、不受区域限制，且使用极为简便。

2. 安全性是指电子货币在流通过程中对风险的排斥性。

3. 可控性是指通过必要的管理手段，将电子货币的流向和流量控制在一定的范围内，从而保证电子货币正常流通。

4. 依附性是指电子货币对科技进步和经济发展的依附关系。

5. 起点高是指基础高，即经济基础高、科技水平高以及理论起点高。

电子货币以电子计算机技术为依托，进行储存支付和流通；可广泛应用于生产、交换、分配和消费领域；金融储蓄、信贷和非现金结算等多种功能为一体；电子货币具有使用简便、安全、迅速、可靠的特征；现在阶段电子货币的使用通常以银行卡（磁卡、智能卡）为媒体。

（二）电子货币与传统货币的不同

电子货币是在传统货币基础上发展起来的，与传统货币在本质、职能及作用方面存在许多共同之处。如电子货币与传统货币的本质都是固定充当一般等价物的特殊商品，这种特殊商品体现在一定的社会生产关系。二者同时具有价值尺度、流通手段、支付手段、储存手段和世界货币五种职能。它们对商品价值都有反映作用，对商品交换都有媒介作用，对商品流通都有调节作用。

但是二者也存在着一些不同之处。电子货币与传统货币相比，二者的产生背景不同，如社会背景、经济条件和科技水平等。其表现形式为：

1. 电子货币是用电子脉冲代替纸张传输和显示资金的，通过微机处理和存储，没有传统货币的大小、重量和印记；

2. 电子货币只能在转账领域内流通，且流通速度远远快于传统货币的流通速度，传统货币可以在任何地区流通使用，而电子货币只能在信用卡市场上流通使用；

3. 传统货币是国家发行并强制流通的，而电子货币是由银行发行的，流通领域受到技术或习惯限制，其使用只能宣传引导，不能强迫命令，并且在使用中，要借助法定货币去反映和实现商品的价值，结清商品生产者之间的债权和债务关系；

4. 电子货币对社会的影响范围更广，程度更深。

（三）电子货币的优越性

电子货币与传统货币相比，具有巨大的优越性：

（1）对国家来说，通过电子货币最大限度地取代现金发行，减少了造币、发行费用。同时，通过电脑集中管理和运行的货币，更可有效地掌握货币供应量，有计划地实施宏观调控。

（2）对于银行来说，可极大地增加银行信贷资金来源并增进其资产运用，有效地实施客户账户的管理监督，灵活快捷地进行转账划拨与清算，减轻现金收付的沉重劳动负担。这样可以减少印刷开支，节约流通费用，节省社会劳动，增加营业收入，增加其他行业劳动人，促进经济全面发展。电子货币在转账领域内流通，自始至终都离不开银行，从而避免了资金在银行体外循环，这样可以筹集信贷资金，支持商品生产和流通。

（3）对于客户来说，电子货币的使用免去了对现金的保管、清点、携带、寄送之劳，利用电子货币购物付款、提现、存款、转账，方便快捷、安全高效，而且，可以获得咨询和资金融通的便利。电子货币不仅简单方便，而且安全可靠，不受银行营业时间的限制，可以为客户提供更多的金融服务，从而促进商品交易的实现。

（四）电子货币的运行条件

电子货币是通过电子终端、电信网络、磁介质以及其他电子设备来执行价值储藏和交易支付的一个机制。这种崭新的技术对网络的革命将比 WWW 更加猛烈，因为它将改变的不仅仅是网络，还有整个的世界经济系统。

电子货币的运行需要具备一定的条件。这些条件主要包括：

1. 电脑及电脑网络的运用

计算机及现代通信技术构成的电脑网络，是电子货币广泛发展的先决条件，它将标准化的货币流通信息加以处理、存储和传输，使电子货币能在不同的范围之内运行无阻。这种联网有不同的层次，可以是同一银行的分支机构间的联网，也有不同银行间的联网；有同城的联网，也有异地跨地区联网，甚至有在世界范围内的联网。

2. 数据记录技术和处理技术的完善

由于磁记录技术的出现，使电子货币走出银行，使电脑转账的单纯功能向着全方位货币功能转化，发展了电子货币的存、取、转、付的作用，并深入到社会流通领域。新一代非磁记录型的智能卡（IC Cad）装有集成电路芯片，本就是一个带处理器和记忆功能的微型电脑，具有记忆和处理数据资料的能力不但可有效地发挥电子货币的功能，而且可以在一些没有计算机联网的地区使用。

3. 对电子货币系统的有效管理

电子货币是一项系统工程，它不仅需要金融机构对电子机具进行科学的安装、组合、操作和维护，人们需要对有关电子货币业务进行行政管理和依法管理，对所涉部门及人员进行妥善的协调，以提供科学高效的管理与服务。

从 1994 年开始，欧洲十国中央银行集团、欧洲中央银行、美国中央银行都发表了电子货币的发展报告。欧洲中央银行于 1998 年 8 月发表的报告讨论了建立电子货币系统的最低要求：

（1）严格管理：电子货币的发行需要进行严格管理；

（2）明确可靠的法律准备：明确定义与电子货币相关方（消费者、商家、银行和操作者）的权利和义务，并可明确作为判决依据；

（3）技术安全保障：电子货币系统必须在技术、组织和处理过程方面做到足够安全，以防止盗窃活动，特别是防伪造；

（4）防范犯罪活动：在电子货币方案中必须考虑防范洗钱等犯罪活动；

（5）货币统计汇报：电子货币系统必须向相关国家中央银行汇报货币政策要求的有关信息；

（6）可回购：电子货币发行商在电子货币持有者要求下可向中央银行回购货币；

（7）储备要求：中央银行可以向所有电子货币发行商提出储备要求。

（五）我国电子货币的发展情况

从总体上讲，我国电子货币的发展情况相对于发达国家起步较晚，尚处于起步阶段，网上金融服务开展较少，电子货币系统的建设进展缓慢。由于国情的缘故和信用概念在中国商品经济发展初期没有市场基础，一直到 20 世纪 90 年代中后期，随着金融体制改革的深化，银行被推向市场，商品经济的生存竞争意识才迫使中国的银行界开始思考电子货币的发展策略。

在我国，目前发展的重点主要仍在信用卡业务上。我国的第一张银行信用卡，是 1985 年 6 月由中国银行珠海分行发行的“中银卡”，与国外相比，银行信用卡发展历史很短。近年来我国银行卡业务发展迅速，到 2001 年 6 月底，全国共有 55 家金融机构开办了银行卡业务，发卡总量达 3.3 亿张。银行卡账户存款余额3742亿元，仅2003年上半年交易总额达48532亿元，比上年同期增长224%。全国受理银行卡的银行网点12.9万个，商户约10万户。各金融机构共安装自动柜员机4.9万台，销售终端33.4万台。2002年1月14日中国人民银行宣布推出银行卡联网通用标识——“银联”。同年3月26日，由国内80多家金融机构出资16亿元组建的中国银联股份有限公司在L海正式成立，自此，银行卡服务终于有了专业的负责人。

二、电子货币的职能与分类

（一）电子货币的职能

货币是固定地充当一般等价物的特殊商品。其职能有：价值尺度、流通手段、储存手段、支付手段以及在国际市场上充当价值尺度、流通手段、储存手段、支付手段的世界货币。

1. 价值尺度

电子货币是建立在纸币或存款账户基础上，作为更抽象的数字化货币发展着价值尺度的职能。电子货币在这里只是作为观念的或想象的货币，具有计量商品价格，实现货币价值尺度的功能。

2. 流通手段

电子货币是本身没有价伯的货币符号，其发挥流通手段职能必须依靠银行等中介机构的参与才能完成。电子数字化现金没有明确的物理形式，付款行为是银行从买方的电子现金中扣除并传输到卖方，交易可以适用于买卖双方在不同的空间。可以通过通讯方式或互联网处理业务。

作为流通手段的电子货币具有以下特点：

（1）资金汇划快捷。即可以使用个人电脑或电话向国内外界地汇划电子货币；

（2）携带方便。即可以使用电子钱包完成各种交易支付；

（3）方便交互。即时以利用画面、声音，随时对话并选择付款方式；

（4）兑换快捷方便。即可以在电子线路上直接兑换货币，汇率立即可知；

（5）便于管理。即可以随时记录消费的时间、地点等资料，有计划地设计生活方式。由于电子货币在交易媒介时留下了数字记载，银行可以分析、识别确切的资金流。从而对地下经济和黑钱交易形成了约束。

3. 支付手段

电子货币发挥支付手段的一个显著特征是将商业信用与银行信用成功地组合在一起。即消费者在购买商品时因存款不足，由银行履行付款责任，同时消费者和银行形成贷款关系。如消费者使用信用卡进行的交易等。在这里电子货币起中介作用，实质是通过信用进行交易，形成债权、债务关系，在最终结算时，大部分债权、债务关系可以相互冲销。但是一旦任何一家参加支付系统的银行无力支付。义不能及时得到政府或其他金融机构的帮助，整个社会支付链就会中部断，形成多米诺骨牌式的危机。

在电子货币的流通的条件下，由于信息处理水平的不同，在一定时间内流通中的货币需要量是不同的，货币需要量模型为：$PQ=MV=BH$，其中，M代表货币数量；V代表货币流通速度；P代表物价水平；Q代表社会商品交易总额。B是指信息量（比特），H是指信息处理水平（赫茨）。通常电子货币的流通速度要快于纸币的流通速度，因此在电子货币的流通的条件下对货币的需求量也会减少。

4.储存职能

电子货币的储存是以数字化形式存在的，所有者依靠密码掌握其支配权。即实际的数字化现金的传输过程要经过公钥或私钥加密系统以保证只有真正的所有者才可以使用这笔现金。电子货币的储存费用最低，它只是电脑数据库中的一个记载。黄金和某些硬通货的“贮藏”可以独立完成，但是电子货币的“储存”是所有者无法独立完成的，必须依靠中介机构才能完成。另外，电子货币的储存容易受到外界的影响，如不法分子利用计算机犯罪，网络运行是否正常等。电子货币的储存和积累不仅表现在持有人账户的保证金、备用金上，也反映在各种结算收款上，当客户的电子货币账户同普通存款账户（主要是活期存款）能够实现自动转账时，这种储存手段范围将更为扩大。

电子货币虽然是建立在存款货币账户基础上的货币、理论上与纸币或存款货币的规律是一致的。但是电子货币的发行者是非政府的银行或其他经济实体。电子货币的使用引起了其脱离存款账户而与银行贷款相联系的现象出现，这就意味着银行或其他经济实体成为货币的发行者。因为部分电子货币具有透支的功能，如信用卡及其他一些具有透支功能的金融工具实际上是未列入货币发行的货币发行。

电子货币的使用虽然能解决一些现金货币流通所产生的问题，但是电子货币的使用在减少货币制造成本的同时，也减少了政府的铸币税收入。

5. 世界货币职能

电子货币在国际市场上发挥流通和支付手段的主要形式是信用卡。例如，VISA 信用卡几乎可以在全世界所有国家办理消费支付或转账，而不需要办理麻烦的纸币兑换。在公司、证券机构和银行的商品交易清算或金融商品交易清算中，数字化现金和电子支票等通过国际资金清算系统和 SWIFY 系统发挥了电子货币的功能。它打破了以往任何一种货币在国际市场流通的滞涩，它没有时空限制，成倍地提高了货币交易的速度和效率，极大地降低了货币交易成本，促进了资本流动的全球化和金融市场的全球化。

（二）电子货币的分类

电子商务在银行业运用很广，目前主要是发展电子支付和网上银行。电子支付的方法很多，现行的有信用卡、电子现金、电子支票等电子支付手段。

1. 信用卡

信用卡是银行或其他财务机构签发给那些资信状况良好的人士，用于在指定的商家购物和消费、或在指定银行机构存取现金的特制卡片，是一种特殊的信用凭证。

信用卡 1915 年诞生于美国，至今已有 80 多年的历史。但信用卡进入中国是在改革开放之后，1978 年中国银行广东省分行首先同香港东亚银行签订协议，代理信用卡业务。自此，信用卡开始在我国流通领域中出现，目前各家商业银行都发行了各种各具特色的卡。信用卡之所以能在世界范围内被广泛使用，与其本身的特点是分不开的。信用卡的特点主要有两个：多功能和高效便捷。随着计算机技术的发展，智能卡、借记卡、电话卡等相继出现。

信用卡的种类繁多，按不同的标准划分，可分为以下几大类：按发行机构划分，可分为银行卡（金融卡）和非银行卡；按发行对象划分，可分为公司卡和个人卡；按清偿方式划分，可分为贷记卡、准贷记卡和借记卡；技流通范围划分，可分为国际卡和地区卡；按从属关系划分，可分为主卡和附属卡；按资信状况划分，可分为金卡和普通卡。

2. 电子现金

电子现金是一种以数据形式流通的货币，它把现金数值转换成为一系列的加密序列数，通过这些序列数来表示现实中各种金额的币值。用户在开展电子现金业务的银行开设账户并在账户内存钱后，就可以在接受电子现金的商店购物了。

当用户拨号进入 Internet 网上银行，使用一个口令（Password）和个人识别码（PIN）来验明自身，直接从其账户中下载成包的低额电子“硬币”时，这时候电子现金才起作用。然后，这些电子现金被存放在用户的硬驱当中，直到用户从网上商家进行购买为止。为了保证交易安全，计算机还为每个硬币建立随时选择的序号，并把这个号码隐藏在一个加密的信封中、这样就没有人可以搞清是谁提取或使用了这些电子现金。按这种方式购买实际上可以对买主无迹可寻，提倡个人隐私权的人对此很是欢迎。

3. 电子支票

电子支票是一种借鉴纸张支票转移支付的优点，利用数字传递将钱款从一个账户转移到另一个账户的电子付款形式。这种电子支票的支付是在与商户及银行相连的网络上以密码方式传递的，多数使用公用关键字加密签名或个人身份证号码（PIN）代替手写签名。用电子支票支付，事务处理费用较低，而且银行也能为参与电子商务的商户提供标准化的资金信息，因而可能是最有效率的支付手段。

使用电子支票进行支付，消费者可以通过电脑网络将电子支票发向商家的电子信箱，同时把电子付款通知单发到银行，银行随即把款项转入商家的银行账户。这一支付过程在数秒内即可实现。然而，如何鉴定电子支票及电子支票使用者的真伪？这就需要有一个专门的验证机构来对此作出认证，同时，该验证机构还应像 CA 那样能够对商家的身份和资信提供认证。

4. 电子钱包

电子钱包是一个可以由持卡人用来进行安全电子交易和储存交易记录的软件，就像生活中随身携带的钱包一样。电子钱包在具有中文环境的Windows95或Windows NT操作系统上运行。电子钱包具有如下功能：

（1）电子安全证书的管理：包括电子安全证书的申请、储存、删除等；

（2）安全电子交易：进行SET交易时辨认用户的身份并发送交易信息；

（3）交易记录的保存：保存每一笔交易记录以备日后查询；

持卡人在使用长城卡进行网上购物时，账户信息（如账号和到期日期）及支付指令可以通过电子钱包软件进行加密传送和有效性验证。电子钱包能够在Microsoft、Netscape等公司的浏览器软件上运行。目前世界上有Visa Cash和Mondex两大电子钱包服务系统，其他电子钱包服务系统还有MasterCard Cash、Europay的Clip和比利时的Proton等。

三、电子货币管理

（一）电子货币的管理内容

1. 电子货币发行管理

针对电子商务时代的特征，中央银行应及时制定电子货币的发展策略，规范发行电子货币的规章管理制度。在鼓励发展新兴电子货币的同时进行严格的管理，只有具有一定条件的银行才能发行电子货币，并需要规定储备金、可随时兑换等相关条例，保证电子货币的发行是合法的、可控制的。

2. 金融认证（CA）管理

统一规划建立全国性金融认证体系，执行金融交易的合法性认证。对所有的认证中心进行分级别的严格管理，防范金融伪造、诈骗、洗钱等非法活动。

3. 电子货币工具管理

发展新兴电子货币工具，推广使用电子货币，特别是多用途的智能卡，将具有广泛的应用领域。电子货币工具必须具有统一的管理模式，做到互通操作、全国流通。这将有助于减少社会现金的流通量，加速货币回收，提高金融体系的安全性。

4. 安全电子交易管理

制定公共网络上金融交易的安全交易条例，防止违法、违规交易操作；在安全上采取容错、备份等物理上的措施，保证电子交易的正常工作；在操作管理上进行分级控制，明确职责和义务；提高在职人员的素质和技能，防止操作、系统及交易错误，消除金融风险。

5. 电子货币运行监控管理

要从法律上保证电子货币信息的及时、准确地传递，汇总和分析。中央银行可随时掌握电子货币的使用、存储的情况，分析其对国家经济金融形式的影响，以采取相应手段调控电子货币的走势，促进国民经济的健康发展，防范金融风险。

电子现金在具有灵活性的同时，也具有不可跟踪性。因此会带来发行、管理和安全验证等方面的问题。从技术上讲，每个商家都可以发行电子货币。如果不加以控制，电子商务将不可能正常发展。其至由此带来相当严重的经济金融问题。电子货币的安全使用也是一个重要的问题，包括限于合法人使用，避免重复使用等。对于无国家界限的电子商务应用来说，电子现金还存在税收和法律、外汇汇率的不稳定性、货币供应的干扰和金融危机可能性等潜在问题。有必要制定严格的经济金融管理制度，保证电子货币系统的正常运作。

（二）电子货币的管理措施

网上支付系统的发展是关系到国家经济建设、宏观经济管理以及国际金融合作的大事。信用卡、数字现金、电子支票、智能卡的发行、管理及技术规范有特殊要求。

1. 中央银行应规范网上支付工具，并进行严格的管理和协调，建立对网上支付工具的自动化监控和管理的体系。

2. 发挥中央银行的管理、协调作用，集中力量研究、制定规范和政策，规范电子货币系统。

3. 集中力量研究、制定与网上支付有关的规范、政策和法律，明确定义支付工具相关方（消费者、商家、银行和操作者）的权利和义务；并可明确作为法律判决的依据。

4. 研究开发信用卡、数字现金、电子支票、智能卡的安全技术保障和管理的方法及设备，防止盗窃活动和伪造活动。

5. 建设全国统一管理的数字认证中心，确认参加电子商务活动人员（消费者、商家、银行、工商、税务、政府管理部门）的合法身份，保障电子交易安全可靠。

6. 建立完善的信用卡、数字现金、电子支票、智能卡的发行、交易流量的监测与统计机制，保障网上支付系统的工作。

7. 网上支付工具系统必须向国家中央银行汇报货币政策要求的有关信息。

8. 信用卡、数字现金、电子支票、智能卡等跨国使用的处理。

9. 金融专用网络可逐步改造过渡成为公共网络，由此扩展金融服务方式和领域，可在原来的银行卡系统的基础上进行扩展改造，发展公共网络信用卡、智能卡、电子支票支付系统。

10. 开展国际性电子商务的交流与合作，积极参加全球电子商务活动

四、电子货币与电子商务

面对已经到来的数字化时代，随着金融电子化和 Internet 的迅猛发展，网络作为一种新的贸易领域正在逐渐成为商务的一大发展趋势。电子货币是电子商务活动的基础，只有正确认识电子货币的优势，建立和完善电子货币系统，才能真正开展电子商务活动。

（一）电子货币与电子商务之间的关系

电子货币与电子商务之间有着十分密切的关系。在电子商务中，网上银行、在线电子支付和数据加密、电子签名等方面都发挥着重要的、不可缺少的作用。其中，作为支付工具的电子货币应用的深度和广度直接影响到电子商务的发展。我们通过电子商务的流程可以看到，电子商务不仅包括商品流、

信息流、物流，同时也涵盖了资金流的范畴。在支付过程中，不可避免地需要通过网络进行货币支付或资金流转，利用电子货币可以安全、灵活地把货币采用匿名的形式存储在自己的硬盘上，并在支付过程中使用。它将消费和商家（买卖双方）与银行联系在一起，消费者可以在有关银行开立账户，在需要使用囤积货币的时候，可以安装相应的软件或预存现金，但消费者与商家洽谈好以后，签订订货合同，就可以使用相应的电子货币支付所购买商品的费用。其中认证机构保证了交易过程的安全。

电子货币的应用和发展使网络上现货、现金交易成为可能，促进了企业营销结构、营销方式、结算方式的创新；而方位、快捷、轻松的购物方式，也将极大地刺激消费，扩大需求，给零售商带来了无限商机；同时，由于实施开放式的网络经营，大大加剧了市场竞争，促使企业为市场提供优质价廉的商品、优质高效的服务。

（二）电子货币支付的优越性

在电子商务中，使用电子货币进行支付与传统的货币支付方式相比有许多的优势。

1. 在同样的空间内，电子货币可以存储的面值是无限的，而传统货币面值是有限的。

2. 电子货币受时空的限制比较小，能够通过通信系统在短时间内进行远距离传递。

3. 电子货币可以采用计算机进行管理，弥补了传统货币管理成本高的缺憾。

4. 电子货币的匿名性比传统货币要强，避免了面对面的交易。

5. 电子货币与传统的货币相比具有信息承载量比较大的优点。

通过在交易过程中使用电子货币，商家、厂家以及消费者都能够从中得到比传统交易方式更多的信息。例如，商家可以在网络广迅速、及时地统计热销产品的销售量，可以通过用户注册信息准确地看出参加浏览或购买的用户资料，甚至可以通过电话、电子邮件的形式进行后续的市场调查，以便提供更加便利的服务。同时消费者也可以获得快捷的反馈信息以及完善的售后服务。

五、电子支付

（一）电子货币支付方式

电子货币支付方式依据银行采用计算机技术的不同方式可分为如下五种，分别代表着电子货币支付发展的中间阶段。

第一阶段是银行利用计算机处理银行之间的货币汇划业务，办理汇划结算；

第二阶段是银行计算机与其他机构计算机之间资金的汇划，如代发工资等业务；

第三阶段是利用网络终端向客户提供各项银行服务，如客户在自动柜员机（ATM）上进行取、存款操作等；

第四阶段是利用银行销售点终端（POS）向客户提供自动的扣款服务，这是现在阶段电子货币支付的主要方式；

第五阶段是最新发展阶段，电子货币可随时随地通过公共网络进行直接转账结算，形成电子商务环境。

（二）电子货币支付转账系统

电子货币支付系统是指将银行的计算机系统通过通信线路和设备与特约商户的 POS（销售终端）机相连所构成的系统。其主要功能是提供电子付款服务。电子货币支付转账系统主要由 POS、终端控制器、调制解调器和电话专线、银行计算机系统共四部分组成。

1. 销售终端。是与电子货币的接口，接收相应信息。

2. 终端控制器。有两个作用：一是接收所连接的各 POS 终端的信息，综合这些信息并通过一条通信线路把信息传输给银行计算机系统；二是有选择地通过各条线路把有关信息传输给适当的 POS 终端。

3. 调制解调器和电话专线。其作用是将 POS 与银行的计算机系统连接起来，实现数据的传输。

4. 银行计算机系统。是整个系统的核心，客户账户数据集扣款卡使用的信息全部由银行计算机系统处理。

（三）建立电子货币支付系统的要求

欧洲中央银行发表的报告讨论了建立电子货币系统的最低要求。

1. 严格管理：电子货币的发行需要进行严格管理。

2. 可靠明确的法律准备：明确定义与电子货币相关方（消费者行和操作者）的权利和义务，并可明确作为判决依据。

3. 技术安全保障：电子货币系统必须在技术、组织和处理过程方面知道足够安全，以防止盗窃活动，特别是防伪造。

4. 防范犯罪活动：在电子货币方案中必须考虑防范例如洗钱等犯罪活动。

5. 货币统计汇报：电子货币系统必须向相关国家中央银行汇报货币政策要求的有关信息。

6. 可回购：电子货币发行商在电子货币持有者要求下必须可向中央银行一对一回购货币。

7. 储备要求：中央银行可以向所有电子货币发行商提出储备要求。

第二节 网上银行业务

一、网上银行概述

（一）网上银行的概念

网上银行是银行为其客户提供银行服务的新手段，它以现有的银行业务为基础，利用 Internet 技术为客户提供综合、统一、安全、实时的众融服务；随着 Internet 的发展与普及，网上银行为作一种新型的客户服务方式迅速成为国际银行界关注的焦点。跨国银行纷纷发布网上银行发展战略，斥巨资完善网上银行系统，视网上银行为赚钱的机遇、争取市场份额的手段。目前，这一潮流已席卷到我国，我国各家商业银行也陆续推出网上银行服务。

（二）网上银行业务的运行特点

1. 业务智能化、虚拟化。传统“砖瓦型”银行，其分行是物理网络，主要借助于物质资本，通过众多银行员工辛苦劳动力客户提供服务。而网络银行没有建筑物、没有地址，只有网址，其分行是终端机和因特网带来的虚拟化的电子空间，主要借助智能资本，客户无须银行工作人员的帮助，可以自己在短时间内完成账户查询、资金转账、现金存取等银行业务，即可自助式地获得网络银行高质、快速、准确、方便的服务。

2. 服务个性化。传统银行是单方面开发业务品种，向客户推销产品和服务，客户只能在规定的业务范围内选择自己需要的银行服务，而因特网向银行服务提供了交互式的沟通渠道，客户可以在访问网络银行站点时提出具体的服务要求，网络银行与客户之间采用一对一金融解决方案，使金融机构在与客户的互动中，实行有特色、有针对性的服务，通过主动服务赢得客户。

3. 金融业务创新的平台。传统银行的业务创新主要围绕资产：业务，针对商业银行的资产负债业务，进行资产证券化，对金融产品进行改造与组合，满足客户和银行新的需求，而网络银行侧重于利用其成本低廉的优势和因特网丰富的信息资源，对金融信息提供企业资信评估，公司个人理财顾问、专家投资分析等业务进行创新和完善，提高信息的附加价值，强化银行信息中介职能。

二、网上银行发展概况

（一）国外网上银行发展概况

网上银行最早起源于美国，其后迅速蔓延到 Internet 所覆盖的各个国家。美国安全第一网络银行（SFNB）从 1996 年就开始了网上金融服务，美国银行业 60%～70%的客户目前在使用网上银行系统。

目前，国际上提供网上银行服务的机构分两种：一种是原有的负担银行，机构密集，人员众多，在提供传统银行服务的同时推出网上银行系统，形成营业网点、AIM、POS 机、电话银行、网上银行的综合服务体系；另外一种是信息时代崛起的直接银行，机构少，人员精，采用电话、Internet 等高科技服务手段与客户建立密切的联系，提供全方位的金融服务。

目前国际金融界的发展状况表明，尽管不同的银行有不同的发展战略，日前正处在不同的发展阶段，但有一点是肯定的，即随着 Internet 的不断发展，随着金融业的不断创新，网上银行必将包含银行所有的业务，成为银行主要的业务手段。

随着网络整体水平的提高和综合实力的增强，它对国民经济增长的贡献会不断提高，它将成为一个行业，成为金融业发展的一种趋势，今后网络银行发展的潜力很大，市场前景广阔。

1. 产融网络结合的趋势将会加强。随着人们思想观念的转变，传统工作方式的更替，资本市场的发展，直接融资比例的提高，一大批企业将会设立自己的网站网页，居民也会积极投身于网络银行之中，网络企业的扩展，网络消费的增加，使众多的网络企业从开展电子商务转而向网络银行结合，相互持股和参股，大企业集团将与传统银行合作共同建立网络银行，提高网络金融服务业务，产融网络化结合将使众多企业和居民对网络平台的可信度提高，对网络平台的依赖性增强，网络客户群将稳定发展，网络银行的经济效益会显著提高。

2. 网络银行业务将向多样化、创新化发展。网络银行的出现，使传统银行经受了一场技术革命，传统银行业务将受到挑战，网络银行具有灵活强大的业务创新能力，不仅可延伸改造传统的业务，而且会不断设计业务新品种，创新业务方式，满足客户多样化的需求，网络银行利用现代金融技术，大力开展网上交易，网上支付和清单业务，拓宽业务范围、增加业务收入，利用网上银行为企业和居民进行资金余额查询、账户转移、第三方支持、银行业务通知等基本业务服务，还要利用互联网作为营销渠道，交叉出售产品和服务，如存款产品、消费信贷、保险、股票交易、资金托管等高级业务，并且不断进行升级换代，托克技术创新空间和领域。

3. 网络银行业务的创新将会推动金融市场网络化发展，并可能再现综合性市场。随着网络银行业务的深入开展，迫切需求外汇市场、黄金市场、资本市场、货币市场、保险市场及金融衍生产品市场网络化长足发展；反过来，这些市场网络化的发展也能提升和促进网络银行的进一步发展。网络金融市场的地区整合和行业互动将会带动金融市场结构的优化和银行合业经营的出现，带动整个金融市场深化网络金融市场和非金融市场之间界限模糊，距离缩短，各类市场将混为一体，并且可能出现综合性市场。

4. 网络银行全球化、国际化发展趋势明显。随着经济全球化和金融国际化发展步子的加快，世界各国银行业运用并购重组方式积极向海外扩张，采取“打出去，请进来”等多种途径、多种方式扩展业务，占领世界市场。目前，我国海外银行的分支机构多达 600 多家，引进外资金融机构 200 多家，估计今后我国海外机构数量扩张的步子要放慢，而主要靠网络银行的发展来增加客户，扩展业务范围。因为网络银行的发展使整个金融市场融为一体，它缩短了国与国之间遥远的距离，模糊了国与国、洲与洲之间的地域界限和文化传统，业务的竞争将变为信誉的主角和技术装备水平及服务质量的竞争，在传统银行基础上的网络银行模式近几年可能有大的发展。但纯网络银行经过结构调整和休养生息后，将会有一个更大的发展。

（二）中国网上银行发展状况

1998 年，中国银行、招商银行开始开通网上银行业务。此后，工商银行、建设银行、交通银行、光大银行以及农业银行等也陆续推出网上银行业务。2002 年 8 月，东亚银行经中国人民银行批准，开展个人网上银行业务。2002 年 12 月，香港上海汇丰银行有限公司在中国内地开始向当地居民和国际客户正式推出网上个人银行业务。2003 年年初，花旗银行获入行批准，对公司和个人同时提供网上银行业务。2004 年 1 月起，香港恒生银行也在深圳、上海、广州、福州等分行推出个人网上银行业务。

1. 中国网上银行发展的特点

经过几年的发展中国的网上银行发展呈现以下特点：

（1）设立网站或开展交易性网上银行业务的银行数量增加。截止到 2005 年 12 月，我国正式获推开办交易类网上银行业务的大中型中资商业银行（总资产 1000 亿元人民币以上）已达 13 家，占全部大中型中资商业银行的 50%。

（2）外资银行开始进入网上银行领域。目前，获准在中国内地开办网上银行业务的外资银行包括汇丰银行、东亚银行、渣打银行、恒生银行、花旗银行等。另外，还有几家外资银行的申请正在审核之中。

（3）网上银行业务量在迅速增加。这表现在客户数和交易金额两个方面。2000 年年底，我国中资商业银行办理网上银行业务的客户数为 41 万户，交易金额 6500 亿元。到 2002 年 12 月底，客户数已超过 350 万户，交易金额超过 5 万亿元。业务覆盖全国主要大中城市。

（4）网上银行业务种类、服务品种迅速增多。2000 年以前，我国银行网上服务单一，一些银行仅提供信息类服务。作为银行的一个宣传窗口。仅目前，交易类业务已经成为网上银行服务的主要内容，提供的服务包括存贷款利率查询、外汇牌价查询、投资理财咨询、账户查询、账户资料更新、挂失、转账、汇款、银证转账、网上支付、代客外汇买卖等，部分银行已经开始试办网上小额抵押贷款、住房按揭贷款等授信业务。同时，银行日益重视业务经营中的品牌战略，出现了名牌网站和名牌产品。但目前我国尚未出现完全依赖或主要依赖信息网络开展业务的纯虚拟银行。

（5）中资银行网上银行服务开始赢得国际声誉。2002 年 9 月，中国工商银行网站被英国《银行家》杂志评为 2002 年度全球最佳银行网站，这表明中国银行业网上银行的服务水平已向国际水平靠拢和看齐。

2. 中国网上银行发展存在的问题

由于网上银行在我国尚处于起步阶段，因此存在众多难点亟待解决。

（1）社会信用环境缺位。网上银行缺乏应有的信用环境。首先许多企业不愿采取客户提出的信用结算交易方式，而是向现金文易、以货易货等更原始的方式退化发展。其次，在网络经济中，获取信息的速度和对信息的优化配置不高，海关、税务、交通等电子支付相关部门的网络化水平未能与银行网络化配套，制约了网上银行业务的发展。

（2）法律法规不健全。既有的法律规范对于我国传统商业银行的发展起到了较好的规范作用，但面对网上银行新兴业务的发展则规范不够。例如税收征管法中对于电子商务的规定极少，特别是对网上支付方式的税收问题没有做出较好的规范。

（3）安全问题依然突出。随着网上银行业务发展，必然出现很多金融业务创新，也必将涉及现行金融管理体制和政策的空白点或禁区。同时计算机及计算机网络系统极易遭受黑客和病毒的袭击，内部技术和操作故障都难以避免。在网络环境下，银行业一些传统业务的风险将被放大，使银行面临的更大风险。因此，银行安全防范还要做得更多。

（4）网络建设缺乏整体规划。就目前国内网上银行业务的基础环境来看，由于基础设施落后造成资金在线支付的相对滞后，部分客户在网上交易时不得不采用“网上订购、网下支付”的办法。虽然不少银行都建立了自己的网站，但在网站的构架和服务内容上，仍然离电子商务和网络经济的要求有很大距离。同时，商业银行乃至整个金融业网络建设缺乏整体规划，使用的软、硬件缺乏统一的标准。

（5）监管意识和现有监管方式滞后。中央银行对商业银行现有的监管，主要针对传统银行。重点是通过对银行机构网点指标增减、业务凭证、报表的检查稽核等方式实施。而在网上银行时代，账务收支的无纸化、处理过程的抽象化、机构网点的虚拟化、业务内容的大幅增加，使得现有监管方式在效率、质量、辐射等方面大打折扣。

三、网上银行国际结算

（一）网上国际银行结算的发展

国际银行结算是指通过银行进行的国际间因各种往来而产生的以货币表不的债权债务的消费行为。其原则是按时合理付汇，安全及时收汇。国际银行结算产生的原因主要包括有形贸易、无形贸易、金融交易结算、无偿转移结算。按结算支付手段分类，国际银行结算可分为：（1）现金货币结算；（2）票据结算；（3）凭单结算；（4）电讯结算。

随着现代科技和网络技术的发展，国际商业银行向电子化、网络化发展的趋势进一步加强，电讯结算在国际银行结算中运用得越来越广泛。在电汇汇款业务中，汇出行发出电讯汇款指示给汇入行，委托汇入行解付汇款给收款人。在纸单据信用证业务基础上用 SWIFT 开证已经是电子化开证，进一步可以电子交单，按照 eUCP（服单信用证统一惯例 500 关于电子交单附则）办理电子记录的制作、传递、审核及结算。保理业务已经采用 EDI 传递发票、索款、偿付、结算。

（二）网上国际银行结算系统实例

1. SWIFT

环球银行间金融电讯协会（SWIFT）是一个国际银行同业间非营利性的国际合作组织，总部在比利时的布鲁塞尔。目前，SWIFT 在全世界拥有会员银行 2044 个，它的环球计算机数据通讯网在荷兰和美国设有运行中心，在各会员国设有地区处理站，共连接了 7650 个用户，日处理 SWIFT 电讯 150 万笔。SWIFT 的特点：安全可靠；高速度低费用；自动加核密押；服务标准化、统一化、规范化。

SWIFT 网络是世界上大多数银行进行电子支付和开展外汇业务必不可少的网络，世界各银行把 SWIFT 协会指定的银行标识码作为银行往来清算账号，进行国际结算业务的银行建立 SWIFT 系统的完善程度和系统级别已成为衡量一家银行电子化自动清算水平的标准。

SWIFT 统一编制了标准电信格式和业务处理流程，会员银行严格按照标准格式发送和处理资金往来业务。SWIFT 标准电信格式共分为十大类、一百二十多种。第一类：客户汇款；第二类：头小调拨；第二类：外汇买卖；第四类；托收：第五类：证券买卖；第六类：贵重金属交易；第七类：信用证业务；第八类：旅行支票；第九类：账单及报表；第十类：系统文件及广播信息。十大类信息中比较多的是一、二、三、五、七、九类型。

2. CHIPS

纽约清算所银行间支付系统是由 100 多家银行组成的美元清算中心。经过该系统支付的美元金额占国际银行全部美元收付的 90%。现在参加 CHIPS 的 100 多家美国银行和外国银行在纽约的分文机构中，有 12 家是清算银行，它们都在联邦储备银行开立账户，作为联储系统的成员银行。各家非成员银行须在一家成员银行开立账户作为它们自己的清算银行，用于每天 CHIPS 头寸的清算。成员银行要把它们的支付头寸通过设在联储支付系统的结算账户，进行最后的清算。

3. Fedwire

联邦储备通信系统 Fedwire 是美国的第一个国家级支付网络。这个通信系统属于美国联邦储备体系所有，并由其管理。它作为美国国家级的支付系统，用于遍及全美 12 个储备区的 1 万多家成员银行之间大额资金转账。它实时处理美国国内大额资金的划拨业务，并逐笔清算资金，每天平均处理的资金及传送的金额超过 1 万亿美元，每笔金额平均 30 万美元。

Fedwire1976 年开始全面应用，当时的网络为 FRCS-70，属于集中控制的星形网。随着分组交换数据网技术的成熟，FRCS-70 在 1983 年被改造成 FRCS-80，即分布式的分组交换网。FRCS-80 由 14 个基本通信网络中心组成，这 14 个节点位于美全国 12 个储备区的联邦储备银行、董事会和弗吉尼亚州的 Culpeper。网络的管理中心由位于 Culpeper 的节点承担，以协调整个网络的操作。较大的成员行通所在地区储备银行有联机实时的计算机接口；较小的成员行则采用计算机终端方式；边远地区的小银行，可通过电话接入

FedWire 或通过客户成员进入 FedWire 进行资金转账。后来，FedWire 又采用 ISDN 技术，以加强系统的通信能力，提高系统的安全性和可靠性，降低成本，降低多区账务交叉引起的资金风险。

FedWire 的功能齐全，不仅提供大额资金支付功能，还使跨行转汇得以最终清算。此外，FedWire 还提供金融信息传输及处理服务，包括资金转账信息、各种证券交易信息、自动清算业务及批量数据传送。

第三节 网上保险业务

一、网上保险的产生

美国是发展网络保险的先驱者。美国加利福尼亚州最大的一家网络保险服务公司 INSWEB，其用户从 1997 年的 66 万增加到了 1999 年的 300 万。1997 年，意大利 RAS 保险公司用微软技术建立一套造价为 110 万美元的网络保险服务系统，在网上提供最新报价。该公司月售保单从当初的 170 套上升到了 1999 年年初的 1700 套。英国于 1999 年建立的“屏幕交易”网址提供七家本国保险商的汽车和旅游保险产品，最初的几个月里用户数量每个月以 70%的速度递增。据美国一家公司调查，50%的网络用户通过因特网查询机动车辆保险费率，25%以上的用户愿意在网上购买保单。

网上保险是电子商务环境中保险业创新的产物。利用电子商务，保险公司不仅可以通过网络直接接触成千上万的新客户，而且随时可以为老客户提供详尽周到的服务，与各行各业开展广泛的交流与合作，精简业务环节，降低运营成本，提高企业的效益与效率。对于客户来说，它们可以不受时间和空间的限制，无论身在何处都可以享受每周 7 天、每天 24 小时的不间断服务，理智的客户还可以通过对各家保险公司的充分对比分析，最终决定购买哪家公司的保险产品。

网上保险的最终目标是实现保险电子交易，即通过网络实现投保、核保、给付、理赔等业务工作。保险电子交易的实现要求保险公司根据外部条件和自身的实际情况制定循序渐进的分阶段发展规划，通过分阶段部署电子商务的实现、不仅能够充分利用保险公司现有的各种技术资源，尽量减轻保险公司部署电子商务的投入代价，更好地适应企业自身的技术应用水平，避免、业务过程的一次性改造可能给企业经营带来的过渡冲击和震荡，而且可以让企业在电子商务的每一个应用阶段充分获取应用效益，不断增强企业对电子商务的认识与信心，通过投入、应用获益、提升的良性循环最终实现网上保险电子交易。在部署网上保险电子交易的方案中，技术应用的成本可以从减少传统形式的成本开销和增加新的收益机会两方面获得补偿。据对全球44000家企业的调查，有70%在6个月的时间内就得到了与电子商务投资相等的回报。

根据目前的技术成熟度和因特网的网民基础，在我国利用因特网进行保险营销可以说已经有非常现实的环境，目前全国上网的用户已经超过100万，并且在逐日递增，这些被称为网民的人群有着共同的特点：年轻、受过良好的教育、中高层收入、喜欢接受新鲜事物等。这些人都是保险公司潜在的客户群，因此，制定一个相适宜的网上营销策略对于开辟新的保源，争取市场份额是极为有利的；同时，保险公司可以通过网络实现对客户的延伸服务，建立良好的企业形象，树立网上保险营销新观念。

因特网具有"无摩擦"特性，网络投保对客户具有任何其他方式都无法比拟的吸引力和更明显的优势。提供保险服务的网站可以展示不同保险品种和保险价格。客户免除了四处奔波的辛苦，可以不慌不忙地坐在家里细细比较各种费率的差异，做出最理想的选择。投保人可以在网上直接购买保险服务，由银行将保险费划入保险公司，而这一切只需通过信息网络完成。

网络保险有着明显的比较优势。客户自己拨号上网，自己完成申报程序，这既节省了保险公司的人力，也免除了电话委托所产生的必须由保险商承担的话费，从而大大降低了成本，增加了网络保险的效益。近年来在因特网上提供保险咨询和销售保险的网站在欧美大量涌现，网上投保量激增。据美国一家公司调查，50%的网络用户通过因特网查询机动车辆保险费率，25%以上的用户愿意在网上购买保单。

网络保险目前仅占全球保险成交总量的3%。除了传统保险文化的抵制作用外，滞后的硬件环境是主要障碍。世界保险业已日益意识到，技术是整个产业未来发展的关键，因此纷纷大幅度增加技术投资。保险业一方面努力完善网络保险的安全性和保密性；另一方面已开始研究第二代因特网以及互动电视可能给保险业带来的机遇和挑战。网上保险作为电子商务领域的一支新军，要想迅速发展，必须突破网上支付、安全认证系统个完善等方面的制约。

二、网上保险发展现状

网络保险市场的特点主要表现在：可以在 24 小时内进行不间断的经营活动；可以扩大企业知名度，提高竞争能力；简化保险商品交易手续、提高效率、降低成本；增进保险公司与客户之间的了解；保险资料可以随时更新，随时对保险消费者进行知识讲座。目前国外已有很多知名保险公司利用网络进行营销，如美国著名的保德信公司、安泰人寿公司、夏威夷 AIG 保险公司、加拿大的寿险公司、日本的东京海上火灾保险公司等。

上网的保险公司应该履行对客户情况进行保密的义务，不得向第三方出售、转让、租借、交换客户的有关情况。每家公司的网上信总都是总体介绍，不能包括所有的情况、保单。要想获得具体信息、提交指定保单需要通过电话、E-mail 与该保险公司联系，他们会乐意向你提供帮助。如果你对保单的条件满意，希望投保，你只需填好指定内容如姓名、地址、城市、国家、区号、电话、E-mail 地址、联系时间、希望的联系方法等。从下面两个网上保险公司的网上保险业务可以反映出国际网上保险业务的发展现状。

1. AAA Michigan 保险公司

AAA Michigan 保险公司在网上开展的是具体的保险业务，从报价、产品信息、网上交易到网上理赔等服务一应俱全。住在密歇根的公司成员可以通过网络得到 AAA 公司通过汽车俱乐部保险协会开展的业务及服务。你可以得到最新的汽车险、家庭财产保险、船舶保险和寿险产品的信息。还详细介绍了保险单和条款。

顾客可以通过网上表格得到汽车险、家庭财产保险和船舶保险的报价。在交易环节中，可以通过公司的安全交易系统付款，或者你可以要求进行保单变更，包括地址、汽车状况或增加新驾驶员的变更。如果发生事故或丢失财产，可随时在网上提出索赔。

（1）得到报价：在完成了一份表格后，你可以得到 AAA Michigan 的会员保险公司为你的家庭财产保险、汽车或船舶保险给出的报价。保险产品报复杂，包含了许多信息。信息提供越多，给你的报价就尽可能准确。

（2）产品信息：网上实际上提供了许多不同的保险产品：汽车、家庭财产、流动家庭财产、摩托车、船主及生命保险说明。

（3）网上交易：在网上交易，可以要求变更保单或选择交易选项决定付费方式。若保单变更，所要求的都被重新审查以确定所有要求事项都已填好，公司会告诉你何时进行。付费过程隔夜完成，将在第二个正常交易日的中午贷记到你的账上。

（4）网上理赔：该服务提供一个理赔号码，开始处理你的索赔，或向你提供有关你提出的索赔报告的信息。该服务只有通过从 AAA Michigan 的联营保险公司承保的保单持有人才能得到。

AAA Michigan 保险公司提供上述服务的保险种类有汽车保险、房主保险、流动家庭财产保险、船主保险、生命保险、旅游保险、洪水保险、摩托车保险等。

2. 加拿大保险公司

加拿大保险公司在 Internet 上创建了一个网站，提供各种与保险有关的信息。加拿大保险公司是多种多样的组织系统相互协作的结果，包括加拿大保险杂志的出版者、技术查询公司、IBM 全球网的一部分。加拿大保险公司提供新闻，支持有效成本的市场，推销保险，对保险产品和服务进行管理。这个网站主办人的最大目的在于建立一个电子保险协会，在这儿参与者可以查询信息并可与同事互通消息。当前，这个站点包括以下内容：与保险有关的论文：新闻焦点和工业杂谈；通过 Stone&Cox 可获得的统计信息等。如果你的汽车丢了，你只要提供有关信息，找到它的时候，加拿大保险公司将通知你。

为了方便顾客购买产品，查询有关保险的资料，Internet 上设有专门的保险名录。由此可以在网上查到保险公司、经纪人、代理人，可以了解他们的情况，也可以直接从网上向他们购买保险。例如纽约保险名录在网上提供了查询保险公司、代理人、保险产品、保险培训等服务，还可以了解保险价格，查找事实记录。其具体查找的公司、法人又可以分为以下几类：保险业务、职业中心、保险培训、个人保险、健康保险、特殊的保险、经纪人、保险顾问。

三、网上保险业务模式

网上开展保险业务的模式主要有三类：

1. 保险公司提供网上保险服务

用户可以在网上选择自己需要的险种，调用其相关资料进行阅读，阅读完有关该险种的资料后，如有特殊问题可在网上咨询解决。然后，用户在选定险种的电子意向书上填入：保险金额、保费交付方式、被保险人、被保险人健康状况、受益人、联系地址等项目。如果符合条件，用户将在网上收到公司发来的已填好的保单，如果满意，用户只需通过网上银行将保费划拨到保险公司账户上，并输入密码，一份保险契约就完成了。当出险时，也可通过同样的方式在网上告知保险公司出险情况，保险公司派人进行勘查、理赔、赔付金额也可通过网上银行完成其结算。

2. 网上保险业务

随着保险领域竞争的不断加剧、保险公司数量增多，各公司提供的险种和服务、收取的保费等都不完全相同。这就使得消费者面临选择的困难。为了方便广大群众购买保险服务，查询有关保险的资料，互联网上设有专门的保险名录。由此可以在网上查到保险公司、经纪人、代理人，可以了解它们的情况，也可以直接从网上向它们购买保险。

3. 各保险机构共建的网上保险业务

如各保险机构可以采用以下方式联合共建网上保险商务：在首都电子商城中租用服务器；自己单独建立 Web 站点，与首都电子商城相连；保险机构独立建立镜像（数据库），再与首都电子商城相连。首都电子商城承诺提供如下服务：作为门户站点与相关企业的 Web 站点相链接；配置安全协议（实施安全认证或电子证书与数字签名的验证）；作为支付中介，为银、企服务；提供电子商务法律环境；提供协同工作体系；组建会员制组织，共享会员资源，提高综合安全保障能力；提供 IP-VPN 资源，实施按需分配原则，方便用户上网，降低电信资费；在开展 B2C 电子商务时，也可同时开展 B2B 电子商务，以及开展优化产业链管理事宜。

四、网上保险公司建立

网上保险站点的建设，在逻辑上可分为六个层次：Web 网页及网页结构设计；网上保险业务；安全的客户通讯机制；Web 基础设施；防火墙和网络安全；硬件设备及安全的操作系统。

（一）网上保险站点的主要功能

1. 申请国际、国内域名以及在互联网上进行企业形象宣传。由于因特网是跨地域、跨行业、跨阶层的共享网络，在网上对保险公司自身的组织结构以及业务经营状况进行介绍，在提高企业国际知名度、扩大企业形象方面是其他宣传媒体不可比的。

2. 为客户提供查询业务。保险公司将面向大多数客户公开销售的险种放到网上，供客户查询比较，客户信息的收集/反馈单元，客户通过填写保险公司提供的反馈表格或直接以电子邮件的方式将需要解决的问题提交到保险公司相关部门，保险公司收集、整理这些信息，以了解潜在的客户群的投保意向和意见，以便及时调整经营策略。公司可以将客户关心的一些有共性的问题进行解答后放到网上，这样可以方便客户，同时减少处理相关问题的部门的工作量。

3. 保险公司对客户意向和业务的确认。投保指导的功能可以通过一组表格来实现，这些表格的设计可以建立在大多数普通保险需求的共同特征上，采用多条件选择的方式引导客户按自身带求进行选择，系统进行比较分析后，从后台险种数据库中选择条件相近的险种提交客户选择。投保确认的主要功能是，如果用户想购买建议的险种中一些简单的、投保条件较为宽松的险种，保险公司可以在网上提供电子保单，用户填写后并通过电子支付手段或邮局缴付保费，保险公司通过电子邮件或信函与用户确认。对于投保条件严格的险种，公司可以派营销人员上门作业，对于一些用户的特殊要求和新的投保需求，保险公司可以归类分析，有可行件的需求可以组织新险种的开发。

4. 投保业务管理系统，即典型案例及营销员管理。典型案例主要是保险公司将一些典型的人情理赔、骗保骗赔、营销诈骗案例放到网上，供同行参考。由于保险营销人员队伍庞大、素质水平，有必要将营销员信息进行统一管理，关键项目使用数据库管理，有条件的客户可以在网上对营销员进行身份确认和资格认证。由于保险业的行业特征增加了开展网上业务的难度，如高额投保的核保过程，保户出险后的现场查勘、定损、理赔通过网络实施在现阶段尚不现实。但随着同行业其他保险公司和相关行业的网络化建设的进一步发展，可以展望通过因特网实现如高额保单在多家公司间的分保，医院体检的健康告知书通过电子邮件来传递，保户通过成熟的电子银行缴纳保费的可行性。

目前世界保险业通过因特网做业务较为成功的有美国的 Ivan’s，英国的 Limnet、Rinet。其中 Ivan’s 即“保险增值网络服务网”，1983 年由美国 21 家保险公司发起组建，主要连接保险商、保险经纪人及相关机构，向美国和加拿大的保险业和医疗机构提供通信服务。1997 年增加了一些电子商务应用，到 1997 年 4 月，该网有近 500 家保险公司加入，终端用户有 80000 人，内容包括了财、寿险。Limnet 是 1987 年由 Lloyds（劳合社）、ILU、PSAC 和；LIBC 发起组建的伦敦保险市场电子网络。Rinet 是 1987 年由 8 家再保险公司组建的通信网。这些网络在 20 世纪 90 年代因特网技术发展起来后，都对其结构和服务内容做了调整。1997 年 7 月，WIN（the World Insurance Network）所谓的世界保险网提供在线服务，主要提供电子数据交换、电子邮件以及电子商贸的在线服务，但前景如何，尚待观察。

（二）网上保险系统的建设

1. 网上保险的市场定位和保险业务营销的主页制作。在保险业务营销主页制作前，涉及市场定位问题。即网络营销想做些什么？怎样做？对象是谁？也就是哪些人是潜在的市场对象，保险营销主页的风格取向、包装，以及运用哪些技术手段来实现等。保险营销主页的内容一定要充实、富有新意，并且要不断创新，这里没有统一的标准，备保险公司府根据企业实际特点量身定制。好的保险营销主页只有一个标准：那就是当访问者访问这个主页时被深深地吸引。

2. 网上保险的网址和保险营销主页的宣传：为了吸引尽可能多的人访问

网上保险营销主页，就要将这个网上保险的网址和主页进行广泛的宣传推广，宣传推广主页的典型方法有两种：一种是在公众媒体上推荐，比如当地的日报、晚报、杂志等，也可以在本公司的各种宣传资料上印刷，比如信封、保险建议书等；另外一种方法是在国内外的著名搜索引擎上注册，搜索引擎是指一种专门为人们搜索网络主页的站点，比如人们非常熟悉的 Yahoo。因特网上有一个名为 AddMe 的站点可以在全世界 34 个著名搜索引擎上为客户免费注册，还有一些专用的软件如 AddWebPro 目前可以在全球多达 147 个搜索引擎上为客户注册。这样，通过以上两种方式，人们就可以了解到保险公司的营销主页，进而成为这个站点的访问者。

3. 网络保险营销服务工作。网上保险公司要密切关注网上客户的需求、留言、意见和访问次数的变化情况，适时分析情况，及时调整网上营销策略。网上保险营销新概念的形成，对面向 21 世纪的商业保险公司是十分重要的，也是实施保险公司电子商务的关键一步，当保险公司利用计算机网络，把它的业务系统和遍布各地的客户、营销渠道连为一体，直接在网上完成从核保到核赔完整业务流程时，就不仅实现了保险公司的电子商务，而且也在竞争激烈的市场上建立了领先的竞争优势，拥有了更广阔的发展空间。

（三）网上保险技术应用平台

目前世界上最大的软件开发商都对网上保险这个具有巨大诱惑力的市场早已有充分的准备，凭借雄厚的技术力量和先进的开发工具，组织人力进行网上保险业务的开发和服务。

信息技术的迅速发展进一步加剧了全球范围内的企业竞争。为了能够在激烈的竞争中建立和保持优势，大型企业机构都在增加对信息怒础设施的巨额投资，致使机构的内部网迅速膨胀，结构越来越复杂。因此，有效管理日益扩大的企业内部网，实现企业内部的高效率协作成为全球范围内保险企业的迫切需要。

例如，Pruudential 保险公司在不到两年的时间里，原有的企业内部网用户从 6000 个迅速发展到 4.6 万个，致使企业内部网负担过重，难以实现信息的顺畅流通。为此，Pruudential 保险公司决定对企业内部网实现管理控制自动化，由公司技术开发人员组成的决策委员经过对各种企业内部网解决方案进行严格测试后，最终决定采用 Lotus Domino 服务器来构建稳固高效的企业内部网。

Lotus Domino 作为 Web 应用平台，充分结合了 Lotus Notes 强大的协作功能，可以将数据库、安全性、目录、电子文件处理、工作流、复制和应用开发集成于一个单一平台的体系结构。在具体部署构成中，Prudential 保险公司开发了一个能够定义 7 个信息“区”的文件：内部网标识、小旗、一组公司浏览器按钮、不向经营浏览器按钮、内容部分、电子邮件反馈区和表明内容最后更新时间的区域，均能出现在每一个企业的内部网页上，丰富的在线参考信息库为公司实现销售、培训计划提供全面帮助；在网页上发布的广告参考指南知识库，全面提高了自售信息的时效性和准确性。另外，通过分布式授权，开发了网页自动认证程序，系统管理人员可以方便地在内部网上添加准确的经营信息。

Prudential 保险公司借助 Lotus Domino 建立的企业内部网，可以使公司 70%以上的信息从网上数据库中获取；网上的全国提案中心可以确保公司在 24 小时内迅速准确地响应用户的提案请求。利用 Domino 管理控制企业内部网点，Prudential 保险公司用户迅速增多，用户可以方便地访问公司的重要经营信息，咨询有义业界规章和政策信息。公司内部网的成功运用，已经超越了节约资金和提高效率的范围，它打破了各企业组织之间的界限，使公司员工作为内部网上的本部门内容所有者，可以更多地了解其他部门的信息。

第十三章 海关税收管理

第一节 关税及其作用

一、关税的含义与纳税人

（一）关税的含义

关税是指海关对进出境的货物或者物品征收的一种税。所谓“境”指关境，又称“海关境域”或“关税领域”，是《国家海关法》全面实施的领域。在通常情况下，一国关境与国境是一致的，但当某一国家公国境内设立了自由港、自由贸易区等，这些区域就进出口关税而言处在关境之外，这时，该国家的关境小于国境。

（二）征税对象与纳税义务人

1. 征税对象

关税的征税对象是准许进出境的货物和物品。货物是指贸易性商品；物品是指入境旅客随身携带的行李物品、个人邮递物品、各种运输工具上的服务人员携带进口的自用物品、馈赠物品以及其他方式逆境的个人物品。

2. 纳税义务人

纳税义务人是指进口货物的收货人、出口货物的发货人、进出境物品的所有人。进出口货物的收、发货人是指依法取得对外贸易经世权，并进口或者出口货物的法人或者其他社会团体。进出境物品的所有人包括该物品的所有人和推定为所有人的人。一般情况下，对于携带进境的物品，推定其携带人为所有人；对分离运输的行李，推定相应的进出境旅客为所有人；对以邮递方式进境的物品，推定其收件人为所有人；以邮递或其他运输方式出境的物品，推定其寄件人或托运人为所有人。

二、关税税种划分

（一）按征收方法划分

（1）从价关税：依照进出口货物的价格作为标准征收关税。

（2）从量关税：依照进出口货物数量的计量单位（如“吨”、“箱”、“百个”等）征收定量关税。

（3）混合关税：依各种需要对进出口货物进行从价、从量的混合征税。

（4）选样关税：指对同一种货物在税则中规定有从量、从价两种关税税率，补征税时选择其小征税额较多的一种关税，也可选择征税额较少的一种作为计税标准计征。

（5）滑动关税：关税税率随着进口商品价格由高到低或由低到高而设置的税。可以起到稳定进口商品价格的作用。

（二）按征税商品流向划分

（1）进口税是进口国家的海关在外国商品输入时，对本国进口商所征收的正常关税。

（2）出口税是对本国出口货物在运出国境时征收的一种关税。征收出口关税会增加出口货物的成本，不利于本国货物在国际市场的竞争。

（3）过境税是一国对于通过共关境的外国商品征收的关税。

（三）按征税目的划分

1. 财政关税

财政关税是一国政府为了增加财政收入而征收的关税，它可以加征于进口商品之上，也可以加征于出口商品之上。对进口商品征收关税、必须具备一个条件才能使财政收入增加：一是征税的进口货物在国内必须有较大消费量；二是征税的进口货物主要是非生活必需品和非生产必需品，这样征税才不至于过多地影响国内消费和国内生产；三是税率不能过高，过高既影响进口数量，又不能达到增加财政收入的目的。

2. 保护关税

保护关税是以保护本国产业免受国外竞争为目的而征收的关税。保护关税税率要高，否则，就不能达到保护的目的。二战后，由于关贸总协定主持了多轮的关税减让谈判，世界平均关税税率水平有较大幅度的下降，但关税仍然是大多数国家限制进口、保护本国产业的重要手段。

（四）按差别待遇和特定情况划分

1. 进口附加税

进口附加税又称特别关税，是进口国家公对进口商品征收正常进口税后，还会由于某种目的，再加征部分进口税，加征的进口税部分，就是进口附加税。它通常是一种限制进口临时性措施，其主要目的为：应付国际收支危机，维护进出口平衡，防止外国商品倾销，对某个国家实行歧视性报复等。进口附加税最常见的有反补贴税和反倾销税两种。

2. 差价税

当某种产品的同内价格高于同类进口商品价格时，为了削弱进口商品的竞争能力，保护国内生产和国内市场，按国内价格增进口价格间的差额征收关税，就叫差价税。由于差价税是随着国内外价格控额的变动而变动，因此、它是一种滑动关税。

3. 特惠税

特惠税是指对从某个国家或地区进口的令部或部分商品，给予特别优惠的低关税或免税待遇的一种关税制度。特惠关税是殖民主义的产物，最早始于宗主国与殖民地附属国之间的贸易往来中。

4. 最惠国税率和普通税率

（1)最惠国税率适用于与该国签订有最惠国待遇原则的国家或地区所进口的商品；

（2)普通关税通用于与该国没有签订这种贸易协定的国家或地区所进口的商品。

三、关税的作用

关税是贯彻对外经济贸易政策的重要节段。它在调解经济、促进改革开放方面，在正确保护民族企业生产、防止国外的经济侵袭、争取关税互惠、促进对外贸易发展、增加国家财政收入方面，都具有重要作用。

1. 维护国家主权和经济利益

对进出口货物征收关税，表面上看似乎只是一个与对外贸易相关联系的税收问题，其实一国采取什么样的关税政策直接关系到国与国之间的主权和经济利益。现在关税已成为各国政府维护本国政治、经济权益，乃至进行国际经济斗争的一个重要武器。

2. 保护和促进本网工农业

一个国家采取什么样的关税政策，是实行自由贸易还是采取贸易保护政策，是由该国的经济发展水平、产业结构状况、国际贸易收支状况以及参与国际经济竞争的能力等多种因素决定的。国际上许多发展经济学家认为，自由贸易政策不适合发展中国家的情况。相反，这些国家为了顺利地发展民族经济，实现工业化必须实行保护关税政策。我国作为发展中国家，一直十分重视利用关税保护本国的“幼稚工业”，促进进口替代工业发展，关税在保护和促进本国工农业生产的发展方面发挥了重要作用。

3. 调节国民经济相对外贸易

关税是国家的重要经济杠杆，通过税率的高低和关税的减免，可以影响进出口规模，调节国民经济活动。如调节出口产品和出口产品生产企业的利润水平，有意识地引导各类产品的生产，调节进出口商品的数量和结构，促进国内市场商品的供需平衡，保护国内市场的物价稳定等。

4. 筹集国家财政收入

从世界大多数国家尤其是发达国家的税制结构分析，关税收入在整个财政收入中的比重不大，并呈下降趋势。但是，一些发展中国家，其中主要是那些国内工业不发达、工商税税源有限、国民经济主要依赖于某种或某几种初级资源产品出口，以及国内许多消费品主要依赖进口的国家，征收进出口关税仍然是他们取得财政收入的重要渠道之一。我国关税收入是财政收入的重要组成部分。

第二节 关税管理制度

一、中国关税管理制度的法律框架

关税管理制度作为一项关税法令和稽查办法的总称，最主要的表现形式即是各种法律、法规。中国的关税管理法主要有《中华人民共和国海关法》、《中华人民共和国进出口关税条例》、《中华人民共和国进出口税则》、其他关税法规和规章以及中国缔结或参加的与关税管理有关的条约和协定等组成。

（一）《中华人民共和国海关法》

现行的《中华人民共和国海关法》（以下简称《海关法》）经修改于 2001 年 1 月 1 日起施行，是中国关税管理的总本法，在海关法律体系中居于核心地位。《海关法》第六章“关税”对关税征收主体、纳税主体、征税客体、税率、征税标准、纳税期限、进出口货物估价、关税减免、关税缴纳、关税退补、关税纳税争议及解决等关税管理制度的主要构成要素都作了规定，确立了中国关税管现制度的基本结构，具有最高的法律效力。

（二）《中华人民共和国关税条例》与《中华人民共和国进出口税则》

现行的《中华人民共和国关税条例》（以下简称《关税条例》）自 2004 年 1 月 1 日起施行。是根据《海关法》的规定制定的关于关税管理的一部重要法规。《关税条例》今而规定了中国进出口关税征收管理的指导思想和法律依据，主要内容涉及不同条件下进出口商品关税税率的设置、进出口货物关税价格的确定、关税的征收、退补、减免的具体措施以从发生纳税争议时的申诉程序等方面。

《中华人民共和国进出口税则》（以下简称《税则》）是《关税条例》的组版部分。它是根据国际海关组织通用的商品目录将各种商品进行列名、分类、编号，并具体规定了每一编号对应的进出口税率，同时，《税则》的目录以及有关规则为商品的归类提供了法律依据。国务院关税税则委员会根据实际情况每年对《税则》进行调整。

（三）其他关税法规、规章

国务院制定、颁布的《中华人民共和国货物进出口条例》、《中华人民共和国反倾销条例》、《中华人民共和国反补贴条例》、《中华人民共和国保障措施条例》、《中华人民共和国进出口货物原产地条例》银行歧法规中都有关于关税管理的规定，这些法规也属于中国关税管理法律的范畴。

海关总署颁布的关税规章涉及海关关税管职的各个方面，如涉及海关关税征收的《中华人民共和国海关征税管理办法》；涉及海关估价的《中华人民共和国海关审定进出口货物完税价格办法》；涉及特惠进口货物原产地管理的《中华人民共和国海关特别优惠关税待遇进口货物原产地管理办法》等。这些关税规章弥补了有关法规过于概括或尚未出台的不足，满足了关税管理复杂、多变的需要。

（四）有关关税管理的国际性条约和协定

中国缔结或参加的有关关税管型的国际条约和协定，对中国的关税管理同样产生法律约束力。如中国加入 WTO 时所签订的降低关税的协议对关税税率设置的约束。WTO《海关估价规则》对确定进出口货物完税价格的规定；世界海关组织的《商品名称及协调制度公约》对进出口商品归类的规定；中国与东盟、智利及中国香港；中国澳门等国家和地区签订的自由贸易协定对进出口货物特定优惠税率和原产地规则的规定等。

二、关税管理制度的核心内容

关税是通过海关执行的，根据本国有关进出口政策、法规和规章，对进出境货物、运输工具、个人物品实行监督管理，征收关税，是海关管理的重要内容。中国海关对关税管理制度的核心内容包括以下几个方面：

（一）进出口征税税率管理

进出口版税税率管理是指根据当期海关税则规定的税率水平进行的税征管理，是国家现行关税政策的体现，分为进口税率管理和出口税率管理两个部分。

1. 进口税率管理

中国海关进口税则设有多栏税率，对满足不同条件的进口货物使用不同的税率。《中华人民共和国进出口关税条例》第十条对进口货物施行的关税税率有普通税率、最惠国税率、协定税率、特惠税率、暂定税率和关税配额税率等。

2. 出口税率管理

中国和世界其他各国的普通做法一样，很少对本国出口商品征税，征税对象主要是国内紧缺的原材料、矿产和一些受保护的稀有资源等。依据现行的《中华人民共和国进出口关税条例》，中国对出口商品设置有普通税率和暂定税率。

（二）对原产地管理

原产地管理的征务是确定不同进出口货物的原产地，从而对来源于不同原产地的货物适用不同的关税税本。海关对原产地管理的主要内容包括确定原产地和对原产地证书进行管理。

1. 原产地标准管理

中国现行一般原产地规则的原产地标准是完全获得标准和实质性改变标准。要确定某批货物是否原产于某个国家或地区，就要严格地判断此货物是否在该国或地区完全获得，或是否在法国或地区完成实质性的改变。这是确定货物原产地的重点。

中国现行优惠原产地规则的原产地标准较之一般原产地规则更为严格，目的是以防优惠措施被协议外国家或地区享有。

2. 原产地证书管理

在一般原产地规则中，要求进出口人提交由原产地政府或政府授权的机构出具的并按一定格式填写的一般原产地证书。中国海关在审核确定货物原产地时，可以要求收、发货人提交原产地证书，并予以审验。必要时，也可请求该货物出口国或地区的有关机构对该货物的原产地进行核查。在优惠原产地规则中，中国对优惠原产地证书的规定和管理比一般原产地证书更为严格，若进出口人违反规定申报原产地，提供虚假材料骗取或伪造、变造原产地证书，海关会依照《海关法》和《中华人民共和国海关行政处罚实施条例》进行处罚。

（三）海关估价管理

目前，中国征收的关税以从价税为主，价格的高低直接影响国家关税政策的贯彻和财政收入，因此，对海关估价进行管理也是现行关税管理制度中的重要内存。海关对估价管理的内容主要包括使用正确的估价方法和严格审定完税价格。

1. 使用正确的估价方法

现行的《完税价格办法》规定了六种确定进口货物完税价格的办法。当进口货物的成交价格能够确定时，海关可以以成交价格为基础来审查确定其先税价格；当完税价格不能按成交价格估计时，海关可依次按顺序使用相同货物、类似货物成交价格估价方法，例如价格估价方法、计算估价方法和合理方法，其中倒扣价格和计算价格估价方法在纳税义务人提供有关资料申请后，海关可考虑颠倒它们的适用次序。对于少量需征收关税的出口货物，海关根据其向境外销售的成交价格为基础来估算完税价格，若成交价格不能确定，也可使用相同货物、类似货物成交价格方法等方法来估定。

2. 严格审定完税价格

海关要求进出口货物的收、发货人如实申报货物的成交价格，提供包括发票、合同、装箱清单及其他证明资料。海关认为必要时，还要求申报反映其他与成交价格有关的资料。海关为审查中报价格的真实性和准确性，可以行使些诸如对进出口货物实施检验等具认为有必要、合法的职权。当其对申报价格产生怀疑时，会书面要求进出口人做出说明并提供相关资料和证据。如果在一定期限内进出口人未能提供证据，或海关商核后仍有理由怀疑，海关可不接受中报价格，而按照《完税价格办法》的相关规定估定完税价格。

（四）关税减免管理

根据《海关法》、《关税条例》等法律法规的有关原则和规定，在特定情况下，中国对某些进出口货物施行关税减免。海关对关税减免管理的主要内容包括确定享受关税减免的产品和对享受减免的产品实施监管。

1. 确定享受关税减免的产品

按照法定减免、特定减免和临时减免三种类型，海关对享受关税减免的产品的确定方法也不尽相同。如根据关税条例的规定，关税税额在人民币 50 元以下的一票货物、无商业价值的广告品和货样等可以依法减免关税；对残疾人专用物品、科学研究和教学用品、远洋渔业企业运回的自捕水产品等实施特定减免。

2. 对享受减免产品的监管

海关对不同减免形式下享受减免优惠的产品的监管手段也不尽相同。例如对暂准进口商品，要求其保持原样出境才能享受关税减免。与法定减免相比较，对享受特定和临时减免的产品的监管手段比较严格，例如当远洋渔业企业捕回的自捕水产品中报减免进口关税时，需要向农业部提出申请，经农业部渔业局审核汇总后，再报经海关总署、财政部、国家税务总局审批后，才能办理减免手续。

3. 进口附加税管理

中国目前实施的进口附加税主要有反补贴税、反倾销税和保障措施关税。为了保证共征收目的的实现以从规范其征收程序、海关联合其他有关部门对这三种附加税分别实施相府的管理。

（1）反补贴税管理

当征收反补贴税时，各部门根据不同出口经营者的补贴金额分别确定征收税额，但不超过终裁所确定的补贴金额。如果在终裁前没有采取临时反补贴措施，终裁决定征收反补贴税时、对实施临时反补贴措施的期间追溯征收。反补贴税生效后，在有正当理由的情况下。商务部可以对是否继续征收反补贴税进行复审。根据复审结果，提出保留、修改或取消征收的建议。反补贴税的征收期限一般不超过 5 年，若经过复审确定终止征收后有可能导致补贴和损害继续或再度发生的。征收期限可适当延长。

（2）反倾销税管理

征收反倾销税时，各部门根据不同出口经营者的倾销幅度分别确定税额，但不超过终成所确定的倾销幅度。如果在终成前没有采取临时反倾销措施，终裁决定征收反倾销税时，可以对实施临时反倾销措施的期间追溯征收。反倾销税生效后，商务部在有正当理内的情况下对继续征收反倾销税的必要性进行复审。根据复审结果，商务提出保留、修改成取消征收购建议。一般反倾销税的征收期限不超过 5 年，若经过复审确定终止征收后有可能导致倾销和损害继续或再度发生的，征收期限可适当延长。

（3）保障措施关税管理

征收保障措施关税时、商务部根据实际情况确定征收税额，征收年限一般不超过 4 年，若遇特殊情况需要延长，最长不超过 10 年。在实施过程中，商务部可就保障措施对国内产业的影响和国内产业的调整情况进行复出。然后联合国务院关税税则委员会根据复审结果做出保留、取消或提高保障措施关税的决定。

第十四章 海关统计

第一节 海关统计与海关管理

在海关四项基本职能中，海关统计是唯一不与实际进化境监管对象直接发生联系、主要依靠数据形式实现职能的工作，但却能够较充分地反映海关管理的特征，其与海关管理的关系可以表现为以下三方面：

一、海关统计与海关战略管理

1. 海关统计的专业统计性质

作为海关基本职能的海关统计工作是指山海关法所规定的“海关依照法律法规进行的海关统计编制”，其中“海关统计”是“海关依法对进出口货物贸易的统计，是国民经济统计的组成部分”，具体说，是对“实际进出境并引起境内物质存量增加或者减少的货物，以从超过自用、合理数量的进出境物品”的统计。因此，海关统计工作首先是一种专业的统计工作，不仅在整体工作流程与工作结构上具有同其他统计工作一样的特征，即开展统计调查、统计分析、统计监督和提供统计服务，而且都要对统计对象从体特征进行归纳。海关统计的反映对象就是进出口货物贸易的总体特征，包括进出口的总体量值信息，以及按照诸如贸易方式、商品、国别（原产国/最终目的国）与企业类型等关键项目计算的分类量汇总信息。正由于具备快速、便利和准确把握进出境情况的优势条件，海关才能够肩负起作为国民经济统计重要织成的进出口货物贸易统计的编制工作。

专业统计的性质决定了海关统门的首要作用人是对海关职权管辖范围内

的具体进出境对象进行监管，而是向国家宏观管理层以及社会输送外贸进出口信息，为国家制定进出境宏观管理以及社会外贸经济活动提供必不可少的决策依据。海关统计海关管理的关系首先表现在海关充分实现其外部信息功能的进程中。

2. 海关统计对海关战略管理的意义

海关统计具有的外部信息功能与海关进出境监管职能之间并没有直接与紧密的联系，但却能够为海关职能作出与地位的稳固与提高，以及开展战略管理创造有利条件，这表现为：

（1）促进海关职能的优化与实现

第一，海关统计在辅助国家进出境宏观管理的过程中，首先能够使海关的职能得到优化，即将进出境微观收管与宏观辅助管理进行职能的组合，海关可以在完成进出境政策执行任务的基础上谋求更大的职能作用空间。通过将海关统计数据向海关统计信息进行二次加工与转化，可以不断地发挥海关对国家政策制定的辅助决策作用；其次，海关可以说对统计信息的形式反映进出境监管的实际情况，对相应进出境管理政策的实施效应进行跟踪反馈，对政策的调整乃至新政策的制定进行建议与作用，从而将进出境监管的实际困难与重点风险在政策层面上进行明确与排除，主动改善政策执行环境，优化监管职能的实现条件。

（2）有助于提高海关的社会地位

海关统计信息的社会公布实际是海关向广大外贸企业准确与及时地传递各类进出口市场信号的过程，是对市场调控的主动参与。这能够大大提高国内企业之间以及国内外企业之间的信息对称性，有助于企业减少交易成本，保障国家外贸发展的健康与稳定性。通过这一过程，海关不仅能够实现良好的社会效益，提高自身国外贸经济活动的融合程度，更能够将外贸发展的稳定性转化为进出境的行为秩序，为海关进出境监管的顺利开展创造有利环境。

（3）辅助海关制定发展策略

海关统计在对外部提供进出境整体信息的同时，也为海关确定自身长期发展策略提供了重要的决策依据。海关可以从宏观角度依据进出境的总体特征和趋势来充分认识进出境监管工作的发展规律和战略重点，调控监管资源的配置，优化海关各项业务的功能布局，从而在较长时期内保障海关进出境监管职能的稳定实现和监管水平的逐步提高。

3. 海关统计发挥海关战略管理作用的主要形式

海关统计提供进出境总体信息主要有以下三种形式：

（1）海关统计分析

海关统计分析是针对对外贸易方针政策的贯彻落实情况所进行的分析工作，其任务是及时、准确地反映对外贸易的远行状况及其特点、趋势和规律，提供关于国家政策措施执行效应、海关进出口货物监管水平和执行国家政策法规的实际情况的统计信息。

（2）进出口监测预警

进出口监测预警是依据海关进出口贸易统计数据和国内外有关宏观经济统计数据，以商品为单元，以多种经济分类分析指标和计量经济模型为主要内容，对外贸进出口进行的全方位、多层次、多角度的监测、监控和预警分析。

（3）海关统计咨询服务

海关统计咨询服务是进出口贸易统计数据资料的对外公布，包括定期发布的海关统计年鉴、月刊，以及根据外部员体的统计数据使用需求而制作的统计报表和电子数据。

二、海关统计与海关进出境监管管理

1. 海关统计的监管性质

海关统计工作的基础是数据质量，无论是进出口货物贸易统计还是海关统计工作形成的其他类型的统计数据与统计信息，都需要用数据质量来保障其可信性和有效性。海关统计工作的基础数据大致分为外部进出境收发货人中报产生的报关单数据和内部海关作业产生的业务数据，其中报关单数据是海关统计数据质量工作的主要对象。

为解决庞大的监管量与有限的临管资源之间的矛盾，海关通过使用、业务信息化管理系统将进出境对象的实际监管有效转化为对申报数据的审核，审核成为海关通关环节的重要工作。而海关统计的数据质量工作也是通过对申报数据的错误甄别来保障整体数据质量，在工作性质上海关统计与前道通关的审单工作基本相同，但海关统对申报数据“真实性”的审核既包括根据报关单填制规范和监管规定进行的合规性审核。也包括根据其他逻辑规则进行的审报信息真伪性的鉴别。因此海关统计同样具有海关监管业务的性质，具体表现是：首先，海关统计人员需要具备充分的业务知识才能够对报关单数据的质量进行有效审核，需要掌握各类海关监管规定和商品知识，从而发现报关数据的合法性和逻辑性错误，其次，海关统计在数据质量审核过程中可以将数据错误及时反馈给海关业务部门，以结关后核查的方式来实现进出境货物的后续监管，这是数据质量工作对海关监管的成果转化。

2. 海关统计对于海关进出境监管的意义

（1）海关统计是海关事后监管的重要形式

海关在加快通关效率的情况下将不断加强事前与事后的监管力度，由于海关统计的数据质量工作紧密衔接于进出境货物的放行结关环节，而且是对全部申报数据质量的高效审核，因此，在时效性和完整性上海关统计成为一种不可缺少的事后监管形式。

（2）海关统计是进出境监管有力的方法补充

海关统计对申报数据的取核发挥了自身的数据信息优势，通过申报数据项目之间的对比、同类货物的同期横向数据对比以及历史纵向数据对比来发现申报数据的异常，形成信息化的高效监管模式，这在一定程度上弥补了通关环节对货物的个案审核与分析的不足。

（3）海关统计为进出境监管提供了经验的反馈

海关统计的审核经验是通过大量数据验证的有效经验，不仅作用于自身工作，而且对前道通关监管环节同样有效。在业务信息化管理系统的应用环境下，可以将统计各审核参数进行前置和共享，不仅从源头提高了对统计数据质量的保障力度，同时也充实了海关监管能力，提高了海关监管的实际有效性。

3. 海关统计发挥进出境监管作用的主要形式

（1）数据质量应用系统

信息化的数据质量应用系统是海关统刈进行数据纠错的最常规工具。应用系统一般采用多层设计，由统计部门负责数据的计算机自动检控与检控结果的下发，海关业务现场单位负责核查与数据更正。目前，数据质量应用系统主要包括 H2000 贸易统计系统与报关单数据质量检控分析系统。

（2）海关统计监督

海关统计监督不仅是《统计法》、《海关法》和《海关统计条例》赋予海关统计部门的职责，也是海关统计的具体工作，是指通过海关统计数据审核与分析对进出境行为、过程进行的监督监测，重点发现进出境印报中的虚报与瞒报等违规违法行为。海关统计监督工作以《海关统计监督信息》等形式要求海关业务现场单位进行查实与处置。

三、海关统计与海关内部管理

1. 海关统计的内部监测量控性质

虽然海关统计数据的基础资料是进出境申报数据，但从原始申报数据到最终统计数据的转化过程看，其实质是对海关实施进出境监管过得的数据记录。因此，最终的统计数据可以看作是一种海关监管结果的数据形式，统计信息不仅反映了进出境情况与海关管理相对人的守法情况，同时也反映了海关行政执法水平。在此意义上，海关统计实际发挥了内外两类监督作用，对外监督即时进出境行为进行的事后监管，而对内监督则是对海关内部行政执法行为的连续性收测。

相对于对外部进出境行为的监督，海关统计对海关内部行政执法行为的监督更反映出海关提高自身行政管理的内在管理需求。因此，统计的对内监督从传统的数据质量和数据分析工作中逐渐分离出来，转变成为一项专门的内部监测职能、主要从海关行政执法行为的合规性、有效性与方法性的角度来形成监测信息，直接服务于海关的日常业务管理和调控。

2. 海关统计对海关内部管理的意义

（1）提高了海关监管行为的量化水平

海关统计对海关行政执法的监测首先应建立在对海关监督行为进行量化

的基础之上，只有经过科学量化，海关具体的监管行为才能够成为可供快速识别与判断的管理对象，并进一步形成管理信息，这是海关开展内部系统性的计划与控制等管理活动必需的条件，海关统计的量化工作无疑增强了海关作业的内部透明性，改善了海关的内部管理环境。

（2）保障了海关内部管理的客观公正性

海关统计的部门性质为其开展海关内部监测提供了优势条件。海关统计工作的非实际监管性质保障了内部检测工作的相对中立性和独立性，所拥有的海运数据保障了监测工作的全面性，数据质量为先的工作规范保障了监测结果的准确性。因此，海关统计工作产生的监测信息外能够被作为可信的管理依据，制定的监测指标才具有通用性和标准性。海关统计对海关行政执法监督的参与确保了海关内部管理的客观公正。

（3）增强了海关行政执法的合理性

海关统计不仅根据法律法规来监测评判海关监管行人的合规性，而且依靠统计专业方法从合理性角度对海关行政执法水平进行考量。通过大量数据的综合分析，筛查发现小概率、低频率的异常行为和“离群”行为，提出警示与整改建议。合理性评判使海关统计的内部监测完全区别于传统的量化行政考评，而是符合增强控制、优化运作的管理要求，是海关风险式管理的具体实现。

3. 海关统计实现海关内部管理作用的具体形式

海关统计实施内部管理监测的最主要形式是执法评估工作。执法评估工作是海关统计部门运用数据对海关各个业务领域的执法活动所进行的评估与评价，查找其中存在的问题和风险。执法评估运用先进的统计分析软件和数理统计分析技术，通过数据分析实现对海关税收征管、价格管理、加工贸易、监管查验、通关效能和分类通关等业务领域的动态监测分析，并以此为基础对海关各个层级单位的行政执法利业务管理水平作综合评价。

海关执法评估工作是建立健全海关风险管理系统的基础，是保障海关依法行政和提高业务管理水平的重要手段，也是现代海关制度第二步发展战略风险管理中心环节的重要组成部分。

第二节 我国海关统计的发展及特点

一、海关统计发展的几个阶段

1859 年（清咸丰九年）旧中国海关开始按照西方的管理和统计理念建立起申报和汇总机制，并编制发布统计年报。新中国海关统计始于 1950 年初，河关总署设立统计处，开始为国家开展国民经济管理提供全面、及时的统计资料。以下简要介绍改革开放后海关统计发展大致经历的几个阶段。

1. 第一阶段（1980～1988 年）

该时期为尽快恢复海关统计工作，着力进行各类统计制度的制定，为海关统计工作的发展望定坚实的工作基础，其中：

1980 年 1 月 1 日，《中华人民共和国海关统计制度》开始实施、该制度采用了联合国推荐的贸易统计国际规范，为建立科学完整与国际可比的海关统计指标体系打下基础。

1987 年 7 月 1 日起实施的《中华人民共和国海关法》将海关统计规定为海关的法定职责，第一次在国家立法层面上确立了海关统计的法律地位；同日起实施的《中华人民共和国海关行政处罚实施细则》规定对进出境货物申报不实予以处罚，第一次为海关开展统工作处罚提供了法律依据。

1988 年，海关总署综合统计司开始编撰《海关统计实务手册》，此后根据海关统计工作发展情况定期更新。《海关统计实务手册》成为指导和规范全国海关统计工作的至要资料。

2. 第二阶段（1989～1995 年）

该时期为切实保障海关统计的职能作用发挥，加强了数据质量与统计分析工作，其中：

1990 年起，海关总署综合统计司成立专门的“贸易分析小组”，研究与跟踪中关贸易平衡及统计差异问题并撰写统计分析，为中美贸易谈判提供翔实资料与对策意见，受到国务院重视，发挥了海关统计辅助政府决策的职能作用。

1992 年 1 月 1 日起，《中华人民共和国海关统计商品目录》采用国际通用的“商品名称及编码协调制度”（HS）、提高了海关统计数据的国际可比性。

1993 年起，全国海关实现贸易统计数据的网络传输，统计数据收集和报送的及时性得到充分保证。

1994 年，全国海关推广使用 H383/EDI 统计子系统，标志了海关统计数据从人工录入数据到数据自动采集的质的跨越，使统计数据的整体质量和统计工作的效率显著提高。

3. 第三阶段（1996～1998 年）

该时期主要进行统计监督职能的加强，海关统计工作开始主动参与海关管理，围绕海关监管工作的重点发挥实际作用，其中：

1996 年，全国海关关长会议提出要提高海关统计信息的决策辅助和监测监督作用，同年，海关统计创办《统计监督信息》，开启统计监督工作，将统计部门在数据审核中发现的疑点线索移交海关监督部门核查。同年，海关总署发布第一篇《统计监督信息》，明确指出 1992 年以来的我国摩托车加工贸易存在严重的料件进口与成品出口不平衡情况，提示进行非法走私内销的核查。

1996 年起，海关总署综合统计司开始对内地与香港的统计数据进行跟踪对比，为加强海关监管、确定风险布控目标、有效打击走私瞒骗活动提供依据。

4. 第四阶段（1999 年至今）

该时期主要进行统计职能的大力拓展，通过对以往工作成果与经验的充分整合与利用将统计工作推上一个新的高度，其中：

2000 年，海关执法评估系统完成开发。次年海关执法评估工作正式启动，标志了统计工作开始对海关执法状况和业务管理水平进行宏观监测与评估，海关统计的监督预警和决策辅助作用得到了综合性的发挥。

2004 年，报关单数据质量检控分析系统完成开发，标志报关单数据库纳入口关统计部门的数据质量管理范畴。

2005年，海关进出口监测预警系统建成、实现了进出口全过程的实时监测快速反应、科学预测和动态预警，对保证国民经济健康发展和维护国家经济安全产生现实作用。

2005年，海关总署制定《海关报关数据使用安全管理办法》，指定统计部门为报关单数据使用安全的职能管理部门，标志了海关统计工作拓宽至更广泛的数据管理范畴。

2009年，海关启动分类通关改革，海关统计负责对分类通关和风险布控的整体效果进行监测评估，统计工作成为海关业务改革必要的支撑依据。

2010年，海关总署制定《海关规范管理体系建设方案》，提出海关数据库的规范管理任务，明确由统计部门承担海关原始数据库和基础数据库的管理及其实施工作。

二、海关统计发展的特点

1. 海关统计的发展与外贸经济发展紧密联系

海关统计职能地位的确立与发展取决于外贸经济在整体国民经济与社会发展中的作用与地位，正是外贸经济的发展提供了海关统计发展的历史机遇和良好环境。

只有在外贸经济具有重要经济权益和战略意义之后，国家才会迫切需要一种能够忠实反映进出口货物贸易实际情况的专门统计来作为宏观调控的事实依据。统计信息不仅反映了进出境情况与海关管理相对人的守法情况，同时也反映上海关行政执法水平。在此意义上，海关统计实际发挥了内外两类监督作用，对外监督即对进出境行为进行的事后监管，而对内监督则是对海关内部行政执法行为的连续性监测。

相对于对外部进出境行为的监督，海关统计对海关内部行政执法行为的监督更反映出海关提高自身行政管理水平的内在需求。因此，统计的对内监督从传统的数据质景和数据分析工作中逐渐分离出来，转变成为一项专门的内部监测职能，主要从海关行政执出行为的合规性、有效性与突发性的角度来形成监测信息，直接服务于海关的日常业务管理利调控。

2. 海关统计的发展受益于海关管理水平的提高

海关统计从最初的国民经济统计的组成角色发展成为促进海关进出境监管质量的重要形式，这一过程受到了海关提高自身管理水平的推动。

首先，海关进出境监管工作的组织水平不断提高，这是一个围绕监管中心进行的部门合作过程，不同业务类型所具有的监管作用得到了充分的发现与应用，并通过机制改革实现了资源整合，海关逐步呈现出全程监管的趋势。在这种情况下海关统计作为最初的“外向型”的专业统计工作与海关监管业务主线条实现了衔接，通过数据审核与数据分析的方式成为“内向型”的后期监管形式。一方面，统调部门不仅将数据统计工作及数据分析的成果顺利转化为实际监管举措，另一方面，也通过参与监管工作提高自身的海关业务水平，转而促进海关统计质量的保障。

其次，海关管理的系统性不断增强，在执行进出境监管任务的基础上加大了对监管的计划与控制的投入，更加关注于在大监管量情况下的监管质量与监管效益的实现问题。海关管理不再等向于微观的业务管理，而是越来越多地具有宏观特征，海关管理的这一转型需要管理信息机制的有效配套支持，这正为海关统计创建了拓展职能的平台。统计部门不仅能够利用数据的及时性与准确性优势力海关决策层提供基本的管理信息，增强海关领导对实际业务的掌握力度，更重要的是统计工作能够从总量与总体的分析角度来监测海关运作的情况。通过科学的综合比较去准确把握监管对象和监管环境的特征，敏锐地发现执法风险，形成有效的决策信息，2001 年，在全国海关科技技工作会议上，海关总署领导对海关执法评估工作的评价是“为海关的科学管则提供了决策上的依据和管理思维的参考”。

3. 海关统计的发展以科技作为强有力支付

海关统计的工作对象是大量的进出口报关单记录条，2010 年的全国进出口报关单记录条接近 1.5 亿条，要对这一规模巨大、内容繁复的统计原始资料进行质量审核、加工处理与分析必须依靠科技的有力支持。事实上，近 30 年以来，海关统计始终强调科技应用对统计工作的促进和保障作用，是第一个在全国范围内实现全面信息化的海关业务。是海关业务科技一体化发展的先行者和推动者。海关统计工作的每一个重大突破都伴随了相关科技应用的重要举措。

如 1998 年海关开发启用 H883 报关自动化系统后，统计部门迅速与科技部门开发并推广 H883 统计子系统。该系统位统计工作彻底摆脱了手工作业模式，从传统的手工批注、二次录入报关单跨越到数据计算机自动采集与检控，实现了统计工作的历史性飞跃。

再如，1999 年海关统计为开发执法评估系统引入了 SAS 系统，该系统是国际众多大型企业、政府部门与研究机构普遍使用的标准化数记分析软件。SAS 系统的应用标志了海关统计的数据管理与数据处理分析能力的大幅度提高。

至 2008 年，海关统计的各项主要工作均具有各自的业务信息化系统，包括 H2000 贸易统计系统、海关业务统计管理系统、报关中数据质量检控分析系统、海关进出口监测预警系统以及海关执法评估系统，这些应用系统不仅是海关统计工作的效率与规范化的保证，也是海关统计未来继续发展的重要基础。

第三节 海关统计的未来发展

新中国成立以来，海关统计随着我国政治、经济、文化、社会的发展不断变革，经历了计划经济体制向市场经济体制的转轨，始终以反映我国经济社会的发展变迁为主旨。进行着自身的完善利发展，为我的对外贸易发展做出了应有的贡献。在科学发展观的战略思想指导下，我国现阶段和未来要求的发展是“好中求快、又好又快的发展，是速度与结构、质量、效益相统一的发展，是长期、稳定、可持续的发展”。因此，海关统计的责任是要科学地将这种发展反映出来，既要反映对外贸易发展的速度，更要反映经济发展的结构、质量和效益，要客观科学地将未来发展的历程通过定量化的指标和数值进行描述。我国别外贸易、经济社会的科学发展，也决定着海关统计未来科学发展的目标和路径选择。我国经济和役会发展的目标是逐步实现的，因此，海关统计也面临着不断的改革，不但要有适应性，还要有前瞻性。

一、充分实现数据库在海关统计中的应用与实践

充分实现数据仓库在海关统列中的应用与实践，即充分利用电子计算机、网络通讯从数据库等现代信息技术改造统计工作，全面实现统计设计与数据采集、传输、处理、管理、发布的网络化利高效化。

目前，海关统计在对数据的处理方面已经实现了高度的自动化。但事物是不断发展与变化的，海关统计也紧跟时代的脚步奋发向前的，随着信息化时代对数据信息的重视，海关统计也从简革的对数据收集汇总转变为对数据进行挖掘分析，通过数据对国家进出口环节和海关管理各个环节进行客观评估。数据仓库是随着传统信息系统的用户对信息，尤其是能够支持决策的管理决策信息的需求应运而生的，在面对庞大的数据进行分析决策时。传统的数据库公对数据的处理方式相决策分析方而无法满足高频率数据存取的需求，而数据仓库是采用立方体多维空间向用户提供一个层次上的数据。

数据仓库的作用就是为海关统计引入一种新的信息化观念、数据处理手段的同时,可充分利用现有的人力资源对一些进出口贸易情况进行调研分析,而且对监管环节中可能出现的问题进行更深层次的数据挖掘。超过数据仓库形成“经验库”、“参数库”、“标准库”等一系列“知识库”数据可以减少海关统计的机械工作量,提高数据质量,简化分析过程。而且数据仓库可以根据海关的实际使用情况自行更新,逐渐形成旧地制宜的专家库、更可以根据全国海关的实际情况对数据进行处理。

海关统计的改革与发展一齐遵循“以人为本”的思路进行,海关统计专家在改革与发展中更是起着至关重要的作用。但由于海关工作的流动性与统计工作的不断发展,目前专家的培养主要还是靠口传身授、以老带新的办法。海关统计知识的完善还是要靠自身经验的积累,而且其所涉及的海关统计知识也十分有限。随着信息时代知识需求的不断增大,海关统计这种传统的方法直接影响着统计的改革与发展。改革与发展“以人为本”,但是决不是以一两个专家为本,是要发展整个统计队伍,让统计队伍中的每一个人都成为专家。所以,海关统计的改革与发展就需要一个能够将知识进行积累、汇总、分类,可以与大家共享的“智库”——海关统计知识系统。

海关统计知识系统的主要工作原理是将积累出来的经验转化为描述性的方法,将其指标化、数据化。例如,对一些商品编码类的计算机识别方法,即通过对历史数据的不断积累形成新的指标、判别条件。海关统计知识系统的好处在于使原有的流动的、分散的、孤立的知识变成固定的、汇总的、共享的知识体系,使海关统计工作的发展不会受到一些不必要原因的影响,如人员内部调动、跳槽离职、专职人员休假等。而且,海关统计知识系统可以帮助每一个新兵迅速的成长为专家级人才。只将要通过海关统计知识系统即可以以专家的眼光去看待问题,例如,海关统计分析人员在最初接触分析工作时往往需要浏览大量的以前的统计数据分析文章才可以慢慢地进入角色。但是,如果能够使他直接应用以前分析专家对文章结构、数据问题等方面的处理方法、同时可以获得对解决问题的一些必要的提示,那就对以使一个新人迅速地成为统计分析专家、海关统计加以系统引入的好处也就在于此。数据仓库是海关统计知识系统的基础,因为海关知识系统的形成必须要经过对大量数据的处理、积累，甚至连商品的单位都是要进行转换处理的、而且海关无论在贸易环节，还是监督环节，其数据量的增长使传统的数据体系统根本无法适应海关知识系统对数据多维汇总的需要，从数据中挖掘知识，变动更新，这些只有数据仓库才能适用。

总之，社会的不断进步，国家对外贸易的蓬勃发展，对海关统计提出了越来越高的要求。海关统计拥有最权威、最真实的进出口情况数据，而对这些数据的挖掘整理也逐渐转变为海关统计工作的重点，如何使数据变成信息，又如何使信息变成决策、这一系列的变化都是海关统计在改革与发展的道路上要解决的问题。数据仓库系统的理念与应用实际上在海关统计工作中有意或无意得到体现，只是没有系统化、理论化地加以整合深化，作为大规模数据处理发展的必然趋势，数据仓库与海关统计的结合是不可避免的。

海关统计信息是海关统计职能的具体体现，蕴涵着巨大的社会价值，其在国家宏观调控，贸易政策的制定和海关的科学管理中发挥着极其重要的作用，得到上至中央下倒地方和社会各方面的高度重视和广泛关注。

中国加入世贸组织后，海关统计信息已经不能再是政府的垄断产品，而成为社会的公共产品。社会要求海关统计工作及时、公正，统计数据准确、公开，实现统计信息的社会化。要以开放的心态拓宽海关统计信息的来源和渠道，从宏观和微观的不同角度分大服务的范围和层次。要加大海关统计数据为地方政府、企业和社会各界服务的广度和力度，为此会提供高质量的统计咨询服务，树立海关“促进发展”的良好形象。在推进海关统计信息社会化进程的同时，也要推进海关统计信息的商品化。

目前，海关发布数据的渠道，包括统计刊物、纸介质、磁介质、电子数据交换、网络、新闻媒介、咨询服务等。其中统计刊物和网络是使用最多的载体。由海关从署编辑计公开发行的统计书刊有 3 种，即《中国海关统计》（月刊）、《中国海关统计年鉴》、《中国对外贸易指数》，按月度发表中国对外贸易主要统计数据。包括：进出口商品总值、国别（地区）、商品构成等。《中国海关统计年鉴》按年度发表中国对外贸易数据的统计资料。《中国对外贸易指数》月刊全面、及时、准确地反映各种商品进口、出口价格变化、数量变化和价值变化，衡量对外贸易条件和质量效益。除刊物外，目前，中国海关通过中国海关门户网站和海关统计资讯网每月向社会各界公布贸易统计数据。海关总署门户网站、海定综合信息网和海关统计资讯网定期公布的海关统计数据主要包括：月进度、出口总值；进出口贸易方式总值；进出口企业性质总值；出口重点商品量值；进口重点商品量值；进出口主要国别（地区）总值等。为了适应国际发展，中国海关编辑并出版发行的英文刊物有《海关统计》（月刊）英文版和《海关统计年鉴》，《中国对外贸易指数》是中英文合刊。如果您身处国外，还可以通过海关统计在海外的咨询机构获得中国海关统计的英文资料。此外。全国海关信息中心下设的海关统计咨询室也可以提供英文版本的统计咨询服务。

海关统计信息的社会影响同时也告诉我们，社会和海关都需要一个链接反映供求关系的公共信息平台。这个平台的作用就是，一方面，要能够及时搜集、反馈社会各个层而的需求动态，海关按需制作统计产品，并借助这个平台将自主主开发的统计产品转化为商品，及时地推向社会；另一方面，要体现比双向的平衡的供求关系。目前的海关统计咨询服务制度虽然比较成熟，仍对社会服务方面监测，至于“按需分配”，单向的被动成分较多，而且使用对象待定，对政府部门的无偿服务甚至还存计划供应的特征。海关统计咨询服务的主动性有待积极争取，开发方特色的统计产品和公共使用产品方面也可以进一步地挖掘，也可借鉴西方发达国家的一些较好做法，海关统计咨询制度完全可以作为构建这个信息平台的基础。这个信息平台的建立必将大大加速海关统计信息的市场化进程，它所反映出来的本质就是一种与社会主义市场经济体制相适应的海关统计信息服务机制。

二、继续延伸海关统计职能，加强海关统计的实效性和科学性

海关统计职能延伸是我国外向副经济发展的需要。全球经济一体化从我国经济对外依存度的增大，使海关统计职能延伸十分必要。当前，国际局势持续发生着深刻而复杂的变化，加入世界贸易组织后对外贸易摩擦的增多，使得延伸海关统计职能、提高海关分析质量变得更为迫切。我国已进入了加入世贸组织的“后过渡期”，贸易摩擦明显增多，国家、政府部门在做决策

时对海关统计的依赖性也越来越大，海关统计如何在个性化的分析基础上做好预测监测，统计职能的延伸和分析质量的提局限得更为迫切。

（一）服务于海关监管和内部管理，加强分析的政策性

海关统计是国家制定对外经济贸易方针、政策和检查、监督其执行情况，进行宏观调控的依据之一。因此，在宏观上。海关统计分析必须紧密联系国家现行对外经济贸易方针、政策，加强对外经济形势的综合性、整体性研究，客观地提出当前对外贸易的特点和规律。通过印证外贸方针、政策外贸实践中的必要性、可行性、适用性，指出其与外贸实践活动不相适应的部分和提出整改建议。

首先，在进出境监管方面，用信息技术和科技手段，对进出境货物、物品、运输工具进行定性、定量的分析。以提高海关严密监管、高效运作的水平。其次，在税收方面，通过设定科学的税收评价指标，对商品归类、审价、原产地、减免税等各项指标进行适时监控，努力实现税收应收尽收。再次，在打击走私违法犯罪方面，充分发挥监测和预警作用，加强分析数据，以提高反走私预警和应变能力。最后，在加工贸易管理方面，运用统计数据，对企业从备案到核销的各个环节做出分析，提出监管重点和风险，提出对监管的针对性。

（二）加强对进出口贸易预警监测和统计分析的针对性、全面性、适用性

统计的预警监测功能是现代海关制度发展战略的重要组成部外。海关作为编制国家进出口贸易统计的职能部门，只有不断提高进出口预警监测能力，才能起到保护国家经济利益，促进外贸发展的作用。

1. 加强对行业主管部门及行会、商会的支持

海关预警监侧的结果要转化为成果，最终要政府主管部门或企业做出相关判断。将海关预警监测的结果及时通报给各级政府和部门，供各级政府和部门根据预警监测结果做出判断，而海关预警监测的相关信息的传递由行业主管部门、商会、行会牵头组织，可以较好地弥补企业资金、人才和信息等的不足。

2. 为企业服务，以提高市场竞争力

一是及时向企业发布进出口预警监测信息，适应社会各界对进出口预警监测信息的多样化需求；二是向企业宣传进出口预警监测系统，使企业能通

过系统平台了解国际市场信息，提高科学经营和应对国际贸易摩擦的能力。

3. 加强统计分析的针对性、全面性、适用性

海关统计分析工作要把握住对外经济的脉搏，反映有时代特点的对外经济规律，就必须坚持遵循市场经济规律，自觉从市场经济的角度去研究解决新形势下对外经济的问题。

（三）加强海关统计分析的时效性、科学性

海关统计分析是指根据海关统计研究任务的要求，应用统计的、数学的分析方法对对外经济贸易活动的数量关系进行考察研究，揭示出对外经济贸易活动的内在规律。为指导外经济贸易活动提供依据。首先，海关统计分析需要及时揭示对外贸易活动发生、发展的内在规律。其次，海关统计分析可以为各级决策部门及各经济主体制定对外贸易政策与战略提供全方位的信息与咨询服务，从而为各级部门的引学决策做出依据。最后，海关统计分析可以为各级决策部门及各经济主体对对外贸易政策的执行情况及对外贸易活动的各个环节进行有效的监督检查。

对外经济的内涵及其构成和发展不是盲目的、杂乱无章的，而是具有整体性、相关性、有序性等规律的。因此，在分析研究进出口贸易时，就必须和研究其质的同时，研究其量的规律性。在定性分析的基础上，充分重视开展定量分析，应用数学的客变量分析方法，建立国际贸易经济数学模型，对进出口数据进行科学的分析处理，从而为对外经济的科学论证提高定性和定量的理论依据。

总而言之，在经济全球化深入发展的新形势下，我国参与国际分工与合作的机遇增多，外部环境中的不确定因素和潜在风险也在加大，统筹国内发展和对外开放的难度和要求更高了。因此。海关统计未来的科学发展之路，必须要置身于国际环境中来解决我们的特殊问题，要善于从国际国内条件的变化中抢抓新的发展机遇，创造新的发展条件，来实现自身的完善和发展。同时，要从思想观念上改变固有模式，增强效益意识，把海关统计的主题从反映速度上转化到反映发展速度与反映经济结构、发展质量和社会效益相结合上。海关统计要在改革中先行，在改革中不断突破，以实现未来科学发展的飞跃。

第十五章 海关稽查

第一节 海关稽查在海关管理中的作用和地位

一、海关稽查的含义及职责

（一）海关稽查的含义与特点

1. 海关稽查的含义

一直以来，严密监督与快速通关都是海关监管工作要解决的主要矛盾。对外贸易的迅速发展给海关监管带来了巨大的挑战利压力，传统的海关监管模式很难做到既保证海关监管的严密性，又不降低贸易效率。在这样的背景下，一种新的管理模式应运而生，这就是海关稽查，海关稽查有广义和狭义之分，广义上的海关稽查包括风险分析、企业稽查、企业管理三项管理活动。三者深度融合、协调一致，构成完整的海关稽查工作体系。狭义上的海关稽查仅指其中的企业稽查。即依据《海关法》第四十五条规定和《中华人民共和国海关稽查条例》所指："海关自进出口货物放行之日起 3 年内或者在保税货物、减免税进口货物的海关监管期限内，对被稽查人的会计账簿、会计凭证、报关单证以及其他有关资料（以下统称账簿、单证等有关资料）和有关进出口货物进行核变，监督被稽查人进出口活动的真实性和合法性"。

从海关管理的角度，海关稽查的内涵是广义的，不仅指企业账册稽核，而且还包括企业的分类管理、进出口货物的风险分析来简化通关手续等方法。

2. 海关稽查的特点

海关稽查的特点是保证企业经营实际，关注企业发展需求，通过促进企业的守法自律来实现海关管理目标。在工作方法上海关稽查以外部审计为基本工作手段，以介业内部管理和财务制度为工作基础，通过深入企业内部，全程监督企业进出口活动的真是性、合法性和规范性，以帮助企业改进管理，促进企业守法自律。在稽查时限上，在进出口货物通关放行之日起3年内，或是进出口货物在海关收管期限内从其后的3年内，海关有权实施稽查监管。

（二）海关稽查的主要职责和任务

在整个海关管理体系中，海关稽查的职能定位是：现代海关管理的重要组成部分，构筑综合治税大格局的重要防线，优化海关管理、规范海关执法的有效手段，解决海关面临双重矛盾的重要途径，中国海关局国际海关通行规则相接轨、履行国际义务的重要力量。其主要职责包括以下四个方面：

1. 监督企业进出口活动

通过稽查，监督企业进出口活动的真实性、合法性和规范性，掌握企业日常进出口动态和异常情况，检查企业生产经营活动是否符合海关收管要求，提高海关后续管理效能。

2. 查发企业各类问题

通过稽查，发现并防范各类违法述规行为，使国家各项进出口管理政策和规定能够得到有效实施，保障国家税收，维护正常的进出口秩序。

3. 验证企业守法状况

通过稽查，测试企业内控制度。审查企业进出口活动，以验证企业守法状况，规范企业内部管理，帮助引导企业守法自律，为海关对企业实施分类管理、推进通关作业改革、“经认证的经营者（AEO）”制度提供支持。

4. 完善海关内部管理

通过稽查，能够发现海关管理上的薄弱环节，并及时向有关部门提出改进建议，建立海关稽查与一线监管、税收征管、保税管理、打击走私等部门的良性互动机制，从而完善海关内部管理。

5. 有助于加强对企业进出口活动的监督管理，促进企业守法经营

特别是海关稽查在扩大海关监管时空、伴随国家税收查处进出口违法活动、促进企业进出口行为规范等方面取得明抓成效，在一定程区上缓解了海关管理目标要求与管理资源不足的压力，在查错、防范、处罚、规范、教育、引号等方面发挥了职能作用，为促进经济发展、建立健全现代海关制度发挥了积极的作用。

6. 实现海关与商界合作共赢的工作目标

海关稽查是海关与商界创建合作伙伴关系的重要桥梁，在工作中寻求海关管理目标和企业利益的最佳结合点，实现海关与企业的“双赢”。

（1）通过稽查，促进企业规范经营，依法纳税，在帮助企业提高经营管理能力的同时，从根本上保障国家税收应收尽收。

（2）通过稽查，对申请“AA”类企业开展城信守法验证，并定期对“AA”类企业进行复核，对严密海关监管的同时，使企业享受到“快捷通关”的便利。

（3）通过稽查，发现并防范各类地施压现行为。维护正常的进出口秩序，在改善海关执法环境的同时，为企业创造公平竞争的环境。

7. 协调国际贸易关系

国际方面、国际经济合作持续深入发展，国际海关现代化浪潮方兴未艾，广泛应用风险管理、海关稽查、企业管理等海关先进管理方式，根据企业守法程度和稽查目标的不同，采取不同的稽查形式，在提高通关效率、降低通关成本方面发挥积极作用；随着中国进入“后 WTO”时代，贸易摩擦、商业瞒骗问题不断发生，促进贸易安全与便利、维护国家安全等海关非传统职能也要求海关及时加以应对。

随着稽查工作日益成熟与完善，稽查工作的科学性和计划性不断提高，海关稽查将在现代海关管理和促进国家经济发展中发挥更大的作用。

二、海关稽查在海关管理中的地位

海关稽查与海关监管、税收征管、保税管理，打击走私等相互协调与补充，共同促进和完善海关管理体系。

（一）海关稽查在海关监管中的地位

广义的海关监管是指海关依法则运输工具、货物、物品的进出境活动所实施的一种全面的行政管理。狭义的海关监管是海关在进出境通关环节对上述对象实施的具体监管。

对广义的海关监管而言，海关稽查仅是其中的一个环节，具体负责组织协调监管、通关作业改革项目的研发推广等工作；对选择实验和实施查验实施职能管理；对进出境行邮物品及快件业务实施职能管理；对海关监督场所、进出境运输工具及其舱单实施职能管理；对便捷通关措施企业实施审核报批管理等职责。

从海关稽查与狭义海关监督的关系看，一方面，海关稽查将海关监管的时间、空间进行了延伸和拓展，使海关监管不再局限于进出口的实时监控，不再局限于进出境口岸。而是在放行货物之后的一定期限内，对与进出口货物有关的企业、单位相关资料和货物的使用情况进行核查；另一方面，海关稽查将海关监管的主要目标内监控进出口货物转变为控制货物的主体，也就是进出口企业，不再人为地将企业和货物分离。海关稽查将围绕企业进出口活动实施动态和全方位的监管，以达到监管进出口货物的目的。

（二）海关稽查在关税征管中的地位

关税征管是指海关的关税部门依法研究、制定、调整税收政策和管理规审制度，并实施征税过程。相对关税征收而言，海关稽查是负责税后稽查，防止被稽查人有偷税、漏税行为，是关税征收的后续环节。海关稽查应主要审查进出口货物的纳税是否合法、减免税是否合法及保税加工贸易是否合法等内容。主要审查其完税价格的真实性、税率运用、税则、归类的准确性以及退税是否合法。减免税合法性审查看其减免税货物审批是否合法，有无擅自将货物转让、出售或移其他用的行为。保税货物的储存、加工、转让及核销结案是否合法等。

（三）海关稽查在海关缉私中的地位

海关稽查与缉私职责分工不同，密切合作、为防范走私提供保障。海关稽查是对违反海关监管规定以及不构成走私犯罪的行为人，行使行政执法权。缉私是海关打击走私工作的职能管理部门。主要是对涉嫌走私犯罪嫌疑人（以自然人为主，也有部分法人）行使刑事执法权，并具有行政执法职能。稽查是以企业为主，目的是建立企业诚信守法体系；缉私是以自然人为主。目的是对走私违法案件依法进行侦查、拘留、执行逮捕和预审工作，对侦查终结的走私犯罪案件向检察机关移送起诉等。

（四）海关稽查在海关统计中的地位

海关统计是指海关的统计部门依法制定、实施进出口贸易统计制度，编制、分析相关统计数据。而海关稽查主要是核查被稽查人与进出口贸易有关的相关数据资料，以保证数据的准确，为海关统计服务。

第二节 海关稽查运行机制

一、海关稽查的主要方式

根据稽查目的不同，分为常规稽查、专项稽查、验证稽查三种方式。

（一）常规稽查

常规稽查是指海关根据发区实际情况，结合企业特点，从海关后续管理的换体需要出发，采取计划选取与随机抽取相结合的方式，对企业外展的全面性稽查、常规稽查的主要作用在于通过实施稽查，扩大稽查在后续管理环节的覆盖面，强化对企业进出口活动的后续管理，加强对进出口企业的后续管理，其目的是为了了解和掌握企业生产经营状况及遵守海关法规情况，并对企业进行风险评估、科学确定企业分类等级和海关监控要求提供依据。对此类稽查，海关一般应事先通知企业做好账册、单证准备，以配合海关稽查。结束后，海关下达稽查结论。在开展常规格查工作中，主要把握以下几点：

1. 合理选取常规格查对象

常规稽查以与进出口活动直接有关的所有企业为管理对象，采取计划选取和随机抽取相结合的方式，从管理对象中筛选重点企业，通过对重点企业开展稽查实现稽查目标。

2. 稽查范围是对企业实施全面的稽查

所谓“全面”，就是对企业近 3 年来的所有进出口活动进行审查。需要指出的是，全面并不等于面面俱到、票票必查。在具体实施稽查时，必须运用专业的风险分析力法和审计方法，有重点地进行抽样测试和检查，达到全面稽查的目的。

3. 稽查方法上注重符合性测试和实质性测试相结合

在对企业与进出口有关的内控制度进行全面符合性测试的基础上，针对一般贸易、加工贸易和减免税渠道的风险重点和薄弱环行，实施必要的实质性测试，对企业守法状况作出准确的判断和认定。

（二）专项稽查

专项稽查是指海关根据关区实际情况，结合企业特点，从海关后续管理的整体需要出发，对某些企业、某些商品实施重点稽查的后续管理工作模式，包括行业式、重点式、通关式稽查。其主要目标是查发企业各类问题，为税收和防范走私违法活动提供保障。其目的是为了了解和掌握某一类企业、某一种商品或企业的某种行业的具体情况，以便根据海关管理的要求，采取相应的监控对策。专项稽查具有以下特点：

1. 针对性

与常规稽查相比，专项稽查针对性较强，往往只针对重点商品或重点渠道。对风险较高的某类商品、某些手册、某类渠道或某个具体的风险点展开稽查，而不是实施全面的稽查。

2. 稽查方法以实质性测试为主

专项稽查一般具有明确的稽查目标和风险重点，可以直接实施实质性测试、审查企业进出口活动的真实性和合法性。

（三）验证稽查

验证稽查是海关针对需验证或已验证企业，通过实地稽查或日常收押，验证企业守法状况或贸易安全情况，动态监督企业进出口活动，规范企业内部管理，促进企业守法自律的一种企业稽查方式。根据工作环节的不同，分海关对申请评为A类或AA类管理的企业开展的准入式稽查和对已评为A类或AA类管理的企业实施的监控式稽查。

准入式稽查是在企业分类管理等级评定前对其所实施的稽查验证行为；监控式稽查是在企也分类管理等级严定后对其所实施的稽查验证行为，包括日常监控和不定期实地稽查。通过准入式稽查和监控式稽查入式，以验证企业守法状况。规范企业内部管理，帮助引导企业守法自律，减轻一线通关监管压力，为企业分类管理提供支持。

二、海关稽查实施过程中的权利和义务

海关企业稽查中的权利与义务是指海关在依法履行企业稽查职能过程中，海关与管理相对人所有权的法定权利及应承批的法定义务。权利与义务相平衡既是海关企业稽查大法的基本原则。同时也是海关正确行使命业稽查职能的前提和基础。

（一）海关的权利和义务

企业稽查是海关的一项法定监督管理职能，海关通过实施稽查管理，履行监督进出口活动、查发企业问题、验证企业守法状况的职责。在实施企业稽查的过程中。海关除享有法定权利外，还必须承担相应的义务。

1. 海关稽查过程中的权利

在实施企业稽查过程中，海关主要享有以下权利：

（1）查账权

查账权是海关实施企业稽查的一项基本权利，海关有权依法查阅被稽查人与进出口活动有关的会计账簿、会计凭证、报关单证以及其他有关资料。因稽查需要，海关可以复制、调阅有关资料，并可查询被稽查企业在商业银行或者其他金融机构的存款账户。

（2）检查权

海关有权进入被稽查人的生产经营场所、货物排放场所检查预警出口活动有关的货物管理使用以及生产经营情况。

（3）封存权

海关在实施施企业稽查中，如发现被稽查人有可能转移、隐匿、篡改、毁弃账簿及单证等有关资料时，海关可以暂时封存相关资料。如发现被稽查人涉嫌违反有关法律或海关监管规定时，海关可以暂时封存有关进出口货物。

（4）询问权

根据稽查需要，海关可以询问被稽查人的法定代表人、主要负责人员和其他有关人员与进出口活动有关的情况和问题。

（5）处理权

在稽查结束后，对于被稽查人未按规定编制账簿、单证等资料，或未如实提供有关资料的，海关企业稽查部门依法要求被稽查人限期改正；对于发现被稽查人少缴或漏缴税款的，海关企业稽查部门可做出向被稽查人追征或补征有关税款的处理决定：对于被稽查人涉嫌走私或违反海关监管规定的问题，由海关企业稽查部门移交有关部门处理。

2. 海关稽查过程中的义务

海关在实施企业稽查中主要承担以下三个方面的法定义务：

（1）依法行使企业稽查职能。海关实施企业稽查，必须在法律授权的范围内进行，严格遵照法定的稽查程序，做到客观公正，实事求是。在稽查结束后，应当依法做出稽查结论。

（2）维护被稽查人的合法权益。海关在行使企业稽查权利时，应保守被稽查人的商业秘密、不得侵犯被稽查人的合法权益。因稽查需要暂时封存被稽查人账簿、单证等有关资料时、不得妨碍被稽查人正常的生产经营活动。对于被稽查人的合法要求，应及时予以答复。

（3）实行公务回避制度。海关进行企业稽查时，海关工作人员与被稽查人有直接利害关系的，应当回避，以避免影响海关执法的公正性和客观性。需要回避的包括三种情形；一是海关工作人员与被稽查的法定代表人或主要负责人有近亲属关系的；二是海关工作人员或其近亲属与被稽查人有直接利害关系的；三是海关工作人员或其近亲属与被稽查人有其他利害关系，可能影响海关稽查正常进行的。

（二）被稽查人的权利和义务

被稽查人作为海关实施企业稽查的当事人，同样依法享有相应的权利，并履行法定的义务。依据现有的法律规范，被稽查人在接受稽查中主要涉及以下几个方面的权利和义务。

1. 被稽查人的权利

（1）知情的权利。被稽查人有权向海关了解有关进出口管理的法律、法规及规章，有权要求海关告知双方在海关企业稽查中的权利与义务，在稽查结束后有权知晓稽查发现的事实并就《海关稽查报告》提出有关意见。

（2）维护自身合法权益的权利。被稽查人有权维护自身的合法权益，一是如被稽查人认为海关工作人员与自身存在直接的利害关系，可以对海关工作人员提出回避申请；二是在稽查过程中，被稽查人有权要求海关保守商业秘密；三是对于海关违反法定程序或超出法律授权范围的要求或行为，被稽查人有权拒绝。

（3）寻求法律救济的权利。被稽查人对于海关实施企业稽查中的行政行为不服的，或是同海关发生纳税争议时，可以依法申请行政复议，或者向法院提起诉讼。利于海关违法实施的企业稽查行为，致使被稽查人的合法仪益受到损失的，被稽查人可依法申请行政赔偿。

2. 被稽查人的义务

（1）依法接受海关企业稽查的义务。被稽查人应当配合海关实施企业稽查工作，向海关提供必要的工作条件。稽查中，被稽查人应当如实反映情况，如实提供账簿、单证等有关进出口资料，不得拒绝、拖延、隐瞒。对于海关依法来取的检查、封存等措施，被稽查人应当予以配合；与被稽查人有财务往来或者其他商务往来的企业、单位应当向海关如实反映被稽查人的有关情况，提供相关资料和证明材料。

（2）依法设立和省理有关进出口资料。被稽查人应当依照有关法律、法规的规定，设置并保管会计账簿、会计凭证、报关单证以及其他有关进出口资料，真实、准确、完整地记求和反映被稽查人进出口业务的有关情况。

（3）履行海关处理决定。对于海关经企业稽查依法做出的限期改正、追征或补征税款等处理决定，被稽查人应按照法律规定购时限和要求，及时予以履行。

三、海关稽查实施的法律体系及法律责任

（一）海关稽查实施的法律体系

企业稽查是海关的一项法定监督管理职能，海关通过实施稽查管理，履行监督进出口活动、查发企业问题、验证企业守法状况的职责。在实施

企业稽查过程中，海关除享有法定权利外，还必须承担相应的义务。在现行海关企业稽查的法律体系中，对海关及管理相对人一方的权利与义务作了相对完善的规定，为保障海关依法行政、维护管理相对人合法权益方面提供法律支持。

海关稽查法律体系是指全部现行的海关稽查法律规范性文件组成的有机联系的统一整体。稽查法律体系既是海关稽查制度重要的组成内容，也是海关稽查工作开展的基本依据和重要保障。目前已形成了相对完善的海关稽查法律体系、包括法律、行政法规、部门规章等多个层次的规范性文件，在保障海定稽查依法行政、推动稽查工作顺利开展、促进管理相对人守法经营等方面发挥了重要的作用。

海关稽查法律体系除了遵循强制性、规范性等立法的一般性原则之外，海关稽查法律体系还具有符合稽查工作自身特点的立法原则。如赋予海关稽查监督管理职能、体现权利与义务相平衡、与海关整体法律制度相配套。

在总体结构上，海关稽查法律体系分为法律、行政法规、部门规章三个层次，分别从不同层面对海关稽查进行了规定。《海关法》为海关稽企提供了基本执法依据。《海关稽查条例》对海关稽查作了全面的规定。《<稽查条例>文施办法》是海关稽查具体的执法规范。在上述三个层次的法律规范性文件的基础上，海关总署还制定了《海关稽查操作规程》等内部稽查工作规定，从稽查执法主体的角度，加强自我管理和自我约束，严格工作要求，规范执法行为，统一全国海关的稽查工作程序相执法尺度，真正做到依法行政、按章稽查。

（二）海关稽查约法律责任

海关稽查的法律责任包括海关工作人员的法律责任和被稽查人的法律责任。

1. 海关工作人员的法律责任

海关工作人员在稽查中玩忽职守、徇私舞弊、滥用职权或者利用职务上的便利收受、索取被稽查人的财物，构成犯罪的，依法追究刑事责任；不构成犯罪的，由海关依照《海关法》、《国家公务员暂行条例》和其他相关法律法规予以处理。

2. 被稽查人的法律责任

经海关稽查，发现被稽查人有违反海关监管规定行为的，由海关依照《海关法》和其他有关法律、行政法规处理。海关在对被稽查人做出处政处罚决定之前，应当告知被稽查人依法享有的权利。经海关稽查、发现被稽查人涉嫌走私犯罪或者犯罪的，移送有关部门处理。

海关根据稽查结果，对少征或漏征的关税或进口环节税依法追征、补征，并上缴国库，对违反规定和定私行为的处以行政处罚。被稽查人有下列行为之一的海关应当制发《限期改正通知书》交被稽查人，责令其限期改正。逾期不改的，海关处 l0000 元以上 30000 元以下的罚款；情节严重的，海关取消其报关资格，并对负有直接责任的主管人员和其他负由直接责任的主管人员处 10000 元以上 5000 元以下的罚款。（1）向海关提供虚假情况或者隐瞒重要事实的；（2）拒绝、拖延向海关提供账簿、单证等有关资料的；（3）转移、隐匿、篡改、毁弃账簿、单证等有关资料的。

此外，被稽查人未按照规定设置或者编制账簿、单证等有关资料的，海关应当制发《限期改正通知书》交被稽查人，责令其限期改正。逾期不改的，海关处 10000 元以上 50000 元以下罚款，情节严重的，海关取消其报关资格，并对负有直接责任的主管人员和其他直接责任人员处 1000 元以上 5000 元以下罚款。

第三节 海关稽查的发展

20 世纪 90 年代初期，随着中国建立社会主义市场经济体制和进一步扩大对外开放，进出口贸易量迅速增长，海关管理目标要求与管理资源不足的矛盾日益突出。为适应市场经济条件下对外贸易快速发展的需求，实现海关有效监管和高效运作的双重目标，中国海关深化行政体制改革，借鉴发达国家海关外部审计制度的经验，1992 年开始关注海关稽查，先后经历了海关稽查试点、正式确立并推广海关稽查制度和海关稽查职能调整三个阶段，海关稽查发展历史重大事件时间表见表 15-1。

一、初步尝试海关稽查制度（1992～1993 年）

从 1992 年中国海关总署在上海召开“海关稽查专题研讨会”，开始海关稽查制度研究，并把上海、广等海关作为业务试点，进行实践研究，直到 1994 年才正式确定并在全国推行海关稽查制度。

二、正式确立，推行海关稽查制度（1994～2000 年）

从 1994 年起，我国就开始正式确立并在全国海关推广海关稽查制度，其核心内容是将审计方法引入到海关管理中、以企业为基本监管单元、由传统的单一对货物监管向以企业和货物监管并重转变，实现了在进出口货物通关放行之后，加强对企业进出口活动的监督和检查，扩大了海关监管的时间和空间。初步实现了海关管理的“前移”和“后移”。在这一阶段海关稽查已基本形成包括法律、行政法规、部门规章三个层次的法律体系框架，在行政法规层面，1997 年《中华人民共和国海关稽查条例》颁布实施，对海关稽查作了全面系统的规定；在部门规章层面，海关总署于 2000 年制定并实施《＜中华人民共和国海关稽查条例＞实施办法》，对《海关稽查条例》的内容作了进一步细化。此外，海关总署还制定了《海关稽查操作规程》等工作规定，严格规范了稽查人员的执法行为。2000 年修订后的《海关法》明确了海关稽查的法律地位，为稽查提供了最基本的执法依据；这些法律框架对促进稽查依法行政规范执法程序保护管理相对人合法权益等力面发挥着重要的作用。

表 15-1 海关稽查发展中的重大事件时间表

时 间	事 件
1992 年 4 月	海关总署在上海召开“海关稽查专题研讨会”，进行理论探讨和实践准备
1992 年底	海关关长会议选择在上海、广州、拱北等海关进行稽查制度试点
1993 年	试点范围扩大到北京、天津、深圳的海关
1993 年底	海关总署成立稽查司
1994 年	全国关长会议正式决定成立海关稽查机构，全面推行海关稽查制度
1994 年	制定《中华人民共和国稽查暂定规定》、《稽查案件处理操作规程》等制度
1997 年 1 月 3 日	国务院颁布实施《中华人民共和国海关稽查条例》
1998 年	稽查与调查合并，提出调查工作将以规范企业行为为中心，进一步确定了将企业稽查工作建立在风险分析基础上的工作
2000 年	《中华人民共和国海关法》对海关稽查在立法上作了授权性规定
2002 年	海关调查会议确定调查工作将以规范企业行为为中心，进一步确立了将企业稽查工作建立在风险分析基础上的工作
2005 年	海关总署重新设立稽查司，着手构建“风险管理”“企业稽查”“企业管理”三大业务支柱
2008 年	《新企业分类管理办法》颁布
2010 年	《企业分类管理办法》修订

三、海关稽查职能的调整（2000 年之后）

虽然在法律上承认了海关稽查制度的存在，但是因为实践时间较短，海关稽查制度还存在着很多不足，尤其是海关稽查的职能定位还人清楚，因此在接下来的时间里，海关总署对海关稽查职能进行调整，更新对海关稽查进行定位。2000 年以来，随着企业守法程度不断提高，海关稽查工作重心逐渐由被动稽查向主动管理转移。尤其是中国加入 WTO 之后，海关工作面临着更加纷繁复杂的形势，同时也对海关稽查提出了更高的要求和挑战。国际方面、国际经济合作持续深入发展，国际海关现代化浪潮方兴未艾，广泛应用风险管职、海关稽查、企业管理等海关先进管理方式，尤其是海关稽查已为各贸易大国海关所普遍采用。国内方面，对外贸易保持快速增长势头。通关“瓶颈”现象日益突出，企业要求提高通关效率、降低通关成本的呼声越来越高。

随着中国进入“后 WTO”时代。贸易摩擦、商业瞒骗问题不断发生，促进贸易安全与便利、维护国家安全等海关非传统职能也要求海关及时加以应对。新的形势发展在对海关稽查提出更高要求的同时，也为海关稽查进一步发展和完善注入了新的动力。海关稽查将立足时代发展需求，以促进经济协调发展，提高海关把关服务水平为目标，深入推进稽查制度改革：一是完善稽查工作职能，在保障国家税收应收尽收、验证企业诚信守法状况、查发企业违法违规问题、促进企业守法规范等方面积极开展工作；二是丰富稽查工作形式，根据企业守法程度和稽查目标的不同，采取不同的稽查形式，提高稽查工作的科学性和针对性。随着稽查工作日益成熟与完善，海关稽查将在现代海关管理和促进国家经济发展中发挥更大的作用。

此外，稽查工作的专业性决定了具必须拥有一支高素质、专业化的稽查队伍。经过多年的培养锻炼，目前全国海关已有三千多名专门从事稽查工作的人员，大多具备审计、会计、法律、计算机等方面的专业知识，并可在工作岗位上持续接受在职培训。在依法行政方面，海关稽查人员必须持证上岗，严格遵守各项法律和工作规定，依法开展稽查，保护被稽查人的合法权益和商业秘密。

第十六章 海关管理现代化

第一节 海关管理现代化概述

一、现代化与现代化理论

关于什么是现代化，迄今为止并没有一个统一的定义。根据《韦氏词典》的解释，现代化（modernization）一词产生于 18 世纪 70 年代，由英语单词 moderniza 和 modern 衍生而来，其基本词义可以概括为两种：成为现代的、适合现代需要；大约公元 1500 年以来出现的新特点、新变化。在我国，《申报月刊》曾在 1933 年 7 月刊出“中国现代化问题号”特辑，围绕现代化开展了讨论研究。1954 年 9 月，周恩来总理在新中国成立后的第一届全国人民代表大会第一次会议上作《政府工作报告》时，提出建设工业、农业、交通运输业和国防四个现代化的目标。自此，现代化一词开始被我国人民所广泛熟知，并被应用于各个领域。

在现代化理论中，现代化被赋予了新的含义。现代化理论是关于世界、国家或地区现代化的特点和规律的研究成果的统称。早期的现代化理论研究以完成工业化的欧美发达国家为参考范本，因此，现代化在当时被界定为从农业经济向工业经济、农业社会向工业社会、农业文明向工业文明转变的历史过程。美国哈佛大学亨廷顿教授曾归纳了现代化的若干特征。得到了人多数理论研究者的认同：①现代化是革命的过程。②现代化是复杂的过程。③现代化是系统的过程。④现代化是全球的过程。⑤现代化是长期的过程。⑥现代化是有阶段的过程。⑦现代化是趋同的过程。⑧现代化是不可逆的过程。⑨现代化是进步的过程。

20 世纪 70 年代后，随着包括知识经济、信息经济、网络经济、数字化经济等在内的各种新经济形态初现端倪并迅猛发展，现代化的内涵也不断丰富，涵盖了从传统经济向现代经济、传统计会向现代社会、传统政治向现代政治、传统文明向现代文明等各个方面的转变。现代化不再以发达的工业文明为最高点，而是被视作为在多个领域追赶世界先进水平的持续不断的过程。人们逐渐认识到：人类文明在发展过程中。伴随巨大的机遇和挑战，即使是欧美发达国家。也需要不断努力完善并超越自我，现代化决非“西化”。而是对传统既批判又继承的过程，发展中国家必须将现代化特征同本国的历史条件和文化传统相结合，走自己的发展退路；发展中国家现代化的具体道路因国情而存在差异、但在目标方向上将具备较多的相似性，其基本目标是在政治、经济、文化诸方面赶超发达国家，而最终目标是满足人的全面发展的需要。

二、海关管理现代化的基本内涵

（一）作为边境管理机构

海关是国家机器和政府系统的一部分，起现代化也是国家和政府现代化的重要内容和有机组成。

海关管理现代化在本质上次现为海关管理由传统定向现代的运动过程。它涵盖了观念、价值、制度、流程和行为方式等各个方面的变化，是对原有海关管理的继续变革和完善，并在动态中持续不断地进步和发展。海关现代化要求海关通过建立科学的管理制度。采用先进的管理方法和技术手段，通过改革那些制约和阻碍海关管理目标实现的体制机制，不断地从整体层面提升管理效能，确保国际贸易正常顺畅进行，实现有效监督与高效服务的统一，以更好地适应社会经济发展和贸易便利化的要求。显然，海关针对进出境活动进行的外部业务管理，包括管理制度、方式、流程、手段等方面的转变和变革，构成了海关现代化的主要内容，然而，海关针对内部体制、人员和资源等方面的管理，也是海关现代化不可或缺的组成部分，它为海关对外业务管理的现代化创造良好的条件，并奠定坚实的基础。

（二）海关管理现代化是一个动态的、发展的过程

在这个动态的发展过程中，我们对海关运作规律性的认识将不断地变得深刻和全面。而在经济和社会发展的不同时期，国家对海关管理职能的履行和管理制度的创新有着不同的要求，因此，现代化的追赶对象和衡量标准也并非一成不变。同时，通过推进海关现代化建设，海关的管理能力和执法水平将达到一定的新的发展状态，但这种新的状态只是相对的，它依然只是海关管理制度一定时期内的相对稳定，而不是海关管理发展的终极状态。因此，海关现代化始终个是静止的，它根据形势的发展和要求，表现为动态性的转变与结构性的变化；不光有量的积累，更有质的飞跃；不仅是形式上的变化和表面因素的更换，而且表现为对传统的突破。

（三）海关管理现代化反映了海关价值取向的理性化，是海关推动社会进步和经济发展的必然选择

具体到中国发展的实际，海关现代化表现为中国由传统社会向现代社会转变的过程中，中国海关追赶世界海关先进水平的过程。有研究指出，中国海关现代化的一般特征至少应包括以下方面；一是与中国的改革开放和社会转型发展相适应；二是符合现代社会发展规律，适应促进贸易效率和维护贸易秩序的要求；三是以普遍有效的法律体系作为海关对内对外权力控制的唯一形式；四是海关制度融入于市场经济和国际海关的通行规则；五是海关的管理方法和手段先进科学等。其主要内容可以概括为四个方面：一是在主体层面，全面实现海关人的现代化；二是在理念层面，实现海关治关理念的现代化；三是在制度层面，实现海关体制机制的现代化；四是在操作层面，实现海关管理手段的现代化。在现阶段，海关现代化的本质要求是通过转变管理理念、创新管理制度、改革管理体制和变革管理方式，建立与构建社会主义和谐社会相适应、与完善的社会主义市场经济体制相配套、与国际通行规则相衔接、严密监管与高效运作相结合的现代海关制度，努力建设科学、文明、高效、廉洁、和谐的智能型海关，为促进我国对外经济贸易发展，把我国建设成为富强、民主、文明、和谐的社会主义

现代化国家作出更大的贡献。

三、海关管理现代化的动因与意义

根据管理系统论和行政生态学的观点，现代政府行政是社会大系统中的一个子系统，需要不断与政治、经济和文化等外部环境进行交互回应，在适应环境变化和维持自身生存发展的同时也会对环境产生能动的反作用。在当今世界。发展已经成为普通的主题，说过现代化来改善人民生活和推动社会进步。成为包括发达国家在内的世界各国的客观要求和必然选择。作为政府机构组成部分的海关，不可避免地被纳入到整个国家的现代化浪潮中，并在其中发挥重要的影响。这是海关管理现代化的深层动因。随着经济全球化和国际贸易的发展，海关现代化对国家、社会、商界以及海关自身都具有更为积极的意义。

（一）海关管理现代化有利于降低贸易成本，营造良好的贸易环境

多年来，国际贸易一直是许多国家经济增长的主要引擎，吸引外商投资成为当前绝大多数发展中国家增加就业、改善经济的重要途径。然而，经济合作与发展组织的一项研究表明，繁杂的边境通关程序产生的交易成本占总交易成本的 2%～15%。通过海关现代化，可以进一步提高通大效率和政策透明度，降低并消除企业由于通关时的盲目性带来的损失，减少原先名目繁多的海关文件和形式各异的标准带来的不必要的延误，节省通关、物流、资金流动的时间，降低贸易成本，提高贸易效率，增加贸易机会。“任何国家政府都必须认识别，在海关机构现代化和改革方面的投资，将带来财政收入增加的短期收益和国家繁荣的长期收益。”

（二）海关管理现代化有利于适应同际贸易发展的新形势，提高海关的执法能力

经济全球化对各国海关的最大挑战之一，就是如何处理外海关有效监管和便利贸易之间的矛盾。世界海关组织曾进行统计，指出其成员国总其约 85

万名关员，一年中根据双边或多边贸易协定和国内定法，需要承担 6.5 万亿美元的国际贸易货物的监管任务，8 亿人次旅客的进出境，截获约 120 亿吨非法毒品，监督 1.5 亿个满载货物、4000 万个空集装箱的进出境，另外还有约 120 亿封邮件来往世界各地。海关组织和人员的资源是有限的，不可能无限增加，而世界贸易量却是成倍增加。同时，随着国际供应链整合程度的提高，电子商务、服务外包、跨国采购、多式联运、第三方物流等各种新型贸易和运输方式也不断涌现，这大大提高了滋生串通定价、关联交易等可能导致关税流大的风险。非法贸易商和合组织犯罪集团也通过逃税、避税、走私、洗钱和假冒商品贸易等手段，从全球贸易供应链中中饱私囊。如此这些，需要通过海关现代化，优化管理机制，创新执法手段，才能在有限的海关资源条件下，实现有效监督与便利贸易的统一。

（三）海关管理现代化还有利于应对非传统安全的威胁，更好地维护国家利益

进入 21 世纪，国际政治局势并不稳定，恐怖主义、分裂主义等影响国家安全的因素不断出现并深刻地影响着一个国家的外交战略。特别是“9·11”事件和其他地方发生的恐怖主义袭击暴露了全球贸易供应链的脆弱性。恐怖主义等影响国家安全因素使国家边境安全成为各国普遍关注的问题。国际组织关注的重点已从加强贸易管制、维护国际经贸秩序向国际贸易安全和便利、将各种危险因素防范于国门之外和确保国家边境安全转移。海关在大多数国家的边境管理中扮演着关键性角色，通过海关管理现代化，不断完善和改进监管方式，切实保障国家的安全与稳定。

第二节 新中国海关管理现代化的历程回顾

1949年10月，中华人民共和国宣告成立。与整个国家的发展进程相一致，新中国海关也经历了一个曲折困难的发展历程。可以说，中国海关管理现代化进程是整个国家现代化的一个缩影，它既顺应了国家现代化的发展，又在一定程度上有力地推动和促进了国家的现代化。

一、摸索挫折阶段（1949～1978年）

中华人民共和国成立后，中国人民收回了海关主权，建立了独立自主的海关，采用集中统一的垂直领导体制，重新调整海关机构设置，并在改革旧海关制度的基础上创建新海关制度。1951年起，《中华人民共和国暂行海关法》、《中华人民共和国海关进出口税则》、《中华人民共和国海关进出口税则暂行实施条例》先后颁布，推动了新中国海关的正常运转。

1957年起，我国开始了社会主义建设的积极探索，但由于受极左思想的影响，海关监督管理工作遭受严重挫折。海关工作重心开始向政治职能偏重，海关对进出口货物的监督职责、征税职责及统计职责一再遇到削弱。同时，海关的独立地位及行政管理体制也开始下移，由直属于国务院的部级机构下降为对外贸易部的一个局，各地海关成为地方外贸局的组成部分。

二、初步发展阶段（1978～1994年）

以中共十一届三中全会召开为标志，中国走上了改革开放的道路。与之相适应，中国海关管理的现代化建设也开始逐步走上正轨。

在管理思想上，实现了从“防范为主”到“促进为主”的转变，有力地促进了对外经济贸易、科技文化交流和工农业生产的发展。

在管理体制上，实现了从分散到集中的转变，说过改革组织管理结构，逐步建立和完善了海关总署——直属海关——基层海关三级组织管理体制。

在管理制度上，恢复和健全了货运监管、关税征管、海关统计制度，建立了国际通用的进出口货物报关单制度，实行报关注册制度、转关运输制度、海关保税制度，建立并完善了进出口货物的许可证管理制度，并改革旅客行李和邮递物总监管制度，实行国际通行的旅客“红绿通道”进出关境制度。简化了旅客通关手续，方便了旅客进出境。

在管理手段和方法上，海关实现传统手工操作向“人—机”结合的现代操作模式转变，积极采用先进技术，配备电子计算机和监控、检查、通信、交通等方向的技术装备，建立电子计算机网络和海关业务数据库，并集中开发海关报关自动化系统 H883，实现了监管、征税、统计三大海关业务的计算机作业。

在干部管理方面，1993 年国务院颁布了《国家公务员暂行条例》，海关逐步实现了向公务员制度的转换。逐步建立了一套具有海关行业特点的海关公务员录用、考核、交流、回避、待遇制度。

三、全面启动阶段（1994～2004 年）

1994 年，海关总署党组提比建立现代海关制度的设想，其目标是通过“两步走”战略，逐步建立起与社会主义市场经济发展相适应、与对外开放相配套、与国际通行规则相衔接，方便与严密、效能增制约有机统一的海关管理体制。1995 年，天津海关和广州海关开始了集中审单的改革试点。

1997 年，海关总署成立了通关作业改革领导小组，在 4 个直属海关进行试点。目标是打破条块分割和各级事权划分不合理的海关传统的业务管理模式，调整职能部门的权限，组建信息、通关、物流监控等 3 大中心，在科技的支撑下形成专家型的、信息化的通关管理体系，以实现通关智理的集约化、信息化、规范化、专业化，通过对业务流程的改革和整合，提高海关监管的整体效能。

1998 年，海关总署党组做出了《关于建立现代海关制度的决定》，提出了建立现代海关制度“两步定”发展战略。全国海关确立并坚持“依法行政，为国把关，服务经济，促进发展”的海关工作方针，并以海关作业改革为中心环节和突破口，大力推进海关信息化建设，从H883向H2000平稳过渡，并积极参与电子口岸建设。全面改革海关业务制度，对通关模式、作业流程、资源配置等进行了调整，基本实现了中国海关通关管理的“四肢协调”。2003年起海关正式实行关衔制度，建立准军事化纪律部队，实行准军事化管理，进一步加强了队伍建设。此外，在加入世贸组织后，中国海关积极开展国际海关多边、双边和区域行政互助交流与合作，积极研究借鉴国际海关先进经验和方法，并修改废止了一系列条例规章，与国际海关通行规则逐步接轨，充分发挥海关服务国家外交、外经贸大局的作用。至2004年，第一步发展战略的主要目标基个实现，现代海关制度初具规模。

四、深入推进阶段（2004年至今）

2004年，中国海关正式启动实施《2004～2010现代海关制度第二步发展战略规划》，以建立健全风险管理机制为中心环节，努力建设“耳聪目明”的智能型海关。海关总署的风险管理平台等项目建成上线，设在青岛、上海、黄埔海关的3个风险参数分中心正式成立并开始运作。随后，中国海关陆续推动综合治税、区域通关、无纸通关、新型保税监管体系等多项业务改革，实行提前申报、货到验放，集中申报，选择查验，预归类、预约通关等多项便捷边关措施，大力推广加工贸易联网监管，不断加快加工贸易监管“无纸化”进程。同时，继续创新保税物流监管方式和手段，形成了由保税港区、保税物流园区、保税区、出口加工区、综合保税区等构成的海关特殊监管区域体系，并深入推进海关特殊监管区域的功能整合。此外，海关还密切与检验检疫、港务、船代、空运代理、货代、仓储等部门的联系配合，实现对企业“一站式”服务，有效提高口岸整体工作效率。在货物的进出口通关过程中，通过运用现代管理、信息化和高科技手段，对单证流、货物流、资金流和信息流进行整合，力求以最短的时间、最低的成本为企业提供最好的服务。

2007年，中国海关开展分类边关改革试点。突破“逐票监管、平均用力”的传统监管方式，以企业资信为基础，综合商品归类、价格、许可证件等信息的风险分析，将全部进出口货物划分为4个风险等级，对应实施不同便利程度的通关模式。2008年正式实施了《海关企业分类管职办法》，按照企业守法水平和信用度高低对有关企业进行评估、分类，设置了AA、A、B、C、D五个管理类别，对不同管理类别的企业实施相应的差别管理措施，高资信企业通关效率明显提升。

2009年起，海关总署党组提出着手构建大监管体系并积极予以推进。大监督体系以有效监管为目标导向，以风险管理为中心环节，以综合监管为基本模式，以形成整体功能为根本要求，通过构建新的监管模式，大大拓展监管时空，以有效破解当前海关业务的快速增长与人力资源相对不足的突出矛盾，进一步提高通关效率并改善通关服务。目前，功能整合程度更高、运作性能水平更好的新一代全国海关通关曾理系统（H2010）正在加紧研发中。

第三节 新时期中国海关管理现代化的建设方向

经过多年的改革开放，我国综合实力明显增强，人民生活明显改善，国际地位明显提高。进入21世纪，特别是加入WTO后，我国经济加快了融入全球化进程，国际交往不断外大。对外贸易额屡创新高，使中国海关面临的业务是持续增长与管理资源相对有限的矛盾更为突出。同时，中国在世界经济事务的谈判、协调和协商中具有更多的话语权，也具有更大的影响力，中央政府对海关在提高执法管理能力、支持国家发展战略、保护国家经济安全等方面提出了更高的要求。与此同时，为适应近年来国际政治和经济形势的变化，有效维护贸易安全局便利，发达国家海关纷纷掀起了大规模的现代化改革浪潮，并在很多方面体现出相似性，如统一边境执法、强化边境安全保护、重视风险信息分析、推行企业分类管理、开展与商界互利合作、提高信息化水平等。世界海关组织（WCO）等国际组织也大力提倡成员国围绕监管制度和监管手段开展改革。中国海关需要在科学借鉴国际经验和先进做法的基础上，紧密结合实际并科学把握重点，在管理理念、模式、制度、流程和手段等诸多层面不断创新，积极探索具有中国特色的海关现代化道路，以保障海关在国家经济社会发展中发挥更为重要的作用。

一、理念价值层面

理念是行动的先导、没有先进的理念，就不会有科学的行动和有效的实践。随着政府改革的不断深入，诸如平等、服务、法治、效率、回应性、合作等理念已逐渐开始在公共行政中得以树立和强化。与之相匹配，中国海关也应与时俱进，在执行国家相关法律规定、履行进出境监管职责的同时，要科学看待现代公共行政关于服务行政、善治、整体性治理等理念的内在价值，构建多元而统一的先进理念体系，并在制度设计中切实予以体现并有效内化到执法行动中去。

例如，要强化服务理念，深刻认识到手中的权力来自人民，权力运用的最终目的是服务和促进国家的利益和社会的发展，在设计业务流程和制定制度规则时要体现客户需求导向，为守法企业提供尽可能多的便利；要强化法治理念，在执法过程中注意实体的合法和程序的正义。切实维护相别人的合法权益；要强化成本理念，提高运转效率，力求以最低的成本实现执法的目的；要强化主动学习理念，持续更新知识体系，及时掌握新知识、新技能和新方法。从实践看，近年来各地海关也纷纷提出包括建设服务型海关、法治型海关、节约型海关、学习型海关、智能型海关在内的一系列目标。但由于传统和习惯则长期影响，中国海关在这方面的建议仍然任重而道远。

二、模式制度层面

1. 创新和完善分类通关监管新模式

创新后的海关管模式以企业为单元，将海关监管的重点从货物、运输工具转向“纳税人”，将海关监管的空间从口岸向企业延伸。要以运输工具监管为源头，以舱单管理为主线，以监管场所管控为基础，加强对进出境货物、物品和运输工具的查验、检查，实现对实际物流的有效监控。同时，还要以信息化管理为基础和先导。以风险分析为基本手段，将口岸通关管理与后续稽查相结合，有效解决业务工作量持续增长与收管资源相对有限之间的矛盾，进一步提高通关效率，改善通关服务。

2. 全面实施风险管理

将风险管理理念贯穿于海关管理的全过程。准确把握货物与企业的内在关系，进一步将海关管理重心转向“以企业为主，由企及物”，通过管理企业来达到管住货物的目的。通过强化风险分析，进一步落实企业“守法便利、违法惩戒”的原则和措施。给予高资信企业最大的边关便利，将海关有限的管理资源集个在高风险企业，提高管理资源的使用效率，以最少的资源投入实现最大的管理效益。

3. 深化企业分类管理

建立完善科学、动态、有效的企业分类管理机制，按照客观、统一的标准对企业进行逐级确定，实现在风险管理原则指导下的企业分类管理。进一步完善诚信体系建设，扩大诚信企业规模。鼓励诚信企业积极参与海关监管制度创新，分享海关现代化改革成果。学习借鉴国际海关的先进管理经验，积极外展“经认证的经营者”制度建设，探索实施企业安全认证和国际海关企业资质互认合作，为优化国际贸易条件提供有效保障。

三、职能流程层面

1. 重视非传统职能的履行

“9・11”事件后，随着通信、交通的发展，国家人员、资金的流动和武器的扩散、边境保护开始成为我国海关在履行非传统职能方面面临的主要挑战。海关应进一步探索和丰富在反恐、反洗钱等边境保护方面的管理手段，建立与国内其他部门合作的长效机制，并发挥自身优势，加强国内外情报的收集和交流。同时，要继续加大知识产权海关保护力度。配合有关部门对国内品牌商品、出口创汇能力强的商品、科技含量尚的商品和自主创新类的产品进行重点保护，坚决门市进出口领域内的假冒、盗版、侵权等行为，建立健全进出口货物知识产权状况预确认制度，保障相关国际贸易货物快速通关。

2. 加快通关作业改革

在全面推行分类通关改革的基础上，加快无纸化边关建设，逐步以电子数据替代纸质单证流转。积极探索两次申报的管理模式，在法定提前申报的支持下，守法程度高的企业简单申报后，海关先办理查验放行手续，企业可在规定时间内向海关申报报天单数据，办理补充申报、复核、征收税费等于续。实行集约化接单管理，对需提交纸质单证的，综合利用电子排队、电子派单、信箱接单等手段，使纸质单证审核工作逐步转向后合作业，把纸质单证作业对通关过程的影响降到最低。同时，深入推行预估价、预归类，准确定位进以口货物的商品应税要素，减少因工作异议对通关过程的干预。

3. 着力推行业务改革

继续推进综合治税、区域通关、无纸通关、新型保税收管体系，实行提前申报、货到验放，集中申报，选择查验，预归类、预约通关等多项便捷通关措施。大力推广加工贸易联网监管，不断加快加工贸易监管“无纸化”进程。根据国际贸易、国际物流发展的实际需要，不断创新保税物流监管方式和手段，并深入推进海关特殊监管区域的功能整合。密切与检验检疫、港务、船代、空运代理、货代、仓储等部门的联系配合，实现对企业“一站式”服务，有效提高口岸整体工作效率。

四、途径技术层面

1. 深入开展关企合作

海关应积极探索建立关企新型合作伙伴关系，应用签订《关企合作备忘录》等方法，加强与企业之间的互利合作，切实优化贸易环境。围绕“海关监管、企业自律、政府支持、社会参与”的综合治理改革方向，规范企业经营行为，营造良好的外部执法环境，构建保税监督综合治理大格局，并探索引入会计事务所等中介组织参与海关保税核销等工作。积极了解企业需求和希望，为之应对各类国际贸易纠纷、摩擦和争端提供服务。与报关协会、行业协会等中介组织建入平等、合作、双赢的渠道，提高为企业服务的水平。

2. 加快口岸通关信息化建设

要结合海关大监管体系建设，加快研究应用海关 H2010 退关管理系统，构建能够按业务发展和改革要求随需应变的信息系统体系架构，推动海关信息系统优化转合、为企业通关提供更加快捷的服务。积极探索物联网应用服务。尝试通过对进出口货物“粘贴”电子标签，把货物与物联网连接起来，在确保货物通关便利与安全的同时提升企业的综合竞争能力。以地方电子口岸为依托，整合现行各类信息平台，拓展适用范围，信息网络覆盖至关、检、港、船、货主和代理企业，形成港口、航运、物流、监管等信息共享和应用体系，拓展展口岸信息化建设的深度和广度，提升航运信息化服务能力。

3. 全面参与国际海关合作

要继续与其他国家和地区通过情报交换、案件协查、技术合作和开展联合行动等方式在国际（地区）间开展互助合作活动。同时，在国际标准化合作、行政互助、反恐、知识产权边境保护、贸易安全与便利等方面加大投入，增加与国际社会合作的机会。通过大力推进 CSI、中欧贸易计划、大型港口项目、AEO 制度等项目合作计划，积极参与到国际海关一体化监管链的构建中，提升我国海关在国际社会的地位和影响力。

五、支持保障层面

1. 加强队伍建设和人才培养

要充分重视人才资源在海关现代化中的基础性作用，结合海关系统人力资源需求，考虑人力资源可能的变动情况，对完成海关未来发展目标所需要的人力资源的数量、类型、构成等作出科学合理的预测，科学编制人力资源规划并认真实施。积极推动海关教育培训制度创新，落实关员教育培训与提拔使用相结合制度，通过文化建设营造岗位成才、终身学习的良好氛围，并广泛开展岗位培训、知识竞赛、技能比武，培养和造就海关现代化所必需的行政管理人才、专业技术人才、现场执法人才。继续深化海关院校和基地培训工作改革，有效整合教育培训资源，逐渐提高海关教育培训工作水平，为海关现代化提供充足的人才资源和有力的组织保障。

2. 继续优化内部行政管理体制

积极借鉴国外海关扁平化管理模式，在科学规范等级管理的基础上合理划分三级事权，这次将组织体系由目前金字塔式转变成哑铃形或工字形，以减少资源内耗和推诿扯皮，提高内部管理的效率和水平。

第十七章 经济学理论

第一节 计划经济与市场经济

人类社会解决生产什么和生产多少、如何生产以及为谁生产这三大基本问题的方法有三种，即自然经济方式、市场经济方式和计划经济方式。

在自给自足的自然经济中，家庭或经济单位（如原始公社、封建庄园）为直接满足自己本身的需要而生产，自耕而食，自织而衣。生产什么和生产多少、如何生产以及如何分配，由家长、首领或者有发言权的团体根据自己掌握的资源、自己的需要以及经验来决定。随着社会生产力的发展，在全世界，自然经济逐渐瓦解，让位于市场经济方式。但是，在许多欠发达国家的农村，一定程度的自然经济方式仍然大量存在。

下面我们把注意力放在决定现代经济运行的计划经济方式和市场经济方式上。

一、市场经济

市场经济作为一种体制，是在西方随着自然经济的瓦解而逐步形成的。市场经济是在财产权利的制度制约下，通过个人和企业在市场上自愿交换、分散决策来解决经济上的三个基本问题的。

千千万万的消费者根据自己的爱好和需要在市场上选购产品和服务，千千万万的生产者在生产不是自己所需要的各种材料、半成品和成品，没有人在进行统一的指挥和调度，整个经济是怎样实现有序、协调和有效率的呢？在通常情况下，你不用担心服装店里全是上衣而买不到裤子，超市里只卖白酒而没有饮料，或者医院里全是牙科大夫而找不到能治感冒的内科医生。是什么在引导着千千万万分散的决策者?

用于解释市场经济机制的一个最简单的模型是这样的：市场活动的主体是大量分散决策的消费者和生产者：有两类市场——产品市场和要素市场。在产品市场上，生产者是产品供给方，消费者是产品需求方；在要素市场上，消费者是要素供给方，而生产者是要素需求方。消费者在要素市场上提供要素服务取得收入，而在产品市场上支出，以换取自己需要的产品；生产者在产品市场上销售产品取得收入、而在要素市场上支出，以换取生产所需的要素和服务。每个消费者通过市场交换使自己得到最大的满足，而每个生产者则力求得到最大的利润。

市场机制是产生均衡价格（即使供需数量相等的价格）的机制。当供大于求时，价格下跌；当求大于供时，价格上升。这并不是人为规定的法则，而是供需双方在市场中讨价还价的结果。根据各自追求员大利益的行为准则，价格较低时需求增加或供给减少或两者同时发生，而价格较高时则相反。当所有市场上都形成了均衡价格时，市场就同时解决了经济上的三个基本问题：产品市场上各种产品的均衡产量，是生产什么和生产多少的答案；生产者为取得最低成本而采用的技术和企业组织方式，是如何生产的答案；要素的价格和数量则解决了为谁生产的问题。

对市场体制的理论分析，是以下列假定为基础的：

1. 理性选择：这是最基本的假定。人是理性的，即每个人都会在一定的约束条件下争取自身的最大利益。这是经济生活中的基本事实。你在支出你的收入时当然在寻找一个最能使自己满意的方式，一模一样的商品，你会有意去买贵的那个吗？你在求职的时候当然希望得到包括物质和精神在内的最高报偿的工作，你没有必要无缘无故地选择最不得体愉快的工作并且只肯接受一半工资。如果经济中多数人行为的准则是多工作、少拿钱、把财富分给邻居，那么就要寻找另外的评价经济有效性的标准，需要重写经济学了。但这毕竟不是事实。

经济学分析在理性人的假设下资源配置的机制及其效率，并非一定在推崇自私自利的价值观，并不必然否定人的社会性的一面否定他的高尚行为。

反过来，社会上合理的利他行为的存在，也不否定经济学在理性假设下得到的资源配置效率的结论——除非有人专门把自己的劳动或资金放在最没有生产率的地方。对这条假定的批评或者担心，有许多时候是由于对这个假定的含义和所起的作用的误解。

2. 自由和自愿的选择：在人们自愿前提下自由选择，是另一个基本的假设。自愿保证了交易是增进交易双方利益的；而自由则使得所有可能的这样的交易都可以进行，从而把社会总体的利益增进到最大限度。这里有时还有一个内含的假定，就是选择的交易活动没有溢出交易双方之外的效果，否则“自愿”进行的香烟交易会使第三者“不自愿”地吸到二手烟，带来选择者并不给以补偿的他人的损失。

3. 权利界定清晰：经济学一般假定在市场经济中，每个行为主体选择的权力是明确界定的。你只能用你拥有支配权的东西做交易，而所有经济物品的权利归属是清晰的。任何人不能侵犯他人的权利：不能强迫、不能盗窃、不能抢劫、不能欺诈，在现实的市场体制中，这些是靠法律来界定和保护的。当然，难免有权利界定不清的情况存在，这时交易就有困难了；显然对权利的法律界定和保护是市场机制得以顺利运转的基础条件。

有了这些基本假定，经济学证明，在满足完全竞争、信息完备、没有外部性等条件时，市场机制可以导致资源在一定意义下的最优配置，“看不见的手”将引导个体的自利行为，增进社会总体的利益。

然而，在现实世界里，上面所说的那些条件并不完全具备，这使得市场经济的运行绝不像前面描述的那样美妙和谐。垄断、经济活动的外部性、信息的不完备，使得市场机制无法实现通过价格来有效配置资源的功能。收入的不平均、甚至部分人连生存的基本需求也得不到保障，市场导致的这种分配是社会所不能接受的。分散的经济决策可能引起总体经济产出和物价严重的波动。自由放任的市场机制无法解决这些问题，经济需要“看得见的手”——代表社会公共利益的政府的干预。世界上没有哪个国家是纯粹的市场经济，市场机制必须由代表国家意志的计划手段加以补充。

二、计划经济

如果说市场经济体制是非人为设计、自然形成的资源配置方式，那么，计划经济体制就是人为设计的替代市场体制的另一种资源配置方式。

当人们看到私有制基础上的市场体制带来的种种弊端，特别是一个世纪到半个世纪前一些极端严重的弊端：巨大的贫富差距、社会的不公正、人对人的压迫、周期性萧条和经济混乱，等等，希望有一种新的能够直接代表社会利益和愿望的制度取而代之。于是在通过社会革命消灭了私有制以后建立了社会主义公有制的国家中，选择了计划经济体制。

在纯粹的计划经济体制中，生产资料归国家所有。政府在了解全国人民当前和今后、私人消费和公共消费的需要的基础上，通过指令性计划安排生产要素在各个行业、各种产品之间约分配，安排消费品在全体居民中的分配。这样，政府的计划部门就集中地解决了经济上的生产什么和生产多少，如何生产以及为谁生产的问题。

事实上，没有一个社会主义国家实行过这种纯粹的计划经济方式。在我国实行的计划体制中，生产资料并不是完全归中央政府所有，许多是归各级地方政府和劳动者集体所有的。中央计划并不规定一切，各级地方政府、企业和劳动者集体有一定的根据市场需要安排生产的余地。特别是消费者有一定的用货币投票的权力，可以在一定程度上根据自己的喜好选择使用手中货币的方式，这种选择会通过市场上消费品供需的矛盾给政府计划部门一些信息。但是从总体上看，决定劳动、资本、土地的配置以及收入分配的主要力量，是国家计划。

计划经济方式有它的优点。对于一些明显地有益于社会公众的事业、工农业基本建设、投资巨大量回收期长的项目，通过计划的集中决定方式比诱导从自利出发的分散的个体来决定，效率更高，速度更快。计划方式不用担心由于分散的个体对经济前景乐观或悲观的估计而引起宏观经济波动。计划方式有利于实现比较平均的收入分配。

但是，社会主义国家的实践表明，计划经济方式存在着难以解决的问题，这些问题严重影响了社会经济的发展。

首先，计划经济存在着信息方面的困难。做出一个有效的社会经济计划，必须详尽地了解消费者的需求、各种生产要家的数量、各种生产要素在不同产品生产中的生产率，以及所有这些数据的变化趋势。我们通过后面的学习就会了解，消费者的需求是一组复杂的关系，要素的生产率取决于不同的要素组合，人们的爱好和生产技术的变化更是难以预计。中央计划部门能够得到完全的信息吗?有能力处理这些信息吗?在没有充分信息和无力迅速处理信息的情况下，计划偏离实际、僵化和低效率就是不可避免的。

第二个更本质的困难，来源于人的积极性。在计划体制下，厂长们努力开发新产品、创造新工艺、改进管理、降低成本的动力从哪里来？一名农村公社社员努力劳动所增加的收益，他只能拿到其中的几百分之一，他会持久地付出这种努力吗？计划体制在激励人们持久地努力工作和创新从而保持经济活力的方面，是很不成功的。

最后，问题还来源于政府计划部门自身。怎么能够保证政府决策者的伯好与公众的偏好一致呢？政府决策者的意愿与消费这实际的利益不一致所带来的问题，在实行计划经济体制的国家中屡见不鲜。

计划经济体制实践的结果表明，在当代条件下，占国民产出绝大部分的产品，采用计划经济的方式来生产和分配，不如采用市场经济的方式有效。

市场经济和计划经济是配置资源的不同方式。如果多采用一些市场经济的方式对人民有好处，受到人民的欢迎，以人民的利益为宗旨的党和国家，为什么不能这样做呢？在邓小平建设有中国特色的社会主义理论指导下，党的十四大提出了在我国建立社会主义市场经济体制的任务，做出了让市场机制在资源配置中起基础作用的选择。这几年我国经济的快速发展，人民生活的显著改善以及人们焕发出的创造热情，证明了这个选择的正确性。

第二节 需求与供给分析

一、需求理论和影响需求的因素

商品是用来交换的劳动产品，而交换是通过市场进行的。在市场上，每一种商品都有自己的供给一面和需求一面。所谓需求，是指消费者在一定的价格水平上对某种商品的有支付能力的需要。

这个定义说明，需求是以消费者的货币购买力为前提的，没有这个前提，任何需要只能是对某物的占有欲望，而不是需求；另一方面，需求是相对于商品的某一价格水平而言的，特定的价格形成特定的需求。

需求量，是指在一定价格水平下，社会上所有的居民所希望购买的某种商品的总量。

一种产品的需求数量，并不是固定不变的，它要受很多因素的影响。对不同的产品，其影响因素是不同的，但通常以下几个因素是共同的：

1. 产品的价格。一般情况下，价格上涨，消费者的需求量就减少；价格下降，消费者的需求量就增加。例如，棉布提价，化纤布降价后，对棉布的需求量就减少，对化纤布的需求量就增加，使消费者的购买结构发生了变化。

2. 其他商品的价格。商品之间的关系可分为互补与替代。互补关系是指两种商品共同满足一种欲望（例如：录音机与磁带即为互补关系）。互补关系的商品之间价格变动对需求量的影响是：当一种商品的价格上升时，对另一种商品的需求量就减少；反之，当一种商品的价格下降时，对另一种商品的需求量就上升。替代关系是指两种商品可以互相代替来满足同一种欲望，例如，牛肉和羊肉。替代关系的商品之间价格变动对需求量的影响是：当一种商品的价格上升时，对另一种商品的需求量就增加；反之，当一种商品的价格下降时，对另一种商品的需求量就减少。所以，其他商品的价格是影响产品需求量的另一个重要因素。

3. 消费者嗜好的变动。例如：在我国，过去对咖啡的需求置较小，因为中国人习惯于喝茶。但是随着人们嗜好（包括习惯）的变动，人们对某种产品的需求量也会发生变化。

4. 消费者的个人收入。一般来说，随着个人收入的增加，对产品的需求量就会增加；反之就会减少。例如，近些年来，农民对电视机等家用电器的需求量增加很快，因为农民的收入增加了。

5. 广告费。一般来说广告费支出得越多，人们对产品的需求量也越大。但当广告费增加到一定数量时，因广告而引起的需求量的增加却变得有限。

6. 对价格变化的期望。人们对该产品将来价格的期望如何，也影响对产品的需求量。如果人们对价格看涨，需求量就会增加。如果看跌，需求量就会减小。

除此之外，还有社会人口的数量及其组成，消费者对未来的看法，度假制度、地域等。

二、供给理论和影响供给的因素

供给是处在市场上的商品的另一面。所谓供给，是生产者或销售者在一定价格水平上提供给市场的商品量。作为供给也要具备两个条件；第一，有出售愿望；第二，有供应能力。两者缺一不可。在厂商的供给中既包括了新生产的产品，也包括了过去生产的存货。

影响企业（或行业）供给的因素很多，但主要有以下几点：

1. 产品的价格。产品的价格越高，企业的利润就越多，企业为了增加利润，就愿意生产更多的产品。所以，价格上涨，供给量就会增加；价格下降，供给量就会减少。

2. 产品的成本。如果产品的价格既定，成本越高，利润就越少，从而企业的供给量就会减少；反之，成本越低，利润就越多，供给量就会增加。企业产品成本的高低，又受企业生产技术水平、原材料价格和工资水平的影响。所以，如果企业的生产技术有了改进，原材料价格下降了或工人工资率下降了，都会导致产品成本的降低，从而扩大企业的供给量。

3. 生产者对未来价格的期望。如果生产者对产品未来的价格看涨，厂商就会多生产；反之，就会少生产。

4. 其他商品的价格。如果其他商品的价格高，企业会获得更大利润，生产者对当前产品就会少生产。

除此之外，还受厂商所要达到的目的、现有的技术水平以及厂商对未来的预期等因素的影响。

三、均衡价格的决定与变动

均衡是物理学中的名词，是指当一物体同时受到方向相反的两个外力的作用，这两种力量恰好相等时，该物体由于受力相等而处于静止的状态，这种状态就是均衡。马歇尔把这一概念引入经济学中，主要指经济中各种对立的、变动着的力量处于一种力量相当，相对静止，不再变动的境界。这种均衡是和一条弹线所系的一块石子或一个盆中彼此相依的许多小球所保持的机械均衡大体上一致的。均衡一旦形成之后，如果有另外的力量使它离开原来均衡的位置，则会有其他力量使它恢复到均衡。正如同一条线所悬着的一块石子如果离开了它的均衡位置，地心引力将立即有使它恢复均衡位置的趋势一样。

经济学中的均衡又分为局部均衡与一般均衡。局部均衡是假定其他条件不变的情况下分析一种商品或一种生产要素的供给与需求达到均衡时的价格决定。一般均衡是假定在各种商品和生产要素的供给、需求、价格相互影响下分析所有商品和生产要素的供给和需求同时达到均衡时的价格决定。需要说明的是，这里所讲的均衡价格是属于局部均衡的分析，且只适用于完全竞争的市场结构。完全竞争的市场结构，是指在一个行业内，企业数目很多，以至任何一个企业所生产的产品数量在整个市场上所占的份额都是微不足道的，而且它们都生产同质的产品。所以任何一个企业部无力左右市场，操纵市场的价格。此时，市场价格的形成，完全取决于供需双方。如果用图表示，也就是市场需求曲线和市场供给曲线的交点决定该产品的市场价格，在这个交点上，商品的需求价格与供给价格相一致，商品的需求量与供给量也一致这时的价格就叫均衡价格，这个量就叫均衡量。

四、需求与供给弹性

价格的变动会引起需求量（或供给量）的变动。但是，不同的商品，需求量（或供给量）对价格的反应是不同的。有的商品价格变动幅度大，而需求量（或供给量）变动幅度小；有的商品价格变动幅度小，而需求量（或供给量）的变动幅度大。弹性理论正是要说明价格的变动比率与需求量（或供给量）的变动比率之间的关系。

需求弹性是说明需求量对某种影响因素变化的反应程度。用公式表示就是：需求量变动率与影响因素变动率之比，即：

$$E = \frac{Q\text{变动\%}}{X\text{变动\%}}$$

式中：E——需求弹性的弹性系数；Q——需求量；X——影响需求量的某因素。

需求弹性也可理解为，影响需求量的某因素每变化 1%，需求量将变化百分之几。

例如，价格每下降 1%，可使需求量增加 2%，则弹性系数为 2。

影响需求量的因素很多，可以有：产品价格、居民收入、相关产品的价格，等等。所以，需求弹性可以分为：需求的价格弹性、需求的收入弹性、需求的交叉弹性，等等。其中主要的是需求的价格弹性，所以，一般说需求弹性就是指需求的价格弹性。

影响商品供给弹性大小的因素，就长期来说比较复杂；就短期来说，主要取决于某商品生产的难易程度。一般来说，劳动密集型产品生产规模变动容易，供给弹性就大；资本密集型产品生产规模变动困难、供给弹性就小。

第三节 企业

企业是一种经济组织，它自主地决策如何取得生产要素（生产所需要的资源，如资本、管理人员和工人），并把它们结合起来生产出产品和劳务，通过供应社会，从而达到自身的目的。

一、经济学中的企业

经济学这样模型化地理解企业：一个一无所有的人，他以市场价格从消费者那里购买所需要的一切要素：雇用劳动（包括管理人员的劳动）并付给他们工资，从资本拥有者那里租赁厂房和机器设备并付给他们利息，从土地所有者那里租用土地并付给他们租金。这些要素提供服务的时候，就是生产。从产品出售得到的收入中减去付给要素的报酬，就是利润。这个人的目的，是使利润最大化。这个“人”，或者说是一部知道价格信息、生产技术、会做利润最大化计算的计算机，就是企业。

在许多情况下，例如，像本书这样想要介绍市场机制的基本原理的时候，这样看待企业大体是可以的。然而现实世界中的企业，作为组织，是由有各自独立利益和目标的群体构成的，企业的组织方式、权利分配方式，与企业表现出来的目标和经营效果有密切的关系。通过企业内部进行的交易，是人们交易的重要方式，是对市场交易方式的替代。企业内部的问题与整个经济系统的资源配置效率有密切的关系。经济学当然不满足于把企业看成无内部结构的一个追求利润最大化的“点”，而要深入地剖析企业。被称为企业理论的微观经济学分支就在做这项工作。

企业理论首先深入地探讨企业的本质，究竟什么是企业？企业与市场的边界在哪里？企业理论研究企业内部信息和组织结构设计，如何激励员工的积极性？如何有效地利用信息？如何通过制度的设计防止“偷懒”？

企业理论研究企业的资本结构，股票和债券的比例是如何确定的？它对企业经营者的行为有什么影响？

企业理论还研究企业所有权与控制权分离所带来的问题，股东和市场是如何制约经营者的？不同所有者的利益是如何协调的？

这些研究大大地扩展了传统的微观经济学的视野。

二、现实中的企业组织

企业是把生产要素（例如，劳动力、厂房、机器、原材料）结合起来生产出产品和服务的经济组织。在我国，有大大小小数以千万的各种企业。其中大部分是不断地开张又不断关闭的很小的企业，也有拥有数万甚至数十万员工的稳定的大企业。小企业使大量的人口得以就业、大企业作为国民经济的支柱，高效率地提供了大量的产品。

在发达的市场经济国家，企业的组织通常采用三种法律形式：

1. 个人独资企业

只有一个所有者，他同时是企业的经营者。他对企业的债务负无限责任，独自享有全部经营成果。他想怎么经营就怎么经营，决策简单，又没有与他人分享利益、权利约法律问题，这是这种企业的优点。但他个人无法筹集巨额资金，企业的规模只能比较小。

2. 合伙制企业

有两个或更多的人合伙出资、分享利润、共同管理。与独资企业相比，这种形式便于集资，便于发挥合伙人的才干。但缺点也有：决策复杂了，因为同伙间难免有意见分歧；每个人对企业负有联带的无限责任；企业的稳定性差，一个人要退出，企业就得重组或者关闭。

3.公司制

公司的多个所有者通过持有股份的方式拥有公司的所有权，通过转让股份转让所有权，根据股份分享企业的盈利和对于企业决策的发言权。这种方式便于筹集大量资金。有限责任公司中每个股东只对公司负限于其股份的有限责任，而不会涉及股份以外他的财产。大公司的所有权与经营权分离，便于专业化的管理人员高效地经营企业。企业最终所有人的变更并不影响企业稳定的存在。

我国的国有企业在计划经济体制下实质上只是政府的一个部门，并不是现代市场经济意义上的企业。20 世纪 80 年代以后的不断改革，一步一步地改变着我国国有企业附属于政府的地位。从 1991 年以后开始扩大试点、逐步推行现代企业制度，希望能在公有制为主体的基础上，借鉴国际上通行的现代公司制度，重建能够适应市场体制要求的企业组织。

第十八章 管理理论

第一节 管理的概念及性质

一、管理的含义和重要性

管理是人类各种活动中最重要的活动之一。自从人们开始形成群体去实现个人无法达到的目标以来，管理工作就成为协调个人努力必不可少的因素了。组成群体无非是为了集结个人的力量，以发挥集体的更大作用。这种群体实际上就是人类社会普遍存在的“组织”现象。

所谓组织，是由两个或两个以上的个人为了实现共同的目标组合而成的有机整体”组织是一群人的集合，组织的成员必须按照一定的方式相互合作，共同努力去实现既定的组织目标。这样，组织才能形成整体力量，以完成单独个人力量的简单总和所不能完成的各项活动，实现不同于个人目标的组织总体目标。组织存在于日常生活和工作的各个方面。企业是一种组织，医院、学校和其他农业单位等也是组织的具体表现形式。任何一个组织，都有其基本的使命相目标。例如：医院的使命和目标是治病救人；学校的使命和目标是培育人才；企业的使命和目标是满足用户的需要，等等。组织的使命和目标说明了组织存在的理由。

为了完成组织的使命相目标，组织需要开展业务活动（通称作业工作），如医院中的诊治、学校中的教学、工业企业中的生产等。组织是直接通过作业活动来达成组织目标的，而作业活动的开展自然离不开人力资源（人员）、物力资源（原材料、机器设备）和财力资源（资金）等的运用，否则作业活动就只能成为“无米之炊”。既然一个组织需要各种资源去完成作业活动，这些资源是否能够良好地协调和配合，直接影响了组织的作业活动能否有效而顺利地进行。对组织而言，这就需要开展另一项活动——管理。管理是伴随着组织的出现而产生的，是保证作业活动实现组织目标的手段，是协作劳动的必然产物。凡是需要通过集体努力去实现个人无法达到的目标，管理就成为必要。因此，小至企业、大至国家，任何组织都需要管理，它是协调个人努力必不可少的因素。正如马克思指出的那样：一切规模较大的直接社会劳动或共同劳动，都或多或少地需要指挥，以协调个人的活动，并执行生产总体的活动所产生的各种一般职能。一个单独的小提琴手是自己指挥自己，一个乐队就需要一个指挥。指挥之于乐队，就像经理人员之于企业，他们的存在是确保组织各项活动实现预定目标的条件。

管理的重要性伴随着组织规模的扩大和作业活动的复杂化而日益明显。如果说简单的组织只需要简单的管理，因而管理的重要性还不十分突出的话，那么时至今日，科学技术和经济已获得高度发展，组织的规模越来越大，组织面临的环境越来越复杂，作业活动越来越现代化，在这样的时代中，管理就越来越成为影响组织生死存亡和社会经济发展的关键因素。国际上有许多著名的管理学家和经济学家都非常强调管理的重要性，如有人把管理看作是工业化的催化剂和经济发展的原动力，同土地、劳动和资本并列成为社会的“四神经济资源”；或者同人力物力、财力和信息一起构成组织的“五大生产要素”；还有的人则把管理、技术和人才的关系比喻为“两个轮子一个轴”。如同没有先进的科学技术，作业活动乃至管理活动无法有效地开展一样，没有高水平的管理相配合，任何先进的科学技术都难以充分发挥作用，而且，科学技术越先进，对管理的要求也越高。由此可见，管理活动对现代组织的重要性。组织中的活动包括作业活动和管理活动两大部分。组织是直接通过作业活动来达到组织目标的，但组织为了确保这一基本过程（对企业来说，该基本过程表现为生产过程）顺利而有效地进行，还需要开展管理活动，管理是促成作业活动顺利实现组织目标的手段和保证。

什么是管理？管理的定义，在中外许多管理学著作中均有描述。由于这些学者是从不同角度和侧面对管理加以解释，所以这些定义会有一些不同。综合这些定义，能够较为全面概括管理这一概念的内涵和外延的定义可以是：管理，就是在特定的环境下，对组织所拥有的资源进行有效的计划、组织、领导和控制，以便达到既定的组织目标的过程。这个定义包含以下四层含义：

1. 管理活动是在特定的组织内外部环境的约束下进行的。任何组织存在于一定的内外部环境之中，并受到环境的约束。企业的生存离不开外部的原材料供应和顾客的需求，其生产经营活动要受到国家政策、法律等多种因素的影响；学校的生存取决于学生求学的欲望和用人单位的需求。管理理论的学习和管理实践活动必须注重组织的内外部环境，适应环境，利用内外部环境的各种有利因素；并根据内外部环境的变化而不断创新。

2. 管理是为实现组织目标服务的。管理活动具有目的性，其目的是实现组织的目标。一个组织要实现的目标即使在同一时期也往往是多种多样的。企业的目标包括：提高组织资源的利用效率和利用效果，主动承担社会责任以便获得更好的发展空间、不断开拓市场，最大限度地获取经济利益，创造条件促进职工发展，等等；学校的目标包括培养出高素质的毕业生，增强教师的教学科研水平等。不管是什么样的组织，都要重视效率和效果问题，效率和效果是衡量管理工作的重要标志。

3. 管理工作要通过有效利用组织的各种资源来实现组织目标。资源是一个组织运行的基础，也是开展管理工作的前提。传统意义上的资源主要是指人、财、物，强调的是内部的、有形的资源。现代意义上的资源远不止这些，组织管理成效的好坏、有效性如何，集中体现在它是否使组织花最少的资源投入，取得最大的、合乎需要的成果产出。产出一定、投入最少，或者投入不变、产出最多，甚至是投入最少、产出最多，这些都意味着组织具有较为合理的投入产出比，有比较高的效率。然而，仅仅关心效率是不够的，管理者还必须使组织的活动实现正确的目标，这就是追求活动的效果（效能）。效率和效果是两个不同的概念。效率涉及的只是活动的方式，它是与资源利用相关的，只有高低之分而无好坏之别。效果则没及活动的目标和结果，不仅有高低之分，而且可以在好坏两个方面表现出明显的差别。高效率只是正确地做事，好效果则是做正确的事。效率和效果又是相互联系的。例如：如果某个人不顾效率，他很容易达到有效果。

很多企业的产品如果不考虑人力和材料等投入成本的话，“能被生产或制造得更精确、更吸引人。因此，管理不仅关系到使活动达到目标，而且要做得尽可能有效率。只有“正确的人做正确的事”，组织才具有最大的有效性，把“效率”和“效果”结合起来。作为一个组织，管理工作不仅仅追求效率，更重要的是从整个组织的角度来考虑组织的整体效果以及对社会的贡献。因此，要把效率和效果有机地结合起来，把管理的目的体现在效率和效果之中，即通常所说的绩效。

4. 管理最终要落实到计划、组织、领导和控制等一系列管理职能上。管理职能是管理者开展管理工作的手段和方法，也是管理工作区别于一般作业活动的重要标志。这些管理职能是每个管理者都必须要做的事情，是管理理论研究和管理实践的重点，不受社会制度、组织规模和管理者的喜好所左右。

从上面对管理的分析不难看出，管理普遍适用于任何类型的组织。因为任何组织都有特定的组织目标，都有其特定的资源调配和利用问题，因此，也就有管理问题。

营利性组织需要管理，这类组织十分重视投入与产出的比较，十分强调对资源的利用效果。但是，人们往往认为只有大企业才需要管理，因为大企业拥有更多的资源，职工人数更多，更需要有周密的计划和高效率的沟通与协调。事实上，小企业同样需要管理。每年都有大量的小企业破产倒闭，其原因并不仅仅是小企业拥有的资源少，更重要的原因是管理方面的问题。

从非营利性组织来看，不仅政府、军队、公安等组织需要管理，学校需要管理，医院、诊所和医疗保险单位需要管理，研究所、报社、博物馆及大众性广播机构、邮电和交通服务单位需要管理，而且各种基金会、联合会、俱乐部以及政治党派、学术团体和宗教组织等也都需要管理。管理活动遍布人类社会的方方面面，无时无处不在。

当然，不同类型的组织，由于其作业活动的目标和内容存在一些差异，因而管理的具体内容相方法也不尽相同。但从基本管理职能、管理原理和方法来看，各种不同类型的组织具有相似性和共通性。

二、管理的本质及性质

（一）管理的本质

学习和运用管理，首先要准确地把握管理工作的本质及特性。管理工作不同于生产、科研、教学、治疗等具体的作业活动，它具有一定的特殊性。要把握管理的本质和特性，可以从分析管理工作和作业工作的关系入手。

首先，管理工作是独立进行、有别于作业工作又为作业工作提供服务的活动。

其次，管理不是独立存在的，管理活动和作业活动并存于一个组织之中、才能保证组织目标的圆满实现。

再次，从事管理工作的人并不是绝对不可以做一些作业工作。对管理工作与作业工作的概念区分，并不意味着这两类活动一定要由截然不同的两批人去做。事实上，组织中有不少校列为“管理人员”的人在有些时候也从事作业工作。医院院长可能有时也做些手术，学校校长可能有时也搞教学工作，企业销售经理也可能参与业务谈判和签订销售合同，等等。在某些时候，管理者参与做些作业工作并非坏事，这样往往有利于促进领导者与下属人员之间的沟通和理解。但是，如果一位管理者把他的绝大部分时间和精力都用于从事作业工作而不是管理工作（新从基层提拔上来的管理者易出现这种情况），那么，他就忘记了自己的管理者身份，还不了解管理工作与作业工作的区别，就不可能成为一个称职的管理者。

管理工作的本质，就是从事管理工作的人通过他人并使他人同自己一起实现组织的目标。在通常情况下，管理人员并不亲自从事具体工作，而是委托他人去干，自己花大量时间和精力进行计划安排、组织领导和检查控制其他人的工作。管理人员之所以在身份和地位上不同于其他人，就是因为其“分内”工作性质与这些人的作业工作有着迥然的差异，而且，管理人员还要对这些人的工作好坏负最终责任。正是在促成他人努力工作并对他人工作负责这一点上，管理人员与作业人员有所区别，他们构成了组织中相对独立的两大部分。

（二）管理的科学性与艺术性

关于管理的性质，许多管理学者从多方面进行过分析、总结，具中强调的管理工作具有科学性和艺术性的双重特征，最能刻画出管理工作的本质特性。对管理科学性的了解；可从以下两个方面来看。

首先，管理是一门科学，是指它以反映客观规律的管理理论和方法为指导，有一套分析问题、解决问题的科学的方法论。管理学发展到今天，已经形成了比较系统的理论体系，揭示了一系列具有普遍应用价值的管理规律，总结出许多管理原则。这些规律和原则是由大量的学者和实业家长期在总结管理工作的客观规律的基础上形成的，是理论与实践高度凝结的产物，不会因为地域、文化乃至社会制度的差异而不同，也不以人们的主观意志为转移。

其次，管理是一门不精确的科学，指导管理的科学比较粗糙，不够精确。这一方面因为管理是一门正在发展的科学，与数学、物理学等自然科学相比，管理科学的发展历史相对较短，还需要一个逐步走向完善的过程；另一方面，管理工作所处的环境和要处理的许多事务常常是复杂多变的，管理科学并不能为管理者提供一切问题的标准答案，仅凭书本上的管理理论和公式进行管理活动是不能成功的。主管人员必须在管理实践中发挥积极性、主动性和创造性，因地制宜地将管理知识与具体的管理活动相结合，才能进行有效的管理。

这一点决定了管理的艺术性。管理的艺术性，就是强调管理活动除了要掌握一定的理论和方法外，还要有灵活运用这些知识和技能的技巧和决窍。管理的艺术性强调了其实践性，没有实践则无所谓艺术。无视实践经验的积累，无视对理论知识灵活运用能力的培养，管理工作注定要失败。基于对管理艺术性的认识，在20世纪70年代，权变管理理论在管理学界产生了极大的影响。对权变管理思想进行系统论述的是美国管理学家弗雷德·卢桑斯。他在《权变管理理论：走出丛林之路》和《管理导论：一种权变学说》等论文和著作中，把权变管理思想归纳为管理理论方法和环境之间的函数关系，即管理理论方法＝f（环境）。其中环境是自变量，管理理论方法是因变量。这种函数理论关系可进一步解释为“如果——就要”模式，即如果某种环境存在或发生，就要采用某种相应的管理思想、管理方法和技术，以便更好地达到组织目标。权变理论认为没有一成不变的、普遍适用的、最好的管理理论和方法，一切应取决于当时的既定情况。这种强调应变性、灵活性的管理思想充分体现了管理工作的艺术性特点。

管理的科学性与艺术性并不互相排斥而是互相补充的。不注重管理的科学性只强调管理工作的艺术性，这种艺术性将会表现为随意性；不注重管理工作的艺术性，管理科学将会是僵硬的教条。管理的科学性来自于管理实践，管理的艺术性要结合具体情况并在管理实践中体现出来，二者是统一的。

第二节 管理的职能和类型

一、管理的基本职能

关于管理的基本职能，在管理的定义里已经阐明，是计划、组织、领导和控制，也就是说管理是由这样一系列相互关联、连续进行的活动构成的，或者说管理作为一个过程，管理者在其中要发挥这样的作用。

在管理学的发展史上，一些学者对管理的基本职能做出了不同的描述。20 世纪初期，法国工业学家亨利·法约尔提出，所有的管理者都履行计划、组织、指挥、协调和控制五种管理职能；另一个比较有影响和代表性的是美国管理学家孔茨在 20 世纪 50 年代提出的管理包括计划、组织、人员配备、指导和领导、控制五项职能。除此以外，还有七项职能等观点，如美国的古利克在 30 年代提出管理职能包括计划、组织、指挥、控制、协调、人事、沟通，等等。关于管理职能的比较流行的观点是将其简化为计划、组织、领导和控制四个基本职能。

（一）计划

如果你在旅行时没有任何特定的目的地，那么任何路线你都可以选择。由于组织的存在是为了实现某些目的，因此就需要有人来规定组织要实现的目的和实现目的的方案，这就是管理计划职能应做的工作。计划是管理的首要职能，管理活动从计划工作开始。具体来说，计划工作的程序和内容如下：

1. 在研究活动条件的基础上，确定组织在未来某个时期内的活动方向和目标。组织的业务活动是利用一定条件在一定环境中进行的。活动条件研究包括内部能力研究和外部环境研究。内部能力研究主要是分析组织内部在客观上对各种资源的拥有状况和主观上对这些资源的利用能力；外部环境研究是要分析组织活动的环境特征及其变化趋势，了解环境是如何从昨天演变到今天的，找出环境的变化规律，并据以预测环境在明天可能呈现的状态。

2. 制定业务决策。活动条件研究为业务决策提供了依据。所谓业务决策，是在活动条件研究的基础上，根据这种研究揭示环境变化中可能提供的机会或造成的威胁以及组织在资源拥有和利用上的优势和劣势。

3. 编制行动计划。在确定了未来的活动方向和目标以后，还要详细分析为了实现这个目标，需要采取哪些具体的行动，这些行动对组织的各个部门和环节在未来各个时期的工作提出了哪些具体的要求。因此，编制行动计划的工作，实质上是将决策目标在时间上和空间上分解到组织的各个部门和环节，对每个单位、每个成员的工作提出具体要求。

（二）组织

再好的计划方案也只有落实到行动中才有意义。要把计划落实到行动中，就必须要有组织工作。组织工作决定组织要完成的任务是什么：谁去完成这些任务；这些任务怎么分类组合；谁向谁报告；各种决策应在哪一级上制定，等等。组织工作的具体程序和内容如下：

1. 设计组织。包括设计组织的机构和结构。机构设计是在分解目标活动的基础上，分析为了实现组织目标需要设置哪些岗位和职务，然后根据一定的标准将这些岗位和职务加以组合，形成不同的部门；结构设计是根据组织业务活动及其环境的特点，规定不同部门在活动过程中的相互关系。

2. 人员配备。根据各岗位所从事的活动要求以及组织员工的素质和技能特征，将适当的人员安置在组织机构的适当岗位上；使适当的工作由适当的人承担。

3. 组织变革。根据业务活动及其环境特点的变化，实施组织结构、结构的调整与变革。

（三）领导

每一个组织部是由人力资源和其他资源有机结合而成的，人是组织活动中唯一具有能动性的因素。管理的领导职能是指导和协调组织中的成员，包括：管理者激励下属、指导他们的活动、选择只有效的沟通渠道、解决组织成员之间的冲突，等等，从而使组织中的全体成员以高员的士气、饱满的热情投身到组织活动中去。

（四）控制

为了保证组织目标的实现和既定计划的顺利执行，管理必须监控组织的绩效，必须将实际的表现与预先设定的目标进行比较。如果内现了任何显著的偏差，管理的任务就是使组织回到正确的轨道上来。内容包括行动偏离目标和标准时，对组织活动的纠正以及对目标和标准的修改和重新制定。后者是指当组织内外环境发生变化，原来制定的目标和标准已不再适用。

控制工作过程包括衡量组织成员的工作绩效，发现偏差，采取矫正措施三个步骤。控制不仅是对以前组织活动情况的检查和总结，而且可能要求某时点以后对组织业务活动进行局部甚至全局的调整。因此，控制在整个管理活动中起着承上启下的连接作用。

计划、组织、领导和控制是最基本的管理职能，它们分别重点回答了一个组织要做什么，怎么做，靠什么做，如何做得更好以及做得怎么样等基本问题。管理各项职能不是截然分开的独立活动，它们相互渗透并融为一体。从管理职能在时间上的关系来看，它们通常按照一定的先后顺序发生，即先计划，继而组织，然后领导、最后控制。

对于一个新创建的企业往往更是如此。然而，这种前后工作逻辑在实践中并不是绝对的，没有哪个管理者是周一制订计划，周二开展组织工作，周三实施领导工作，周四采取控制活动。这些管理职能往往相互融合，同时进行。没有计划便无法控制，没有控制也就无法积累制订计划的经验。人们往往在进行控制工作的同时，又需要编制新的计划或对原计划进行修改。同样没有组织架构，便无法实施领导，而在实施领导的过程中，又可能反过来对组织进行调整。管理过程是一个各职能活动周而复始的循环过程，而且在大循环中套着中循环。

二、管理职能的发展

如前所述，对计划、组织、领导和控制这四个基本职能，早在 20 世纪初管理界就已有认识。时至今日，这种认识也未发生根本性的变化，只是随着管理理论研究的深化和客观环境对管理工作要求的变化，人们对管理职能有了进一步的认识。这表现在：一方面，人们对于上述各项基本职能所涵盖的内容和使用的方法已经加深了理解，并在这四个职能的实施中有了更多的新方法，如计划工作中的网络计划技术、滚动计划等，组织工作中组织结构有了许多较新形式——事业部制组织结构和矩阵制组织结构，等等；另一方面，人们又在此基础上提出了一些新的管理职能，或者更准确地说，是对原有四个职能的某些方面进行强调，从中分离出新的职能，其中比较引人注目并得到一致认可的是决策和创新这两个职能。

从20世纪下半叶开始，决策和创新职能受到了管理界的普遍重视。管理者从某种意义上可以被看作是决策者，从另一种意义上也可以被看作是创新者，或者是具有企业家精神的管理者。

决策职能从20世纪50年代开始受到人们的重视。管理就是决策，决策贯穿于管理过程的始终。因为无论计划、组织、领导还是控制，其工作过程说到底都是由决策的制定和决策的执行两大部分活动所组成的。决策渗透到管理的所有职能中，所以管理者在某种程度上也被称做决策者。

所谓创新，顾名思义，就是使组织的作业工作和管理工作不断有所革新、有所变化。管理界对于创新职能的重视始于20世纪60年代。因为当时的市场正面临着急剧的变化，竞争日益激烈。许多企业感到不创新就难以生存下去，所以有不少管理学者主张将创新看成管理的一项新职能。创新是组织活力之源泉，创新关系到组织的兴衰成败。

美国有位著名的管理学家说过："如果管理人员只限于继续做那些过去已经做过的事情，那么，即使外部条件和各种资源都得到充分利用，它的组织充其量也不过是一个墨守成规的组织。这样下去，很有可能衰退，而不仅是停滞不前，在竞争情况下尤其是这样……"在传统管理中，组织环境变化比较缓慢，问题多是重复的，创新并不显得十分突出。现代管理面临的是动荡的环境和崭新的问题，创新是保持组织立于不败之地的法宝。

除了决策和创新之外，现代管理对协调职能也十分看中。实际上，法约尔早已将协调列为管理的五大职能之一，今天更多人认为把协调看作是管理的核心似乎更为确切。因为所谓协调，就是指组织的一切要素、工作或活动都要和谐地配合，以便于组织的整体目标得到顺利地实现。协调是管理活动所力图要实现的根本要旨。管理者的任务，归根到底就是协调组织的各个部分以及组织与环境的关系，以便更好地实现组织的目标。协调包括组织内部各个方面的协调，组织与外部环境的协调以及组织的现实需要与未来需要之间的协调。因此可以说，每一项管理职能的开展，都是为了更好地促进协调。有了协调，组织可以收到个人单独活动所不能收到的良好的效果，这就是通常所说的 1+1＞2 的协同效应。

第三节 管理者及其应具备的技能

一、管理者和管理者的类型

管理活动通常是通过人来进行的，人是进行管理活动的主体，因此把执行管理任务的人统称为“管理人员”、“管理者”。管理的任务当然也就是管理人员的任务。管理者是组织最重要的资源，其工作绩效的好坏直接关系着组织的成败兴衰。所以，美国管理学家德鲁克曾这样说：“如果一个企业运转不动了，我们当然是去找一个新的总经理，而不是另雇一批工人。”那么，管理者在组织中具体扮演什么角色呢？

（一）管理者的角色

20 世纪 60 年代末期，加拿大管理学家亨利·明茨伯格对五位总经理的工作进行了一项仔细的研究，在此研究及大量观察的基础上，明茨伯格提出了一个管理者究竟在做什么的分类纲要。明茨伯格的结论是，管理者扮演十种不同、但却是高度相关的角色。这十种角色可以进一步组合成三个方面：人际关系、信息传递和决策制定。

在人际关系方面，经理人员首先要扮演好挂名领导的角色。承担这种角色，经理要在所有的礼仪事务方面代表其组织。此外，经理还要扮演联络者和领导者的角色。作为联络者，经理要同组织以外的其他经理和其他人相互交往，维护自行发展起来的外部接触和联系网络。作为领导者，经理要处理好同下属的关系，对组织成员做好激励和调配工作。

在信息联系方面，经理人员主要扮演信息监听者、传播者和发言人的角色。作为监听经理要注意接收和收集信息，以便对组织和环境有彻底的了解，进而成为组织内外部信息的神经中枢。作为传播者，经理要把外部信息传播给他的组织，并把内部信息从一位下属传播给另一位下属。作为发言人，经理要把组织的有关信息传递给组织以外的人，既包括董事会和更上一层次的管理当局，也包括供应商、同级别的人、政府机构、顾客、新闻媒体以及竞争对手。

在决策方面，经理人员又要扮演企业家、故障处理者、资源分配者和谈判者的角色，并相应执行四个方面的任务：一是寻求机会，制定方案，从事变革，并对某些方案的设计进行监督；二是在组织面临重大的、出乎预料的故障时，采取补救措施；三是负责对组织的所有资源进行分配，事实上就是做出或批准所有重大的组织决定；四是代表组织参加与外界的重要谈判。

这些角色是一个相互联系的整体，虽然各种类型的管理者由于行业、层次和职能的不同，担任每一角色的分量也不完全相同，但总的来说，都或多或少地担任着这些角色。

因为了解和确定管理者在组织中的角色十分重要，所以，明茨伯格提出的关于管理者角色这一研究成果受到管理学界的较大关注。当然，管理学这一学科还处于发展之中，今后对管理者工作的理解还会不断地深入和扩充。

（二）管理者的类型

一个组织中从事管理工作的人可能有很多，可以从不同角度对管理者的类型进行划分。虽然前面提到组织中所有的管理者扮演的角色大体上差不多，但不同位置上的管理者工作的侧重点或者说扮演每一角色的分量会有很大的不同，因此，通过对管理者类型的划分，使不同层次、领域的管理者进一步明确自己所扮演角色的工作细节，对组织管理工作的完善十分重要。

1. 管理者的层次分类。组织的管理人员可以按其所处的管理层次区分为高层管理者、中层管理者和基层管理者。同时，整个组织层次还包括一层作业人员。

高层管理者是指对整个组织的管理负有全面责任的人，他们的主要职责是，制定组织的总目标、总战略，掌握组织的大政方针并评价整个组织的绩效。他们在与外界交往中，往往代表组织以“官方”的身份比现。这些高层管理者的头衔有公司董事会主席、首席执行官、总裁或总经理及其他高级资深经理人员以及高校的校长、副校长和其他处于或接近组织最高层位置的管理人员。

中层管理者通常是指处于高层管理者与基层管理者之间的一个或若干个中间层次的管理人员，他们的主要职责是贯彻执行高层管理者所制定的重大决策，监督和协调基层管理者的工作。中层管理者通常享有部门或办学处主管、科室主管、地区经理、产品事业部经理或分公司经理等头衔。与高层管理者相比，中层管理者更注意日常的管理事务，在组织中起承上启下的作用。

基层管理者亦称一线管理人员，也就是组织中处于最低层次的管理者，他们所管辖的仅仅是作业人员而不涉及其他管理者。他们的主要职责是给下属作业人员分派具体工作，保证各项任务的有效完成。在制造业，基层管理者可能被标为领班、工长或工段长；而在学校中则由教研室主任来担任。

作为管理者，不论他在组织中的哪一层次上承担管理职责，其工作的性质和内容应该说基本上是一样的，都包括计划、组织、领导和控制几个方面。不同层次管理者工作上的差别，不是职能本身不同，而是各项管理职能履行的程度和重点不同。

高层管理者花在计划、组织和控制职能上的时间要比基层管理者多，而基层管理者花在领导职能上的时间要比高层管理者多。即便是就同一管理职能来说，不同层次管理者所从事的具体管理工作的内涵也并不完全相同。例如：就计划工作而言，高层管理者关心的是组织整体的长期战略规划，中层管理者偏重的是中期、内部的管理性计划，基层管理者则更侧重于短期的业务和作业计划。

作业人员与管理者，即使是基层管理者也有本质区别。这种区别就在于管理者要促成他人努力工作并对他人工作的结果负责。当然，如前面所述，管理人员有时也可能参与作业工作。另外，在鼓励民主管理或参与管理的组织中，作业者也可能参与对自己工作或他人工作的管理。

2. 管理人员的领域分类。管理人员还可以按其所从事管理工作的领域宽度及专业性质的不同，划分为综合管理人员与专业管理人员两大类。

综合管理人员是指负责管理整个组织成组织中某个事业部全部活动的管理者。对于小型组织（如一个小厂）来说，可能只有一个综合管理者，那就是总经理，他要统管该组织包括生产、营销、人事、财务等在内的全部活动。而对于大型组织（如跨国公司）来说，可能会按产品类别设立几个产品分部，或按地区设立若干地区分部，此时，该公司的综合管理人员就包括总经理和每个产品或地区分部的经理，每个分部经理都要统管该分部包括生产、营销、人事、财务等在内的全部活动。

除了综合管理人员外，组织中还可能存在专业管理人员，即仅仅负责管理组织中某一类活动（或职能）的管理者。根据这些管理者管理专业领域性质的不同，可以具体划分为生产部门管理者、营销部门管理者、人事部门管理者、财务部门管理者以及研究开发部门管理者等。对于这些部门的管理者，可以泛称为生产经理、营销经理、人事经理、财务经理和研究开发经理等。对于现代组织来说，随着其规模的不断扩大和环境的日益复杂多变，将需要越来越多的专业管理人员，专业管理人员的地位也将变得越来越重要。

二、管理者应具备的技能

管理人员的分类虽然很多，他们的工作重点各有区别，通常他们所能发挥作用的大小，及他们能否开展行之有效的管理工作，在很大程度上取决于他们是否真正具备了管理所需的相应管理技能。由于管理工作的复杂性，要把承担管理工作的全部技能都列出来是不大可能的。

管理者应具备的技能和前面讲过的管理者的角色相关。通常而言，一名管理人员应该具备的管理技能包括技术技能、人际技能和概念技能三大方面。

（一）技术技能

技术技能是指使用某一专业领域内有关的工作程序、技术和知识完成组织任务的能力。例如：工程师、会计师、广告设计师、推销员等，都掌握有相应领域的技术技能，所以被称做专业技术人员。对于管理者来说，虽然没有必要使自己成为精通某一领域技能的专家（因为它可以依靠有关专业技术人员来解决专门的技术问题），但要掌握一定的技术技能，否则就很难与他所主管的组织内的专业技术人员进行有效的沟通，从而也就无法对他所管辖的业务范围内的各项管理工作进行具体的指导。医院院长不应该是对医疗过程一窍不通的人；学校校长也不应该是对教学工作一无所知的人；工厂生产经理更不应该是对生产工艺毫无了解的人，而如果是生产车间主任，就更需要熟悉各种机械的性能、使用方法、操作程序、各种材料的用途、加工工序、各种成品或半成品的指标要求等。

（二）人际技能

人际技能是指与处理人事关系有关的技能或者说是与组织内外的人打交道的能力。对一个组织而言，比如：一个企业，对于不同层次和领域，管理者可能分别需要处理与上层管理者、同级管理者以及下属的人际关系，要学会说服上级领导，学会同其他部门的同事紧密合作；同时掌握激励和诱导下属的积极性和创造性的能力，以及正确指导和指挥组织成员开展工作的能力。人际技能要求管理者了解别人的信念、思考方式、感情、个性以及培个人对自己、对工作、对集体的态度，个人的需要和动机，还要掌握评价相激励员工的一些技术和方法，最大限度地调动员工的积极性和创造性。

（三）概念技能

概念技能是能够洞察企业与环境相互影响的复杂性，并在此基础上加以分析、判断、抽象、概括并迅速做出正确决断的能力。任何管理都会面临一些混乱而复杂的环境，管理者应能看到组织的全貌和整体，并认清各种因素之间的相互联系，如组织与外部环境是怎样互动的，组织内部各部分是怎样相互作用的等等，并经过分析、判断、抽象、概括，抓住问题的实质，并做出正确的决策。这就是管理者应具备的概念职能。

概念技能包含一系列的能力：能够把一个组织看成一个整体的能力，能够识别某一领域的决策会对其他领域产生何种影响的能力，能够提出新想法和新思想的能力，以及能够进行抽象思维的能力。

上述三种技能是各个层次管理者都需要具备的，只是不同层次的管理者对这三项技能的要求程度会有区别。一般来说，越是处于高层的管理人员，越需要制定全局性的决策，所做的决策影响范围越广、影响期限越长。因此，他们需要更多地掌握概念技能，进而把全局意识、系统思想和创新精神渗透到决策过程中。由于他们并不经常性地从事具体的作业活动，所以并不需要全面掌握完成各种作业活动必须具备的技术技能。但是，他们也需要对技术技能有基本的了解，否则就无法与他们所主管的专业技术人员进行有效的沟通，从而也就无法对他所管辖的业务范围内的各项管理工作进行具体的指导。

在现实生活中，对技术技能一窍不通的人不能成为高层管理者，但那些在某一专业领域是专家而对其他相关领域专业技术知识一无所知的人，也绝对不会成为一名称职的高级管理人员。例如，医院的院长不应该对医疗过程一窍不通，但如果他仅仅精于外科手术而不具有基本的财务管理知识，他就不应该当院长，而应该在医生的职位上寻求发展。

作为基层管理人员，他们每天大量的工作是与从事具体作业活动的工作人员打交道。他们有责任检查工作人员的工作，及时解答并同工作人员一起解决实际工作中出现的各种具体问题。因此，他们必须全面而系统地掌握与本单位工作内容相关的各种技术技能。当然，基层管理人员也可能面临一些例外的、复杂的问题，也要协调好所管辖工作人员的工作，制订本部门的整体计划。为了做好这些工作，他们也需要掌握一定的概念技能。人际技能是组织各层管理者都应具备的技能；因为不管是哪一层次的管理者，都必须在与上下左右进行有效沟通的基础上，相互合作共同完成组织目标。因此，人际技能对高层、中层和基层管理者是同等重要的。

第四节 管理环境

任何组织都不是独立存在、完全封闭的。组织存在于由外部各种因素构成的环境中，在与环境中其他组织之间的相互作用过程中谋求其自身目标的实现。要进行组织的管理，就必须了解和把握环境对组织的影响，环境要素的种类反特点等，就需要对组织的环境进行研究。

一、环境对组织的影响

环境是组织生存的土壤，它既为组织活动提供条件，同时也必然对组织的活动起制约作用。以大量存在的从事经济活动的企业组织为例，企业经营所需的各种资源需要从属于外部环境的原料市场、能源市场、资金市场、劳动力市场中去获取。离开外部的这些市场，企业经营便会成为无源之水、无本之木。与此同时，企业出售用上述各种资源生产出来的产品或劳务也要在外部环境中实现。没有外部市场，企业就无法销售产品、得到销售收入，生产过程中的各种消耗就不能得到补偿，经营活动就无法继续。

外部环境为企业生存提供了条件，必然也会限制企业的生存。企业只能根据外部环境能够提供的资源种类、数量和质量来决定生产经营活动的具体内容和方向；既然企业的产品要通过环境中的市场才能实现，那么，在生产之前和生产过程中就必须考虑到这些产品能否被用户所接受，是否受市场欢迎。因此，外部环境在提供了经营条件的同时，也限制了企业的经营。

对组织活动有着如此重要作用的环境是在不断变化的。如果环境是静态的，那它的影响再大，对其研究也无需反复强调、高度重视。因为在这种情况下，环境研究可以是一劳永逸的；对一成不变的外部环境进行一次深入的分析，便可把握它的特点，制定相应对策。然而，实际情况却并非如此，外部存在的一切部在不断变化，比如：技术在发展，消费者收入在提高，教育在不断普及，等等。

环境的种种变化，可能会给组织带来两种不同程度的影响；一是为组织的生存和发展提供新的机会，比如：新资源的利用可以帮助企业开发新的产品，生态环境的变化可能导致环保政策的修订；另一种是环境在变化过程中对组织的生存造成某种不利的威胁，比如：技术条件或消费者偏好的变化可能会使企业产品不再受欢迎。组织要继续生存，要在生存的基础上不断发展，就必须及时地采取措施，积极地利用外部环境在变化中提供的有利机会，同时也要采取对策、努力避开这种变化可能带来的威胁。

要利用机会、避开威胁，就必须认识外部环境；要认识环境，就必须研究外部环境、分析外部环境。这种研究不仅可以帮助我们了解外部环境今天的特点，而且可以使我们认识外部环境是如何从昨天演变到今天的，从而揭示外部环境变化的一般规律，并据此预测它在未来的发展相变化趋势。

组织面对的环境非常复杂而且难以理解和预测，因此，如果能把环境区分成不同的部分，将十分有利于组织识别和预测环境的影响。环境是由众多因素交错而成的整体，难以准确而清楚地区分，所以，管理学界有许多环境分类结果。这里采用较常见的一种分类，即把环境分成一般环境或宏观环境、具体环境或微观环境和组织内部环境三大类。

二、组织的一般环境

极端地说，外部世界存在的一切均会或多或少地对组织活动产生一定影响，因而都在“外部环境研究”的对象范围内。但是，这个广义环境中存在的所有因素对组织活动的影响有直接或间接的区别，程度有深浅之分。因此，对于组织活动影响程度很低的因素似乎没有必要紧密跟踪、详细研究，同时，人力和经费的限制也决定了不能将外部环境的研究对象确定得过于宽泛，只能将这种研究集中于那些对组织活动影响程度较高、方式较为直接的因素。

就不同组织而言，环境中对其直接发生重要影响的因素是不同的，但一般来说，大致可归纳为政治、社会、经济、技术、自然等五个方面。

（一）政治环境

政治环境包括一个国家的社会制度，执政党的性质，政府的方针、政策、法令等。不同的国家有着不同的社会制度，不同的社会制度对组织活动有着不同的限制和要求，即使社会制度不变的同一个国家，在不同时期，由于执政党的不同，其政府的方针特点、政策倾向对组织活动的态度和影响也是不断变化的。对于这些变化，组织可能无法预测，但一旦变化产生后，它们对组织活动的影响，组织是可以分析的。组织必须通过政治环境研究，了解国家和政府目前禁止组织干什么、允许组织干什么、鼓励组织干什么，从而使组织活动符合社会利益，受到政府的保护和支持。

（二）社会文化环境

社会文化环境包括一个国家或地区的居民教育程度、文化水平、宗教信仰、风俗习惯、审美观念、价值观念等。文化水平会影响居民的需求层次：宗教信仰和风俗习惯会禁止或抵制某些活动的进行；价值观念会影响居民对组织目标、组织活动以及组织存在的态度；审美观念则会影响人们对组织活动内容、活动方式以及活动成果的态度。

（三）经济环境

经济环境是影响组织、特别是作为经济组织的企业活动的重要环境因素，主要包括宏观和微观两个方面的内容。

1. 宏观经济环境。主要指一个国家的人口数量及其增长趋势、国民收入、国民生产总值及其变化情况以及通过这些指标能够反映的国民经济发展水平和发展速度。如人口众多既为企业经营提供了丰富的劳动力资源，决定了总的市场规模庞大，又可能因其基本生活需求难以充分满足，从而成为经济发展的障碍；经济的繁荣显然能为企业的发展提供机会，而宏观经济的衰退则可能给所有经济组织带来生存的困难。

2. 微观经济环境。主要指企业所在地区或所需服务地区消费者的收入水平、消费嗜好、储蓄情况、就业程度等因素。这些因素直接决定着企业目前及未来的市场大小。假定其他条件不变，一个地区的就业越充分，收入水平越高，那么该地区的购买力就越强，对某种活动及其产品的需求就越大。一个地区的经济收入水平对其他非经济组织的活动也有重要影响。比如：在温饱没有解决之的居民很难自觉主动地去关心环保问题,支持环保组织的活动。

（四）技术环境

任何组织的活动都需要利用一定的物质条件，这些物质条件反映着一定技术水平下社会的技术进步，从而影响利用这些条件的组织的活动效率。

技术环境对企业的影响就更为明显了。企业生产经营过程是一定的劳动者借助一定的劳动条件生产和销售一定产品的过程。不同的产品代表着不同的技术水平，对劳动者和劳动条件有着不同的技术要求。技术进步了，可能使企业产品被那些反映新技术的竞争产品取代，可能使旧的生产设施和工艺方法显得落后，使生产作业人员的操作技能相知识结构不再符合要求。因此，企业必须关注技术环境的变化，及时采取应对措施。

研究技术环境，除了要关注与所处领域直接相关的技术手段的发展变化外，还应及时了解国家对科技开发的投资和支持重点、该领域技术发展动态和研究开发费用总额、技术转移和技术商品化速度、专利及其保护情况，等等。

（五）自然环境

中国人做事，向来重视天时、地利、人和。如果说“天时”主要与国家政策相关的话，那么，“地利”则主要取决于地理位置、气候条件、资源状况等自然因素。

地理位置是制约组织活动、特别是企业经营的一个重要因素，当国家在经济发展的某个时期对某些地区采取倾斜政策时尤其如此。比如：我国沿海地区由子实行了更加灵活的开放政策吸引了大批外资，促进了投资环境的改善，给这些地区的各类组织提供了充分的发展机会。

此外，企业是否亲近原料产地或产品销售市场，也会影响到资源获取的难易和交通运输成本等。

气候条件及其变化亦然。气候趋暖或者趋寒会影响空调生产厂家的生产或者服装行业的销售，而四季如春、气候温和则会鼓励人们远足郊外，从而为与旅行或旅游有关的产品制造业提供机会。

资源状况与地理位置有着密切的关系。资源特别是稀缺资源的蕴藏不仅是国家或地区发展的基础，而且为所在地区经济组织的发展提供了机会。没有地下蕴藏的石油，许多中东国家就难以在沙漠中建造绿洲。我国许多农村地区乡镇企业的发展，在初期也是靠优越的地理位置、靠资源开采而逐渐积累资金的。资源的分布通常影响着工业的布局，从而可能决定了不同地区不同产业企业的命运。

三、具体组织的特殊环境

组织不仅在一般环境中生存，而且在特殊领域内活动。一般环境对不同类型的组织均产生某种程度的影响，而与具体领域有关的特殊环境则直接、具体地影响着组织的活动。

下面以企业为例来讨论具体组织的特殊环境。

企业是在一定行业中从事经营活动的。行业环境的特点直接影响着企业的竞争能力。美国学者波特认为，影响行业内竞争结构及其强度的主要有现有企业、潜在的竞争者、替代品制造商、原材料供应者以及产品用户等五种环境因素。

（一）现有竞争对手研究

企业面对的市场通常是一个竞争市场。从事同种产品制造和销售的通常不止一家企业。多家企业生产相同的产品，必然会采取各种措施争夺用户，从而形成市场竞争。对现有竞争对手的研究主要包括以下内容：

1. 基本情况的研究。包括竞争对手的数量有多少？分布在什么地方？它们在那些市场上活动？各自的规模、资金、技术力量如何？其中哪些对自己的威胁特别大？基本情况研究的目的是要找到主要竞争对手。

为了在众多的同种产品生产厂家中找出主要竞争对手，必须对它的竞争实力及其变化情况进行分析和判断。反映企业竞争实力的指标主要有三类：

（1）销售增长率。是指企业当年销售额与上年相比的增长幅度。销售增长率为正且数值高，说明企业的用户在增加，反映了相关企业的竞争能力在提高；反之则表明企业竞争能力的衰退。这个指标往往在与行业发展速度和国民经济发展速度进行对比分析时才有意义。如果企业当年销售额比上年有所增加，但增加的幅度小于行业或国民经济的发展速度，则表明经济背景是有利的，市场总容量在不断扩大，但企业占领市场的能力相对地下降了。

（2）市场占有率。是指市场总容量中企业所占的份额，或指在已被满足的市场需求中有多大比例是由本企业占领的。市场占有率的高低可以反映不同企业竞争能力的强弱。这是一个横向比较的指标。某企业占有的市场份额大，说明购买该企业产品的消费者多；消费者购买该企业而非其他企业的产品，说明该企业产品在价格、质量、售后服务等各方面的综合竞争能力比较强。同样，市场占有率的变化可以反映企业竞争能力的变动。如果一家企业的市场占有率本身虽然不高，但与上年相比有了进步，则表明该企业的竞争实力有所增加。

（3）产品的获利能力。这是反映企业竞争能力能否持续的指标，可用销售利润率表示。市场占有率只反映了企业目前与竞争对手相比的竞争实力，并未告诉我们这种实力能否维持下去；只表明企业在市场上销售产品的数量相对较多还是相对较少，并未反映销售这些数量的产品是否给企业带来了足够的利润。如果市场占有率高，销售利润率也高，则表明销售大量产品可给企业带来高额利润，从而可以使企业有足够的财力去维持和改善生产条件，因此较高的竞争能力是有条件持续下去的。相反，如果市场占有率很高，而销售利润率很低，那么则表明，企业卖出去的产品数量虽然很多，得到的收入却很少，在补偿了生产消耗后很少有（甚至没有）剩余，较高的市场占有率是以较少的利润为代价换取的。长此以往，企业的市场竞争能力是无法维持的。

2. 主要竞争对手的研究。比较不同企业竞争实力，找出了主要竞争对手后，还要研究其对本企业构成威胁的主要原因，是技术力量雄厚、资金多、规模大，还是其他原因。研究主要竞争对手的目的是找出主要对手的竞争实力的决定因素，帮助企业制定相应的竞争策略。

3. 竞争对手的发展方向。包括：市场发展或转移动向与产品发展动向。要收集有关资料，密切注视竞争对手的发展方向，分析竞争对手可能开发哪些新产品、新市场，从而帮助本企业先走一步。争取时间优势，争取在竞争中的主动地位。

根据波特的观点，在判断竞争对手的发展动向时，要分析退出某一产品生产的难易程度。下列因素可能妨碍企业退出某种产品的生产：

（1）资产的专用性。如果厂房、机器设备等资产具有较强的专用性，则其清算价值很低，企业既难用现有资产转向其他产品生产，也难以通过资产转让收回投资。

（2）退出成本的高低。某种产品禁止出产，意味着原来生产线工人的重新安置。这种重新安置需要付出一定的费用（比如：新技能的培训）。此外，企业即使停止了某种产品的生产，但对在此之前已经销售的产品在相当长的时间内仍有负责维修的义务。职工安置、售后维修服务的维持等费用如果较高，也会影响企业的产品转移决策。

（3）心理因素。特定产品可能是由企业某位现任领导人组织开发成功的，曾在历史上对该领导人的升迁产生过重要影响，因此，该领导人可能对其有深厚的感情，即使已无市场前景，可能也难以割舍。考虑到这种因素，具体部门在决策时也可能顾虑重重。那些曾经作为企业成功标志的产品生产的中止，对全体员工可能带来很大的心理影响，因此，人们在决定让其“退役”时必然会犹豫不决。

（4）政府和社会的限制。某种产品的生产中止，某种经营业务的不再进行，不仅对企业有直接影响，可能还会引起失业，影响所在地区的社会安定和经济发展，因而可能遭到来自社区政府或群众团体的反对或限制。

（二）潜在竞争对手研究

一种产品的开发成功，会引来许多企业的加入。这些新进入者既可能给行业注入新的活力，促进市场竞争，也会给原有厂家造成压力，威胁它们的市场地位。新厂家进入行业的可能性大小，既取决于由行业特点决定的进入难易程度，又取决于现有企业可能做出的反应。原有企业可能采取的反击措施，迫使那些对某种产品生产跃跃欲试的企业不得不认真思考，慎重决策。

进入某个行业的难易程度通常受到下列因素的影响：

1. 规模经济

这个概念实际上描述了两个相互联系的经济现象。

第一，它表明企业经营只有达到一定规模，才能收回经营过程中的各种耗费。小于此规模，企业经营不仅不能盈利，反而会出现亏损。与之相应的经营规模称“保本产量”或“盈亏平衡产量”。这是由企业在生产经营中必须投入较高的固定费用所决定的。比如：在特定时期，不论某种产品的生产数量多少，这种产品的生产都要占用一定的生产设施和厂房。实际上，不仅产品的生产，而且物资的采购、资金的筹措、产品的销售、营销渠道的利用等均存在这样的最小规模。产品的性质不同、技术的先进程度不同，生产和经营的最小规模也会不一样。

第二，这个概念还表明，企业生产和经营在达到盈亏平衡点以后，在未超过某个上限之前（在产量的增加尚未引起生产设施的调整，从而追加投资之前），单位产品的生产成本随产量的增加而下降。在这种情况下，生产规模越大，企业就越具有成本优势。显然，达到这个上限以后扩大产量都对企业进入该行业后的投资量提出了较高的要求，而并非所有希望进入的企业都能满足这种资本要求。

2. 产品差别

不同企业提供的产品并不是完全均质的，必然存在着某种程度的差异。这种差异是客观存在的，既可能是由产品的材料性质、功能特点或外观形状决定的，也可能是由主观因素形成的，比如：由于广告宣传等因素使得某种产品对消费者具有一种特殊的魅力。如果原生产这种产品的厂家，其市场地位已确定、其品牌已经获得了用户的广泛认同，甚至产生了一定感情，那么新进入者要想把用户吸引过去，就需付出很大的代价。

3. 在位优势

是指老厂家相对于新进入者而言所具有的综合优势。这种优势表现在多个方面。比如：原有企业已经拥有某种专利，从而可以限制他人生产相关产品；原有企业已经拥有一批熟练的工人和管理人员、从而具有劳动成本优势；

原有企业已经建立了自己的进货渠道、从而不仅可以保证自己扩大生产的需要，甚至可以控制整个行业的原材料供应，限制新厂家的进入；原有企业已经建立的分销网络对新竞争者进入销售渠道也可能形成某种障碍。

（三）替代品生产厂家分析

企业生产的产品，从表面上看是具有一定外观形状的物质品，但抽象地分析，它们是能够满足某种需要的使用价值或功能。企业向市场提供的不是一种具体的物质品，而是一种抽象的使用价值或功能。不同的产品，其外观形状、物理特性可能不同，但完全可能具备相同的功能。比如：自行车、轻骑、汽车、轮船、火车、飞机，它们是一些外观形状、内部结构以及物理性能等都有很大差异的产品，但它们都具有能够帮助人们在地球上两点之间移动的功能。产品的使用价值或功能相同，能够满足的消费者需要相同，在使用过程中就可以相互替代，生产这些产品的企业之间就可能形成竞争。因此，行业环境分析还应包括对生产替代品企业的分析。

波特认为，“替代产品通过规定某个行业内企业可能获利的最高限价来限制该行业的潜在受益”。也就是说，由于替代品的存在，即使行业内只存在少数生产企业，几乎垄断行业市场，也不能随心所欲地制定价格，侵害消费者的利益。

替代品生产厂家的分析主要包括两方面内容：第一，确定哪些产品可以替代本企业提供的产品。这实际上是确认具有同类功能产品的过程。相对而言，这项工作是易于进行的。第二，判断哪些类型的替代品可能对本企业（行业）经营造成威胁。这项工作较为复杂。为此，需要比较这些产品的功能实现能够给使用者带来的满足程度与获取这种满足所需付出的费用。如果两种相互可以替代的产品，其功能实现可以带来大致相当的满足程度，但价格却相差悬殊，则低价产品可能对高价产品的生产和销售造成很大威胁。相反，如果这两类产品的功能价格比大致相当，则相互间不会造成实际的威胁。

（四）用户研究

用户在两个方面影响着行业内企业的经营：其一，用户对产品的总需求决定着行业的市场潜力，从而影响行业内所有企业的发展边界；其二，不向用户的讨价还价能力会诱发企业之间的价格竞争，从而影响企业的获利能力。用户研究也因此而包括两个方面的内容；用户的需求（潜力）研究以及用户的讨价还价能力研究。

1. 需求研究

（1）总需求研究。包括以下分析内容：市场容量有多大？总需求中有支付能力的需求有多大？暂时没有支付能力的潜在需求有多少？

（2）需求结构研究。需要回答的问题是：需求的类别和构成情况如何？用户属于何种类型，是机关团体还是个人？主要分布在哪些地区？各地区比重如何？

（3）用户购买力研究。需要分析以下问题：用户的购买力水平如何？购买力是怎样变化的？有哪些因素影响购买力的变化？这些因素本身是如何变化的？通过分析影响因家的变化，可以预测购买力的变化，从而预测市场需求的变化。

2. 用户的价格谈判能力研究

用户的价格谈判能力是众多因素综合作用的结果。这些因素主要有：

（1）购买量的大小。如果用户的购买量与企业销售量比较相对较大，是企业的主要顾客，他们则会意识到其购买对企业销售的重要性，因而拥有较强的价格谈判能力。同时，如果用户对这种产品的购买量在自己的总采购量占较大比重，从而总采购成本中占有较大比重，必然会积极利用这种谈判能力，努力以较优惠的价格采购货物。

（2）企业产品的性质。如果企业提供的是一种无差异产品或标准产品，则用户坚信可以很方便地找到其他供货渠道，因此，也会在购买中要求尽可能优惠的价格。

（3）用户向一体化的可能性。向一体化是指企业将其经营范围扩展到原材料、半成品或零部件的生产。如果用户是生产性企业，购买企业产品的目的在于再加工或与其他零部件组合，又具备自制的能力，则会经常以此为手段迫使供应者压价。

（4）企业产品在用户产品形成中的重要性。如果企业产品是用户自己加工制造产品的主要构成部分，或对用户产品的质量或功能形成有重大影响，则用户可能对价格不其敏感，这时他关注的首先是企业产品质量及其可靠性。相反，如果企业产品在用户产品形成中没有重要影响，用户在采购时则会努力寻求价格优惠。

（五）供应商研究

企业生产所需的许多生产要素是从外部获取的。提供这些生产要素的经济组织，类似于用户的作用，也在两个方面制约着企业的经营：其一，这些经济组织能否根据企业的要求按时、按量、按质地提供所需生产要京，影响着企业生产规模的维持和扩大；其二，这些组织提供货物时所要求的价格决定着企业的生产成本，影响着企业的利润水平。所以，供应商的研究也包括两个方面的内容：供应商的供货能力，或企业寻找其他供货渠道的可能性，以及供应商的价格谈判能力。这两个方面是相互联系的。综合起来看，需要分析以下因素：

1. 是否存在其他货源。企业如果长期仅从单一渠道进货，则其生产和发展必然在很大程度上受制于后者。因此，应分析与其他供应商建立关系的可能性，以分散进货，或在必要时启用后备进货渠道，这样便可在一定程度上遏制供应商提高价格的倾向。

2. 供应商所处行业的集中程度。如果该行业集中度较高，由一家或少数几家集中控制，而与此对应，购买此种货物的客户数量众多、力量分散，则该行业供应商将拥有较强的价格谈判（甚至是决定）能力。

3. 寻找替代品的可能性。如果行业集中程度较高，分散进货的可能性也较小，则应寻找替代品。如果替代品不易找到，那么供应商的价格谈判能力将是很强的。

4. 企业后向一体化的可能性。如果供应商垄断控制了供货渠道，替代品又不存在，而企业对这种货物的需求量又很大，则应考虑自己掌握或自己加工制作的可能性。这种可能性如果不存在，或者企业对这种货物的需求量不大，那么，这时企业只能对价格谈判能力较强的供应商俯首称臣。

除了波特提出的五项具体环境要素之外，管理学界还有人提出其他要素，如管制机构、战略同盟伙伴等。管制机构与宏观环境中的政治环境不同，它主要指能够直接影内或控制企业行为的机构，如行业协会、工商行政部门、消费者协会、新闻机构，等等；企业之间存在竞争，也存在合作，企业与企业之间可以结成战略联盟，企业与科研机构、政府部门也可以在某一共同利益的联系下结成战略联盟。

四、两种环境分析方法介绍

（一）识别环境不确定程度的方法

对环境进行管理的核心是环境中蕴涵的不确定性。分析环境首先要识别环境的不确定性程度。美国学者邓肯提出从两个不同的环境层面来确定组织所面临的不确定性程度：一是环境变化的程度：静态（稳定）一动态（不稳定）层面；二是环境复杂性程度：简单一复杂层面，进而得出一个评估环境不确定性程度的模型。

如果组织面对常规的需求环境，如为相同或极其相似的顾客生产同一种产品或提供相同的服务，则组织面对的是一个稳定的环境，例如：公用率业行业。反之，如果企业面对变化极其快速的环境，而且不同的环境要素都在发生变化，则组织面对的是动态的、不稳定的环境，如计算机行业。

如果一个组织只与很少的外界部门相关，其面临的环境居于简单类型；如果组织必须面对许多外界部门，其面临的环境属于复杂环境。一般而言，组织规模越大，面临的环境越复杂。

（二）内外部环境综合分析

管理要通过组织内部的各种资源和条件来实现，因此，组织在分析外部环境的同时，必须分析其内部环境，即分析组织自身的能力相限制，找出组织的优势和存在的劣势。

任何组织的经营过程，实际上是不断在其内部环境、外部环境及其经营目标三者之间寻求动态平衡的过程。组织的内、外部环境绝对不能割裂开来。如果一个企业能力很强，竞争优势十分明显，那么外部环境中的不确定性对该企业便不会构成太大的威胁。相反，不具任何经营特色的企业，外部环境再有利，也不会有快速发展。因此，应对比分析外部环境中存在的机会和威胁与组织内部的优势和劣势，以便充分发挥组织的优势，把握住外部的机会，避开内部的劣势和外部的威胁。

SWOT 分析是最常用的内外部环境综合分析技术。SWOT 分析是机会（Opportunities）、威胁（Thraets）、优势（Strengths）和劣势（Weakness）分析法英文首字母的缩写。

用 SW0T 分析模型进行管理环境分析，可以做到以下几个方面：

1. 它把内、外部环境有机地结合起来，进而帮助人们认识和把握内、外部环境之间的动态关系，及时地调整组织的经营策略，谋求更好的发展机会。

2. 它把错综复杂的内、外部环境关系用一个二维平面矩阵反映出来，直观而且简单。

3. 它促使人们辩证地思考问题。优势、劣势、机会和威胁都是相对的，只有在对比分析中才能识别。例如，一般意义上讲，耐磨程度是衡量鞋的质量的重要指标，所以制鞋商会因自己生产的鞋经久耐用而骄傲，并将其看成是自身的优势。然而，随着收入水平的提高，顾客已不关心鞋的耐用性，而是更关心款式。在这样的环境下，这家制鞋商原有的优势便不再是优势。目前，许多企业的管理人员都陷入“高质量的产品”没有人买的困境中，他们所谓的“高质量”大多是企业自我的感觉和判断。

4. SW0T 分朽可以组成多种行动方案供人们选择。由于这些方案是在认真对比分析的基础上产生的，因此可以提高决策的质量。SWOT 分析被广泛地应用于各行各业的管理实践中，成为最常用的管理工具之一。

第五节 管理主要思想及其演变

管理活动源远流长，自古即有，管理思想的发展可追溯到人类最初试图通过集体劳动来达到目标的年代。人类进行有效的管理实践、大约已超过六千年的历史。早期的一些著名的管理实践和管理思想大都散见于埃及、中国、意大利等国的史籍和许多宗教文献之中。从历史记载的古今中外的管理实践来看，素以世界奇迹著称的埃及金宁塔、巴比伦古城和中国的万里长城，其宏伟的建筑规模生动地证明了人类的管理和组织能力。无论是埃及的金字塔，还是中国的万里长城，在当时的技术条件下，如此浩大的工程，不但是劳动人民勤劳智慧的结晶，同时也是历史上伟大的管理实践。

一、早期的管理思想

有关管理思想的最早记载，是《圣经》中的一个例子。希伯莱人的领袖摩西在率领希伯莱人摆脱埃及人的奴役而出走的过程中，他的岳父叶忒罗对他处理政务事必躬亲、东奔西忙的做法提出了批评，并向他建议：一要制定法令，昭告民众；二要建立等级、授权委任管理；三要责成专人专责管理，问题尽量处理在下面，只有最重要的政务才提交摩西处理。这位叶忒罗可以说是人类最早的管理咨询人员了。他建议摩西采用的，就是我们现在常用的授权原理和例外原理，同时也体现了现代管理当中的管理宽度原理。古希腊哲学家苏格拉底在其《对话录》中论述了管理的普遍性。

我国古代典籍中也有不少有关管理思想的记载，如《周礼》中有对行政管理制度和责任的具体叙述。《孟子》、《孙子》等书对于管理的职能如计划、组织、指挥、用人等，都有不少适用于今天的精辟见解。秦始皇改订李悝《法经》，体现了古代管理思想中改革和创新的精神。它确立的中央集权体制，建立的一整套行政管理机构，统一的文字、货币、车软、道宽以及度、量、衡制度等，不仅在当时有巨大的生命力，而且对中国延续两千年的封建制度也有着重大的影响。

在中世纪，管理实践和管理思想有了很大发展。15 世纪世界最大的几家工厂之一的威尼斯兵工厂，就采用了流水作业，建立了早期的成本会计制度，并进行了管理的分工，其工厂的管事、指挥、领班和技术顾问全权管理生产，而市议会通过一个委员会来干预工厂的计划、采购、财务事宜。这又是一个管理实践的出色范例，体现了现代管理思想的雏形。

意大利佛罗伦萨的尼古拉·马基雅维利于 16 世纪所著的《王子》一书，对统治者怎样管理国家、怎样更好地运用权威，提出了四条原则：①群众认可，权威来自群众；②内聚力，组织要能够长期存在，就要有内聚力，而权威必须在组织当中行使；③领导能力，学校之后要能够维持下去，就必须具备领导能力；④求生存的意识，就是要“居安思危”。

二、管理学理论的萌芽

中世纪后期，18～19 世纪中期，资本主义生产方式从封建制度中脱胎而出，这期间家庭手工业制逐步被工厂制所代替。始于英国的工业革命，其结果是机械动力代替部分人力。机器大生产和工厂制度的普遍出现，对社会经济的发展产生了重要影响。

随着工业革命以及工厂制度的发展，工厂以及公司的管理越来越突出。许多理论家，特别是经济学家，在其著作中越来越多地涉及有关管理方面的问题。很多实践者（主要是厂长、经理）则着重总结自己的经验，共同探讨有关管理的问题。这些著作和总结，为即将出现的管理运动打下了基础，是研究管理思想发展的重要参考文献。概括起来，其重要意义有三：一是促使人们认识到管理是一门具有独立完整体系的科学，值得去探索、研究、丰富和发展；二是预见到管理学的地位将不断提高；三是区分了管理的职能与企业（厂商）的职能。

这一时期的著作，大体上有两类：一类偏重于理论的研究，即管理的职能和原则；另一类则偏重于管理技术和方法的研究。

（一）有关管理职能和原则方面

这方面的学说散见于当时经济学家的一些著作，这些经济学家及其著作主要有：亚当·斯密及其《国富论》（1776 年）；塞缪尔·纽曼及其《政治经济学原理》（1835 年）；约翰·穆勒及其《政治经济学原理》（1848 年）；艾尔弗雷德·马歇尔及其《工业经济学原理》（1892 年）。从管理学的观点看，这些经济学家的论述还比较零碎、就事论事、缺乏系统化、理论化和概括。大体上说来，所涉及的管理问题，主要有四个方面：①关于工商关系。②关于分工的意义及其必然性。包括劳动的地域分工、劳动的组织分工、劳动的职业分工。③关于劳动效率与工资的关系，有所谓“劳动效率递减等级论”。④关于管理的职能。

对西方管理理论的形成具有启蒙作用的英国著名经济学家、资产阶级古典政治经济学的杰出代表人物亚当·斯密在其（国富论）一书中，分析了劳动分工的经济效益，提出了生产合理化的概念。

纽曼·马歇尔等人则提出了对厂主（同时也是管理者）的要求：选择厂址、控制财务、进行购销活动、培训工人、分配任务、观察市场动向、富于新思想、开拓市场、具有对采用新发明的判断力等。

（二）有关管理技术和方法方面

1. 普鲁士军事理论家卡尔·冯·克劳塞威茨认为：“企业简直就是类似于打仗的人类竞争的一种形式。”因此，他关于军队管理的概念也适用于任何大型组织的管理。其主要观点如下：

（1）管理大型组织的必要条件是精心地计划工作，并规定组织的目标。

（2）管理者应该承认不肯定性，从而按照旨在使不肯定性减少到最低限度的要求来全面分析与计划。

（3）决策要以科学而不足以预感为根据，管理要以分析而不是以直觉为根据。

2. 英国数学家查尔斯·巴贝奇在亚当·斯密劳动分工理论的基础上，又进一步对专业化问题进行了深入研究。在他 1832 年出版的（机器与制造业经济学）一书中，对专业化分工、机器与工具使用、时间研究、批量生产、均衡生产、成本记录等问题都做了充分的论述，并且强调要注重人的作用，分析颜色对效率的影响，应鼓励工人提出合理化建议，等等。该书是管理上的一部重要文献。另外，他发现了电算机的基本原理，发明了手摇台式计算机，解决了繁重的计算工作，因此，有人称巴贝奇是“计算机之父”。

三、管理学的产生与形成

19世纪末叶出现科学管理的开端，第一次利用了“科学管理”这一术语。随着企业的规模和数量不断增长，管理人员遇到以前所没有遇到过的多种问题。人们考虑问题的重点已经转移到以前内部的各种问题中，比如：加工过程、设备排列、场地布置、生产技本、刺激制度，等等。管理已逐步转向注意“物”的管理。人们聚集在大集体中，这又突出了组织与效率的问题。对这些问题的关心表现在管理文献中。

由于认识到需要通过社会、出版物和会议来交流观点、所以也开始了管理思想的传播和交流。人们对管理的认识已有了变化，把它看成是对人类经济活动有影响的一门完整知识。管理人员被公认为受尊敬的人。管理原理这一主题已经从工业界扩散到大学的课堂，管理终于成为一个独立的研究领域。

20世纪30年代，资本主义世界爆发了大危机，管理运动受到了影响。但是历时四五十年的管理运动，改变了人们的观念，引起了人们思想上、观念上的转变，对经济的发展起到了重要作用。管理运动为管理学的形成和发展奠定了基础，它所提倡的并被普遍接受的“保存、调研、合作、渐进”观点已经在人们心中、在社会土壤中扎下了根。

四、现代管理理论形成及其发展

第二次世界大战后，现代化科学技术日新月异的发展，生产和组织规模的急剧增大，生产力的迅速发展，生产社会化程度的日益提高，引起了人们对管理理论的普遍重视。在美国和其他许多国家，不仅从事实际管理工作的人和管理学家研究管理理论，而且一些心理学家、社会学家、人类学家、经济学家、生物学家、哲学家、数学家也都从各自不同的背景、不同的角度、用不同的方法对现代管理问题进行研究。这一现象带来了管理理论的空前繁荣，出现了各种各样的学派。已故美国著名管理学家哈罗德·孔茨把这一现象形象地描述为管理理论的“丛林”。由于这些学派都是从各自的背景出发，以不同的理论为依据来研究同一对象——管理过程，因此，带来了一些概念、原理和方法上的混乱。近年来，许多学者都在力求将各派的观点兼容并蓄，为走出“丛林”，建立统一的管理理论寻找新的出路。

第十九章 知识经济与企业创新

第一节 知识经济：全新的经济形态

一、知识经济的兴起

（一）知识经济现象

20 世纪 70 年代以来，随着世界面新科技革命的发展，尤其是信息技术及其产业化的迅速发展，全球（特别是工业化国家）经济增长方式发生了根本性变化。这一方面表现在知识对传统产业的高度渗透；另一方面表现在以知识为基础的新兴产业的崛起，尤其体现在计算机、电子和航空等高技术产业和知识密集型服务业中。

以美国微软公司为代表的计算机软件业的发展，计算机网络的产生及其在生产和生活中的广泛应用，构成了我们这个社会的新特点这使用经济的增长比以往任何时候都更加依赖于知识的生产、扩散和应用。知识作为蕴藏在人力资源和技术中的重要成分其作用日益明显。据统计，经济合作与发展组织主要成员目的图内生产总值的 50%以上是以知识为基础的。美国政府宣称，技术进步是决定经济能否持续增长的一个重要因素，技术和知识的增长占了美国生产率增长总要京的 80%。1996 年加拿大国家研究委员会发表的《2001 年构想》报告也强调“利用科技发展一个创新的知识经济”。1998 年 2 月，欧盟委员会断言：以物质产品的生产为基础的文明已一去不复返，欧盟将日益成为一个“知识社会”。与此同时，亚洲国家也对此作出迅速反应，如新加坡提出要建设“智慧岛”，马来西亚要建立“多媒体信息定局”。为了适应经济转轨的要求，许多著名企业和公司，如“可口可乐”、“通用电气”、“孟山都”等都已开始设立“知识主管”、“学习主管”、“智力资本主管”、“智力资产主管”等新形式高级经理；专司知识经济工作，以期在新构经济形态竞争中抢占市场制高点。这些趋势显示，一个区别于农业经济、工业经济的斯的经济形态正在兴起，即一个“以知识为基础的经济”（简称“知识经济”）的时代已经来临。

（二）知识已成为最重要的生产要素

知识经济是以知识为基础的经济，它所依赖的真正的生产资料不再是以资金、设备和原材料为主。而是以人的知识为主。通过知识，一方面科学、合理、高效地利用现有的自然资源；另一方面不断探索开发新的资源；正如世界银行副行章瑞斯查德所说：在知识经济时代，知识是比原材料、资本、劳动力、汇率更重要的经济因素。美国管理学权威彼得·德鲁克认为：“在现代经济中，知识正成为真正的资本与首要的财富。”

传统的生产要素——土地、人力和资本已成为经济发展的限制力量而不再是驱动力。在未来的世界经济中，知识将成为关键性的资源，成为经济发展的新动力，并逐渐构成人们新的消费基础。企业的关键资产也不再是固定资产和金融资产，而是知识资产，这些知识资产主要表现为：

（1）市公司在市场上获得竞争力的资产，如信誉、服务等；

（2）体现智力劳动的资产，包括专利、商标、版权等知识产权；

（3）体现企业内在发展动力的资产，包括企业管理和经营方法、企业文化和企业信息支持系统等；

（4）体现人力资源，包括员工的知识、能力、工作技巧等。

（三）经济发展过程也是知识积累过程

经济发展是一个资本积累过程，但更是一个知识积累过程。历史上以往发生的经济社会变革，都是由于知识的创造才发生的。18 世纪末，蒸汽机的发明，把世界带入了工业的新时代；第二次世界大战后，无线电和电子信息业革命；把人类带入了信息时代；20 世纪 80 年代以后，数字技术的突破，又把人类带入了一个新的经济时代。

目前，发达国家由于信息技术、通信技术的革命大大降低了人们获取知识的成本，大大增加了获取知识的机会，知识应用于制胜业和服务业的速度加快了。同时，人们也追求着平等的价值观念、科学的头脑和对变革的开朗态度，且愿意有效地利用知识改变传统的生产相交换方式，在组织内部，管理者从过去注重交易过程、后勤统筹和工作流为主的核心管理，转到支持员工沟通交流，促进人际网络形成，在工作中互相学习等效识管理上来。正是这一切使发达国家的经济增长方式发生了根本变革，使知识经济成为可能。

二、知识经济的概念和内涵

（一）知识经济概念的由来

任何一个新的经济形态出现，都是人类经济实践基础上的认识升华。对于这一点，反应最快、最敏捷的是经济学家和政治家。早在 1962 年，美国经济学家弗里茨·马克卢普根据美国第二次世界大战以来至 20 世纪 50 年代的社会发展和产业结构调控背景，提出“知识产业”概念。他认为，知识产业包括开发、教育、信息设备、信息服务、通信等。

1973 年，哈佛大学社会学家丹尼尔·贝尔出版了专著《后工业社会的来临》一书，提出了“后工业社会”的概念，引起社会广泛关注。贝尔以工业社会为中轴，把人类社会划分为前工业社会、工业社会和后工业社会三个时期。他指出，后工业社会是围绕着知识组织起来的，其目的在于进行社会管理与指导创新和变革，从而产生新的相会关系和新的结构。

1980 年，美国著名未来学家阿尔温·托夫勒代表作《第三次浪潮》问世，提出了“超工业社会”概念。托夫勒写道：我相信我们已处在一个新的综合时代的边境，处于历史性技术飞跃发展时期的边缘。

1982 年，美国另一位未来学家约翰·奈斯比特发表《大趋势》一书，从 10 个方面论述了美国社会发展趋势，并指出“知识是我们经济社会的驱动力”，这是一种“最微妙”、“最具爆炸性”的转变。奈斯比特还明确地揭示了信息社会的主要特征：

（1）起决定作用的生产要素不是资本，而是信息知识；

（2）价值增长不再通过劳动，而是通过知识。

1983 年，美国加州大学教授保罗·罗默发表了一篇有权威性的论文并提出了“新经济增长理论”。这一理论认为，在计算经济增长时，必须把知识直接放在生产体系中考虑，也就是说把知识列入生产函数。“新经济增长理论”的提出标志着相识经济理论雏形的初步形成。

1985 年，日本学者堺屋太一出版《知识价值革命》一书，提出“知识价值社会”概念；并写道：“进入 20 世纪 80 年代以后，多样化、信息化技术的发展和多品种小批量生产倾向的出现，就是知识价值革命发生的前兆。”

1988 年，美国政府作出了一项决定，对知识进行了全面的系统研究，探索其对经济社会所产生的作用及对当代的重大影响，并授权加尔格雷大学成立知识科学研究所。20 世纪 90 年代初，美国新建了一个信息学研究所，在它出版的《1993～1994 年学报》中，正式以《知识经济：21 世纪信息时代的本质》为总题，亮出论点：信息与知识正在取代资本和能源而成为能创造财富的要素，20 世纪技术的发展，使劳动由体力转为智力。

1994 年，温斯洛和布拉马合著的《未来工作：在知识经济中把知识投入生产》一书中使用了“知识经济”的概念，而且对这一概念的内涵外延作了较系统的论述，并揭示了知识的经济属性。至此，知识经济理论已基本形成。

到了 1996 年，国际经济组织和一些国家的政府开始接受并运用知识经济理论。以发达国家为主要成员国的经济合作与发展组织（OECD）连续发布了几个关于当代经济发展趋势的报告。在国际组织文件中首次正式使用了“知识经济”（Knowledge Based Economy）这一概念在官方文件中直接使用英文词语“Knowledge Economy”的首推美国总统克林顿。1997 年，克林顿在不同场合多次发表演讲，疾呼新经济形态的出现其实质就是知识经济。

（二）知识经济的基本内涵

所谓知识经济，目前尚未形成一个统一的定义。1996 年，国际经济合作与发展组织（OECD）在一份题为“以知识为基础的经济”的报告中；对“知识经济”的概念首次给予较明确的界定：知识经济是建立在知识和信息的生产、分配和使用之上的经济。该组织认为，知识经济是和农业经济、工业经济相对应的一个概念，指当今世界上一种新型的富有生命力的经济，是人类社会进入计算机信息时代出现的一种经济形态。

上述定义强调知识信息在知识经济中的作用；大致说明了知识经济的基本内涵。但为了更深入地理解知识经济这一概念，还需要掌握以下三点：

（1）知识经济的资源配置

知识经济的资源主要表现为知识、智力资源，一般以无形资产的形式存在，它是知识经济资源配置中的第一要素；也就是说，知识经济的真正生产资源不再是以资金、设备、原材料和其他自然资源为主，而是以人的知识、智力资源为主，自然资源的作用退居第二位。

（2）知识经济的产业支柱

知识经济以高技术产业为支柱，高技术产业以高科技为最重要的资源依托。根据联合国组织的分类，当今高技术分为八大类：即信息科学技术、生命科学技术、新能源与可再生能源科学技术、新材料科学技术、空间科学技术、海洋科学技术、有益于环境功高新技术和管理（软科学）科学技术；以人类科技为资源依托的商新技术产业，共同构成知识经济的支柱。科学界普遍认为，生物技术和信息技术将成为21世纪关系国家命运的关控技术。

（3）知识经济的消费

知识经济的消费是指知识的使用，而这种使用是以高技术产品相通过信息产生的新知识为主要对象的，并受知识产权的严格保护。知识经济利用知识与智力开发富有自然资源作为载体的知识时富将大大超过由传统法术对稀缺自然资源所创造的物质财富。

三、知识经济的基本特征

知识经济作为一种全新的经济形态或模式，与传统经济相比较，具有以下几个方面的主要特征：

1. 知识经济是一种信息化经济

知识经济是微电子技术、信息技术充分发展的产物，是信息社会的经济形态。这一特征具体表现在五个方面：

（1）信息技术在全社会广泛渗透和使用，信息技术对于政治、经济、社会、文化、道德等等的影响是全面的、全方位的。

（2）信息产业成为国民经济的主要经济部门。

（3）信息和知识成为重要的资源和财富，国家与国家、地区与地区、企业与企业之间的差距，主要表现在对信息与知识的生产、传播、使用能力上的差异。

（4）拥有先进的信息网络，信息流动时间加快。

（5）全社会生产自动化程度大大提高，自动化技术将在社会管理、经济管理、企业生产管理等方面全面普及。

2. 知识经济是一种网络经济

随着信息技术的快速发展世界经济正经历着一场深刻的“革命”，这场革命极大地改变着世界经济面貌，塑造了一种“新世界经济”，即“网络经济。互联网的崛起，电脑的广泛普及标志着人类在跨入信息时代的同时，直接从两个方面接受信息化的根本改造：

（1）信息化建立了企业与市场之间的桥梁。企业可以快速、准确地了解市场动态和顾客需求，传统的大规模市场和推销可能被灵活高效的信息服务所取代。

（2）信息技术由过去的大型主机统一处理信息和发布指令，发展到个人电脑成为信息形成、处理、发展和传输的主要角色，提高了人与人之间交换信息及协调合作的水平，使众多电脑组成的网络得以在商业活动中完成最佳媒体的作用。如今网络贸易已不是天方夜谭，而是世界上许多大公司的实际业务。

3. 世界经济是一种智能化经济

知识经济亦可称为智力经济，它是一种以智力资源的占有、配置、生产、分配使用为最重要因素的经济。应用知识提供智能、添加创意成了知识经济活动的核心问题。财富和权力的再分配取决于拥有的信息、知识和智力。正是智力资源对于经济发展的特殊重要性，现在世界各国对于智能的开发越来越看重。一方面强调对知识和人才的管理，对发挥组织内外相关专家学者的督察作用给予高理重视，甚至连企业都被看成是“学习型组织”；另一方面，在企业或组织中推崇人本管理，创造一种使员工精神愉快、关系和谐的组织文化和工作氛围。

4. 知识经济是一种创新型经济

创新是知识经济的灵魂。创新是经济增长的发动机。中国科学院提供的一份研究报告指出：知识经济正在逐渐成为国际经济的主导，在这个过程中，世界科技的发展将更加迅猛，技术革命向产业革命的转换周期将更短，据科学家的研究，技术进步对发达国家经济增长的贡献率，在20世纪初只占5%左右，20世纪40～50年代上升到40%左右，20世纪70～80年代达到60%左右，20世纪90年代已达到80%左右，信息高速公路联网后，将提高到90%。这就说明，在技术和产品的生命周期日益缩短的知识经济时代，“不创新，就灭亡”，唯有全面创新，包括知识创新与技术创新，并形成一种持续创新机制，使技术与经济、教育、文化有机结合，协调发展，才能取得和保持竞争优势。

5. 知识经济是一种可持续发展经济

知识经济是促进人与自然协调、可持续发展的经济。知识经济是产生在多种自然资源近乎耗竭、环境危机日益加剧的时代，它把科学与技术融为一体，反映了人类对自然界与人类社会的科学、全面的认识。知识经济发展的指导思想是科学、合理、综合、高效地利用现有资源，同时开发尚未利用的自然资源来取代已近耗竭的稀缺自然资源。

第二节 全面创新：知识经济时代企业的生存哲学

一、创新是知识经济的灵魂和精神内核

（一）日美国际竞争力倒转现象

知识经济是以不断创新的知识和对知识的创新运用为基础培育出来的知识密集型的新型经济形态。实践证明，知识经济时代经济竞争的优势来自于知识的持续学习和创新。一个国家的知识创新能力，成为决定其综合国力的重要因素，而且，其创造及应用知识的能力和效率决定着其国际竞争力。国际竞争力转现象就是一个典型的例子：20 世纪 80 年代初期，日本经济咄咄逼人，相当一段时期内取代美国居于世界经济之冠，但 20 世纪 90 年代以来，却出现了一个引起全球关注的现象，那就是日美经济实力和国际竞争力的倒转。美国《幸福》杂志每年公布的“世界 500 家大公司排名榜”上日美企业排序和人选企业变化情况形象地揭示了这一现象，1994～1996 年，日本入围世界 500 强的企业数量，减少了 23 家，而美国却增加了 11 家，且位次发生了变化。日本的“三菱商事”和“三井物产”在 1996 年把占据了多年的冠军位置让给了美国的“通用汽车”和“福特汽车”。

探究这一现象的深层原因不难发现，20 世纪 80 年代日本相对美国经济的领先是在钢铁、汽车、机械和化工等传统工业，继而是电视、录像机等家电产品和半导体、集成电路、计算机外设等非主流电子产品上，由于这些产品当时正处于高速成长中，美国在这些行业中简直没有立足之地。但美国人并没有因此而气馁，因为他们发现日本所占优势的行业和产品的知识密集程度并不很高，而美国经济已转向了知识高度密集的新兴产业领域，只不过他们以新技术为支撑的产品仍没有释放出最大效益。善于运用长远战略的美国人在克林顿入主白宫后，采取了一系列措施和出台许多庞大的计划来鼓励企业和科研教育机构的知识创新和技术创新行为，并注重用它们来武装美国经

济。到 1994 年，以信息技术为代表的科技创新及应用彻底改变了美国经济的面貌，初步建成了覆盖全国的高速信息网络，实现了知识相信息在社会各种经济组织内部及跨地区、跨国的快速流动、传递、处理和共享。在此基础上，美国政府和企业又围绕着经济运行的各个层面开展了一系列的创新性活动。正如美国人自己所言，他们正以全然不同的方式做事，改变设计制造方法，改变企业业务流程，创建新的经济运行模式。可见，是以知识为基础的创新使日美的国际竞争力倒转了过来，并使美国再次光复失地，成为世界经济增长的“领头羊”，并在知识经济的发展中占据主导地位。

（二）知识经济的创新本质分析

抛开人类社会生活的种种现象，从理论角度，从与工业经济的对比中，我们可以深刻、更清晰地认识到知识经济的创新本质。

1. 经济增长方式由“资源推动型”、“投资推动型”变为“创新推动型”

在由工业经济向知识经济演变过程中，创新是打破旧的经济均衡结构实现经济增长的主要动力。事实上，二战后世界经济结构变化和增长方式的转变，与知识创新科技经济一体化有越来越明显的互动作用。可见，知识生产与创新、科技投入的递增进一步加快了“资源推动发展”的粗放型经济增长方式的转换变型，并通过调整结构的“投资推动发展”，过渡到“创新推动发展”的经济增长方式阶段。目前一些进入“创新推动发展”阶段的发达国家，科技产业部门的研究开发支出已超过投资额，企业成为科技投入的主体。

2. 基于知识生产、扩散和创新的结构调整是经济增长方式转变的重要原因

工业经济发展的阶段水平通常取决于阶段性知识及科技作用于结构调整和把握结构性变化的能力。发达国家、新兴工业化国家和科技经济一体化；形成科技产业的比较优势和新的增长方式，就必然加速报动产业结构的调整促使经济技术结构和阶段发展水平发生内质性变化。

3. 信息技术为主的宽新技术革命是知识经济时代社会经济发展的新型推动力量

人类从农业经济转向工业经济的推动力量，是蒸汽技术和电气技术。知识经济的推动力量、是以信息技术为主导功高新技术革命，特别是 90 年代以来的数字化信息革命最为明显的是，人类制造技术进入了一个新的阶段——信息化制造阶段，表现为工人离开车间，通过信息操作机器生产产品出现车间无人化，物质生产非物质化——标志着知识经济的到来。

4. 制造业和服务业逐步一体化，提供知识相信息的服务业成为新型社会主导产业

工业经济的主导产业是制造业。知识经济时代则是制造业和服务此逐步一体化，而且服务产业将占据越来越重要的地位，特别是提供知识和信息服务将成为社会的主流以致“数字经济”、“网络经济”、“虚拟经济”成为知识经济时代的新特点。主要表现在两个方面：

（1）知识经济科柔性制造系统的广泛应用，制造业竞争中劳动力要素的作用降低，知识密集强度和产品知识含量成为竞争的焦点。

（2）制造业向服务业转换，尤其转向知识密集的服务活动。

在知识经济中，第一产业和第二产业等传统产业在社会生产中的比重将大幅度降低，以知识和信息服务为代表的第三产业将成为社会生产的主导。有人预计，到 21 世纪初，全球范围内的服务业占世界产业的 60%以上。

5. 知识生产率取代劳动生产率成为新的效率标准

工业经济时代的效率标准是劳动生产率。在知识经济时代，是知识的生产率，劳动生产率已经职能创造更多的价值。由于技术的迅速发展，一个企业、一个国家，如果没有新的知识、新的技术并转化为新的产品，那么，劳动生产率越高，产品积压越多，浪费越大，亏损越严重。知识经济时代的关键，是知识的生产率，即生产知识并把知识转化为技术、转化为产品的效率，即知识有用的程度。知识的生产率取决于知识的开发与传播，包括：研究、教育、培训等。

6. 非标准化、分散化的新型生产方式正在形成

工业经济时代的生产方式，是标准化、专业化、社会化和集中化的生产方式。知识经济时代是非标准化的生产方式。应用计算机辅助制造，按事先编好的程序，在一条生产线上，每一个产品就是一个型号。如果说标准化生产是“刚性”生产的话，那么非标准化生产则是“柔性”生产。知识经济还是分散化生产。员工通过计算机网络，在家里或分散的小办公室内指挥生产过程的运转。欧美正在流行的 SOSH，就是“小办公室”或“家庭办公室”的生产方式。

7. 劳动力结构发生变化，知识阶层成为主体

工业经济时代，长期以来直接从事生产的工人占劳动力的 80%，工人阶层是社会的主体。知识经济时代，直接在车间的工人逐步被机器取代，占劳动力的比例将不到 20%，而且由于劳动力结构的变化使得知识阶层成为社会的主体。

美国经济学家杰里米·里夫金说，第一次技术大变化，机械力被用来代替人力或兽力。现在信息化和自动化、新技术却是要代替人的思想（部分脑力劳动）。“智能”将定各个领域代替人劳动或工作。在发达国家，75%的就业人口从事的工作或多或少都是重复性的劳动，而越来越完善的自动化系统、机器人和计算机完全可以从事这类劳动。

8. 经济学原理面临挑战，新的经济理论有待形成

工业经济以物质为基础，主要的生产要素是能源、原材料以及劳动力等，遵循物质经济学的一般原理，即遵循“稀缺原理”以及“生产函数”和“收益递减原理”。

知识经济以知识为基础，知识成为经济增长的核心，而且知识是“相对丰富”并具有共享性。对知识的投入，不仅不会表现为“收益递减”，反而会造成“收益递增”。第二次世界大战以后，主要西方发达国家经济都出现了长期持续增长的趋势，1948～1984 年美国劳动生产率平均年增强 2. 5%，经济学家称之为“神奇的持续增长”，1984～1994 年工业国家仍然在继续增长，仅仅出现增长高低的波动，以至哥伦比亚大学历教学教授艾伦·布林克利说：“经济有一种公然无视预测的习惯。”而另一位经济学家 J. M. 克拉克则说：“知识是唯一不遵守收益递减规律的生产工具。”

工业经济时代的基本特征是“周期性”。在工业经济时代，资本主义国家从来就按有摆脱衰退周期和经济危机周期的烦恼。而知识经济时代的基本特征则是“持续性”。经济危机的周期被技术创新抹平了；经济衰退的周期也被迅速发展的科学技术大大弱化了。

知识经济使主要发达国家经济从 20 世纪 90 年代进入了一个复苏和全面发展的崭新阶段。如美国，它依靠 20 世纪 60 年代初期的产业结构调整，把产业重点从以高技术代表的知识产业逐步转移，经济实现连续 8 年的持续增长，其中平均 GDP 增长率超过了 2. 6%，通胀率创近 30 年来的最低位，并成功地控制在 2%以内，失业率降到了 4. 9%，突破了传统的周期性衰退理论，不仅传统的“菲利普斯曲线”现象消失，而且货币主义因无法解释通胀的经济现实，也走上穷途末路。

二、创新是赢得竞争优势的关键

知识经济的到来，把人类社会及经济活动带入一个日益复杂的时代：科技发展速度越来越快，竞争越来激烈，市场越来越动荡，企业组织越来越复杂多变，企业的生存发展拥有一个更广阔的空间和更良好的环境但要保持竞争优势比过去任何时候都更加困难。兴衰成败、跌宕起伏在知识经济时代的企业生存发展中司空见惯、俯拾皆是。

“不创新，就灭亡”——知识经济时代企业生存发展的真实写照！一个企业，只有通过创新才能保持领先的竞争优势，一个富有创新精神的企业能够面对瞬息万变的市场和新机遇，以敏锐的洞察力、以正确的决策和迅捷的反应迎接新的挑战，从而保持企业的创新发展和维护企业的利益格局。

从企业核心能力的形成来看，创新还是形成企业核心能力的关键途径。事实上，对企业而言，难的不是进行一次创新，而是创新之后如何保持自己的持续竞争优势，这就涉及到一个核心能力问题。核心能力是企业持续创新和形成并维护竞争优势的有力手段。美国管理权威普拉哈拉德认为，核心能力有以下几个要素：

（1）核心能力是企业独特的竞争能力，它给消费者带来独特的价值、竞争力主要通过产品、服务而体现出来；

（2）核心能力可超过单个产品，它涉及企业的一系列产品；

（3）核心能力是其他企业难以模仿的能力。索尼公司的产品小型化，美国电话电报公司的网络管理都是这种核心能力。

创新与核心能力的关系是：核心能力的获得要求企业把握技术、市场的发展趋势及由其带来的企业制度和组织的变革方向，核心制定创新战略，使各项创新之间形成一条有机的纽带。国际上一些著名跨国公司的发展，都是通过创新形成核心能力的结果。

在知识经济时代全球化、网络化、一体化的大趋势，社会经济活动瞬息万变，每一个企业及企业家们，都应该从世界经济的整体定势和国家经济形势的大局来看待本企业的生存发展，随时发现自身的不足、弱点及有悖于时代的陈旧思想观念及经营管理模式，就应通过有效的创新，实现跨越发展，赶上或超越知识经济时代的企业发展步伐。创新已经成为知识经济时代企业成败和能否赢得竞争优势的关键。

三、知识经济时代企业新的内外生存环境

以“知识战”、“信息战”为标志的国家创新能力和企业创新能力的竞争凸现于社会经济运行的各个层面社会经济结构、产业结构、消费结构和市场行为随之而发生着深刻而又显著的变革。

（一）一个崭新的生存发展环境

1. 企业面临无国界的全球经济，体化的新秩序

随着知识经济时代的到来，世界经济一体化出现又一次新的飞跃，进入一个新的阶段。对企业而言，传统的国界概念已显得无足轻重，无论发达国家还是发展中国家的企业都被统一到世界经济整体之内，企业经营管理滑动都处于全球一体化的进程中，依托功能强大的信息网络，不仅一般的商品和劳务，就连资金、技术、劳动力、原材料、设备等所有生产要素都可以在全球范围内以前所未有的速度进行自由流动和转让。在这种情况下，经济活动突破国界明成为全球活动，企业组织已渐渐演变成一个没有边界、与全球相连的国际营销中心，它的投资、贸易、生产布局以及资本流动都以全球为背景。

2. 跨国经营成为企业生存发展的基本状态和基本内容

在知识经济时代，对企业来说，跨国经营不再是一种手段和策略，而是生存发展的状态和基本内容。跨国公司主审当今世界的经济活动和投资就是进入跨国经营时代的典型标志。目前，世界生产总值的 40%；国际贸易的 60%，国际民间游资的 35%. 国际直接投资的 90%被控制在全球 44 万家跨国公司母公司及其 28 万家境外分支机构手中。仅排名前 100 家的世界大跨国公司之间的贸易已占世界贸易额的 1/3。发达国家跨国公司经营 70%的世界技术转让，统制造世界所采用的 80%以上的新技术和新工艺。发达国家 40%的国民生产总值是它们的跨国公司在母国之外取得的，在 21 世纪初，将出现一些经济规模超过一国经济规模的巨型跨国公司，并商全球经济贸易中扮演重要角色。

3. 企业和市场的体制发生了重大的变化

在知识经济时代，企业生产和流通的内容发生了重大的变化，知识生产要素的投入，不仅生产出具有具体形态的商品和劳务，而且也生产出没有具体形态的信息流或有载体的信息流。企业的生产和流通概念也发生了显著变化，设计、施工、生产、销售一体化，大大缩短了新产品的面市时间；企业固定的地域空间概念将不复存在，逐渐成为“无国籍”的、虚拟化的企业，资本、原材料、人才和其他各项资源都来自世界各地。通过各种不同的方式将出现国家与经济的分离。知识经济将不是简单地对旧经济环境的改进，而是一种发生根本改变的、全新的经济环境。未来企业的竞争，将由传统的“硬”与“硬”的较量，变成“软”与“软”的较量，即生产和经营中研究开发、战略分析、决策、管理、形象设计等软组织功能的竞争，是用知识构筑的“立体知识网络”的大决战，它涉及到企业的生产、交换、服务等各个层次。

4. 企业交易对象、经营方式和管理内容被赋予新的特征

在知识经济时代，知识、技术密集型的产品，将取代劳动力和资本等传统生产要素、知识含量低的实物产品。而成为企业经营和商务活动的主角。服务、信息、专利技术和知识产权等，将成为经营和商务活动中的主要交易对象。各种各样的商业交易将通过信息网络来实现。而如何管理网络，即如何进行不同数据库的整合和高效管理，如何准确有效地采用资料数据，如何防止网络杀手入侵等，都将成为强化管理工作的另一个重要内容。这些正是企业经营由传统管人、管物、管资产到现代企业“管网”的变化。

5. 市场竞争的本质发生了变化，而且竞争与合作逐步和谐统一

知识经济时代先进信息工具的广泛使用和企业经济活动的透明度逐步扩大，使得市场竞争的本质由传统工业经济中追求获得规模效益转向发展和传播信息利益，在国际竞争上。竞争对手与合作伙伴之间的分界愈来愈模糊，两个企业在某一项目上是竞争者，而在另一项目上则可能是合作伙伴，并且这种竞争与合作甚至是同时进行的；同时，竞争是系统化的，是战略、政策、目标、条件和资源共同作用的结果；要求国家、机构、社会、企业组织的协调与合作。

（二）新的威胁与挑战

知识经济的到来对企业的生存发展而言，是一把双刃剑，它在给企业生存发展环境带来正面影响的同时，也会带来许多负面影响。

1. 发展中国家的企业面临着更大威胁

在人们心目中，知识经济的到来使知识传播和信息交流的速度加快，发展中国家的企业可以通过学习、掌握和受让知识实现跨越发展，是一次难得的机遇。但从另一方面来看，却又是一种严重的威胁，主要表现在：

（1）对发达国家的依赖性日益严重；

（2）在市场竞争中处于更明显的劣势地位；

(3)发展中国家企业的规模和实力与知识经济时代国际经济竞争特点之间的矛盾日益突出。

2. 企业交易行为的安全性受到严重挑战

由于知识经济时代社会经济的运行是建立在信息网络基础之上的，企业的交易行为和发送信息时既没有了一个统一规范的标准，也没有一个权威可依的机构来审查和核实这些知识和信息，以及如何确认这些知识相信息的可停留等，这无疑给企业在交易中的知识和信息选择带来困难。知识经济时代企业交易安全主要移取计算机网络系统安全、知识源和信息源安全、知识传播和信息流动安全等方面。

3.新的市场障碍和新的贸易保护主义以不同的方式涌现

知识经济时代的产品和服务，都具有知识高度密集的特征，从而也就意味着丰富的人文特征，也必然带有明显的政治倾向和文化色彩，其跨国流动导致传统地理上的国界在知识经济时代形同虚设，对一国的主权、社会制度、法制体系等构成了极大的威胁。因而，如何在知识经济时代保持本国在政治、经济、民族、文化、宗教等方面的独立性和完整性，已经成为当前世界各国十分关注的热点问题。体现在经济行为上，虽然商品的国界正在消失，但取而代之的技术国界日益明显，技术民族倾向比以往任何时候都更加严重，各种新的市场障碍纷至沓来，且花样不断创新。知识经济时代的企业在经营中面临着更多的意想不到的非产品和服务本身的其他问题。

4.企业内部管理日益复杂并面临更大困难

知识经济时代企业经营管理对知识资源和计算机网络、信息技术的依赖程度越来越大，企业日常经营管理活动和生存发展往往会因为知识资源不能有效利用，信息交流不畅、信息技术使用不当等而受阻，员工的行为也会因为知识创新、信息技术应用方面的障碍而失效。

四、现代企业必须定全面创新的生存发展之路

（一）全面创新是知识经济对企业生存发展的客观要求

所谓全面创新是指综合运用“知识——技术——信息”实现企业研究并发、生产、经营、管理全过程的变革，实现经营管理与社会经济形态向知识经济的同步转换，从而在新的市场竞争中赢得优势，实现企业持续发展。

与一般意义上的创新相比，全面创新有着更广泛的内容，除通常所说的制度创新和技术创新外还有组织、营销、管理、市场、服务、品质、品牌；企业文化：发展战略等方面的创新，而且，随着知识经济的进一步成熟，它还必须容纳更多、更广泛的内容。同时，全面创新也是制度、技术、组织、管理等创新具体方面的有机集合体，是各创新层面相互影响、相互制约、相互渗透、相互促进的必然结果，是一个企业综合因素不断自我发展、自我强化、自我更替的动态适应过程。这就要求企业一方面紧跟知识经济的步伐，

密切关注市场动态和竞争趋势，发掘内部的创造性因素；积极吸收利用各种有益于创新的知识、信息和技术手段，从而为企业全面创新发展打下资源、技术基础；另一方面要主动出击，努力使自己成为知识经济发展中创新的主体，从而成为创新活动的组织实施者，以期享有创新所带来的全面权益。

（二）推动企业成为创新的真正主体

创新主体既是创新活动的组织实施者，又是创新权益的所有者。对企业来说，其创新主体的地位不仅是建立和完善全社会知识创新、经济创新体系的必然要求，激发和鼓励企业创新活动开展的前提和基础。

第三节 经济时代企业的管理创新

一、知识经济对企业观念提出全新挑战

企业的许多观念是在资源经济或工业经济的背景下形成的。社会进入知识经济时代，经济形态的变革要求有相应的观念与之相适应，这样，企业传统观念就受到诸多新的挑战。

（一）知识经济对企业生产观念的挑战

1. 知识经济的主要生产要素发生了根本径变化

在农业社会中，农业经济的主要生产要素是土地和劳动力，这里的劳动力主要是从人的体力上来讲的。在工业社会中，它的主要生产要素是资源和资本，谁能更多地拥有资本和占有资源，谁就可以创造更多的财富。而在知识经济社会中，经济的发展对劳动力、资本、资源的依赖程度越来越弱，知识的作用越来越突出。在这个特定的经济社会中，知识将代替资本、资源成为生产的主要要素，从而物资资源得以节约，经济效率同时得到提高。经济合作与发展组织的专家指出，体现在人力资本和科学技术中的知识已成为经济发展的核心。

2. 知识经济提出新的生产过程的概念

资源经济是以资源投入为主的物质生产。是一个从资源的投入、加工、控制，经过多道工序加工制成产成品的过程。这个生产过程是人为程序化控制的过程，过程长而复杂，并且资源不能被重复使用，而在知识经济的生产时代；知识产品是以知识投入为主，其产品中的知识含量被逐步提高，并且，由于知识能被反复地使用，在其使用过程中不消耗其价值，而且产出报酬可以递增发展。正是由于知识的运用作为人脑的延伸大大提高了劳动生产率，所以，知识经济是一种低物耗、低能耗、高效率的经济。

（二）知识经济对管理观念的挑战

在“泰罗制”为代表的传统管理中，由于机器出生产是以机器为中心，工人只是机器系统的“配件”。因此，人被异化为物，管理的中心是物。既然人从属于机器，因此，管理部门要求雇员成为“标准人”，以便实行规范的标准化管理。

随着现代科技革命的开展，人类社会即将逐渐进入到知识经济社会，生产过程中人的因素——创造性、个性、才能，在生产活动中越来越呈现出重要的作用。这就促使管理部门日益重视人的因素，管理的中心由物转移到了人。对人的管理不仅仅要考虑如何实现企业的生产目标，更应考虑如何使人发挥出他的最大效用。人的能力发挥受人的感情思想的影响，人的感情和思想受外部环境的影响。企业管理者为企业中的人创造必要的外部环境，对于发挥企业中入的积极性、创造性来说，是一个莫大的激励。

（三）知识经济对产品观念的挑战

在知识经济社会中，将出现许多新的产品形式，具体体现在：

（1）绿色的、微型化的、多功能型的高科技产品不断出现。在这样的社会中，产品之间的竞争也越来越集中于产品的科技含量的高低上。比如在电视行业中，这种延伸人类视觉和听觉的技术，正在向高清晰度、多功能和超薄化方向发展。

（2）各种策划、创意等无形产品成为知识型产品的重要组成部分。近几年来，各种从事策划、创意等方面的智力公司如雨后春笋般出现并迅速发展起来。这些公司的产品形态和一般公司产品的形态不同。他们所出售的是集合集体智慧而产生的智力产品，是一种无形的产品。

二、观念创新；企业创新的先导

（一）理念的创新决定企业的存亡

（1）在知识经济社会中，交往产业之间的竞争是一种高技术的竞争，就是一种创新，不能创新就不能促进企业的发展。

美国著名学者迈克尔·波特在他的《竞争优势》一书中指出：“竞争优势归根到底产生于一个企业能够为其客户创造的价值，这一价值超过了该企业创造它的成本。”在信息相交通高度发达的知识经济社会中，被称为“智慧资本”的经济要素悄然成为获得相维持企业竞争优势的崭新角色。

在知识经济兴起和形成的时代里，知识以及时知识的开发和运用，是一种智慧型的资本，这样的智慧资本对经济的发展起着传统概念上的资本（资金、劳动力、土地等）无法相比的作用。智慧资产决定着企业面向未来的竞争优势。智慧资本强则不是资金与技术的密集运用，而是对资金、技术和机会的创造性运用，是一种开发创造性的运用。

（2）知识社会是信息化、网络化的社会，时间在知识经济社会中具有特殊的意义，它的变更速度更快，企业创新的快慢决定着企业是否占有市场。

信息化的全面展开，对经济的推动作用不可低估。由于信息技术渗透到制造、加工、运输、信息获取与传递、交易等各个领域，加快了企业经济活动的节奏，大大提高了企业的生产效率。利用新兴的信息技术手段能极大地改善企业的生产、销售等活动，这一观念已被越来越多的企业所接受。企业在信息及网络方面的调整应用会改变企业的命运。

（3）知识经济要求技术、产品、市场、管理等方面的创新，但这些知识必须以观念创新为向导。

在知识经济社会中；企业之间的竞争变为产品技术含量之间的竞争，要求技术与管理上的创新。为了能尽快适应知识经济发展的需要，必须树立一种“不创新，就灭亡”的观念。

（二）企业观念创新的艰难性

（1）观念创新要首先打败自己。企业能否抛弃以前的思想而重新建立一种新的思想，取决于企业管理者思想更新的程度。这是一个非常痛苦的阶段，需要经营管理者将以前的思想加以修正并接纳很多新的思想，等于给管理者做了一次“洗脑”手术，也等于给企业做了一次“洗脑”手术。

（2）观念的创新需要突破已有的利益格局。观念创新的一个明显特点就是把矛头直接指向现存的利益格局。观念创新就是不满足现状，就是试图准备改变已有的利益格局。没有这种旧的平衡的打破，就永远不会建立更高层次的新的平衡。

（3）观念创新要有充分的准备，它是一个充分积累、学习的过程。观念创新的基础在于有效的学习。农业社会强调经验的积累，强调向过去学习；工业社会强调实际问题的解决，强调向现实学习；在知识经济社会，我们应当强调理性的指导，强调面向未来的学习。

目前国际上“组织的学习”和“学习的组织”已成为热门话题。

在市场经济环境中，从一定意义上讲，通过学习获得技术上的更新和提高还不是最为重要的，重要的在于通过学习产生超前的观念并实现已有的观念的突破。

（4）观念创新面临巨大的风险，接受重大的挑战。观念的创新往往是摒弃了原来社会环境下的思想，而创造一种前所未有的观念，可以说是一种“反叛”的观念。因此，创新观念所面临的风险是很大的，有时是需要付出极大代价的。

三、现代企业应倡导的新观念

（一）知识价值的观念

随着科技的进步与发展，知识的价值越来越被人们所重视。20 世纪 80 年代美国的工业竞争研究委员会经过两年多的研究发现：在经济发展中知识日益成为经济增长的主要因素，它所产生的影响力将超过 18 世纪末工业革命初期机器的产生对英国经济发展的冲击。

在知识经济社会里，创造财富的力量已不完全在于机器、设备、原料，而在于一种更为重要的资源知识。技术和人的智力劳动的作用成为创造财富更为有效的因素，知识的价值更有效更直接地体现出来。

（二）人力资本的观念

人本管理是在 20 世纪 60 年代提出的，到了 20 世纪 80 年代已受到国内外企业的普遍重视。在知识经济社会中，传统的人事管理格进一步向人才开发管理发展。企业人力资源是一个企业全体职工所具备的现实和潜在的生产能力。人力资源开发把人视为一种资源，以人为中心，强调人和事的统一发展，特别注重开发人的潜在才能。人才开发管理除具有人力资源开发的特征外，更加注重人的智慧、技艺和能力的提高与人的全面发展，尤其是人的智力资源的开发。也就是说，未来企业的发展，不只是依靠设备先进，技术高超，同时更要靠那些具有很高智慧的人。

（三）新的竞争观念

知识经济社会是全球经济一体化的时代。具有全球意识的国际化经营与竞争观念，是每个企业必须具有的思想。为了使一些企业很好地步入国际化经营，除了要利用国际资源、占领国际市场的战略意识和雄心壮志外，还需要有全局的、分步实施的发展战略和策略。企业的国际化经营有一个由初级形式向高级形式的发展过程。它一般都经历了从单一的贸易型或生产型向贸易、投资、生产、金融一体化，即向综合型跨国公司发展的过程。

（四）企业应当追求可持续发展的观念

企业的可持续发展是企业存在的本质要求。企业发展应当是持续性的和阶段性的，因而企业内部支持发展的各种要素也应当具有可更替、可继承、可发展的梯队结构。因此：

（1）具备市场拓展功能的替代型产品技术梯队；

（2）具备开发和运用知识功能的层次型人力资源梯队；

（3）具备把握运作企业内外资源功能的后继型领导能力梯队；

（4）具备稳定与推进结合功能的多元型企业文化体系，包括管理机制、价值观念、文化传统等。

（五）企业应该具有管理企业文化与企业形象的观念

企业文化和形象建设是 20 世纪 80 年代以来从企业管理理论丛林中分化出的一种新理论，被人们称为管理科学发展的“第四次革命”。企业未来的文化与形象建设，主要应该在以下方面努力：

（1）致力于企业价值观的塑造。因为企业文化的核心是企业精神，企业精神的核心是企业价值观；形象识别系统的核心是企业的理念识别系统。企业的价值观是企业广大职工对客观事物、对自己从事生产经营活动意义总的看法和评价，是劳动者的价值观念在生产和生活中的沉积。他对构成企业文化、企业形象的要求起着导向和决定作用。

（2）格外突出本企业的气质个性。在未来国内外市场竞争日趋激烈的情况下，企业自己的经营没有特色，产品没有特性、管理没有气质，很难有自立于国内外市场之林的能力。为适应未来的市场竞争，企业必须突出本企业的气质个性。

参考文献

[1]张炳达，武薇.国际贸易[M].上海：立信会计出版社，2011.
[2]李慧中，程大中.国际服务贸易[M].北京：高等教育出版社，2009.
[3]于素芹.国际服务贸易[M].北京：机械工业出版社，2008.
[4]饶友玲.国际服务贸易——理论、产业特征与贸易政策[M].北京：对外经济贸易大学出版社，2005.
[5]杜奇华.国际技术贸易教程[M].北京：首都经济贸易大学出版社,2007.
[6]李虹.国际技术贸易[M].大连：东北财经大学出版社，2005.
[7]汪尧田.乌拉圭回合多边贸易谈判成果[M].上海：复旦大学出版社，1995.
[8]佟家栋，周申.国家贸易学——理论与政策[M].北京：高等教育出版社，2007.
[9]胡俊文.国际贸易[M].北京：清华大学出版社，2011.
[10]尤胜东.同际贸易理论教程[M].北京：北京师范大学出版社，2011.
[11]陈岩.国际贸易理论与实务[M].北京：清华大学出版社,2007.
[12]迈克尔·波特.国家竞争优势，中文版[M].北京：华夏出版社，2002.
[13]杜扬.国际贸易理论与实务[M].北京：机械工业出版社，2008.
[14]刘丁有，陈长民.国际贸易理论与实务[M].北京：中国人民大学出版社，2013.
[15]程大为.电子商务管理[M].上海：上海三联书店，2003.
[16]曾强.电子商务理论与实践[M].北京：中国经济出版社，2000.
[17]陈月波.电子商务概论[M].北京:清华大学出版社、北京交通大学出版社，2004.
[18]成系.电子商务[M].北京：人民邮电出版社，2001.
[19]邓凯.电子商务[M].北京：中国电力出版社，2003.

[20]邓作时. 阿里巴巴——天下没有难做的生意[M]. 杭州：浙江人民出版社，2005.
[21]冯博琴. 计算机网络——基于因特网的信息服务平台[M]. 北京:清华大学出版社，2004.
[22]刘军. 电子商务系统规划与设计[M]. 北京：人民邮电出版社，2001.
[23]刘吉成. 企业电子商务[M]. 北京：经济科学出版社，2004.
[24]刘信圣. 电子商务应用实例[M]. 天津：天津科学技术出版社，2002.
[25]白雪燕. 中国海关概论[M]. 北京：中国海关出版社，2008
[26]高融昆. 中国海关的制度创新和管理变革[M]. 北京：经济管理出版社，2002
[27]郝崇福. 海关通关管学[M]. 北京：中国海关心版社，2008.
[28]唐龙桂. 海关管理学[M]. 北京；中国海关出版社，2008.
[29]姚梅琳. 中国海关概论[M]. 北京：中国海关出版社，2008.
[30]王意家. 海关概论[M]. 广州：中山大学出版社，1997.
[31]郑跃声. 海关法律概论[M]. 北京；中国海关出版社，2002.
[32]郝崇福. 海关货运监管[M]. 北京：中国海关出版社，2008.
[33]杨国勋. 海关科技[M]. 北京：中国海关出版社，2008.
[34]徐秋跃. 海关稽查[M]. 北京：中国海关出版社，2008.
[35]郑俭田. 海关实务[M]. 北京：对外经济贸易大学出版社，2006.
[36]潘渔舟. 现代企业质量管理，北京：经济管理出版社，1997.
[37]严学丰. 生产管理学[M]. 上海：上海财经大学出版社，1996.
[38]彭好荣. 企业经营管理[M]. 沈阳：辽宁大学出版社，1988.
[39]菲利普·科特勒. 市场营销管理[M]. 北京：中国人民大学出版社，1997.
[40]郭国庆. 市场营销学[M]. 武汉：武汉大学出版社，1996.